VARDA HASSELMANN

Medialität und Trance

Varda Hasselmann

Medialität und Trance

Botschaften aus fernen Welten – eine persönliche Geschichte

arkana

Sollte diese Publikation Links auf Webseiten Dritter enthalten, so übernehmen wir für deren Inhalte keine Haftung, da wir uns diese nicht zu eigen machen, sondern lediglich auf deren Stand zum Zeitpunkt der Erstveröffentlichung verweisen.

Septana®, Archetypen der Seele®, Seelenfamilie® und Elixiere der Seele® sind international geschützte Marken. Sie dürfen für Publikationen und Veranstaltungen Dritter nicht verwendet werden.

 Dieses Buch ist auch als E-Book erhältlich.

Verlagsgruppe Random House FSC® N001967

1. Auflage
Originalausgabe

Neumarkter Straße 28, 81673 München
Lektorat: Diane Zilliges
Umschlaggestaltung: ki 36 Editorial Design, München, Daniela Hofner
Umschlagmotiv: © Anastasia_Aleksieieva/istockphoto
Fotos im Innenteil: MaRia Klein
Satz: Satzwerk Huber, Germering
Druck und Bindung: GGP Media GmbH, Pößneck
Printed in Germany
ISBN 978-3-442-34272-3

www.arkana-verlag.de

Besuchen Sie den Arkana Verlag im Netz

Inhalt

»Ich will sitzen und schweigen und hören,
was Gott in mir spricht.«

Meister Eckhart (1260–1328)

Medium wider Willen?

Fragt mich ein Fremder nach meinem Beruf, antworte ich meistens, ich sei pensionierte Lehrerin. Diese Auskunft stellt jeden zufrieden. Damit ziehe ich mich aus der Affäre. Keiner fragt nach. Denn würde ich die Wahrheit sagen, müsste ich mich notgedrungen mit all den Missverständnissen, dem Misstrauen, der unstillbaren Neugier, der Verachtung, den Unterstellungen und den vielen seltsamen mystifizierenden Vorstellungen über meine Tätigkeit auseinandersetzen, die eine aufrichtige Antwort in der Regel hervorrufen würde.

Ich müsste mich erklären, rechtfertigen, bewundern lassen, mich vielleicht sogar verteidigen. Dazu habe ich aber keine Lust.

Ich bin ein Medium. Genauer gesagt: ein Wach-Tieftrance-Medium. Was das ist, weiß niemand so ganz genau. Deshalb kann man es auch nicht mit wenigen Worten erläutern. Aus diesem Grund habe ich mich entschlossen, ein Buch über Medialität zu schreiben.

Als ich eine merkwürdige Disposition in mir entdeckte, war ich schon Mitte dreißig. Zunächst betrachtete ich die neu entdeckte Fähigkeit als interessante Spielerei. Ich war zu jener Zeit wissenschaftliche Assistentin am Romanischen Seminar in Göttingen und kannte nur ein Ziel: Professorin zu werden. Ich arbeitete täglich an meiner Habilitationsschrift über eine Dichtung des 15. Jahrhunderts und hatte schon einiges veröffentlicht. Das Wort Medium hatte ich kaum gehört. Es klang in meinen Ohren mehr als zweifelhaft. Allenfalls verband ich es mit viktorianischen Damen in schwarzen hochgeschlossenen Kleidern und Witwenhauben, die sich mit Tischrücken wichtigmachen wollten; oder mit seltsamen Berichten über eine klebrige Masse, ein Ektoplasma, das einem Anwesenden während der Präsenz eines Verstorbenen oder Geistes aus dem Mund quoll. Damals kam ich nicht im Entferntesten auf die Idee, mit »so etwas« zu tun haben zu wollen. Jetzt bin ich Mitte siebzig und man nennt mich die »Grande Dame der Medialität«. Kann man sich einen verrückteren Lebenslauf vorstellen? Ich wundere mich immer noch.

Ich bin keine Hellseherin, keine Hexe und keine Wahrsagerin. Das Wahrsagen bezeichnet man auch mit den antiken Begriffen Mantik oder Divination. Darunter versteht man den Blick in die Zukunft oder auch die Deutung göttlicher Zeichen. Würde ich mit bedeutsam-leerem Blick in eine Glaskugel schauen, verborgen hinter Samtvorhängen, mit einer schwarzen Katze auf der Schulter und einem Raben im Käfig, käme ich mir zum Schreien komisch vor. Ich deute keinen Kaffeesatz und keine Teeblätter, werfe weder Knöchelchen noch I-Ging-Stäbe. Partner-Zusammenführungen oder die Ermittlung der Lottozahlen sind nicht mein Metier.

Auch eine Prophetin bin ich keinesfalls, denn ich warne niemanden im Namen Gottes vor Sünden, Strafen und Katastrophen und rufe keinen zur Umkehr auf. Zwar habe ich eine große Anzahl von Leserinnen, Schülern und sogar Verehrern, aber jede Allüre ist mir zuwider, und ich setze alles daran zu verhindern, dass mir jemand übermenschliche, magische oder heiligmäßige Eigenschaften zuschreibt. Mit Ektoplasma hatte ich nie etwas zu tun. Es ist unter modernen Medien auch ganz aus der Mode gekommen.

Niemals würde ich mich als Seherin, als Kassandra oder Staatsorakel bezeichnen. Nur aus Spaß und Selbstironie und im privaten Rahmen nannte ich mich anfangs zuweilen die »Pythia von Sendling«. (Sendling ist der Münchner Ortsteil, wo ich damals wohnte.) Ich arbeite nicht für die Regierung. Obgleich auch heute noch, wie zu allen Zeiten, Politiker die Hilfe von Astrologen und Wahrsagern durchaus mit Erfolg in Anspruch nehmen, ist die Beratung der Bundesregierung gewiss nicht meine Sache. Während der Zeit der Weimarer Republik begeisterte der Hellseher Erik Jan Hanussen die Berliner Gesellschaft mit seinen Séancen und fand besonders bei den Nationalsozialisten Anklang, weil er schon früh die Machtergreifung Hitlers prophezeit hatte. Die nahezu vollständige Zerstörung Deutschlands durch den Zweiten Weltkrieg sah er allerdings wohl nicht voraus, und sollte er davon etwas geschaut und verkündet haben, hätte er sicherlich bald an Beliebtheit verloren. Heinrich Himmler war übrigens besonders mystisch veranlagt, er sprach mit Heinrich I., dem ersten sächsischen König im 10. Jahrhundert, als dessen Reinkarnation er sich wähnte.

So seltsam das Ganze anmuten mag – Hellsehen und Wahrsagen sind dennoch möglich, daran habe ich keine Zweifel. Eine kluge und seriöse Frau unserer Zeit, Gabriele Hoffmann, ist in diesen Künsten zum Beispiel sehr erfolgreich. Es ist durchaus lohnenswert, ihr Buch *Wahrsagen. Wegweiser für Schicksal und Zukunft* zu lesen, um sich von ihrer Arbeit einen Eindruck zu machen.

Doch zurück zu mir. Bin ich eine Seherin, eine Visionärin? Nun, ich habe tatsächlich manchmal Visionen. In bestimmten, oft angstgeprägten Situationen weiß ich wie aus dem Nichts heraus exakt, was in den kommenden Jahren für mich persönlich passieren wird. Doch solche privaten Präkognitionen sind selten und dafür bin ich im Grunde dankbar. Selbst wenn viele Menschen erfahren möchten, was ihnen die Zukunft bringt – ich gehöre nicht dazu. Der Altbundeskanzler Helmut Schmidt hat einmal trocken über die Zukunftsideen von Willy Brandt bemerkt: »Wer Visionen hat, soll zum Arzt gehen!«

Ganz so harsch würde ich es nicht abtun. Natürlich gibt es auch pathologische Erscheinungsformen von Visionen. Aber wie soll man beurteilen, was beispielsweise in dem Naturwissenschaftler und Theologen Emanuel Swedenborg vorging, als er 1759 über eine Entfernung von vierhundert Kilometern zeitgleich den Großbrand von Stockholm »sah« und beschrieb? Kant setzte sich mit seinen Schriften auseinander und nannte Swedenborg einen Kandidaten des Hospitals und Erzphantasten, seine gelehrten Bücher tat er als Unsinn ab. Dennoch wurde er von vielen Zeitgenossen als Mystiker und respektables christliches Medium betrachtet. Noch heute gibt es einen Swedenborg-Freundeskreis, obgleich kaum jemand seine lateinisch verfassten Schriften lesen und verstehen kann.

Man denke auch an einen anderen großen Visionär, den Arzt und Psychoanalytiker Carl Gustav Jung. Er genierte sich so sehr für das, was er »sah«, dass er testamentarisch festlegte, seine entsprechenden Aufzeichnungen müssten ein Familiengeheimnis bleiben. Schon mit Freud hatte er sich angesichts bestimmter Synchronizitäten überworfen, die nicht in das Weltbild seines Mentors passten. Er hatte große Angst um seinen guten Ruf. Sollte bekannt werden, was außerhalb seiner Arbeit als distanzierter Wissenschaftler in ihm vorging, würde er seine Patienten und sein Renommee verlieren. Er nannte die Erscheinungen und Offenbarungen, die ihm widerfuhren, seine »Verrücktheit« und blieb innerlich sehr allein damit. Seine Nachkommen erlaubten erst 2011 die Veröffentlichung des »Roten Buchs«, an dem er sechzehn Jahre lang gearbeitet hat. Die geheimnisvollen Texte, niedergeschrieben in gotisierenden Lettern, und seine wundervollen Malereien bezeichnete Jung als Imaginationen. Ich würde sie lieber als Frucht echter Visionen betrachten. Sie berühren den Betrachter auf eine durchaus mystische Weise.

Interessanterweise hatte der große Psychoanalytiker viele Jahre lang einen geistigen Gefährten, den er Philemon nannte. »Psychologisch stellte Philemon eine überlegene Einsicht dar. Er war für mich eine geheimnisvolle Figur. Zu Zeiten kam er mir fast wie physisch real vor. Ich ging mit ihm im Garten auf und ab, und er war mir das, was die Inder als Guru bezeichnen …«[1]

Wenn ich hier anfangs davon berichtete, dass mir meine sich nach und nach entwickelnde Medialität peinlich und unheimlich war, wird dies in der Parallelität zu Jung ein wenig besser verständlich. Auch ich hatte ja in der akademischen Welt einen Ruf zu verlieren, wenn auch nur einen kleinen. Und es kam, wie ich befürchtet hatte: Kaum hatte ich mein Coming-out, wandten sich meine Kollegen mit einer Mischung aus Besorgnis, Mitleid und Verächtlichkeit von mir ab. Als bedauernswerte Eso-Spinnerin war ich für sie nicht mehr ernst zu nehmen. Deshalb habe ich die Universität 1984 aus freien Stücken verlassen, mein akademischer Lebenstraum blieb unverwirklicht. Meine schöne sichere Beamtenstelle habe ich aufgegeben, um für den Rest meines Lebens das zu tun, was ich tun musste. Es war nur ein vages, aber sehr starkes und weitgehend rätselhaftes Empfinden, denn meine transpersonale »Quelle« hatte mich noch nicht berufen.

Mein »Missing Link«

Seinerzeit war es mir ganz gleichgültig, wie man benennen sollte, was sich da in mir tat. Mir fehlte dazu jegliches Vokabular. Ich hatte unbegreifliche innere Erlebnisse, die derart deutlich waren, dass ich sie nicht mehr als Hirngespinste abtun konnte. Noch während meines letzten Jahrs an der Universität saß ich beispielsweise eines Tages allein in der Bibliothek des altehrwürdigen Romanischen Seminars. Ich brütete schon seit Langem über der Frage, in welcher Beziehung die eher anspruchslose mittelenglische Lyrik zur hoch entwickelten altfranzösischen Dichtung stehen könnte. Als akzeptierte Lehrmeinung galt, dass sie im 13. Jahrhundert auf der britischen Insel spontan und ohne Vorbilder entstanden sei. Einer Literaturwissenschaftlerin mit einem historischen Verständnis schien das unmöglich. Ich dachte: Das kann einfach nicht sein. Von nichts kommt nichts! Alles steht in irgendeiner geistigen Tradition. Aber wo, zum Teufel, ist das »Missing Link«? Es muss doch eine Verbindung geben! Ich saß an einem von Büchern und Karteikarten übersäten Tisch, hinter mir die staubbedeckten Regale. Plötzlich fing es in meinem Rücken an zu kitzeln und zu jucken. Ich stand auf, um mich zu recken. Mein Blick fiel auf endlose Reihen von alten wissenschaftlichen Zeitschriftenbänden. Göttingen war einst ein Zentrum der entstehenden Romanistik gewesen; noch im 19. Jahrhundert waren zahlreiche Dissertationen herausgebracht worden, vor allem Handschriften-Editionen. Ich hatte diese verstaubten Bände schon viele Male gesehen, schließlich war ich jeden Tag in der Bibliothek, sie schienen mir aber vollkommen uninteressant. Doch jetzt griff ich wie von Geisterhand geleitet zu einem dieser Bücher. Es war gewiss seit hundert Jahren nicht geöffnet worden. Noch verstand ich nicht, wie mir geschah. Ich stand vor dem Regal und blätterte ohne irgendeine Absicht, nahezu gelangweilt, in den Seiten. Und plötzlich war er da, mein »Missing Link«! Ich fand ein kurzes anglonormannisches Gedicht in altfranzösischer Sprache, das aufs Haar einem der mittelenglischen Verse glich, die ich so gut kannte. Ich musste mich setzen, so platt war ich.

Nun, innerhalb von wenigen Tagen konnte ich einen in unseren kleinen Fachkreisen aufsehenerregenden Aufsatz verfassen, der wenig später in eben jener Fachzeitschrift veröffentlicht wurde, die hundert Jahre zuvor das anglonormannische Gedicht publiziert hatte. Was für ein Zufall, dass mir dieser Band in die Hände gefallen war! Oder doch kein Zufall? Es fühlte sich jedenfalls anders an. Nicht als verdientes Ergebnis einer mühseligen Recherche, sondern als Geschenk von irgendwoher. Vielleicht als Abschiedsgeschenk? Denn als der Aufsatz erschien, hatte ich meine Stelle an der Uni bereits gekündigt. Warum denn bloß? Weil ich mir völlig ohne sachliche Begründung gewiss war, dass etwas anderes auf mich wartete. Aber was?

Ich stürzte mich ins Leere. Eine Vision von meiner eigenen Zukunft hatte ich nicht. Nur ein bemerkenswerter mysteriöser Traum ist mir von 1978, bald nach Abschluss meiner Dissertation, in Erinnerung. Ich schlief nicht tief, war halbwach und unruhig. Die ganze Nacht, so schien es mir, hielt ich einen ehrwürdigen ledergebundenen Folianten in den Händen und eine starke laute männliche Stimme rief über Stunden wieder und wieder: »Das ist das erste Buch deines Lebens!«

Inzwischen sind es siebzehn Bücher geworden. Dieser luzide Traum unterschied sich deutlich von allen übrigen, die ich je gehabt hatte. Er besaß den Charakter einer geheimnisvollen Verkündung. Als angehende Professorin hatte ich ohnehin angenommen, dass ich weitere Bücher verfassen würde. Darum ging es also gewiss nicht. Und der Begriff »Buch des Lebens« hatte eher biblisch-feierlich als wissenschaftlich geklungen. Ich erwachte verstört und ergriffen. Das Rätsel sollte sich erst mehr als zehn Jahre später lösen.

Es gibt ein weiteres Ereignis aus derselben Zeit, das mir unvergesslich bleibt. In Cambridge hatte ich einen Vortrag gehalten. Anschließend wollte ich einige Tage in London verbringen, ins Theater gehen, echt chinesisch essen und Kollegen besuchen. Frohgemut bestieg ich den Bus in die Hauptstadt. Von mir ganz unerwartet hielt er bei einer Anlegestelle an der Themse. Ohne lange zu überlegen, stieg ich aus und fuhr alsbald mit dem Linienschiff den Fluss hinunter. Nie zuvor war es mir in den Sinn gekommen, dass man auch auf diesem Weg in die Metropole gelangen konnte. Wunderbar! Ich hatte ja Zeit, mein Vortrag war gut angekommen, ich war ganz entspannt. Doch kaum war ich an Bord, überkam mich unvermittelt eine heftige, geradezu fiebrige Erregung. Ich spürte, wie mein Gesicht ganz rot wurde. Mein Herz klopfte bis zum Hals. Ich fühlte mich in einer Art Zeitblase und zugleich riesengroß, so als könnte ich mit den Händen ans gegenüberliegende Ufer greifen. In mir breitete sich eine überwältigende Freude aus. »Ich bin wieder da! Es ist wie immer! Mein Boot wird bald in Westminster anlegen!« Schon kam die Abtei in Sicht. Ich packte mein Köfferchen und rannte jubelnd auf die herrliche Kathedrale zu. Vor dem Portal stand eine lange Schlange von Touristen. Nicht weit entfernt sah ich eine kleine Seitenpforte, bewacht von einem bärtigen Mann in einem langen roten Samtgewand. Ich ging auf ihn zu, doch er wies mich ab und bedeutete mir, mich bei den übrigen Leuten hinten anzustellen. Da schaute ich ihm empört direkt in die Augen und rief: »But I've come to pray!« Ohne ein Wort verbeugte er sich und ließ mich passieren. Ich spürte mich glühen. Sofort lief ich in eine Seitenkapelle von grandioser Schönheit, fiel auf die Knie und weinte vor Glück. Heute denke ich, ich muss wohl eine riesengroße Aura gehabt haben, und mein Herz pocht immer noch, während ich in diese Erinnerung eintauche.

Das oben erwähnte Gedicht und die Zeit dieses Ereignisses in Westminster gehören zusammen. Ich war, das ahne ich inzwischen, eine adelige gebildete Ordensschwester im 13. Jahrhundert und zeitgleich eine harmlose Reisende im Jahr 1981. Damals war ich völlig überwältigt und fühlte mich wie gedoppelt, ich und doch nicht ich. So etwas war mir fremd. Als ich abends im Haus des Kollegen und seiner Familie eintraf, schauten mich alle recht merkwürdig an. Ich muss wohl noch immer ganz aufgelöst gewesen sein. Diese Entgrenzung und Ausweitung dauerte einige Tage an; sie verflüchtigte sich erst nach und nach. Es war meine erste bewusste Berührung mit einem vergangenen Leben. Mit der Geschichte meiner Seele. Mit der Vielschichtigkeit meines Wesens. Zugleich hatte ich noch andere blitzartige Visionen und visuelle Erinnerungen an eine mittelalterliche Existenz. Außer meinem Mann konnte ich damals niemandem davon erzählen. Doch er verstand mich sofort. Er kannte mich ja so gut und wusste, dass ich mir diese Vorkommnisse niemals ausgedacht hätte.

Sprachrohr von Liebe und Erkenntnis

Es gibt eine englische Mystikerin des 14. Jahrhunderts namens Juliana von Norwich, deren von der Kreuzestheologie inspirierte Schriften auch heute noch lesenswert sind. Diese Nonne, eine Reklusin (sie lebte den größten Teil ihres Lebens eingemauert und von der Welt abgeschlossen) wünschte sich nichts sehnlicher, als dieselben Leiden (oder noch viel größere) wie Jesus in seiner Passion zu erleben. In ihrem dreißigsten Jahr wurde sie sterbenskrank. Man legte ihr einen Kruzifixus auf die Brust und durch eine intensive Identifikation mit Christus und seiner blutigen Pein erlebte sie eine Reihe von Visionen. Allerdings schrieb sie diese erst zwanzig Jahre später auf und kommentierte sie. So wirken ihre Texte nicht mehr unmittelbar und sind auch keine direkt empfangenen Offenbarungen. Dennoch sind sie als Zeugnisse einer mystischen Schau bemerkenswert. Denn Juliana wendet sich dezidiert von allen Höllenängsten ihrer Epoche ab, sie spricht stets von der bedingungslosen Liebe Gottes und dem All-Einen, sie spendet Trost, anstatt Angst zu verbreiten, und ist damit eindeutig eine Vorläuferin der modernen medial arbeitenden Menschen.

Und damit auch von mir. Während ich heutzutage, was mir seinerzeit unvorstellbar schien, in Trance spreche, ist nicht nur mein Kronen-Chakra, sondern auch mein Stirn-Chakra besonders stark aktiviert. Das Hals-Chakra gehört dazu, sonst könnte ich ja nicht reden. Und ich schalte mein Herz-Chakra ebenfalls bewusst an, damit die Botschaften eine gewisse Wärme erzeugen, anstatt mental kühl zu wirken. Es geht bei meiner Quelle und auch bei den allermeisten übrigen Offenbarungen niemals nur um Information, sondern immer auch um Liebe im Sinn von *agape*. Symbolbilder, oft sogar sehr lustige, manchmal auch ganze Filmsequenzen, werden in Sekundenschnelle erkennbar. Ich kann diese spontanen Visionen dann sofort beschreiben und in Sprache übertragen. Meine Lehrmeister aus der kausalen Bewusstseinsdimension würzen sozusagen ihre eher ernsthaften Texte gern mit höchst anschaulichen bildhaften Beispielen. Im Allgemeinen habe ich wohl von Natur aus das, was man eine »blühende Fantasie« nennt. Diese Gabe, die sich anders anfühlt als meine Trancevisionen, nutze ich aber vor allem für meine schriftstellerische Tätigkeit als Autorin von Romanen und Geschichten.

Und wie steht es mit Auditionen? Die kenne ich auch, doch sie sind selten. Ich höre dann kurze prägnante Sätze, die inhaltlich derart einprägsam sind, dass ich sie niemals vergesse. Sie sind für mich ganz persönlich gemeint, meistens Botschaften von meiner Seelenfamilie. Aber es wäre ein Irrtum anzunehmen, dass ich in Trance einen Text höre, der mir von meiner Informationsquelle diktiert wird und den ich dann nachspreche wie ein spirituell beauftragter Papagei. Beileibe nicht! Die Übermittlung der Botschaften, die ich durchgebe, geschieht auf ganz andere Weise. Ich bin ein Empfänger für einen spezifischen Sender und setze die Energie, die mir von dort geschickt wird, unmittelbar in Worte um, an meinem eigenen Denken vorbei. Es ist also eine Art Übersetzungs- oder Übertragungsvorgang: eine eigenartige, unverwechselbare, von mir bewusst und direkt angepeilte und wiedererkennbare Energie, die wir schlicht die »Quelle« nennen, mit einem deutlich eingegrenzten »Lehrauftrag«, nämlich die Seelenlehre in Form und Text zu bringen. Noch einmal: Ich höre nichts! Ich empfinde nichts! Ich habe zu dem Inhalt keine eigene Meinung! Und trotzdem bin ich kein Automat. Denn alles, was ich bin und habe und weiß, wird von meiner kausalen Quelle zur Übermittlung ihrer Inhalte genutzt. »Kausal« bedeutet, dass diese Instanz aus einer transpersonalen Perspektive sendet, die die Zusammenhänge von Ursache und Wirkung klar erkennen lässt. Die kausale Dimension liegt jenseits der astralen Welt.

Und nein, ich bin auch keine der zahlreichen Betrügerinnen oder Beutelschneider, die leichtgläubige Menschen von sich abhängig machen und ihre Naivität finanziell ausbeuten. Meine Mutter plagte sich allerdings mit großen Zweifeln, ob ihre Tochter nicht doch zu solch zwielichtigen Leuten gehörte; denn sie verstand genauso wenig wie die meisten anderen Menschen aus meinem gutbürgerlichen Umfeld, was ich da mache als Wach-Tieftrance-Medium. Wie sollte sie auch? Ich verstand es ja selbst nicht. Als sie noch am Leben war, befand ich mich gerade am Anfang meiner Tätigkeit als Sprachrohr einer transpersonalen Wesenheit. Sie liebte mich, aber sie schämte sich auch für mich und wusste nicht, was sie ihren Freundinnen über mich erzählen sollte. Ich konnte sie gut verstehen. Denn wer mag schon stolz verkünden: »Meine Tochter will nicht mehr Professorin werden, sie ist jetzt ein Medium!« Das klingt ziemlich anrüchig. Schalte ich heute einmal zufällig den Astro-Fernsehkanal ein und sehe, wie die vielen Kartenlegerinnen, Astrologen und Hellseher arbeiten, winde ich mich ja selbst in einer Mischung von Belustigung, Peinlichkeit und Entsetzen.

Damit will ich aber keineswegs behaupten, dass es keine seriösen Astrologen, Hellseher oder Interpreten von Tarot-Karten gibt! Ich habe damit reichlich Erfahrung, ließ mich vor Jahrzehnten ausbilden und praktizierte solche Fertigkeiten durchaus erfolgreich. Eine Zeitlang konnte ich meinen Lebensunterhalt mit Handlesen und Kartenlegen verdienen. Ich bot sogar Kurse auf einem Kreuzfahrtschiff an. So kam ich einmal auf der alten *Maxim Gorki* von München nach Singapur und zurück, ganz umsonst. Das machte mir Spaß, doch letztlich waren es nur Fingerübungen für die Entwicklung meiner Intuition und Inspiration, meiner späteren Medialität.

Zu diesem Buch

Dieses Buch ist aus einer sehr persönlichen Perspektive geschrieben. Es soll weder Fachbuch noch Sachbuch noch Selbsthilfe-Ratgeber sein. Für die ersten zwei Sparten darf ich auf das großartige, umfangreiche und bei Weitem nicht überholte Werk von Jon Klimo verweisen: *Channeling. Der Empfang von Informationen aus paranormalen Quellen*, auf Deutsch 1987 erschienen. Für die dritte Sparte gilt, dass es praktische Anleitungen zum Entdecken und Üben von medialen Techniken zuhauf auf dem Markt gibt. Viele davon sind sehr empfehlenswert; ein weiteres reines Praxisbuch scheint mir daher überflüssig.

Zunächst aber möchte ich einen Blick auf unsere vieltausendjährige mitteleuropäische bzw. westliche Tradition des medialen Empfangs werfen. Dann werde ich auf die bedeutendsten Empfänger gechannelter Botschaften im 20. und 21. Jahrhundert eingehen, verbunden mit einem Einblick in meine eigene langjährige Erfahrung als Tieftrance-Medium. Mir sagt nicht alles zu, was veröffentlicht wird, doch ich werde mich bemühen, weitgehend neutral zu berichten. Die große Zahl der Durchgaben und Botschaften macht es mir leider unmöglich, auf sie alle einzeln einzugehen; das möge man mir nachsehen.

Medien sind eigenartige Menschen. Sie sind auch recht einsam in ihrem Metier. Nur ungern möchten sie sich mit Berufskollegen vergleichen und vergleichen lassen. Im Allgemeinen freunden sie sich nur selten mit anderen Medien an. Dahinter mag ein halbbewusster Wahrheitsanspruch stehen; es ist daher gewissermaßen heilsam, sich auf die Geschichte der Medialität einzulassen, um zu erkennen, dass es allen ähnlich geht. Eine absolute Wahrheit auf dem Gebiet medialer Übermittlung (und nicht nur dort) in Betracht zu ziehen ist naiv. Nicht um Wahrheit oder Lüge geht es, sondern stets um Teilwahrheiten. Sie werden von den transzendenten Informationsquellen in die Welt gesandt, um bestimmten Menschen in einer bestimmten historischen, geistigen und gesellschaftlichen Situation eine Hilfe zur Erkenntnis anzubieten. Meine bzw. unsere Quelle äußerte sich anlässlich einer TV-Dokumentation auf die Frage des Regisseurs hin, warum und wozu sie sich mitteilt:

> »Wir geben euch … diese Lehre von der Seele, damit ihr immer häufiger die Möglichkeit erhaltet, Liebe und Erkenntnis gleichzeitig zu erfahren. Was immer wir sagen, ist getragen von diesen beiden Prinzipien. Ihr könnt sie spüren, ihr könnt sie erfahren. Ihr Menschen habt zu eurer seelischen Dimension nur in Ausnahmefällten Zugang. Besonders jene, zu denen wir in erster Linie sprechen, die Kinder der Aufklärung, des Materialismus und des Rationalismus, brauchen eine Öffnung zu jenem Teil, der ihre zweite, irrationale Hälfte ausmacht und

> der nicht von den Kräften ihres geschulten analytischen und logischen Verstandes abgelehnt werden muss … Wir möchten ein Gegengewicht schaffen, ohne Erkenntnis zu leugnen und ihren Wert herabzuwürdigen …«[2]

Seit mehr als dreißig Jahren habe ich Theorie und Praxis der Medialität und entsprechende Trancetechniken unterrichtet. Daher weiß ich, dass man nahezu jedem Interessierten die Grundprinzipien medialer Arbeit beibringen kann. Damit will ich nicht sagen, dass es grundnormal und jedem zugänglich sei, als professionelles Medium zu arbeiten. Es ist und bleibt etwas Besonderes. Doch jeder Mensch kann seinen Zugang dazu finden und ausbauen.

Einige der von mir entwickelten Übungen und Methoden stelle ich am Ende dieses Buchs vor. Einen medialen Kontakt mit der eigenen Seele, der Seelenfamilie und darüber hinaus mit astralen und kausalen Quellen herzustellen ist hilfreich, tröstlich, und es erweitert das verengte Weltbild unserer Zeit.

Was bedeutet Medialität?

Was ist nun eigentlich ein Medium? Was ist Medialität? Wo beginnt sie, wo hat sie ihre Grenzen? Wie funktioniert sie? Kann man sie erlernen oder ist sie eine Gnadengabe? Wozu dient sie? Wem nützt sie? Auf diese Fragen gibt es keine einfachen oder gar eindeutigen Antworten.

Medialität ist ein weites Feld. Das Buch, das Sie in Ihren Händen halten, möchte die vielen unterschiedlichen Aspekte medialer Begabungen und Fertigkeiten ausleuchten. In meiner Eigenschaft als Trancemedium und aufgrund jahrzehntelanger beruflicher Erfahrung möchte ich diese Tätigkeit in einen übergreifenden historischen und geistigen Kontext stellen. Es wird mir ein großes Anliegen sein, die mediale Begabung und die damit verbundenen Wirkweisen von einer unangemessenen Mystifizierung zu befreien. Vor allem aber bewegt mich der Wunsch, dem Thema Medialität das Dubiose und Peinliche zu nehmen.

In unseren Tagen gibt es weltweit, besonders aber in Mitteleuropa und in den USA, eine große Anzahl hoch begabter, ausgezeichnet arbeitender Medien, Männer wie Frauen. Ihnen mögen meine Ausführungen dabei helfen, sich selbst und ihre Begabung besser zu verstehen, indem sie sich als berechtigte und angesehene Erben einer jahrtausendealten Tradition begreifen. Medien, in welcher Funktion auch immer, haben unsere Zivilisationen aufs Nachhaltigste geprägt. Man nannte sie nur anders: Heilige, Propheten, Mystiker. Diese historische Tatsache ist weitgehend in Vergessenheit geraten. Deshalb möchte ich eine neue Perspektive anbieten.

Ein sehr weites Feld

In der angloamerikanischen Tradition, die für die Belange dieses Buches von zentralem Interesse ist, unterscheidet man zwischen den Tätigkeiten eines *medium* und eines *channel*. Ein Medium (dies ist der historisch ältere Begriff) stellt demnach Kontakt zum unmittelbaren Jenseits, zu den Toten und zur Astralwelt her. Ein Channel hingegen empfängt Botschaften aus anderen Dimensionen, von Meistern, Wesen von fremden Sternen, Lehrern aus der kausalen Bewusstseinswelt. Meistens handelt es sich um umfangreiche Texte; zuweilen sind es auch musikalische, medizinische oder künstlerische Übermittlungen.

Ich begreife die Terminologie grundsätzlich anders. Für mich ist »Medium« ein Oberbegriff, der die Tätigkeit eines »Channel« mit umfasst. In der ursprünglichen Wortbedeutung ist ein Medium einfach nur ein Vermittler, ganz gleich ob zwischen Menschen und Geistern bzw. Verstorbenen oder als Empfänger oder Botschafter von Durchgaben nicht menschlicher Instanzen. In diesem Buch werde ich die Begriffe Metaphysik und Paranormalität meiden, da diese zu weiteren terminologischen Verwirrungen führen. Ob die Arbeit eines Mediums den Bereich des Metaphysischen, des Übersinnlichen oder des Transzendenten berührt und ob solche Fähigkeiten »normal« oder »paranormal« sind – ich werde es anderen überlassen, das zu entscheiden.

In den westlichen Gesellschaften des 21. Jahrhunderts sind mediale Fähigkeiten eher anrüchig als angesehen. Seit der Aufklärung gilt es allgemein als Anmaßung, Einbildung, psychische Krankheit oder Scharlatanerie zu behaupten, ein Mensch könne in Kontakt mit unsichtbaren, nicht menschlichen Kräften treten oder gar mit Gott sprechen und dadurch zu wertvollen Informationen gelangen. Auch ich selbst habe einst diese Meinung vertreten. Als Geisteswissenschaftlerin und Universitätsdozentin konnte ich mir einfach nicht vorstellen, dass es »so etwas« gibt. Doch um 1980 wurde ich zum Medium, ohne zu wissen, was ein Medium ist. Ich wurde gerufen und berufen.

Seither widme ich mein Leben der Aufgabe, in Tieftrance eine neuartige Seelenlehre zu empfangen und zu verbreiten. Mit zahlreichen Veröffentlichungen und der Unterstützung durch einen hoch angesehenen Verlag gelang es, das Thema Medialität im deutschsprachigen Raum sozusagen aus der Schmuddelecke zu holen. Die Qualität der Durchgaben aus einer übergeordneten Ebene überzeugt auch manchen Skeptiker, der sonst mit Esoterik nichts anfangen könnte. Meine Quelle, eine transpersonale Wesenheit aus der kausalen Bewusstseinswelt, hat ein einziges großes Anliegen: dem modernen Menschen einen neuen, entmystifizierten Zugang zu seiner Seele zu eröffnen. Nicht zur Psyche, sondern zur Seele! Zu jenem göttlichen Funken, der uns zu beseelten Wesen macht.

> »Wir geben nichts, was nicht empfangen werden kann. Wir geben, weil ihr Menschen allzu häufig nicht um das bittet, was ihr empfangen könntet, da ihr keine Vorstellung vom Reichtum und der Großzügigkeit der Bewusstheitswelten und der Seele besitzt. Unser Mitgefühl wendet sich euch zu, die ihr den Blick voller Scham und Schuld, voll Not und Unwissen auf eure Füße geheftet habt, anstatt die Augen dorthin zu wenden, wo euch Liebe und Hilfe zuteilwerden kann. Ihr seid wie jemand, der zwar weiß, dass es das Feuer gibt, der sogar sieht, dass andere sich daran wärmen, aber nicht im Traum auf den Gedanken käme, diese Wärme auch für sich in Anspruch zu nehmen. Deshalb sehen wir uns veranlasst, euch eine Fackel zu bringen, an der ihr euer eigenes Feuer entzünden mögt. Gewiss wünschen wir uns auch, den hellen Schein in euren Augen leuchten sehen zu können, wenn es euch wär-

> mer und wohler wird. Denn ihr sollt wissen, dass unsere Entfaltung, unser Wachstum und unser Lernen nicht abgeschlossen sind. Unsere Liebesfähigkeit entwickelt sich mit dem Verströmen von Weisheit, Informationen, Kontakt und Liebe. Doch wir sind stets, bei allem, was wir geben, auf Empfänger angewiesen, die unser Geschenk annehmen und in ihr Bewusstsein integrieren. Wir bringen euch eine Fackel, doch wir können und dürfen euer Feuer nicht entzünden. Ihr selbst müsst es tun.«[3]

Es ist mein Anliegen, den Medien des neuen Jahrtausends und damit auch mir selbst ein gesundes Selbstbewusstsein ohne falsche Selbsterhöhung zu schenken. Jenen, die ihr Bewusstsein zu entgrenzen vermögen, um Unerhörtes zu hören und Unsichtbares zu sehen, möchte ich helfen, sich in einer Tradition von Jahrtausenden wiederzufinden. Uns allen, die wir es wagen, uns mit unserer so besonderen Gabe öffentlich zu zeigen, will ich Mut machen. Unsere angeblich aufgeklärte, wissenschaftsorientierte Gesellschaft ist der Berührung mit der Transzendenz seit Jahrhunderten entfremdet. Dem Phänomen der Medialität innerhalb einer technologisch-wissenschaftlich geprägten Weltanschauung neues Ansehen zu verleihen ist daher mein Ziel.

Medialität oder Intuition?

Zunächst scheint es mir notwendig, einige weitere Unterscheidungen zu treffen. Der Begriff Medialität, um den es hier geht, wird seit einiger Zeit gewissermaßen inflationär verwendet. Alles Mögliche gilt in der neuen Esoterik als »medial«. Der Terminus wird synonym für Instinkt, Intuition, Inspiration, Bauchgefühl, sogar für Impuls und einen pfiffigen Einfall verwendet. Das ist wenig sinnvoll. Gerade ein derart formloses und mysteriöses Geschehen benötigt, um vom modern denkenden, logisch geschulten Menschen verstanden und akzeptiert zu werden, eine klare Terminologie. Und man sollte eine allgemein spirituelle Einstellung zum Leben nicht mit Medialität verwechseln.

Intuition ist keineswegs dasselbe wie Medialität. Denn wie bereits die ursprüngliche Wortbedeutung sagt, handelt es sich bei Medialität um einen Vermittlungsvorgang, bei dem Fremdenergien aus verschiedenen Bewusstseinswelten durch das Medium wie durch einen Kanal hindurchfließen und in unterschiedlichen Formen zum Ausdruck kommen: als Wortbotschaften, Gemälde, medizinisches Wissen, Musik, wissenschaftliche Entdeckungen. Informationen aus fernen Welten gelangen durch das Medium hindurch möglichst unverfälscht und unzensiert in unsere Welt. Das Medium stellt sich zur Verfügung für eine Instanz oder Wesenheit, die nicht von dieser Welt ist. Es wird zum Kanal für außermenschliche Botschaften. Daher das neudeutsche Wort Channeling. Im englischen Sprachgebrauch ist davon abgeleitet die Berufsbezeichnung *channel* entstanden. Ich selbst möchte mich nicht als »Channel« bezeichnen. Nur ein Kanal zu sein, also ein leeres Rohr, durch das Fremdes hindurchfließt, würde meinen nicht unerheblichen Beitrag als Mensch im Körper unnötig schmälern. Wenn ich mich »Medium« nenne, deutet das auf meine Vermittlungstätigkeit hin und weist mir einen funktional gleichberechtigten Platz zwischen meiner Quelle als Sender und den Empfängern der Botschaft zu. Darüber hinaus bin ich intuitiv und sensitiv.

Intuition ist nichts Fremdes. Sie spielt sich innerhalb des eigenen mentalen Systems ab. Das Ergebnis beruht demnach auf Eigenenergie. Die Intuitionsforscherin Regina Morgenstrahl nennt sie eine ganz natürliche Fähigkeit, die jedem Menschen eigen ist. Sie gibt Gewissheit, aber keine rationale Sicherheit. Sie speist sich aus Erfahrung und hat nichts Übernatürliches an sich! Es handelt sich um einen Erkenntnisprozess ganz eigener Art. Das menschliche Gehirn verknüpft schlagartig bereits gespeicherte, oft unbewusste Informationen aus der eigenen Lebenserfahrung und seelischen Vergangenheit und setzt sie auf hilfreiche Weise neu zusammen. Blitzschnell, vom Verstand klar erkennbar, kurz und knapp. Instinkt als Überlebenshilfe ist eine Vorstufe der Intuition; er verweist uns Menschen auf unsere biologische Realität als Säugetiere. Und Inspiration ist sozusagen eine höhere Oktave von Intuition, aber sie hat doch grundsätzlich andere Voraussetzungen. Wer inspiriert ist, wird vom Spiritus, dem Geist, einer Fremdenergie behaucht. Er ist be-geistert, von einer ihm nicht eigenen Kraft erfüllt. Diese kann ein anderer Mensch, eine Situation, eine Landschaft, ein Gemälde, eine Musik und vieles andere sein. Mit dem Begriff der Inspiration nähern wir uns der Medialität, die ebenfalls stets auf dem Empfangen und Durchlassen einer Fremdenergie beruht.

Fremde Energien

Wie kann ein Mensch es zulassen, von einer Fremdenergie besetzt zu werden? Sich als Sprachrohr für eine nicht menschliche Wesenheit zur Verfügung zu stellen? Ist das nicht unheimlich? Oder gar pathologisch? Nun, ich will nicht behaupten, dass dieser Vorgang immer angenehm ist, doch dazu später mehr. Auf jeden Fall macht es vielen Leuten Angst, gerade denen, die sich eine solche Fähigkeit eigentlich überhaupt nicht vorstellen können. Um sich aus dem Dilemma zu retten, flüchten sie sich in die Behauptung, dass es »so was« eben gar nicht gibt, dass alles Einbildung sei, Produkt eines kranken Hirns. Oder die Wirkung psychotroper Drogen. Oder viel zu gefährlich. Denn welcher gesunde vernünftige Mensch wird sich schon aus freien Stücken von Verstorbenen, gar von bösen Geistern oder anderen unheilvollen Kräften besetzen lassen?

Die Lösung liegt in einem Bibel-Wort aus der Bergpredigt beschlossen: »An ihren Früchten sollt ihr sie erkennen.« Sind die Früchte süß und saftig, gleichen sie dem Apfel vom Baum der Erkenntnis im Paradies. Sie verändern das Bewusstsein und schenken Selbst-Bewusstheit. Sind also die Texte, Gemälde, Heilungen oder Kompositionen, die aus einem medial entgrenzten Menschen herausfließen, von deutlich erkennbarem inhaltlichem oder energetischem Wert, dann steht nicht zu befürchten, dass das Böse am Werk ist. Haben sie eine positive Wirkung, darf man davon ausgehen, dass dahinter eine positive Kraft steht.

Ich möchte beileibe nicht behaupten, dass es das Böse und seine Macht nicht gibt. Aber um Schaden anzurichten, muss man kein Medium sein. Das haben die Diktatoren und Gewaltherrscher aller Zeiten bewiesen. Es ist auch richtig, dass manche Menschen einen Hang zum Okkulten oder zu Schwarzer Magie haben. Geheimgesellschaften gibt es immer wieder, sie wirken auf viele anziehend wie Sekten oder mystische Bünde, die sich gern mit esoterischem Wissen brüsten, nicht selten aber vor allem auf Macht und Geld aus sind. Medialität spielt jedoch in diesen hierarchisch strukturierten Gemeinschaften kaum eine Rolle.

Neutralität

Das Wort Medium bezeichnet einen Vermittler. Die hervorstechende Eigenschaft eines Vermittlers ist seine Neutralität. Erst wenn das Medium durch eine mehr oder weniger tiefe Trance von seiner Alltagspersönlichkeit dissoziiert ist und in diesem Sinne neutral wird, ganz leer von seinen Ängsten und Charaktereigenschaften, kann es Informationen aus einer nicht menschlichen und somit persönlichkeitslosen Quelle empfangen. Nur so können die Botschaften unverfälscht durch die dicken geistigen und psychischen Membranen eines lebendigen Menschen dringen. Medialität und Neutralität beim Weiterleiten der Durchgabe sind also fast dasselbe.

Aber Menschen sind von Natur aus nicht neutral. Sie haben Wünsche, Vorurteile, Sympathien und Abwehrhaltungen. Um einen neutralen Zustand zu erreichen, in dem einem alles, was ist, vollkommen gleich-gültig wird, muss man bestimmte Methoden und Techniken anwenden, vor allem aber den Mut haben, sich in eine Trance fallen zu lassen. Trance macht automatisch neutral.

Für den Vorgang der medialen Übermittlung mit der gebotenen Neutralität habe ich ein Bild entwickelt. Ich vergleiche ihn gern mit dem allseits bekannten Verfahren der traditionellen Kaffeezubereitung. Dazu braucht man heißes, fast kochendes Wasser. Das steht für die hohe Energie, die das Medium aufbringen muss, um sich zu entgrenzen und in der Entgrenzung zu verharren. Sodann braucht man ein Kaffeepulver. Darunter gibt es säuerliche, schlecht geröstete, bittere, aber auch hochwertige, aromatische, anspruchsvolle Qualitäten, die jeweils unterschiedliche Trinker befriedigen oder begeistern. Die zahlreichen billigen oder qualitätsvollen Sorten und Röstungen stehen für die vielen verschiedenen transpersonalen Informationsquellen. Sie sind ja keineswegs alle gleichwertig. Nun wird noch ein Filtergefäß benötigt. Das gleicht Körper, Geist und Psyche des Mediums, seiner Erfahrung, seiner Persönlichkeit, seiner durch Trance und Dissoziation herbeigeführten Reinheit. Es gibt unterschiedliche Arten von Filtergefäßen, aus Porzellan, Plastik, Glas. In dieses Gefäß wird eine Filtertüte eingelegt. Sie allein steht für das Medium in Trance! Die Tüte sollte möglichst geschmacksneutral sein. Sie darf zum Kaffeepulver nichts Unerwünschtes hinzufügen. Denn das Medium muss seine eigenen Ansichten, Beurteilungen und Ideologien für sich behalten, sie dürfen nicht in die Kaffeebrühe, das heißt: die Durchgabe, einfließen. Wer würde als Filterpapier für einen hochwertigen Kaffee Zeitungspapier oder gar eine alte Schuh-Einlegesohle verwenden? Doch was nützt der köstlichste Kaffee, wenn keine Tasse oder Kanne bereitsteht, um ihn nach dem Filtern aufzufangen? Wenn das kostbare Getränk geradewegs in den Ausguss fließt, weil niemand es genießen will? Die Kaffeetrinker, mit mehr oder weniger Kennerschaft ausgestattet, stehen für die jeweiligen Empfänger.

Mediale Botschaften sind ohne Ausnahme immer für jene Empfänger bestimmt, die sie auch verstehen und würdigen können. Wenn niemand sie begreifen kann, war der mediale Aufwand vergeblich. Die Empfänger müssen mit einer inneren Resonanz ausgestattet sein, um die jeweilige Qualität der Durchgabe erkennen und für sich nutzen zu können. Nun wissen wir aber, dass nicht jeder ein Kaffeetrinker ist, und andererseits nicht wenige sich klaglos mit einem dünnen, abgestandenen Gebräu zufriedengeben. Das heißt, viele Menschen mögen oder vertragen keinen Kaffee, und viele Menschen »mögen und vertragen« auch keine medial empfangenen Botschaften. Andere sind schon beeindruckt von wenig gehaltvollen, schalen, abgestandenen Durchsagen, wieder andere wollen nur das hören, was sie ohnehin schon wissen. Der Kenner aber schätzt den Genuss einer energetisch intensiven, ihn als subjektiv »wahr« berührenden und gewissermaßen »unerhörten«, neuartigen medial empfangenen Information und profitiert sozusagen vom Genuss des aromatischen Koffeingetränks, weil es ihm guttut und seine Lebenskräfte weckt. Es sollte jedoch vor allem in Erinnerung bleiben, dass ein gutes Medium so neutral wie ein guter Papierfilter sein und bleiben muss.

Medialität und Meditation

Mediale Offenheit und Meditation werden oft verwechselt. Doch Meditation ist eine Technik, die innere Leere und dadurch Selbsterkenntnis anstrebt. Bei Medialität aber handelt es sich um einen Zustand, der eine vorübergehende Leere durch die Technik der Trance mit einem neuen, nicht selbst gedachten Inhalt füllen will. Meditation sucht die Verbindung zur Ganzheit und zum Nichts. Medialität sucht Informationen aus nicht körperlichen Bereichen. Ein Medium stellt sich ganz anders zur Verfügung, mit Haut und Haaren, als ein Meditierender. Deshalb sind auch die entsprechenden Körperhaltungen unterschiedlich.

Beide Vorgänge kann man als paradoxe Disziplinleistungen verstehen. Beide setzen, um zu gelingen, tiefe Entspannungszustände voraus. Dann aber beginnt die Arbeit, oder besser: Nicht-Arbeit. In Mediation nicht nur zu gelangen, sondern auch zu verharren, erfordert Übung und Beharrlichkeit. In medialer Trance etwas Sinnvolles und Hilfreiches zu empfangen und weiterzugeben ist harte Arbeit. Das Medium macht sich vorübergehend leer und neutral, um Botschaften zu empfangen, die seinem Alltagsbewusstsein fremd sind und frei von eigenen Denkeinflüssen sein sollen. Denn wozu der ganze Aufwand, wenn man, ausgestattet mit Intelligenz und Verstand, auch ganz von selbst auf das Neue, das Andere kommen könnte?

Aber dieser bewusste und absichtliche Dissoziationsvorgang ist sehr anstrengend für die menschliche Psyche und oft auch angstbesetzt. Beides, Meditation und Medialität, sollte deshalb anfangs am besten unter Anleitung und Begleitung praktiziert werden.

Kann man Medialität als Begabung bezeichnen, als Gabe, vielleicht sogar als Begnadung? Ja und nein. Menschen sind sprachbegabt, musikalisch, können besser rechnen oder zeichnen oder tanzen oder schneller laufen als andere. Aber das reicht nicht. Erst Übung macht den Meister. Üben, üben, dranbleiben! Das gilt auch für die Medialität. Mediale Begabungen sind keineswegs selten, viele könnten darüber verfügen; aber es erfordert große Hingabe, eine gewisse Charakterstärke und Ausdauer, um es zu einer deutlich erkennbaren, reproduzierbaren Fertigkeit von hoher inhaltlicher Qualität zu bringen. Nicht jedes Kind, das ein bisschen Klavier spielen lernt, wird zum Konzertpianisten. Und wenige werden weltberühmt. Das ist mehr als eine Gabe. Es ist Kunst. Es ist Beruf und Berufung.

Und wie steht es mit der Begnadung? Große Trancemedien empfinden es oft so, dass sie – während sie vorübergehend mit einer transzendenten Kraft in Kontakt treten – ein großes Geschenk empfangen. Eine Gnade, die nicht klein macht. Eine Demut, die nicht demütigend wirkt.

Formen der Medialität

Es gibt eine aktive und eine passive Medialität. Man kann die Vorgänge auch als objektives oder subjektives Channeling bezeichnen, wie die Wesenheit Lazaris es vorschlägt. Wer seine Empfänglichkeit für Weisungen, aus welcher Dimension auch immer, nur für sich selbst nutzt, was durchaus nicht selten und völlig legitim ist, und sie als inneren Ratgeber betrachtet, ist sozusagen mit einer passiven und subjektiven Medialität gesegnet. Besser wäre es, diese Veranlagung als gut entwickelte Fähigkeit zur Innenschau zu betrachten. Denn es handelt sich dabei meistens um eine Begleitung durch die eigene Seelenfamilie, die sehr wertvoll sein kann. Auf jeden Fall ist es eine beglückende Erfahrung, sich liebevoll geleitet zu fühlen.

Aktiv und objektiv in dem Sinn, dass die persönlichen Ansichten des Mediums bei der Durchgabe keine Rolle spielen, wird diese Fähigkeit erst dann, wenn sie zum verbalen oder künstlerischen Ausdruck gelangt, wenn sie andere Menschen betrifft, bereichert, beglückt und ihnen hilft. Ein Empfänger von inneren Weisungen wird dann insofern zum Medium, als er sich als reinen Vermittler transpersonaler Botschaften für einen Mitmenschen oder die Menschheit schlechthin betrachtet.

»Ich bin ziemlich medial, glaube ich«, höre ich bisweilen von Leuten, die mich um Rat fragen. Bei näherer Nachforschung stellt sich heraus, dass sie eher telepathisch begabt sind. Zum Beispiel kommt ihnen jemand in den Sinn – und wenig später ruft die Person an. Zwischen Liebenden gibt es oft starke telepathische Verbindungen, die abreißen, wenn die Verliebtheit verblasst. Manchmal sind Menschen auch ein wenig hellsichtig oder sie träumen vom Ableben einer Nachbarin, das wenig später eintritt. Darüber sind sie dann sowohl zu Tode erschrocken als auch ein wenig stolz. Oder sie verwechseln ein sogenanntes Bauchgefühl mit medialer Empfänglichkeit. Etwas Ähnliches kann man oft in Quizsendungen beobachten: Die Kandidaten wählen nach dem 50:50-Joker von zwei Antworten die richtige. Kann man das als Medialität bezeichnen? Ich würde hier eher die Wahrscheinlichkeitsrechnung zurate ziehen.

Dabei handelt es sich gar nicht um eigentliche mediale Empfänglichkeit, sondern um das, was man eine »gute Nase« oder ein »gutes Händchen« nennt, um instinktiv richtige Entscheidungen, basierend auf Menschen- oder Sachkenntnissen. Man vertraut jemandem nicht und wendet sich ab, oder man kauft gegen den Rat eines Bankers bestimmte Aktien, die sich später als sehr gewinnträchtig erweisen. Das würde der Käufer wahrscheinlich selbst nicht als medial empfangene Eingebung bezeichnen. Ist es Instinkt, ist es Intuition? Hat man es irgendwie »im Urin«? Jüngere Seelen[4] tun so etwas gern ab als »Glück gehabt«. Es war eben eine »gute Idee«, ein »brillanter Einfall« oder auch ein ungutes Gefühl, eine spontane Abneigung gegen etwas oder jemanden. Denn jüngere Seelen haben wenig Energieverbindung zu nicht körperlichen Welten und halten von solch einer »Spökenkiekerei« auch nicht viel. Trotzdem können auch Junge Seelen stark medial veranlagt sein und im Rahmen ihrer Möglichkeiten und eingebunden in ihren Gesellschaften damit arbeiten, zum Beispiel als Schamanen. Ihre Ziele, Bedürfnisse und Anliegen sind nur wesentlich anders gestaltet als bei älteren Seelen. Von ihrer Umgebung werden sie oft als große Zauberer wahrgenommen, manchmal als weise Frauen, Hexen oder Gurus. Auf jeden Fall stellen sie etwas Besonderes dar und üben auch eine entsprechende Macht über ihre naiv-gläubigen Mitmenschen aus.

Medialität und Channeling

Nicht jedes Channeling sollte man als medialen Empfang bezeichnen. Der Begriff »Channeling« wird wie schon erwähnt vielfach als Synonym für Medialität gebraucht. Er ist seit den Siebzigerjahren des

20. Jahrhunderts auch ein Modebegriff, der umso beliebter ist, je weniger man weiß, was damit gemeint ist, oder je mehr man andere, die nicht »channeln« können, damit beeindrucken kann. Doch auch hier sollte man gewisse Kriterien zur Unterscheidung ansetzen. Ein Mensch kann »Kanal« für vieles und für viele sein – für die eigene Psyche, für das eigene Unbewusste und das eines Mitmenschen, für körperliche Beschwerden bei sich selbst und anderen. Viele reden mit ihrem Geistführer, mit verstorbenen Verwandten, mit ihrem Totemtier, ihrer Seele, ihrer Seelenfamilie oder ihren Seelengeschwistern. Für diese Vorgänge würde ich das Wort »Reading« vorziehen.

Man kann durchaus mit den Toten sprechen oder sie durch sich sprechen lassen. Berühmte Persönlichkeiten der Vergangenheit können gerufen werden und sich mit überzeugender Authentizität zu Wort melden. Damit sind wir bereits in einer Zwischenzone. Auch Weisungen von einem sogenannten Aufgestiegenen Meister gehören hierher. Sobald es sich um die bereits erwähnte Fremdenergie handelt, ist der Begriff Channeling angemessen. Der Kontakt mit der Astralebene oder dem Jenseits hat jedoch eine grundsätzlich andere geistige und emotionale, vor allem aber energetische Qualität als der Empfang von Botschaften eines Lehrers aus der Kausalebene. Ein Kenner der Materie kann dies leicht erkennen.

Im angelsächsischen Sprachbereich (und inzwischen auch bei uns) bezeichnen sich viele als »Channel«. Es wäre auch unschön, wollten sich deutsche Medien als »Kanal« bezeichnen, denkt man in diesem Zusammenhang doch eher an Schifffahrtswege oder an die Abwasserwirtschaft. Außerdem reduziert die Vorstellung, nichts als ein Kanal zu sein, den unbestreitbaren Beitrag des Mediums zum Vorgang des Empfangs von Botschaften. Denn schließlich stellt es seine ganze Person, seine Sprache, seine Stimme, seine Kraft zur Verfügung, damit eine nicht menschliche Instanz sich bemerkbar machen kann.

Bewusste und unbewusste Medialität

Nicht zuletzt sollte man eine bewusste von einer unbewussten Medialität unterscheiden. Gibt es überhaupt eine unbewusste Medialität? So würde ich die Fähigkeit bezeichnen, Informationen oder Botschaften zu empfangen, die im Traum oder Halbschlaf gesendet werden, wenn der Widerstand der Psyche am geringsten ist. Oft wissen sich die seelischen, die psychischen oder auch die außermenschlichen Kräfte nicht anders zu helfen, als ihren Empfänger mittels einer kaum erinnerten und schnell vergessenen Mitteilungsform zu unterstützen.

Dazu ein Beispiel: Während der Arbeit an unserem Buch *Junge Seelen – Alte Seelen* im Jahr 2015 gelangte ich an einen Punkt, der mir immense Angst machte. Das Buch besteht vollständig aus Durchgaben der Quelle, die über mehrere Jahre im Beisein einer Gruppe von interessierten Freunden empfangen wurden. Wir gingen systematisch vor, begannen mit dem Säugling-Seelenalter und gelangten endlich zu den Aufgaben der sehr Alten Seelen. Wochen vor dem Termin breitete sich eine zunehmende Panik in mir aus: Alt 6 – das kann ich nicht channeln, ich hab doch von solch alten Seelen keine Ahnung! Viel zu groß! Ich kenn doch niemanden mit diesem Seelenalter! Hab ich doch selbst noch nicht durchlebt! Keinerlei Anhaltspunkt! Wie soll ich das nur schaffen? Und nun kommen die Freunde alle bald von nah und fern, haben Flüge gebucht und Hotels reserviert, die wollen etwas geliefert bekommen! Was soll ich bloß tun? Was wird da von mir verlangt?

Ich wollte schon kapitulieren, alles absagen. Mein Mann[5] versuchte mich zu trösten und zu beruhigen. »Du musst doch einfach nur channeln, die Quelle macht die Arbeit, lass sie doch walten!«, sagte er. Ist ja richtig, dachte ich bei mir, aber Frank hat einfach keine Ahnung, wie es mir damit geht und was da auf mich zukommt!

»Nur channeln!« Haha! Die Leute denken viel zu oft, dass die Texte aus dem Nichts kommen, und vergessen, was die Energie, die damit verknüpft ist, mit dem Medium macht. Diese Energie muss einerseits aus der medialen Person heraus erzeugt und zur Verfügung gestellt werden. Durchlässigkeit ist nicht selbstverständlich und bei mir schon gar nicht. Es bedarf dazu besonderer Methoden und Techniken. Ein bisschen Entspannung genügt nicht für höchst anspruchsvolle abstrakte Botschaften. Andererseits ist die Energie der Quelle überwältigend, und die Berührung damit muss vom Medium ertragen werden können. Aber ich hatte vor allem nackte Angst, unfähig in Bezug auf die mir so fremden Inhalte zu sein. Angst mich zu blamieren.

Da passierte etwas Ungewöhnliches, für mich Einzigartiges: Einige Tage vor dem gefürchteten Wochenende schickte mir die Quelle in einem langen, intensiven Traum alles, was ich für diese Durchsage benötigte. Inhalte, Struktur, Bedeutungszusammenhänge, komplett! Leider, leider hatte ich nach dem Aufwachen alle Details vergessen. Aber ich fühlte mich unterstützt, verstanden, getröstet, behütet – ja, geliebt in meiner Angst und wusste plötzlich: Es wird klappen! Ich habe bestimmt unbewusst gespeichert, was mir da im Traum mitgeteilt wurde! Alle Sorge, alle Panik fiel von mir ab. Große Dankbarkeit und eine gewisse Demut breiteten sich in mir aus.

Dann kamen der Tag und die Stunde. Alle Anwesenden standen unter Hochspannung. Ich war ruhig. Alles lief wie am Schnürchen. Selten ist mir ein Kontakt mit der Quelle so leichtgefallen. Die Durchgabe zu Alt 6 ist von grandioser Qualität. Ich bin noch heute gerührt von der Fürsorge, die mir aus der transpersonalen Bewusstseinsebene meiner treuen Quelle zuteilwurde. Und ich verstehe, dass Frank natürlich recht hat. Ich muss nicht alles allein leisten, ich darf die Informationen der Quelle einfach durch mich durchlassen. Mein Verstand wusste das natürlich schon seit dreißig Jahren. Aber jetzt durfte ich eine neue Qualität in mir und im Kontakt erfahren. Ein neues Vertrauen. Und im Nachhinein musste ich sogar ein bisschen beschämt über meine starrsinnigen Autonomie-Fantasien lachen.

Ein weiteres Kennzeichen einer unbewussten Medialität sind Wahrträume. Oft sind sie von starken Ängsten begleitet und haben eine unangenehme hellsichtige Komponente. Wenn sich bewahrheitet, dass ein im Traum als Toter erscheinender Mensch wenige Tage darauf tatsächlich stirbt, macht das dem Träumer keine Freude. Es erschreckt ihn, er weiß nicht, wie er damit umgehen soll. Er behält es oft für sich und leidet darunter. Oder, wenn er erzählt, was er im Traum gesehen hat, gilt er vielen Mitmenschen als unheimlich. Eine solche unbewusste Medialität oder Hellsichtigkeit wird nicht selten als Fluch empfunden. Bringen wir also weiterhin Licht in die Sache.

Medialität in allen Zeiten

Gab es bereits in der Steinzeit Orakeltechniken? Wir wissen es nicht. Aber es ist wahrscheinlich. Von den Grundfragen der Menschheit – Wer sind wir? Woher kommen wir? Wohin gehen wir? – scheint es, als sei die letztere am einfachsten zu beantworten. Der Tod ist gewiss. Vielleicht gibt es ein Danach. Immer und überall existierten hoch angesehene Individuen, die sich bemühten, einen Blick in die Zukunft zu erhaschen, einen Blick ins Jenseits zu werfen, um seine Geheimnisse zu ergründen. Dies geschah mithilfe der unterschiedlichsten Methoden: Man warf eine bestimmte Anzahl von Knöchelchen oder Stäben, schaute in geschüttelten Wüstensand, blickte in die Sterne. Dann wurde das Ergebnis gedeutet. Manchmal wies es auf Unglück und Leid hin, ein andermal auf Erfolg und Kriegsglück. Zu wissen oder zu glauben, was die Zukunft bringt, beruhigt die Ängste der Menschen und unterstützt vor allem die Ambitionen oder Befürchtungen der Machthaber.

Es wäre wirklich zu einfach, solches Tun als Zauberwerk für Leichtgläubige lächerlich zu machen. Es geht auch gar nicht darum, ob man aus Schafslebern tatsächlich die Zukunft vorauszusagen vermag. Vielmehr kann man im Lauf der Geschichte beobachten, dass es nie um die Wahrheit schlechthin ging und geht, sondern dass es Sinn und Funktion solcher Bemühungen war und ist, das Schicksal zu ergründen. In diesem Sinne möchte ich auf den folgenden Seiten die Geschichte der Medialität beleuchten und dabei immer auch wieder Einblicke in meine persönlichen Erfahrungen damit geben.

Die Anfänge

Die Politik des babylonisch-assyrischen Großreichs wurde durch die Arbeitsergebnisse von Wahrsagern und Sterndeutern wesentlich mitbestimmt. Mit erstaunlichem Erfolg! Aus heutiger Sicht mag man das Vorgehen der Herrschenden herablassend als primitiven Aberglauben abtun, doch dieses Staatwesen gedieh und blühte ein ganzes Jahrtausend lang. Der Herrscher verließ sich auf die Beratung durch seine bewährten Staatsbeamten. Deren Aufgabe war es, bedeutsame und folgenschwere politische Entscheidungen, aber auch weniger wichtige private Belange durch ihren geschulten Blick in die Eingeweide eines ausgesuchten Tieres zu unterstützen. Tag für Tag wurden makellose einjährige Lämmer geschlachtet, um deren Lebern zu inspizieren. Die Beamten waren darin ausgebildet, wie man vielen erhaltenen Keilschrifttäfelchen entnehmen kann. Weil jede Leber einzigartig ist, wurde selbst den winzigsten Abweichungen Aussagekraft zugewiesen. In unseren Museen kann man heute noch Lehrmaterial in Form tönerner oder steinerner Lebermodelle anschauen, die sorgfältig unterteilt und beschriftet sind. Die Ausbildung war gründlich und dauerte lange. Bei der Deutung von Schafslebern handelte es sich um eine ausgefeilte, hoch entwickelte Kunst. Sie wurde auch von anderen Völkern betrieben, von den Griechen bis hin zu den Etruskern und Römern. Privatleute und Herrscher, Philosophen und Dichter beauftragten mit großer Selbstverständlichkeit einen Haruspex mit hohem Hut, der die Eingeweide von Opfertieren untersuchte, um die Zukunft zu deuten. Er genoss hohes Ansehen.

Die Leberschau war bei Weitem nicht die einzige Divinationstechnik, die in Babylonien zur Blüte gelangte. Ebenso bedeutsam war die Kunst, den Vogelflug oder das Verhalten von Geflügel als Hinweis auf die Zukunft zu deuten, als Auspicium für gute oder schlechte Zeiten. Offizielle Auguren ergründeten im Auftrag von Politikern und Privatleuten den Willen der Götter. Ähnlich wie Priester spielten sie sowohl im alten Griechenland als auch im Römischen Reich eine wichtige Rolle. Unter Caesar Augustus gab es sechzehn Auguren. *Auguri, tanti auguri!* So wünscht man sich in Italien noch immer eine gute, gesegnete Zukunft.

Die Kunst der Astrologie

Solche Orakel werden heutzutage nicht mehr befragt. Aber eine der antiken Methoden, Schicksal und Zukunft zu erfragen, wird seit Jahrtausenden bis auf den heutigen Tag gepflegt: die Sternenkunde. Sowohl die Astrologie als auch die Astronomie haben ihre Wurzeln im alten Orient. Die seinerzeit berechneten und gedeuteten Bewegungen der Gestirne sind zugleich als Beginn wissenschaftlicher Beobachtungen zu verstehen. Hofastrologen waren bis weit in die Neuzeit hinein offizielle Berater europäischer und orientalischer Herrscher. Dabei ging es in der Regel nicht um Persönlichkeits- und Lebensberatung, wie es heutzutage meistens der Fall ist, sondern um Zukunftsdeutung und Abwehr von Unglück, um Planung eines kriegerischen Unternehmens oder um eine günstige Verehelichung.

Ein guter Astrologe – und das gilt bis jetzt – reichert die rein technische Deutung eines Horoskops mit einer seherischen Fähigkeit an. Mag es Intuition oder mediale Empfänglichkeit, visionäre oder weissagende Kraft sein – erst eine solche Gabe macht die Zeichen der Gestirne zum Auslöser wertvoller Hinweise, die in Worte gefasst werden können.

Aus dieser Sicht ist es nicht verwunderlich, dass auch die Geburtslegende Jesu mit der Geschichte von drei Weisen aus dem Morgenland unterlegt wurde. Waren sie nun Könige oder nicht, auf jeden Fall waren sie Sterndeuter und folgten einem großen Kometen bis an den Stall mit der Krippe. Ein solches Himmelsereignis galt als göttliches Zeichen und war Beweis für ein außergewöhnliches Geschehen. Die

Heiligen Drei Könige mag es nie gegeben haben, doch es ist eine unabweisbare Tatsache, dass zweitausend Jahre später ein Großteil der Weltbevölkerung an Jesus Christus als Sohn Gottes und Erlöser glaubt.

Der »Glaube« an die Astrologie ist für die Wirkung einer Vorhersage genauso wenig entscheidend ist wie der Glaube an Vogel- oder Eingeweideschau. Es entlastet jedoch Gesellschaft und Individuum von einer verständlichen Zukunftsangst, wenn Entscheidungen an eine höhere Macht abgegeben werden können. Ja oder nein? Glück oder Unglück? Es geht nicht um Wahrheit, sondern um hilfreiche Deutung. Diese Deutung aber beruht nicht nur auf der Analyse der vorliegenden Berechnungen, sondern hat immer auch einen Aspekt, den man als Intuition, Inspiration oder Medialität beim Deutenden bezeichnen kann. Außerdem kann sich derjenige, der eine Anfrage stellt, immer noch mit der Antwort auseinandersetzen, denn sie ist selten eindeutig, ja oft absichtlich mehrdeutig. Er kann sie annehmen oder ablehnen.

Die berühmte »Venustafel« des Ammisaduga aus dem 17. Jahrhundert v. u. Z. enthält in Keilschrift eine ausführliche Berechnung von Bewegungen der Venus, die sich auf die kommende Ernte beziehen. Wenn man sich klarmacht, dass die Getreideernte über Wohl und Weh einer ganzen Bevölkerung entscheiden konnte, ist es mehr als verständlich, dass man damals alle zur Verfügung stehenden Divinationstechniken in Anspruch nahm, um Hoffnung für das Schicksal des Landes zu schöpfen. Sollte ich je in einem vergangenen Leben für solche Vorhersagen verantwortlich gemacht worden sein, würde mir ganz mulmig zumute.

In Indien und anderen ostasiatischen Gesellschaften wird bis heute kaum eine Ehe geschlossen ohne die Hinzuziehung eines Astrologen. Er überprüft nicht nur, ob die Verlobten, die sich oft noch nie gesehen haben, zueinander passen, sondern legt auch den günstigsten Zeitpunkt für die Eheschließung fest. Das wird seit vielen hundert Jahren praktiziert. Eine solche Art der Partnerzusammenführung aufgrund von Horoskopen, dort allgemein anerkannt, scheint letztlich erfolgreicher für den Bestand einer Ehe zu sein als der im Westen verbreitete Wunsch nach dauerhafter erotischer Verliebtheit.

Vor vielen Jahren – von meiner Medialität war damals noch kaum die Rede – ließ ich mir einmal in Neu-Delhi ein Horoskop machen und auch aus der Hand lesen, einfach aus Neugier, weil ich wissen wollte, wie so ein Mann arbeitet. Ich war damals bettelarm und arbeitslos. Die exklusive Indienreise hatte ich geschenkt bekommen. Die Beratung fand in einem noblen Fünfsternehotel statt. Der Astrologe hätte daraus schließen können, dass ich gut betucht sei. Doch weit gefehlt! Er sah meine aktuelle wirtschaftliche Lage und auch, dass sie sich bessern würde. Die Voraussage lautete: »Sie werden bald so wohlhabend sein, dass Sie reichlich Almosen geben können.« Und recht hatte er, auch wenn es noch einige Jahre gedauert hat, bis die Weissagung eintraf.

Irritierend wahre Prophezeiungen

Dass auch ich nicht schlecht als Wahrsagerin geeignet war, ahnte ich damals noch nicht. Dann wurde ich von einer Münchner Boulevardzeitung kurz nach der Wiedervereinigung gebeten, etwas über die Verlagerung der Regierung von Bonn nach Berlin vorherzusagen. Da man mir ein paar hundert Mark dafür versprach, die ich dringend brauchte, machte ich mir einen Spaß daraus. Natürlich lag ich richtig.

Eine andere Begebenheit machte mir meine Fähigkeiten zur Prognostik deutlicher bewusst, weil sie mich selbst vollkommen überrascht hat und faktisch überprüft werden konnte. Sie hat nichts mit Astrologie zu tun, sondern mit Tarot-Karten. Es war im Jahr 1986. Seitdem ich einem inneren Auftrag folgend meine schöne Beamtenstelle an der Universität Göttingen aufgegeben hatte, war ich immer noch arbeitslos und wohnte in einer WG, harrend der Dinge, die da kommen sollten. Für alle Posten, auf die ich mich bewarb, war ich als Frau Doktor mit »Summa cum laude«-Prädikat völlig überqualifiziert. Ich empfing damals zwar bereits private Durchgaben, meistens für mich selbst oder enge Freunde, aber davon konnte ich natürlich nicht leben. Da bot mir die Künstlervermittlung des Münchner Arbeitsamts einen kleinen Job an. Ich sollte auf der »Damen-Wiesn« des Oktoberfests wahrsagen. Klar, mach ich, für tausend Mark und eine reichliche Mahlzeit sagt man nicht Nein. Verkleidet als Zigeunerin mit schwarzer Lockenperücke, Tinnef-Ohrringen und langem buntem Rock wanderte ich von Tisch zu Tisch – aber ich hatte keine Ahnung, wo ich gelandet war. In München lebte ich erst seit Kurzem, war noch nie auf der Wiesn gewesen und las weder Zeitung noch hatte ich einen Fernseher. Die Gastgeberin Frau Regine Sixt (wer war das denn?) hatte in einem großen Zelt etwa tausend Frauen zu Ente mit Blaukraut und Kaiserschmarrn eingeladen. War das eine karitative Veranstaltung? Oder handelte es sich um die Angestellten ihrer Firma? Auf jeden Fall war es ganz schön eindrucksvoll. Als die Gäste nach und nach eintrafen, wunderte ich mich sehr über die außerordentlich schicken Dirndl und den teuren Schmuck. Ich dachte bei mir: Donnerwetter, die bayerischen Sekretärinnen – die können sich aber was leisten! Ich wusste ja nicht, dass es sich um lauter Promi-Ladys handelte, Crème de la Crème der deutschen Prominenz.

Dann erhielt ich den Auftrag, mich an den Zelteingang zu begeben und jede eintreffende Dame eine Tarot-Karte ziehen zu lassen. So geschah es. Ein paar Worte, kurzes Gelächter, dann kam die nächste dran. Eine von ihnen zog den Herrscher. Mein Kommentar: »Eine hohe gesellschaftliche Position erwartet Sie. Aber ich habe den Eindruck, verzeihen Sie mir bitte, das betrifft eher Ihren Mann als Sie persönlich. Sind Sie verheiratet?« – Und schon ging es weiter. Nun, erst Jahre später stellte ich fest, dass es sich bei dieser Dame um Karin Stoiber gehandelt hatte. Ich erkannte sie auf einem Foto in der Zeitung wieder. Seinerzeit war aber Max Streibl bayerischer Ministerpräsident gewesen. Er stürzte über einen Korruptionsskandal. Daher wurde völlig überraschend 1993, Jahre nach meiner so nebenher gemachten Weissagung, Edmund Stoiber zum Ministerpräsidenten gewählt und blieb es bis 2007. Ob seine Frau sich an den Vorfall erinnert, weiß ich nicht. Aber ich war von mir selbst im Nachhinein beeindruckt.

Und so war es damals häufig. Ich begann zu ahnen, dass ich eine ungewöhnliche Fähigkeit besaß. Interessant und amüsant! Niemals wäre ich auf die Idee gekommen, daraus einen seriösen Beruf zu machen, und noch viel weniger hätte ich diese Begabung, die sich nur unregelmäßig und unplanbar zeigte, als Vorstufe einer Berufung begreifen können.

Mit meinem akademischen Hintergrund hatte ich faktisch abgeschlossen, doch in mir schwelte immer noch die Vorstellung, irgendwann irgendetwas in Richtung Universität, Wissenschaft und Forschung zu machen, und sei es als Sekretärin eines Professors. Seit unserer Scheidung lebte ich nicht mehr in Göttingen, sondern in einer Art Hippie-Wohngemeinschaft in München. Ich gehörte aber nie richtig dazu; das konnte man schon daran erkennen, dass ich keine Drogen nahm, kein Müsli mochte, gern Fleisch aß und darauf bestand, in meiner Zimmerecke einen kleinen Tisch für die Schreibmaschine aufzustellen. »Wozu brauchst du denn soooo was?«, wurde ich verächtlich gefragt. Ein Tisch galt schon als unspirituell, eine Schreibmaschine wirkte in diesem Milieu geradezu häretisch.

In jenen Jahren versandte ich eine Reihe von Bewerbungen, ohne je eine Antwort zu erhalten. Das Arbeitsamt konnte mich (zum Glück) auch nicht vermitteln. Doch ich lebte ganz zufrieden vor mich hin. Meditieren, Spazierengehen, zum ersten Mal in die Disco gehen, seltsame nette Leute treffen, die zwar ungebildet, dafür aber hundertmal lebendiger waren als meine früheren Kollegen von der Uni. Lachen, tanzen und reichlich Sex haben, das war nicht schlecht. Mein

Arbeitslosengeld reichte allerdings nur für das Nötigste. Deshalb verdiente ich mir ein bisschen Geld mit allerlei kleinen Tätigkeiten dazu. Besonders gern ging ich bei anderen Leuten saubermachen. Meine Annonce im *Abendblatt* lautete: »Deutsche Putzfrau, flink und fleißig …«, dementsprechend war ich äußerst gefragt und gut bezahlt. Dabei entdeckte ich eine Seite in mir, die ich als Beamtin nicht gekannt hatte: pragmatisch, fantasiereich, anspruchslos und flexibel. Mir schien, als könnte ich Stroh zu Gold spinnen. Immer fühlte ich mich reich. Hatte ich genug zusammengespart, vermietete ich meine Zimmerecke und verbrachte den Winter in Indien, Nepal oder Thailand. Dort legte ich den Touristen am Strand die Karten oder las ihnen aus der Hand. Es war eine herrliche Zeit, frei und aufregend. Bis dahin hatte ich ja immer nur gelernt, gelesen, studiert, unterrichtet. Meine Einnahmen aus der Arbeit unter Palmen reichten immer gerade für zwei, drei Tage.

In warmen Münchner Sommernächten saß ich, als rassige Zigeunerin verkleidet, im Schein von Fackeln in Schwabing am Straßenrand und las wieder aus der Hand oder legte die Karten. Anschließend überreichte ich meine Visitenkarte mit dem Doktortitel. Das beeindruckte die Kundschaft. Meine mystischen Deutungen waren ein großer Erfolg. Noch Jahre später bekam ich Anrufe von Leuten, die dankbar und begeistert sagten: »Ich muss Ihnen einfach erzählen, es ist alles eingetroffen!« Ich hatte nicht die geringste Ahnung, wovon sie redeten, aber das war auch nicht wichtig. Meine Auftritte als wilde Pseudo-Wahrsagerin, als Gegenmodell zur braven Literaturwissenschaftlerin, machten mir einen Heidenspaß, und wenige laue Nächte genügten, um meine Miete zu zahlen. Ich besaß sogar einen offiziellen Gewerbeschein.

Damals war mir natürlich nicht klar, dass ich mit jeder kleinen Beratung, die ich nach bestem Wissen und Gewissen machte, meine mediale Begabung schulte. Ich lernte dabei, alles, was ich »sah« oder »spürte«, in Worte zu fassen. Weil es in einem solchen Setting von keiner Seite einen Anspruch auf Wahrhaftigkeit und Überprüfung gab, konnte ich meinen Eingebungen freien Lauf lassen. Ich fantasierte ins Blaue hinein und gerade deshalb war vieles goldrichtig. Fantasie wird oft mit einem Lügengespinst verwechselt, aber ohne die Freiheit, die uns die Fantasie schenkt, kann sich Medialität nicht entwickeln.

Woher aber kam meine Gabe? Unter meinen zahlreichen Erinnerungen an frühere Leben, zum Teil ausführlich und präzise, zum Teil bruchstückhaft, gibt es keine einzige, die auf eine irgendwie geartete mediale Tätigkeit in meiner seelischen Vergangenheit hindeutet. Das ist auffällig, weil viele Hellseher berichten, sie seien früher einmal auf dem Scheiterhaufen verbrannt worden oder auf andere Art für ihre bereits damals ausgeübten Fähigkeiten bestraft worden. Ich erinnere mich an nichts Derartiges und gehöre auch nicht zu der großen Gruppe derer, die bereits seit früher Kindheit hellsichtig waren oder Wahrträume hatten, den Tod von Verwandten und Nachbarn vorhersahen oder voller Panik erkannten, dass in der Nähe ein großes Unglück geschehen würde, ohne dass sie es verhindern könnten.

Das Einzige, an das ich mich aus frühen Jahren erinnere, ist Folgendes: Mein Vater machte sich zuweilen über mich lustig, wenn die Familie bei Tisch saß und ich beim Essen innehielt, ins Leere starrte und schwieg. Dann rief er: »Schaut mal, sie macht wieder ihre Kuhaugen!« Daraus schließe ich, dass ich ab und zu einfach weggetreten war. Weil Kuhaugen beim Menschen wahrscheinlich irgendwie dümmlich wirken, versuchte ich natürlich, solche Episoden zu vermeiden.

Aus späteren Jahren kann ich aber von einer unbewussten Präkognition berichten. Ich telefonierte eines Abends mit meiner siebenundachtzigjährigen Mutter. Sie erzählte, dass es ihr an diesem Tag gut gegangen sei, sie habe in der Stadt Einkäufe gemacht, sei viel herumgelaufen und wolle jetzt zu Bett gehen. Daraufhin entfuhr mir unbedacht eine merkwürdige Äußerung. Ich sagte: »Gute Nacht, Mama! Ruhe in Frieden!« Sie reagierte halb belustigt, halb empört: »Na hör mal, bist du verrückt?« Ich war ganz erschrocken. Aber es war tatsächlich das letzte Mal, dass ich ihre Stimme hörte. Zwei Tage später starb sie an einem Herzinfarkt. Etwas in mir muss es gewusst haben.

In Resonanz

Weil ich mich mittlerweile seit vielen Jahren aus berufsbedingtem Interesse ständig und intensiv mit der Geschichte der Medialität befasse, hätte ich gewiss irgendwann innere Resonanzen beim Lesen von Berichten über die zahlreichen Orakeltechniken der alten Kulturen verspüren müssen. Aber obgleich ich sicher bin, schon viele Male gelebt zu haben, als Kind-Seele, Junge Seele und Reife Seele, findet sich meine Erinnerung beispielsweise nicht im jungsteinzeitlichen China wieder. Dort wurden nachweislich seit dem späten 4. Jahrtausend v. u. Z. von Fleisch und Sehnen gereinigte Schulterblätter von Rindern mit glühenden Stäben durchbohrt und die dadurch entstandenen Risse gedeutet. In der Bronzezeit wurde dieses Orakel für die Könige der Shang-Dynastie täglich praktiziert. Später bevorzugte man Schildkrötenpanzer als Orakelknochen. Ganze Heerscharen von Bediensteten präparierten und polierten sie, bevor Fachleute sie zum Weissagen verwendeten. Etwa hunderttausend Fragmente sowie vollständig erhaltene Exemplare mit Inschriften, die sogar über das jeweilige Eintreffen der Vorhersage berichten, wurden bislang aufgefunden. Sie enthalten mit über zweitausendfünfhundert Zeichen die ältesten Zeugnisse chinesischer Schrift überhaupt. Die Schildkröten wurden extra für die Divination gezüchtet. Bis heute pflegt man in Asien diese Erforschung von Orakelknochen. Das ist doch sehr eindrucksvoll! Meine Seele hätte also reichlich Zeit und Gelegenheit gehabt, in einer ihrer Inkarnationen als chinesischer Wahrsager tätig zu sein. Und obgleich ich die über Jahrtausende praktizierte Leber- oder Vogelschau ebenso faszinierend finde wie die Deutung von Knochenrissen, kann ich mich nicht entsinnen, je als Haruspex, als Augur oder in China tätig gewesen zu sein.

Etwas mehr Resonanz findet in mir die Wahrsagekunst der alten Griechen. Dort waren die Weissager oft lebendige Menschen, ja sogar vorwiegend Frauen. Das gilt vor allem für Delphi. Der Hain von Dodona jedoch, das älteste Orakelheiligtum, berühmt schon im 8. Jh. v. u. Z. und in Homers Dichtungen erwähnt, lag schwer zugänglich in den rauen Bergen des Nordostens. Zunächst war der Kult einer weiblichen Erdgöttin geweiht. Später wurde dort das göttliche Paar Zeus und Dione verehrt. Beide wurden gemeinsam angerufen. Im Zentrum des weithin bekannten Orakels stand kein Tempel, sondern eine uralte Eiche. Der Ratschluss der Götter offenbarte sich im geheimnisvollen Rauschen ihrer Blätter oder auch im Gurren der Tauben in ihren Zweigen. Dieses Rauschen und Gurren wurde von einer Priesterschaft gedeutet, deren Angehörige sich zum Zeichen ihrer Erdverbundenheit niemals die Füße wuschen. Anfragen wurden in weiche Bleiplättchen geritzt, die zahlreich erhalten sind. Der homerische Held Odysseus befragte dieses Orakel, um zu erkunden, ob er von seinen Irrfahrten glücklich an Heim und Herd zurückkehren würde. Manche Ratsuchende hatten bescheidenere Anliegen: »Ist das Kind meiner Frau wirklich von mir?« oder »War es Dorkilos, der mein Gewand gestohlen hat?« Zum Glück muss man heutzutage geringere Reisestrapazen auf sich nehmen, um solche Dinge zu klären. Die Heilige Eiche wurde erst auf Geheiß eines christlichen römischen Kaisers im Jahr 394 gefällt. Weit länger als tausend Jahre hatte sie verunsicherten Menschen auf der Suche nach Entscheidung und Wahrheit geholfen.

Meine eigenen Reisen hatten stets weniger den Strand oder die Berge als Ziel. Es drängte mich vielmehr, Europas herrliche mittelalterliche Kathedralen aufzusuchen, die alten Klöster, die Tempel Ägyptens, die frühen Kulturen Mesopotamiens, die Tempel Indiens mit ihren Glöckchen, Blütenopfern, schweren Düften und mit flüssiger Butter übergossenen Statuen. Nach meiner Promotion studierte ich noch zwei Jahre Kunstgeschichte und nahm an einigen Exkursionen teil.

Doch das war nur Beiwerk nach dem Motto: »Man sieht mehr, wenn man weiß.« Im Grunde zog es mich immer an heilige Stätten. Zweimal war ich auch in Santiago de Compostela, allerdings nicht zu Fuß. Dazu wäre ich selbst in jungen Jahren gesundheitlich nicht fähig gewesen. Als ich dort zum ersten Mal die berühmte Kathedrale betrat – es war im Sommer 1978 – ergriff mich der Schauder einer tiefen Vertrautheit. Ich sah mich als Mann mittleren Alters an der zweiten Säule links kauern, in Lumpen gehüllt. Da wurde mir deutlich: Ich war einmal ein Pilger aus Mitteldeutschland, vielleicht im 16. Jahrhundert, der nicht wieder heimgekehrt war, sondern den Rest seines Lebens als Almosenempfänger im Seitenschiff der Kathedrale verbracht hatte, mit Beten, Essen und Schlafen. Diese Vision war mir unheimlich. Von vergangenen Leben hatte ich damals noch nie gehört.

Außerdem war in jenem Moment anderes wichtig. Mit meinen Reisegenossen war ich mit dem Bus von Pamplona aus Station für Station den Pilgerweg abgefahren, geführt von einem bedeutenden spanischen Kunsthistoriker. Nun wurden wir zum Abschluss zu einer ungewöhnlichen Zeremonie geladen. Nach einer kurzen Pilgerandacht sollte uns der junge König Juan Carlos begrüßen und jedem die Hand schütteln. Dazu schwang der riesige Weihrauchkessel, von mehreren Männern an Seilen gezogen, in der Vierung hin und her. Die großen Glocken läuteten ohrenbetäubend zur Feier der Gelegenheit. Es war überwältigend. Darüber vergaß ich fast meine allerersten seltsamen Eindrücke an diesem Ort. Sie fielen mir erst zwanzig Jahre später wieder ein, als ich schon mehr über meine seelische Vergangenheit wusste. Ich bat meinen Mann, mit mir noch einmal nach Santiago zu reisen. Er war immer der Einzige, dem ich mich mit diesen unlogischen Empfindungen anvertrauen konnte. Dieses Mal nahmen wir das Flugzeug und blieben zwei Wochen in der faszinierenden Stadt. So konnten wir mehrmals die Kathedrale besuchen. Scheu und ergriffen näherte ich mich immer aufs Neue der Säule, an der ich

»mich« damals hatte hocken sehen. Und immer aufs Neue kamen die Erinnerungen hoch. Schöne, fromme, trostreiche Erinnerungen. Ich lehnte mich an den mächtigen kühlen Schaft der Säule und schluchzte vor Ergriffenheit. Wäre Frank nicht dabei gewesen, hätte ich mich emotional wohl nicht so stark öffnen können, doch er bot mir Schutz und Halt. Da er selbst schon in seiner Jugend ähnliche Erlebnisse gehabt hatte, konnte er mich verstehen.

Ich meine, dass es sich hier im Grunde ebenfalls um eine Form medialer Empfänglichkeit handelt, wenn auch die Erinnerung an frühere Leben in der jahrtausendealten Geschichte der Medialität keinen festen Ort hat. Weil im christlichen Kontext der Gedanke an Reinkarnation keinen Platz findet und sogar als Ketzerei betrachtet wird, hat in vergangenen Zeiten wohl kaum jemand den Mut gehabt, von solchen unüberprüfbaren »Erinnerungen« zu berichten. Erst im 20. Jahrhundert waren die Menschen frei genug, davon zu reden. Und da immer mehr Berichte bekannt wurden, gab es auch bald ernstzunehmende Untersuchungen. Leider haben sich bislang die Hirnforscher nicht für solche Themen begeistern können. Sie sind ja auch der Überzeugung, dass die Seele reine Einbildung sei. Und eine Einbildung kann schwerlich reinkarnieren.

Orakelpriester und Heiligtümer

Im Jahr 2011 unternahm ich eine Reise durch Kleinasien. Ich besuchte Troja, Pergamon, Ephesus und auch Milet. In der Nähe dieser antiken Stadt, deren prunkvolles Markttor ich im Berliner Museum schon bewundert hatte, liegt der Tempel von Didyma. Neben Dodona und Delphi weissagte hier das dritte der berühmten Orakel Altgriechenlands. Ägyptische Pharaonen, König Krösus von Lydien, Alexander der Große und mehrere römische Kaiser gehörten zu seiner Klientel. Kaiser Hadrian wurde dort sogar selbst zum *prophetes*, zum Opferpriester. Auch in Didyma war in uralten Zeiten zunächst eine weibliche Gottheit verehrt worden. Im 7. Jahrhundert v. u. Z. übernahm dann Apollon mit seiner Priesterschaft sozusagen die Firma.

Bevor ich die steilen Stufen hinaufstieg, setzte ich mich einige hundert Meter entfernt gegenüber auf einen großen Steinblock, um die imposante Anlage von Weitem zu betrachten. Im Zentrum der Orakelstätte stand kein Kultbild und keine Eiche, dort war eine heilige Quelle. Das hätte mir diesen Ort eigentlich sehr sympathisch machen müssen. Doch der Anblick des Tempels rief einen gewissen Widerwillen in mir hervor. Ich fühlte mich an die sozialistische Protzarchitektur von Ceausescu in Bukarest erinnert. Das Bauwerk hatte etwas überwältigend Mächtiges, aber ohne die Grazie der Athener Akropolis, und war auch noch viel größer als diese. Rund sechshundert Jahre hatte man daran gebaut, war aber nie ganz fertig geworden. Einhundertzwanzig stämmige Säulen, eine jede zwanzig Meter hoch, umgaben die Cella, das Allerheiligste, in dem eine Statue von Apollon stand. Aber niemand außer den Priestern durfte sie sehen. Und sogar sie mussten durch dunkle Tunnel kriechen, um zu ihr zu gelangen. Was die Quelle im Innenhof als Antwort auf das Begehren der Ratsuchenden gemurmelt hatte, wurde zunächst dem Götterstandbild von Apoll in den bunt bemalten Mund gelegt, dann in Verse umgesetzt und bekannt gegeben. Brachte jemand reichlich Weihegeschenke mit, erhielt er wahrscheinlich die Auskunft, die er gern hören wollte. So schickte Alexander der Große, der sich kurz zuvor in Ägypten in der Oase Siwa vom dortigen Amun-Orakel zur Gottheit hatte erklären lassen, auch noch Boten nach Didyma. Prompt fing die lange Zeit versiegte Quelle wieder an zu sprudeln und ihm wurde bestätigt, dass er der Sohn des Zeus sei. Wer hätte gewagt, ihm zu widersprechen? Und weil Alexanders Feldzüge bis nach Indien so unerhört erfolgreich waren, gewannen jene Orakelstätten, die genau diese Siege prophezeit hatten, wieder gehörig an Ansehen und Zulauf. Ich habe ja selbst eine Priester-Seele und weiß, was man den Leuten erzählen muss. Und gerade, weil ich all die Tricks kenne, bin ich mir heute, als Alte Seele, zu schade dafür.

Seinerzeit gewann ich den Eindruck, dass die ganze pompöse Anlage im Grunde ein politisches Statement war. Und auch ein bedeutender Wirtschaftsfaktor für die Stadt Milet, ein grandioses Geschäftsmodell. Dagegen ist nicht viel einzuwenden. Es ist nun einmal immer und überall die Art mächtiger Priesterschaften, mit der Sehnsucht und Leichtgläubigkeit der Menschen Geld zu machen, damals wie heute. Jedenfalls meine ich, dass in Didyma wohl selten wahrhaftige Orakelsprüche den Tempel verließen. Dennoch waren die Ratsuchenden tausend Jahre lang mehr als zufrieden.

In Delphi, dem dritten und ebenso alten Orakelheiligtum, war ich leider nie. Dort ging es ganz anders zu. Wieder stand am Anfang eine weibliche Gottheit, dann übernahm Apollon. In der Antike als Nabel der Welt betrachtet, gehört Delphi heute zum Weltkulturerbe. Die Erdmutter Gaia soll hier die geflügelte Schlange Python geboren haben, ein gefährliches Wesen mit hellseherischer Begabung; männlich oder weiblich, das ist ungeklärt. Es wurde von Apollon getötet. Dabei floss das Drachenblut in den Boden und der ganze Ort wurde so zur berühmtesten Orakelstätte der Antike. Und damit entstand in Delphi auch ein bedeutendes politisches Zentrum für die immerzu zerstrittenen griechischen Stadtstaaten und sorgte zu manchen Zeiten für Frieden. Das Orakel wurde befragt, wenn es galt, eine neue Stadt oder Kolonie zu gründen oder vor Beginn eines Krieges. Mit einem passenden Orakelspruch, der sofort weithin bekannt gemacht wurde, war alles machbar.

Der enorme Erfolg der Weissagungen zeigte sich in den Weihegeschenken der Fragenden, die in eigens erbauten Schatzhäusern aufbewahrt wurden. Dabei handelt es sich um viele Tonnen Gold und Silber und große Kunstwerke. Durch die Besucher aus aller Welt, die ihre Belange vortrugen, kam bei der Priesterschaft ein wichtiger Informationsfluss zustande, die damit ihrerseits die Vorhersagen des Apollon-Mediums beeinflusst haben könnten. Delphi ist auch das einzige Orakel, das wegen seiner bedeutenden Vorhersagen ein Echo in der Literatur gefunden hat. Man denke nur an die Ödipus-Erzählung.

Hier finden wir in der Tradition der Erdgöttin ein weibliches Medium, die Pythia, die durch Gase oder andere Rauschmittel vom Geist ergriffen ihre oft mysteriösen Voraussagen machte. Schon Homer berichtet davon. Über dem Tempeltor war der berühmte Satz »Erkenne dich selbst« eingemeißelt. Einzig die Pythia durfte das Heiligtum betreten. Zuvor musste sie sich in der heiligen Quelle der Nymphe Kastalia rituell reinigen. Dann nahm sie auf einem hohen dreifüßigen Schemel Platz. Ob sie kohärente Worte sprach oder nur wie eine Betrunkene lallte, ist nicht überliefert. Auf jeden Fall war es auch hier wieder die Priesterschaft des Apollon, die sich berufen fühlte, die Äußerungen des Mediums zu deuten, manchmal sogar in Merkverse zu fassen und dem Fragenden mitzuteilen.

Gewiss ist, dass die Pythia in Trance war, wenn sie ihre Inspirationen empfing. Einst war man der Ansicht, dass dieser erweiterte Bewusstseinszustand nur durch giftige Dämpfe oder andere halluzinogene Substanzen zuwege gebracht werden konnte. Doch die Felsspalte, aus der angeblich die betäubenden Gase ausgetreten sein sollen, wurde trotz sorgfältigster geologischer Untersuchungen nie gefunden. Ein wenig Ethylen scheint der Erdboden freigegeben zu haben, aber auch dies ist heute nicht mehr nachweisbar. Sogar von Bilsenkraut ist die Rede, doch man weiß nichts Genaues. Die Pythia hielt stets einen frischen Lorbeerzweig, Attribut des Gottes Apollon, in der Hand und kaute die Blätter. Diese könnten, ähnlich wie Cocablätter, eine leicht berauschende Wirkung gehabt haben. Man spricht von ihrem Delirium, einer Besessenheit durch den Gott, als »Enthusiasmos« und Ekstase.

Aber wozu? Gerät man dadurch wirklich in eine »produktive Trance«? Muss man täglich viele Stunden lang neurotoxische Gifte zu sich nehmen, um Weisheiten verbunden mit hellseherisch erlangten Aussagen von sich geben zu können? Gewiss, Schamanen nehmen Drogen ein, versetzen sich durch Gesänge, Trommeln oder Tänze in ekstatische Zustände, doch sie werden dadurch nicht wie von selbst zu Hellsehern oder Verkündern großartiger Weisheiten.

Das tibetische Staatsorakel, den Nechung, versetzte man durch bleischwere Gewänder und eine Haube, die vierzig Kilo wog, in einen veränderten Bewusstseinszustand. Man darf wohl davon ausgehen, dass fast jeder von uns dann Unverständliches von sich geben würde, bloß damit es vorbei ist. Am Ende der traditionellen Zeremonie wurde er ohnmächtig aus dem Saal getragen. Inzwischen hat man ein Einsehen mit den Qualen dieses armen Mannes und reduziert das Gewicht der Haube auf fünfzehn Kilogramm. Der 14. Dalai Lama zieht mehrmals im Jahr sein Staatsorakel zurate. Und auch hier muss das wilde Stammeln des Nechung von »Fachleuten« und dem Dalai Lama selbst zunächst gedeutet werden, bevor dieser in Betracht zieht, seine politischen Entscheidungen danach auszurichten, zusätzlich zu den Auskünften seiner übrigen Berater und zu den Überlegungen seines eigenen Verstandes. Dazu hat er sich deutlich und überzeugend geäußert.

Als Trancemedium im vollen Einsatz

Heute wissen wir, dass man mit anderen, weniger gesundheitsschädlichen Techniken eine stabile und produktive Bewusstseinsveränderung hervorrufen kann. In diesem Zustand hat ein medial begabter Mensch Zugang zu vielen Informationen und Dimensionen des Wissens, die ihm im normalen Alltag nicht zugänglich sind. Das können sich moderne Wissenschaftler nicht recht vorstellen. Doch nicht nur praktiziere ich selbst dies seit Jahrzehnten, wie viele meiner medial begabten Kolleginnen und Kollegen, sondern ich bringe es auch anderen Menschen mit Erfolg bei.

Es ist bedauerlich, dass die moderne Forschung in ihrer Erklärungsnot davon ausgeht, die delphischen Weissagungen, die über ein schlichtes Ja oder Nein hinausgehen, seien legendär oder frei erfunden. Die Pythia, die anfangs nur zu bestimmten Zeiten im Jahr weissagte, war stets eine Frau über fünfzig. Ein solches Alter zu erreichen war in der Antike höchst selten. Man darf davon ausgehen, dass sie reichlich Lebenserfahrung hatte und über einiges an Wissen und Weisheit verfügte. Hinzu kommt, dass eine ältere Frau oft weniger als eine junge das instinktive Bedürfnis hat zu gefallen.

Mit zunehmendem Ruhm des delphischen Orakels und zu Zeiten großen Besucherandrangs gab es bald mehrere Pythien, die zuweilen im Akkord arbeiten mussten, drei oder vier von ihnen wechselten sich im Verlauf eines Tages ab. Weil ich weiß, wie anstrengend und zermürbend Trancearbeit sein kann (damit meine ich nicht »in Trance« zu sein, sondern in diesem Zustand auch noch Vernünftiges und Hilfreiches von sich zu geben), kann ich diese Frauen, die nach dem Verständnis ihrer Zeit Greisinnen waren, nur bewundern. Schon nach einigen Jahren musste ich selbst lernen, meine Kräfte nachhaltig zu schonen, gerade während und nach der Menopause. Inzwischen habe ich meine Trancezeit auf etwa eine Stunde reduziert und praktiziere nicht täglich. Es kommt aber noch genug dabei zustande, weil ich viel schneller sprechen kann als am Anfang. Zu Beginn meiner Tätigkeit als Medium habe ich bis zur Erschöpfung gearbeitet. Die Texte unserer beiden ersten Bücher, *Welten der Seele* und *Archetypen der Seele*, insgesamt fast neunhundert Druckseiten, sind im Verlauf von anderthalb Jahren entstanden. Dazu kamen noch zahllose Lebensberatungen, Seminare und Vorträge mit »Trancevorführungen«. Wie ich das damals geschafft habe, weiß ich heute kaum noch. Es schien mir so leicht! So einfach! Augen zu, entspannen, atmen, ein paar hypnotische Techniken zur Bewusstseinserweiterung, und los ging's! Die Quelle redete und redete durch mich, sozusagen ohne Punkt und Komma. Aber ich konnte nachts kaum noch schlafen, wurde immer nervöser und war einem Zusammenbruch nahe. Da beklagte ich mich eines Tages und rief: Ich kann nicht mehr! So geht das nicht weiter!

Die Antwort lautete: »Wir sind eine transpersonale Wesenheit außerhalb von Zeit und Raum. Wie sind niemals müde, wir haben immer Zeit, unsere Energie ist unerschöpflich. Du aber bist Mensch. Deine Energie ist begrenzt. Wir sind froh, dass du unserem Anliegen, Wissen über die Seele zu verbreiten, dienlich bist. Wir sind dankbar, dass du der Übermittlung unserer Seelenlehre dein Leben widmest, indem du dich entgrenzt. Aber als Mensch bist du begrenzt und du bist daher aufgerufen, deine Grenzen zu respektieren. Achte also auf dich. Das ist dein Anteil an unserer Zusammenarbeit. Niemand hat einen Vorteil davon, wenn du krank wirst.« Daraufhin habe ich einen besonders anstrengenden Seminartyp für ein Jahr ausgesetzt. Anschließend konnte ich einigermaßen erholt wieder an die Arbeit gehen.

Auch die Pythien hatten immer wieder »gesperrte« Tage und Wochen. Man ging im Übrigen davon aus, dass auch die Möglichkeiten des Gottes, der sie und andere Orakel inspirierte, begrenzt waren. Apollon ist neben vielen anderen Zuständigkeiten die Gottheit der Mantik und der Mania, also der Zukunftsdeutung und der geheimnisumwitterten Ekstase. Der Satiriker Lukian schreibt im 2. Jahrhundert v. u. Z.: »Apollon wurde vom Schicksal eine sehr aufreibende Tätigkeit bestimmt. Seine Ohren sind taub von den lästigen Menschen, die seine Orakel erbitten … Einmal muss er in Delphi sein, einen Augenblick später stürzt er nach Kolophon, dann eilt er im Laufschritt nach Dodona, sonst ist es um das Ansehen seiner Kunst geschehen.« Plutarch, selbst eine Zeitlang Priester in Delphi, berichtet, dass Alexander der Große, ein notorischer Raufbold, Apollons Rat wegen seines Feldzugs gegen die Perser einholen wollte. Es war jedoch gerade Sperrzeit. Da packte er die Pythia und schleppte sie mit Gewalt zum Tempel. In ihrer Not schrie sie: »Du bist unbesiegbar, mein Sohn!« Für ihn war das ein glückliches Vorzeichen. Und selbstverständlich siegte er.

Nicht nur Griechenland, auch das römische Großreich hat sich während seiner gesamten Blütezeit an uralten Orakelsprüchen orientiert. Die berühmten »Sibyllinischen Bücher« enthielten Texte in griechischen Hexametern, geweissagt von geheimnisvollen Sibyllen. Sie wurden als Staatsschatz im Kapitol aufbewahrt und von zehn bis fünfzehn hochrangigen adeligen Wächtern gehütet. Als das Gebäude einmal abbrannte und die heiligen Bücher dadurch zerstört waren, forderte der Senat umgehend Kopien aus Griechenland an, weil man davon überzeugt war, ohne sie die Regierungsgeschäfte nicht ordnungsgemäß führen zu können.

Auf einer Italienreise konnte ich die Höhlen von Cumae besuchen. Das heutige Cuma ist die allererste griechische Siedlung auf dem italischen Festland. Nördlich von Neapel gelegen, nur wenige Meter vom Meeressaum entfernt, kann man eine weitverzweigte Grotte betreten, deren hundertdreißig Meter langer, aus dem Stein gehauener Zugang in einen kalten, feuchten Raum führt. Hier sollen Sibyllen über Jahrhunderte wahrgesagt haben. Auch sie waren, wie die Pythien, alte Frauen. Ich war zur Zeit meines Besuches dort selbst bereits über sechzig. Als ich wieder aus der Höhle trat, erfasste mich großes Mitgefühl. Wie müssen sie gelitten haben, diese älteren Frauen, ohne Tageslicht, vielleicht mit Rheuma oder entzündeten Bronchien! Wurden sie dort gefangen gehalten? War der Ruhm ein solches Elend wert? Und wer verdiente daran? Richtig! Ganz in der Nähe gab es einen Apollon-Tempel mit einer klugen Priesterschaft.

Dogmen und Verbote in christlicher Zeit

Das Orakel von Delphi war vom 9. Jahrhundert v. u. Z. bis zum Ende des 4. Jahrhunderts aktiv. Das sind grob gerechnet eintausenddreihundert Jahre. Es hätte wohl auch weiterhin existiert, wären nicht alle Arten der Weissagung von christlich-römischen Kaisern um 400 per

Edikt verboten worden. Bis heute lehnen die Kirchen das Wahrsagen und Hellsehen als Anmaßung gegenüber dem unergründlichen Willen Gottes ab. Es sei denn, fromme Klosterschwestern wie Teresa von Ávila oder Caterina von Siena berichten von glaubenskonformen Visionen oder Ekstasen, dann ist es in Ordnung. Niklaus von Flüe, der Schweizer Nationalheilige, hatte Visionen, denn er fastete jahrelang. Zugleich diente er seinem Heimatland als wertvoller Ratgeber in gesellschaftspolitischen Angelegenheiten und verhinderte kriegerische Auseinandersetzungen. Heute würde man meinen, er sei als Großbauer »sehr gut geerdet« gewesen. Seine mediale Empfänglichkeit entwickelte sich erst in höherem Alter.

Auch die große Hildegard von Bingen hat uns viel hinterlassen, das von staunenswerter Wirkung ist. Wie die Pythien und Sibyllen hat sie ebenfalls erst ab der Mitte ihres Lebens ihre seherische Kraft entdeckt und entwickelt. Zum Glück wurde sie über achtzig und hat zahlreiche Schriften hinterlassen. Nach langem Ringen wurde ihr vom Papst offiziell bestätigt, dass ihre Visionen und Schriften kein Teufelswerk seien. Die Gefahr, dass jemand, der über ungewöhnliche Fähigkeiten verfügt, bezichtigt wird, mit dem Teufel im Bunde zu sein, hat gewiss viele begabte und für Transpersonales offene Menschen in Mittelalter und Neuzeit davon abgehalten, ihre Gaben zu nutzen. Hildegard hatte vielfältige Talente, sie war Seherin und ein bedeutendes Medium, ganz abgesehen von ihrer Stellung als Äbtissin, Heilkundige und Musikfreundin. Liest man ihre Vita, fällt zweierlei auf: Sie besaß einen außerordentlich eigenständigen, mutigen Geist, und sie wurde jedes Mal schwer krank, wenn sie das, was sie in ihren Visionen und Auditionen erlebte, nicht von sich gab, wenn sie es also der Welt oder sogar ihrem Beichtvater verheimlichte.

Die Gottesschau frommer Männer und Frauen blieb meistens im akzeptierten Rahmen. Und heute geht man davon aus, dass solche Erlebnisse nur möglichst lange her sein sollten, dann lässt sich gefahrlos darüber reden. Denn dass ein vernünftiger moderner Mensch eine unmittelbare Gotteserfahrung machen könnte, wird allgemein als undenkbar betrachtet. Ist das nicht traurig? Wenn die Erscheinungen eines schlichten Mädchens wie Bernadette allerdings zu einem päpstlichen Dogma (der Unbefleckten Empfängnis) passen und einen Marien-Wallfahrtsort wie Lourdes begründen, ist auch die Kirche zu Kompromissen bereit. Aber warum nur hat man die junge Seherin kurze Zeit nach ihren Visionen in einem weit entfernten Kloster weggesperrt? Hielt man sie letzten Endes doch für psychotisch? Oder wollte man verhindern, dass sie eine eigene Meinung zu dem äußerte, was ihr widerfahren war? Immerhin wurde sie am 8. Dezember 1933 endlich zur Ehre der Altäre erhoben, also heiliggesprochen.

Geistige Schlichtheit scheint geradezu eine Voraussetzung für die Fähigkeit zu sein, Marienerscheinungen zu erleben. Je ungebildeter die Visionäre sind, umso glaubhafter wirkt das Ereignis. Nicht lesen und nicht schreiben zu können ist sogar ein Topos, den man sowohl aus den Lebensbeschreibungen des Propheten Mohammed als auch von Hildegard von Bingen kennt, die ihre ganze Jugend als eingemauerte Reklusin verbracht hat und der angeblich kein anderes Buch als die Bibel zur Verfügung stand. So waren es auch Hirtenkinder, die in Fátima »Unsere Liebe Frau« Maria unter einem Eichbaum erblickten. Sechsmal erschien sie und sprach zu ihnen. Keiner sonst hörte die Stimme. Ein wenig merkwürdig erscheint dem nachdenklichen Analysten von heute, wie komplex denkend und theologisch gebildet diese kleinen Kinder schienen. Zwei starben kurze Zeit später. Die einzige Überlebende, Lúcia, trat in einen Orden ein und enthüllte erst mit fast fünfzig Jahren in einem versiegelten Bericht, was sie gehört und gesehen hatte. Daraus wurden die »Drei Geheimnisse von Fátima«, eigentlich drei Prophezeiungen, deren letzte erst im Jahr 2000 öffentlich gemacht wurde. Es geht darin um die Hölle, um das revolutionsgeschüttelte Russland, das bekehrt werden muss, und um das Attentat auf einen weiß gekleideten Bischof. Einige Verschwörungstheorien ranken sich um diese Visionen und Auditionen, wie sich überhaupt der Vatikan mit seinen Archiven und Verliesen besonders gut für faktische oder eingebildete Geheimnistuerei eignet. Die Jungfrau Maria wurde ausschließlich von den drei Kindern erblickt, aber ein Naturschauspiel (das Sonnenwunder), das die Menschenmassen um sie herum weinend und betend auf die Knie fallen ließ, sahen sie selbst angeblich nicht. Es sollte ein angekündigtes »Zeichen« der heiligen Gottesmutter sein, das sich am Tag der letzten Erscheinung im Oktober 1917 ereignete, um die Tatsächlichkeit der Vision zu beweisen. Maria ließ die Sonne über den Himmel tanzen, das konnte von gut siebzigtausend Anwesenden, von Gläubigen und Atheisten, von Journalisten und Neugierigen, bezeugt und auch fotografiert werden. Viele wurden von großer Furcht ergriffen und meinten, das Weltenende sei gekommen. Astronomisch lässt sich das Phänomen jedoch nicht belegen; es ist bis in unsere Tage vielfach untersucht worden und zahlreiche wissenschaftliche sowie mystische Theorien wurden dazu geäußert. Doch »robuste« Beweise gibt es nicht.

Wunder und Wahrheit

Hauptsächlich in Italien ereignen sich Blutwunder, nach dem berühmten Vorbild von San Gennaro in Neapel. In einer goldgefassten Ampulle verflüssigt sich pünktlich mehrmals im Jahr das Blut des 305 verstorbenen Stadtheiligen und die Menschen geraten in eine kollektive Ekstase. Wenn das Wunder ausbleibt, bekommen die Neapolitaner Angst, denn das bedeutet Unheil für die Stadt, vor allem Erdbeben. Verschiedene italienische Madonnen weinen blutige Tränen, auch wenn es sich nur um kleine billige Gipsfiguren handelt, die jemand in einem Souvenirladen erstanden hat. So wird der Besitzer der Statuette schnell berühmt. Man untersucht, bezweifelt, zieht Wissenschaftler zurate, meldet das Wunder an den Vatikan. Dort ist man nicht begeistert. Das Blutwunder von Neapel wurde bis heute nicht anerkannt, aber man lässt diese Volksfrömmigkeit gewähren.

Jesus der Heiland selbst erscheint nur höchst selten und Protestanten bekommen weder Mutter noch Sohn je zu sehen. Manchmal ist es vielleicht nur ein frommer Wichtigtuer, der behauptet, ihm sei die Heilige Jungfrau erschienen. Pünktlich um 16.30 Uhr wirft sich dieser Tage ein älterer ehemaliger Polizeibeamter in der Nähe von Altötting auf die Knie, Maria zeigt sich ihm etwa fünf Minuten lang, es duftet nach Rosen, dann sprudelt Gnadenwasser aus einem zuvor versiegten Brunnen und der Seher segnet die Anwesenden durch inbrünstiges Handauflegen. Von der Amtskirche wurde diese Privatvision bislang nicht anerkannt. Doch viele Gläubige ziehen beseelt und beseligt von dannen. Kann das schaden? Macht es die Leute nicht glücklich?

Umgekehrt gilt: Alles, was Menschen Angst macht, ruft nach Deutung, Einordnung und Erklärung. Was von den Naturwissenschaften der jeweiligen Zeit nicht erklärt werden kann, bezeichnen sie als Wunder. Man möchte ja zu gern daran glauben und sich den himmlischen Mächten anvertrauen. Oder, als gegenteilige Regung, will man das Geschehen zumindest als Betrug entlarven. So sagt man, dass die schlichten Gemüter sich das alles nur eingebildet haben und sodann vom Machtapparat des Heiligen Stuhls instrumentalisiert oder angefeindet wurden, je nach Bedarf.

Wie dem auch sei, Fátima ist heute mit Lourdes der am meisten aufgesuchte Marien-Wallfahrtsort und ein ebenso großer Wirtschaftsfaktor für eine sonst wenig entwickelte Gegend Portugals. Ähnliches gilt für Medjugorje in Bosnien-Herzegowina. Hier waren es sechs Hirtenkinder, die die Gottesmutter gesehen haben wollen. Vom Vatikan werden sie allerdings nicht als Seher bestätigt. Dort besteht man darauf, dass es sich nicht um eine Erscheinung aus der Transzendenz handelt. Papst Benedikt XVI. beklagte »zahlreiche absurde Botschaften, Unaufrichtigkeiten und Lügen und Ungehorsam«. Offizielle Wallfahrten von Bistümern und Pfarreien nach Medjugorje sind noch immer nicht gestattet. Inzwischen ist man etwas weniger streng, gemäß der Einstellung: »Lieber Volksglaube als gar kein Glaube«.

Geistig gesund, »bedauerlicherweise«

Wenn man selbst, wie ich, die merkwürdigsten Dinge erlebt hat, steht man notwendigerweise zwischen diesen Positionen. An meiner eigenen medialen Empfänglichkeit und an der Gültigkeit der durch mich verbreiteten Seelenlehre kann ich nicht mehr zweifeln, ohne in große innere Bedrängnis zu geraten. Anfangs war ich oft geneigt, an eine mir selbst bislang verborgen gebliebene Über-Intelligenz zu glauben. Oder litt ich vielleicht doch unter einer unerkannten Form der Psychose? Alles war mir lieber, als mich als Medium zu verstehen! Damals, zu Beginn der Achtzigerjahre, konnte ich mich ja noch auf nichts und niemanden rückbeziehen, denn von Seth oder Edgar Cayce hatte ich nie etwas gehört.

Zehn Jahre später, bei einer gut besuchten Podiumsdiskussion in der Evangelischen Stadtakademie München über die neue Seelenlehre der Quelle, attestierte mir ein Professor für katholische Religionspsychologie recht widerwillig »seelische Gesundheit«. Er meinte dabei wohl nicht meine Seele, sondern meine Psyche. Er erklärte in aller Öffentlichkeit, er habe, zumindest in unseren Büchern, keinen Hinweis darauf finden können, dass das »selbsternannte angebliche« Medium Dr. Varda Hasselmann psychisch krank, psychotisch (hört Stimmen!) oder von religiösem Wahn besessen sei. Dieser »bedauerliche« Befund war ihm regelrecht peinlich, er wirkte deutlich verunsichert. Ich saß zwar direkt neben ihm, doch er richtete kein Wort an mich, stellte mir keine Fragen. Mein Mann und ich konnten ihn – bei aller Empörung über diese eklatante Unhöflichkeit – im Grunde unseres Herzens verstehen. Denn sogar wir wissen nach all den Jahrzehnten medialer Arbeit ja nicht wirklich, wie genau sich der Übermittlungsprozess durch unsere Quelle vollzieht. Da würde wahrscheinlich auch ein ausführliches Hirn-Scanning nicht helfen. Wir haben einfach aufgehört, Erklärungen (halb-)wissenschaftlicher Art dafür zu suchen. Sicherlich gilt: Wer sich selbst niemals in Trance mit einem erweiterten Bewusstsein erlebt hat, so etwas nur vom Hörensagen kennt und nicht anerkennt, wird auch niemals begreifen können, welche Möglichkeiten des innigen persönlich-privaten Kontakts mit dem Göttlichen (was immer das ist) sich dadurch eröffnen. Wunderglaube, Illusion oder Realität – letztlich zählen nur die Qualität und die Wirkung der Botschaft.

Medialität in der Antike – nichts als Aberglaube?

Für die Menschen der Antike waren aber solche Formen der Entgrenzung offenbar kein großes Problem. Allerlei Arten von Medialität waren ihnen vertraut. Sie begaben sich auf weite, teure und beschwerliche Reisen, um ein berühmtes Orakel aufzusuchen. Sie vertrauten. Sie glaubten. Die Auskünfte der Orakelpriester verliehen ihnen existenzielle Sicherheit. Das ist nicht wenig.

Denkt man an die kulturstiftenden Leistungen der Griechen und Römer, an Verwaltung, Infrastruktur, Militär, Architektur, Malerei, Musik, Philosophie und Dichtung der Antike, ist man noch heute von Ehrfurcht ergriffen. Wie passt das zusammen mit ihrem unerschütterlichen Glauben an Orakelsprüche? Waren sie trotz hoher Bildung allesamt naiv und leichtgläubig? Ließen sie sich über die Jahrhunderte von gerissenen Priesterschaften des wahrsagenden Apollon an der Nase herumführen? Setzte bei ihnen der sonst so hoch entwickelte Verstand aus, wenn eine Quelle, eine Eiche oder eine Greisin etwas vor sich hin murmelte? Waren auch die Etrusker, Assyrer oder Babylonier, Schöpfer großartiger Hochkulturen, einfach nur abergläubisch? Waren die Menschen früher so »blöd«, dass sie an solchen

»Blödsinn« glaubten? So irregeleitet, dass sie Gold und Silber, Statuen und Tempel stifteten, weil sie meinten, sich über ein geheimnisvolles Gebrabbel Einsicht in den Wunsch und Willen der Götter erkaufen zu können? Es lohnt sich, über diese Fragen einmal nachzudenken.

Inspiration – ein heiliger Atem

Nur selten macht man sich klar, dass unsere großen Religionen allesamt auf »Offenbarungen« beruhen. Offenbarungen sind Eingebungen durch etwas »Höheres«. Das bedeutet nicht mehr und nicht weniger, als dass Religionsbegründer wie Mose und Mohammed sich in direktem Kontakt mit der Stimme oder der Präsenz ihres Gottes glaubten. Sie haben – modern ausgedrückt – gechannelt. Der islamische Prophet wurde der Legende nach vom Erzengel Gabriel (dem klassischen Verkünder) so lange gewürgt und angeschrien mit dem Aufruf: »Lies! Rezitiere!«, bis er die ersten Suren des Koran von sich gab. Merkwürdig und eindrucksvoll ist es allerdings, dass das Versmaß koranischer und mekkanischer Suren aus anderen Kontexten der seinerzeit blühenden arabischen Dichtung nicht bekannt ist und dass bis heute die Gläubigen allein schon wegen der ungewöhnlichen Schönheit der Sprache, der Reimkunst und des »göttlichen Klangs« in Verzückung geraten können. Der Text ist in seiner religiösen Wahrheit nur gültig auf Arabisch, denn ein gläubiger Moslem ist davon überzeugt, dass Allah Arabisch spricht. Übersetzungen sind reine Hilfsmittel.

Christliche Theologen von heute sind mehrheitlich nicht mehr des Glaubens, die hebräische Bibel sei aus einem Guss und direkt als Wort Gottes, sozusagen als Diktat, zu verstehen. Viele einzelne Autoren sind zu unterscheiden, mehrfache Redaktionen, historische Doppelungen und Schichten, einzelne Dichtungen, wie »Hiob« oder das »Hohe Lied der Liebe«, die eingefügt wurden. Lediglich einige christlich-fundamentalistische Gemeinschaften nehmen den Wortlaut der

Bibel so, wie er heute in der Heiligen Schrift abgedruckt ist, als Gottes Wort an. Die Übrigen gehen vorwiegend von der sogenannten Inspirationstheorie aus. Sie besagt, dass die vielen Verfasser der einzelnen Passagen beim Niederschreiben vom Heiligen Geist Gottes inspiriert worden seien.

Inspiration heißt wörtlich »Behauchung« durch einen (heiligen) Atem. Medialität ist eine Fähigkeit, eine Methode, durch die ein Mensch inspiriert werden kann oder sich der Inspiration öffnet. Spiritus, der Geist, der göttliche Hauch, ist der Atem, mit dem Adam das Leben eingehaucht wurde.

Auch von Jesus ist überliefert, dass er sich immer wieder aus der Menge zurückzog, um mit Gott, seinem Vater, zu reden und himmlische Weisungen zu empfangen, seien sie auch noch so schmerzhaft. Er steht damit in einer uralten Tradition, die mit dem Erzvater Abraham begann, dem mythischen Stammvater der Juden, Christen und Muslime.

Abraham, ein Greis, dessen neunzigjährige Ehefrau Sarah keine Kinder empfangen konnte, hatte schon eine Reihe prägender Erfahrungen mit dem Lauschen auf die Stimme seines Gottes gemacht. Er war Visionen und Auditionen gewohnt. Gott hatte ihm eine große Nachkommenschaft verheißen. Er hatte einen ewigen Bund gestiftet und die Beschneidung aller männlichen Kinder am achten Lebenstag angeordnet. Zuvor waren ihm bereits drei Männer erschienen, die sich als Engel Gottes offenbarten. Gott weissagte ihm auch, dass seine uralte unfruchtbare Frau Sarah noch einen Sohn gebären würde. Er meinte, das sei eine Art Scherz, und Sarah glaubte es ebenso wenig. Gott schalt beide dafür. Als der ersehnte Sohn Isaak schließlich tatsächlich geboren wurde und heranwuchs, befahl Gott seinem Vater, diesen auf einem Altar zu schlachten und als Brandopfer darzubringen. Abraham gehorchte, weil er seinem Gott gehorchen wollte, ohne zu fragen, ohne Wenn und Aber. Ein Vorbild an Gehorsam und Vertrauen, eines Urvaters unserer Buchreligionen würdig.

Heutzutage würde man das Geschehen gewiss sehr kritisch beurteilen, vielleicht als pathologisches, schizophrenes Phänomen. Wer Stimmen hört, die auffordern, das eigene Kind zu töten, sollte sofort in die Psychiatrie eingeliefert werden. Aber in der biblischen Erzählung ging es um das Befolgen der vom *Ruach*, dem Atem Gottes, inspirierten Weisung. Als Abraham das Messer ansetzte, erlöste ihn Gott von dem Befehl, weil er sah, dass sein Diener bereit war, ihm zu gehorchen. Er sandte wiederum einen Engel und einen Widder, der anstelle des einzigen Sohnes Isaak geschlachtet werden sollte. Und Isaak wurde zu einem weiteren Erzvater des Judentums.

Was große Religionsgründer auf die eine oder andere Weise medial (als Stimme Gottes) empfingen, wurde nach und nach in heiligen Büchern niedergelegt. Das gilt für das geheimnisvolle Buch Mormon genauso wie für den Koran, dessen Wortlaut dem Karawanenführer Mohammed über Jahre direkt von Allah diktiert wurde. So glaubt es bis heute jeder fromme Muslim. Auch die Buddhisten, die Sikhs und viele andere Glaubensgemeinschaften haben ihre heiligen Bücher. Die Tatsächlichkeit oder der Wahrheitsgehalt der jeweiligen Ursprungslegenden steht hier nicht zur Debatte. Es ist jedoch für unsere Thematik von höchster Bedeutung, dass solche medial empfangenen Offenbarungen Glaubensformen von Bestand hervorbringen konnten, die unsere Welt über die Jahrtausende nachweislich verändert haben. Man schwört auf die Bibel, man begräbt feierlich alte Thora-Rollen, man darf den Koran nicht schänden. Ich konnte einmal einen Tempel der Sikhs besuchen. Dort durfte ich beobachten, wie deren heiligen Schrift (*Guru Grant Sahib*) nicht nur unentwegt rezitiert wurde. Man brachte die Bücher sogar jeden Abend, liebevoll und andächtig in kostbare Seidentücher gehüllt, in einem besonders geschützten Raum »zu Bett«. Diese fromme Handlung war äußerst eindrucksvoll.

Als kleines Mädchen verbrachte ich meine Ferien gern bei meiner Großmutter. Sie hatte nicht viele Bücher im Schrank. Aber weil ich eine unermüdliche Leseratte war, holte ich vor dem Einschlafen die schwere schwarze Familienbibel hervor und blätterte eifrig darin, während meine Oma schon leise schnarchte. Ohne zu ahnen, dass ich eine Priester-Seele habe, kam ich mir als Achtjährige bei der abendlichen Bibellektüre recht fromm vor, daran erinnere ich mich noch gut. Ich stellte mir vor, dass mich jemand fragen würde, was ich in den Ferien gemacht hätte, und ich würde ganz stolz und doch wie nebenbei antworten: »Ich habe in der Bibel gelesen!« Meine Eltern hatten mich nicht religiös erzogen. Aber natürlich war ich getauft und besuchte den Kindergottesdienst. Die Geschichten des Alten Testaments faszinierten mich am meisten, obgleich ich vieles nicht verstand. Die Berichte von Mose und den anderen großen Propheten gefielen mir schon damals ganz besonders.

Medialität und Prophetentum

Ein Prophet ist jemand, der sich von Gott oder von einer Gottheit bestimmt oder beauftragt fühlt, zur Umkehr aufzurufen oder eine unbequeme Weissagung zu verkünden. Auch die Priester der griechischen und römischen Orakel wurden oft als Propheten bezeichnet. Aber mit den Propheten der hebräischen Bibel hat es eine besondere Bewandtnis.

Einen Menschen Mose, ein Individuum Mose, mag es niemals gegeben haben; religionsgeschichtlich betrachtet ist er wahrscheinlich eine Komposit-Figur, zusammengesetzt aus einer Reihe einflussreicher anonymer Gestalten des ursprünglichen Judentums. Doch darauf soll es uns hier nicht ankommen. Interessant ist vielmehr, wie die Menschen der Levante im Jahrtausend vor Christi Geburt eine mediale Begabung und die damit verknüpften Begebenheiten beschrieben und verstanden haben.

Liest man in der Bibel im Buch Exodus nach, wie sich alles zugetragen haben soll, stößt man auf aussagekräftige Passagen, die eine Medialität von Mose beschreiben und belegen. Am Anfang steht eine Berufung. Gott befiehlt ihm: »Führe mein Volk aus Ägypten! Fordere den Pharao auf, die Israeliten ziehen zu lassen!« Man sollte meinen, dass Mose sich geehrt fühlt. Doch sogleich geschieht etwas Typisches: Mose bekommt schreckliche Angst! Und obgleich der Auftrag nach seinem Verständnis zweifelsfrei von Gott stammt, entwickelt er großen Widerstand dagegen. Er kennt die Verhältnisse am pharaonischen Hof nur zu gut, weil er dort aufgewachsen ist und ahnt, dass ihm Lebensgefahr droht. Jahre zuvor hatte er einen Ägypter erschlagen und wurde des Mordes angeklagt. Er floh nach Midian, ist inzwischen hoch angesehen und hat eine große Familie. Dort erlebt er eines Tages in der Einsamkeit des Berges Horeb das Wunder des brennenden Dornbuschs und durch diese Vision, verbunden mit Auditionen, hat er eine erste Begegnung mit dem Gott der Israeliten. Das ist der Augenblick seiner Berufung. Doch Mose will wissen: »Was, wenn sie mir nicht glauben und nicht auf mich hören, sondern sagen, Jahwe ist dir gar nicht erschienen?« Ich halte das für eine gesunde Skepsis.

In dieser Erzählung tauchen die ersten charakteristischen Elemente einer gelebten Medialität auf: Angst, Widerstand, Zweifel. Der Kontakt mit der Transzendenz kommt in einer Situation der Stille und Einsamkeit zustande. Nur so kann sich eine verstörende Vision und Audition manifestieren. Der von Gott Berufene ist kein Jüngling, sondern ein reifer Mann mittleren Alters. Er sieht sich mit einem Auftrag konfrontiert, dem er sich nicht gewachsen glaubt.

Allerlei Argumente führt Mose an, die ihn von dieser Last befreien sollen. Die Furcht verlässt ihn auch nicht, als Gott ihm anbietet, mehrere Wunder zu vollbringen, um den König Ägyptens zu überzeugen.

»Herr, ich bin keiner, der gut reden kann! Mein Mund und meine Zunge sind nämlich schwerfällig.« – Der Herr entgegnet ihm: »Wer hat dem Menschen den Mund gegeben, und wer macht taub oder stumm, sehend oder blind? Doch wohl ich, der Herr! Geh also! Ich bin mit deinem Mund und weise dich an, was du reden sollst.« Mose antwortet: »Aber bitte, Herr, schick doch einen anderen!« Gott erbarmt sich und stellt ihm seinen Bruder Aaron zur Seite. »Ich werde mit deinem und mit seinem Mund sein, ich werde euch anweisen, was ihr tun sollt.«

Es geht also um Berufung, Hören, Sprechen und Gehorchen – bei Abraham, Mose und Jesus. Die mediale Begabung liegt der Legende nach »in der Familie« des Mose. Aaron wird mit einbezogen, aber die Schwester Mirjam will ebenfalls ihren Teil dazu beitragen. Sie ruft: »Ich kann das auch!« Somit darf man sagen, dass sie die erste Frau ist, die selbst darauf besteht, mit ihren medialen Fähigkeiten wahrgenommen zu werden. Wie die Pythien und Sibyllen hatte sie dadurch eine besondere Stellung inne. Aber vielleicht ist sie, wie ihr Bruder Mose, nur eine legendäre Figur? Dennoch hat sie einen festen Platz in der Geschichte weiblicher Medialität. Hunderttausende jüdischer, muslimischer und christlicher Frauen sind nach ihr benannt, und auch die Mutter Jesu – Mirjam, Marjam, Maria – trägt ihren Namen.

Maria selbst ist die herausragende Figur einer Frau, die vom Erzengel Gabriel die Nachricht erhielt, sie werde ein Kind gebären, das der Sohn Gottes sei. Diese Verkündigung, so wie sie im Evangelium beschrieben ist, darf zweifelsfrei als ein Akt medialer Offenbarung bezeichnet werden. Maria hat eine Erscheinung, eine Vision, eine Audition und gibt sich darauf in tiefer Demut ihrer Berufung zur Gottesmutter hin. So die Geburtslegende Jesu. Sollte auch nur ein Körnchen Wahrheit darin zu finden sein, kann man sich vorstellen, welche Ängste das noch sehr junge Mädchen in den folgenden Monaten gequält haben. Ihr Verlobter Josef verhielt sich in dieser schwierigen Lage letzten Endes großzügig und überlegt. Doch zuvor haderte er, ob er sie nicht still und heimlich verlassen sollte. Das war gut gemeint, denn so wäre er statt ihrer zum Schuldigen geworden. Trotzdem wäre Maria eine ledige Mutter gewesen, schon damals um die Zeitenwende ein schweres und schuldbelastetes Los. Josef aber wurde – wenn auch nicht als leiblicher Erzeuger – wegen seiner Abstammung aus dem

Hause David dringend gebraucht, »damit die Schrift erfüllet ward«, in diesem Fall die Prophezeiungen Jesajas. Sein Sinneswandel wurde durch einen Traum herbeigeführt. Darin erschien ihm der Engel des Herrn und bekräftigte, was Maria ihm bereits berichtet hatte, nämlich dass das Kind in ihrem Leib der Sohn Gottes ist. »Du sollst ihn nennen Immanuel.« So kann auch er sich diesem Ereignis endlich ohne Zweifel hingeben.

Beide Eltern Jesu erleben somit Visionen, Erscheinungen, Prophezeiungen, Offenbarungen, die sich nur durch eine ausgeprägte mediale Empfängnisbereitschaft erklären lassen. Dadurch werden sie von der Wahrhaftigkeit des Geschehens überzeugt. Einen anderen Weg gibt es nicht, das Unglaubliche glaubhaft zu machen. Wer aber denkt beim Hören der Weihnachtsgeschichte daran, dass es sich dabei um Aspekte von Channeling handelt? Allerdings stehen Maria und Josef als fromme Juden damit in einer uralten biblisch-orientalischen Tradition. Und nicht von ungefähr trägt die junge Frau den Namen Maria-Mirjam.

An dieser Stelle sei auf weitere alttestamentarische Prophetinnen hingewiesen. Eine trug den Namen Hulda. Israels König Josia konsultierte sie zur Befragung Jahwes, nachdem Thora-Schriftrollen aufgefunden worden waren. Also muss sie einen sehr guten Ruf gehabt haben. Sogar Jesajas Ehefrau war als Prophetin tätig, und im Buch Nehemia taucht eine Noadja auf. Die wichtigste von allen jedoch war Debora. Nicht, weil sie anderes vorausgesagt hätte als üblich, sondern weil das berühmte »Lied der Debora« – soweit man weiß – das allerälteste in der Bibel enthaltene Schriftgut ist (Richter 5); es entstand etwa 1200 v. u. Z. So bedeutsam schien den Kompilatoren unserer Heiligen Schrift diese Frau, diese Prophetin, diese Dichtung, dass sie sie in den Kanon aufnahmen und bis heute bewahren. Debora war auch Richterin und hatte somit eine herausragende gesellschaftliche Stellung inne.

Das Leuchten des Mose

Kehren wir zu Mose zurück. Jahwe schickt ihn auf den Berg Sinai, um steinerne Tafeln zu empfangen, auf denen zehn mit dem Finger Gottes geschriebene Gebote stehen. Als Mose nach vierzig Tagen ins Lager der Israeliten zurückkehrte, musste er entdecken, wie sein Volk einen Götzen, ein goldenes Kalb, verehrte. Mose war ein jähzorniger Mann. Er schleuderte die Steintafeln, die er von Gott erhalten hatte, zu Boden. Sie zerbrachen. Dann ließ er dreitausend Mann von ihren eigenen Verwandten töten, um sich der Loyalität der übrigen Getreuen zu vergewissern. Anschließend stieg er wieder auf den Berg. Er wollte seinen Herrn um Gnade für die sündigen Israeliten bitten. Gott sicherte Verzeihung zu, stiftete neue Gesetzestafeln und erneuerte den Bund mit den zwölf Stämmen Israels, die aus den Erzvätern Abraham, Isaak und Jakob hervorgegangen waren. Als Mose vom Berg herunterstieg, ahnte er nicht, dass sein Gesicht leuchtete, weil er mit Gott gesprochen hatte. Seine Leute fürchteten sich so sehr vor ihm, dass er einen Schleier vor sein Gesicht legte. Er nahm ihn fortan nur ab, wenn er wieder mit dem Herrn reden wollte.

Wir würden es heute so deuten: Der Prophet war von einer starken Energie erfüllt, die seine Aura zum Leuchten brachte. Selbst in unseren Zeiten kann man beobachten, dass eine Trance, die zum Kontakt mit einer transzendenten Kraft oder Instanz führt, eine Steigerung der Energie des Mediums voraussetzt und anschließend auch Spuren hinterlässt. Licht ist dafür eine passende Metapher. Auch Mohammed wird in der Ikonografie des Islam meistens mit verschleiertem Gesicht dargestellt. Darf man nicht davon ausgehen, dass Menschen, die eine persönliche Begegnung mit ihrem Gott haben, eine Art Erleuchtung erleben? Was sonst sollte dieser oft missverstandene und auch inflationär gebrauchte Begriff bedeuten?

Mir selbst wurde zuweilen nach öffentlichen Trancesitzungen von Anwesenden berichtet, dass ein Leuchten um mich war, während ich in Kontakt mit der Quelle verweilte und sie durch mich sprach. Leider kann ich das nicht selbst erleben, weil ich mich ja nicht von außen betrachte, während ich medial arbeite. Meine Quelle ist zwar nicht Gott, sondern, wie sie es formuliert, »Diener des Göttlichen« (was immer das ist), aber als Energiephänomen hinterlässt sie doch eine deutliche Spur. »Erleuchtet« im neu esoterischen Sinne bin ich keineswegs, denn wie die Figur des Mose habe ich durchaus einen Charakter und eine Persönlichkeit, die beileibe nicht nur aus bedingungsloser Liebe besteht. Zwar bin ich nicht so jähzornig wie Mose, aber außerordentlich starrsinnig. Dieser Starrsinn als tief verwurzelte Angst vor dem Unberechenbaren verlässt mich jedoch automatisch, wenn ich in Trance gehe und den Kontakt mit meiner Quelle herstelle. Dann geht ein Rucken und Zucken durch mich und ich bin eine Zeitlang nicht mehr ich. Da ist keine Angst mehr. Die Anwesenden spüren und empfinden das sehr deutlich. Und ich auch. Länger als eine Stunde hält meine Psyche das allerdings nicht aus.

Ehrlich gesagt empfinde ich persönlich diesen Vorgang der Abspaltung meiner Urangst als meine allergrößte Leistung. Denn was ist unberechenbarer, als die eigene Persönlichkeit hinter sich zu lassen und sich einer transpersonalen Instanz hinzugeben, das eigene Denken wegzuschalten und ein völlig fremdes Denken in sich einströmen zu lassen? Ich lasse jede Kontrolle fahren, bin völlig schutzlos. Mein Ich ist beiseitegelegt. Normalerweise ist das ein Merkmal der Schizophrenie. Jedes Mal fürchte ich mich ein bisschen davor, mein Ich fortzuschieben. Dann leite ich meine Trance ein – und jegliche Angst ist weg! Aber alles andere, das ganz Andere, ist schlagartig da! Wenn nun die Quelle mich etwas mitteilen heißt, was ich als Varda absurd finde, kann ich das leider auch nicht unterdrücken. Mein Ich hat nichts mehr zu sagen. Ich höre mich sprechen, kann mich gegen die fremden Gedanken nicht wehren, ich muss die Botschaft verkünden. Deshalb habe ich sehr viel Verständnis für den Widerstand und die bedrängenden Ängste jener tapferen Israeliten, die sich vor zwei- oder dreitausend Jahren berufen fühlten, die Weisungen ihres Gottes zu verkünden und sich dadurch in große Gefahr zu begeben. Aber ich weiß auch aus Erfahrung, dass aller Widerstand umsonst ist. Hat ein Mensch sich einmal für eine transzendente Energie geöffnet, kann er nicht mehr zurück, wie wir später am Beispiel der Jona-Erzählung sehen werden.

Absonderung, Kontakt und Selbstbild

Ich möchte des Längeren auf die alttestamentarischen Propheten eingehen. Denn auch wenn die meisten unserer mitteleuropäischen Zeitgenossen nicht mehr in der Bibel lesen, sind doch Inhalt und Aussage dieser Heiligen Schrift tief in unserem Unbewussten verankert. Wir sind von Kirchen, Synagogen und Klöstern umgeben, deren traditionelle, oft großartige künstlerische Ausstattung uns rätselhaft bleiben muss, wenn wir die geistigen und historischen Hintergründe des Dargestellten nicht kennen. Die Kinder unserer Zeit haben häufig alttestamentarische Namen: Jonas, Josha, Simon, Elias, Thomas, Sahra, Esther, Jakob, David, Tobias, Judith, Michael … Ob sie wohl wissen, nach wem sie benannt wurden? Im Jahr 2019 war Paul in Deutschland der beliebteste Name für männliche Neugeborene. Erinnern die Eltern damit an den Apostel? Die meisten Mädchen wurden Marie genannt. Wer denkt im Standesamt an die Mutter Jesu? Mose ist als Vorname allerdings derzeit nicht aktuell.

Es gibt eine Passage im Buch Exodus, die für unsere Thematik, unsere westliche Geistesgeschichte und das allgemeine Verständnis von Medialität von Bedeutung ist:

> »Mose nahm das Zelt und schlug es für sich außerhalb des Lagers auf, in einiger Entfernung vom Lager. Er nannte es Offenbarungszelt. Wenn er den Herrn aufsuchen wollte, ging er

> zum Offenbarungszelt vor das Lager hinaus. Wenn Mose zum Zelt hinausging, erhob sich das ganze Volk. Jeder trat vor sein Zelt, und sie schauten Mose nach, bis er in das Zelt eintrat. Sobald Mose das Zelt betrat, ließ sich die Wolkensäule (Gott Jahwe) herab und blieb am Zelteingang stehen. Dann redete der Herr mit Mose … Der Herr und Mose redeten miteinander Auge in Auge, wie Menschen miteinander reden.«[6]

Daraus können wir Interessantes entnehmen. Erstens muss sich jemand, der sich auf einen Akt medialer Empfänglichkeit vorbereitet, absondern. Ein gewisses Maß an Ruhe, Stille, Ungestörtheit ist die Voraussetzung für einen reinen direkten Kontakt. Wer sich öffnet, ist sehr empfindsam und verletzlich, weil seine alltäglichen Abwehrmechanismen nicht intakt sind. Er oder sie braucht einen geschützten Raum oder muss vor der Außenwelt beschützt werden. Zweitens muss ein Medium getragen werden von einer Umgebung, die für die empfangene Botschaft empfänglich ist, sie achtet und das Ungewöhnliche daran erkennen kann. Sonst entgrenzt sich das Medium vergeblich. Drittens verändert sich die Atmosphäre, die Energie. Die Präsenz eines grundsätzlich Anderen und Fremden wird spürbar oder auch sichtbar. Hier ist es die Wolkensäule, die anzeigt, dass der Kontakt zu Gott hergestellt worden ist. Viertens kann ein Mensch nicht willensmäßig und in kühler Absicht planen: Jetzt werde ich mal zum Medium. Zu dieser Arbeit gehören nämlich zwei Instanzen, das Personale und das Transpersonale. Beide müssen zusammenkommen. Eine überirdische oder außermenschliche Kraft sucht sich einen passenden Vermittler. Der Vermittler stellt sich dann mit allem, was er ist, zur Verfügung. Er begibt sich in den Dienst seines Auftrags und kann letzten Endes nur Ja dazu sagen. Und fünftens: Wenn die Furcht des berufenen Menschen allzu groß ist, ob er oder sie nun von Gott, Jesus, Maria, Gabriel, Emanuel, Ptah, Lazaris, Kryon, Ramtha, Ra, Regulus oder wem auch immer zum Sprachrohr gemacht werden soll, kommt kein Kontakt zustande. Denn der authentische Kontakt gründet auf einer Mischung von Demut und Selbstwertschätzung. Nur dadurch, dass ein Medium sich selbst für wert hält, eine transpersonale Botschaft zu empfangen, kann es auf gleicher Ebene mit dem Sender empfangen, oder, wie Mose, »Auge in Auge« mit Jahwe reden. Dass ein Mensch dadurch fundamental verändert wird, versteht sich von selbst.

Auch ich hatte anfangs einige Mühe mit meinem Selbstwert in der Beziehung zu meiner Quelle. Ich rief verzweifelt: »Warum ich? Ich bin doch eine ganz normale Person! Ich kann das gar nicht. Bin ich denn würdig, dass Ihr einzieht unter mein Dach, in meinen Kopf?« Und die Quelle antwortete, kühl und ruhig, wie sie nun mal ist: »Liebe Varda, wenn du dich selbst als nicht würdig einschätzt, können wir dir leider nicht helfen. Das ist eine Aufgabe für deine Psyche, für dein inneres Wachstum. Das ist dein Beitrag. Das kannst nur du allein leisten.«

Allgemein betrachtet gibt es unter denen, die medial arbeiten, zwei Kategorien von Menschen: jene, die sich enorm etwas darauf einbilden, ganz Besonderes, gar Übermenschliches zu leisten. Sie tun sich groß, neigen zur Selbsterhöhung und sonnen sich mehr oder weniger eitel in den staunenden Blicken ihrer Zuhörer und Leser. Oft gründen sie sektiererische Bewegungen, lassen sich als Gurus verehren, manchmal sogar wie Heilige anbeten. Sie haben die Wahrheit gepachtet und lassen weder Kritik noch Zweifel an ihrer Arbeit zu.

Und dann sind da die anderen, die allzu bescheiden tun oder es auch sind, sich klein machen, sich unwert fühlen. Ihren eigenen energetischen Beitrag, ihre physische und psychische Leistung, die darin besteht, sich zu entgrenzen und zur Verfügung zu stellen für die gemeinsame Arbeit, schätzen sie zu gering ein. Auch sie leben von den glänzenden Augen ihrer Anhänger, denn dort finden sie endlich die Wertschätzung, die sie für sich selbst nicht aufbringen können. Sie channeln nach dem Motto: »Wenn mich all diese vielen Menschen bewundern, dann muss ja an der Sache und an mir irgendetwas dran sein.« Sie brauchen viel Lob und Bestätigung. Und nicht wenige meinen sich durch allerlei magische Handlungen, Räucherstäbchen, Gebete, Salz und Weihwasser vor dem Einfluss oder vor der Einmischung »negativer« Energien, böser Geister oder satanischer Kräfte schützen zu müssen. Dazu eine bislang unveröffentlichte Durchsage meiner Quelle:

»Wer mit Wesen aus der Astralwelt oder der Kausalwelt oder auch mit seiner eigenen Seelenfamilie spricht, braucht sich nicht zu schützen. Doch geschieht es sehr häufig, dass ein Mensch die Stimme seiner Angst in ihren zahlreichen Maskierungen mit der Stimme seiner Informationsquellen verwechselt. Nun kann diese Verwechslung vermieden werden und die Gestimmtheit positiv beeinflusst werden, wenn derselbe Mensch sich vorstellt oder auch sich einredet, dass er durch bestimmte Reinigungszeremonien vor widrigen Mächten geschützt ist. Dann entspannt er sich, dann wird der Zugang zur Transzendenz leichter, die Botschaften werden klarer und verständlicher. Sie sind ungetrübt von der Angst, einer negativen Beeinflussung ausgesetzt zu sein. Dies funktioniert jedoch bei Weitem nicht so gut, wie die Beteiligten es wünschen. Denn wer übermäßig darauf bedacht ist, sich zu schützen, sich abzugrenzen, sich zu hüten vor jeglicher Negativität, zieht diese geradezu magisch an.

Gerade die Illusion, durch Gebete oder Zeremonien vor der eigenen Angst geschützt zu sein, oder auch vor der Berührung durch astrale Kräfte, Gespenster und Geister, die nicht gerufen wurden, führt zu energetischen Lücken und Öffnungen an Stellen, die von den Schutzmaßnahmen gar nicht betroffen oder berührt wurden. Letzten Endes muss jedes Medium, ganz gleich mit welcher Instanz es sich in Verbindung setzt, seine eigenen Erfahrungen machen. Allzu stringente Verallgemeinerungen können hier nicht angewandt werden. Wenn ein Medium von vorneherein vermeiden will, jemals einen Fehler zu machen, wird es die meisten Fehler machen.

Wer sich zu angstvoll und rigoros schützt, schützt sich auch vor dem, was im positiven Bereich passieren könnte. Wer sich mit der astralen Bewusstseinswelt in Verbindung setzt, muss grundsätzlich davon ausgehen, dass dort seelische Individuen existieren, die in der Person des Mediums eigene Resonanzen finden, und dies ist nicht nur für ältere und als Lebenslehrer geeignete entkörperte Seelen der Fall, sondern auch für Seelen, die keineswegs als Träger von liebevollen und aufbauenden Botschaften geeignet sind.

Es ist für ein Medium prinzipiell unmöglich, gleichzeitig offen und verschlossen zu sein. Die einzige sinnvolle Möglichkeit, zwischen verschiedenen möglichen Sendern aus der Transzendenz zu wählen, besteht in der unablässigen Selbstbeobachtung und der Erforschung der eigenen Psyche, ihrer unterschiedlichen Motivationen, Dinge zu tun oder zu unterlassen, der eigenen Persönlichkeits- und Charakterstruktur, um zu erkennen, wo die Fallgruben unter den Blättern und Blüten der Selbstidealisierung verborgen liegen.

Wir wiederholen: Kein Medium kann den Fallstricken der eigenen Persönlichkeit und ihrer ichbezogenen Aspekte vollständig entgehen. Wir sehen, dass nicht wenige unter ihnen sich für vollkommen ego-los halten. Dies ist nicht nur eine kleine Fallgrube, sondern ein Abgrund voller Illusionen, der wie eine tiefe Gletscherspalte denjenigen, der einmal hineingefallen ist, nur selten wieder freigibt. Wer hingegen wirklich mit einer kausalen Informationsquelle Kontakt hat, braucht sich gegen scheinbare Bedrohungen der beschriebenen Art nicht zu schützen. Wohl aber ist es geboten, dass gerade solche Medien sich vor Selbstüberschätzung, Selbstüberforderung und einer Selbsterhöhung schützen, die ihre Gefahrenquellen darin finden, dass das Medium sich nicht nur als Vermittler dieser Informationen, sondern als deren Urheber versteht. Ebenso wie die beschriebene illusionäre und inflationäre Selbsterhöhung eine wesentliche Rolle im Kontakt mit kausalen Quellen spielen kann, führt dieser Kontakt bei dazu disponierten Medien zu einer selbstunterschätzenden Demutshaltung, zu einem Wunsch, sich als Persönlichkeit auszulöschen, nur noch Tag und Nacht Kanal zu sein und sich somit zu einer Art dienenden Opferhaltung bereit zu erklären, die für die Übermittlung jedoch nicht lange vorteilhaft sein wird. Denn auch diese Haltung – ebenso wie die zuvor beschriebene – ist von Angst gespeist: von der Angst, nicht zu genügen, nicht zu entsprechen, eines solchen Kontakts nicht würdig zu sein.«

Das sind die zwei grundsätzlichen Gefahren, mit denen sich jedes Medium bewusst oder unbewusst auseinandersetzen muss. Ich gehöre eher zum zweiten Typus. Doch durch viel innere Arbeit an meinem zweiten Angstmerkmal, dem Märtyrertum, habe ich nach und nach meinen Platz im Zusammenwirken mit meiner Quelle gefunden. Ich anerkenne inzwischen meine Leistung, meinen Beitrag. Ich stelle ja mein Leben, meine Erfahrung, meine Bildung, mein Sprachvermögen, meine Ausdauer, sogar meine Körperlichkeit und Gesundheit zur Verfügung, damit die Quelle ihre Botschaft verkünden kann. Und die gesprochenen Botschaften werden auch nicht von selbst zu umfangreichen Büchern: Ich mache die Redaktion und lese Korrektur. Wenn mich die Angst vor Wertlosigkeit wieder einmal überkommt, dann rufe ich ganz laut zur Quelle: »Hey, damit das klar ist, ohne mich könntet ihr einpacken! Seid froh, dass ihr mich habt!«

Und dann lache ich über mich selbst.

Wahrheit und Lüge, Weizen und Spreu: Wer bestimmt darüber?

Als 1993 unser erstes Buch *Welten der Seele* erschien, hatte ich noch große Bedenken, ob man mich anfeinden oder verhöhnen würde. Der Gedanke, dass meinen Kollegen von der Universität ein Exemplar davon in die Hände fallen könnte oder eine christliche Gemeinschaft sich über die Texte zu Jesus erregen könnte, war mir schrecklich. Ich wollte doch nicht lächerlich gemacht werden oder gar eine Bombe im Briefkasten finden! Als die Mohammed-Karikaturen, abgedruckt in einer eher unbedeutenden dänischen Tageszeitung, später weltweit unter den Muslimen zu Aufstand und Terrormorden führten, fand ich meine Befürchtungen im Nachhinein nicht ganz unberechtigt. Aber auf eine mysteriöse Weise hat unsere Quelle immer dafür gesorgt, dass wir für unsere Arbeit und unsere Publikationen nicht öffentlich angegriffen wurden. Sonst hätte ich wohl doch den Dienst aufgekündigt und meine kausalen Lehrer hätten ihre Botschaft nicht weiterverbreiten können. Nur ein Mal wurden uns bereits gebuchte Seminarräume in einer katholischen Einrichtung verweigert, weil ein Mitarbeiter befand, die Botschaften zu den Heiligen Franziskus, Paulus und anderen stellten eine anstoßerregende Verunglimpfung dar. Wir erhielten sogar Haus- und Grundstücksverbot. Als derart gefährlich wurden wir betrachtet!

Jesaja, ab dem 8. Jahrhundert v. u. Z. ein gewaltiger und bewundernswerter Prophet in dreierlei Gestalt, hat als ein vom *Ruach HaQuodesh*, vom Heiligen Atem, Erfüllter in seinem Lied vom Gottesknecht folgende Worte hinterlassen:

> »Gott, der Herr, gab mir die Zunge eines Jüngers, damit ich verstehe, die Müden zu stärken durch ein aufmunterndes Wort. Jeden Morgen weckt er mein Ohr, damit ich auf ihn höre wie ein Jünger. Gott der Herr hat mir das Ohr geöffnet.

> Ich aber wehrte mich nicht und wich nicht zurück. Ich hielt meinen Rücken hin denen, die mich schlugen, und denen, die mir den Bart ausrissen, meine Wangen. Mein Gesicht verbarg ich nicht vor Schmähungen und Speichel. Doch Gott der Herr wird mir helfen. Darum werde ich nicht in Schande enden.«[7]

Auch zu biblischen Zeiten gab es bereits ein bekanntes Problem. Es muss von gewaltiger Bedeutung gewesen sein, sonst könnte man sich das häufige Wettern dagegen nicht erklären. Es geht um diejenigen, die sich als Wahrsager, Hellseher und Traumdeuter wichtigtaten, aber: Durfte man ihnen Glauben schenken? Waren sie von Gott beauftragt und gesandt? Es steht uns nicht zu, darüber zu urteilen. Aber die harten Worte von Jeremia gegen die »falschen Propheten« haben über Jahrtausende die Urteile und Vorurteile gegenüber medialen Menschen geprägt, daher sollten sie hier Erwähnung finden:

> »Haben sie denn wirklich etwas in sich, die Propheten, die Lügen weissagen und selbsterdachten Betrug? … Der Prophet, der einen Traum hat, erzählt nur einen Traum; wer aber mein Wort hat, der verkündet wahrhaftig mein Wort … Nun gehe ich gegen die Propheten vor – Spruch des Herrn – die ihre Zunge gebrauchen, um Sprüche zu machen … Sie betören euch nur; sie verkünden Visionen, die aus dem eigenen Herzen stammen, nicht aus dem Mund des Herrn. Immerzu sagen sie denen, die das Wort des Herrn verachten: Das Heil ist euch sicher! Und jedem, der dem Trieb seines Herzens folgt, versprechen sie: Kein Unheil kommt über euch!«[8]

Es war wohl schon immer äußerst schwierig, die Spreu vom Weizen zu trennen. Zu biblischen Zeiten galten jene viel, die drohten, vor Gottes Strafen warnten, zur Umkehr aufriefen. Wer aber beruhigte und tröstete, wurde der Lüge bezichtigt. Heutzutage ist es meistens umgekehrt. Weder die einen noch die anderen werden allerdings so recht ernst genommen, aber niemand wird jetzt aufgrund seiner Weissagungen gerichtlich verfolgt.

Anders verhält es sich mit »spirituellen« Heilungsversprechen. Sie werden geahndet und stehen nach wie vor unter Strafe. Von Bruno Gröning mag man halten, was man will. Vielleicht ist es übertrieben, ihn als eine Art außerkirchlichen Heiligen zu verehren. Doch dass er in den Fünfzigern verurteilt wurde und als Scharlatan im Gefängnis landete, ist schwer zu begreifen. Dazu ein Bericht aus meiner Familie: Ebenso wie ich heute litt schon meine italienische Großmutter unter schwerer Arthrose, es ist eine erbliche Belastung. Mit Ende vierzig konnte sie sich nur noch mühsam an zwei Stöcken fortbewegen. Krieg, Vertreibung und Hunger, dazu der Mangel an schmerzstillenden Medikamenten machten ihr das Leben zur Qual. Sie war sechsundsechzig, als sie von Bruno Grönings Wunderheilungen erfuhr. In ihrer Verzweiflung suchte sie ihn auf. Er weilte seinerzeit auf einer Nordseeinsel. Ich war erst sechs Jahre alt, aber ich habe das Ereignis in eindrücklichster Erinnerung. In einem Saal voller Hilfesuchender kam Gröning auf meine Großmutter zu, sah ihre Gehstöcke, rief: »Die brauchen Sie jetzt nicht mehr!« und zerbrach sie über seinen Knien. Dann ergriff er die Hände der alten Frau und tanzte mit ihr einen Walzer. Fünfzig Jahre zuvor war sie in Wien eine bewunderte Ballkönigin gewesen. Ihr Erstaunen und ihr Glücksgefühl kann man sich vorstellen! Gröning drückte ihr Stanniolkugeln in beide Hände, die er, wie er sagte, mit göttlicher Heilenergie aufgeladen hatte. Wie immer er es zustande gebracht hat: Meine Großmutter konnte sich nach ihrer Heimkehr über sechs Wochen lang schmerzfrei bewegen. Hypnotiseur? Betrüger? Scharlatan?

Häufig habe ich Menschen getroffen, besonders Frauen, die in sich eine starke mediale Begabung spürten, aber sich nicht trauten, sie zu leben. Denn sie befürchteten, wieder »wie damals« als Hexe auf dem

Scheiterhaufen zu landen. Das mag eine Erinnerung aus früheren Leben sein oder eine unbewusste Schutzbehauptung; heutzutage ist eine solche Befürchtung gänzlich unbegründet. Allerdings war es vor nicht allzu langer Zeit noch anders. Die Nationalsozialisten und auch die Kommunisten haben Wahrsager, Hellseher oder Leute, die gar meinten, von Gott beauftragt zu sein, gegen ihre Politik zu wettern und zu agitieren, angefeindet und ihre Tätigkeit unter schwere Strafe gestellt. Allerdings weiß man, dass sie deren Dienste trotzdem in aller Heimlichkeit nur allzu gern in Anspruch nahmen. Bis vor Kurzem wurde in Krimis sogar die typisch »weibliche« Intuition der jeweiligen Kommissarin ein wenig lächerlich gemacht, inzwischen hat sich auch das geändert. Aber noch in den Achtzigern bekam die bereits erwähnte Intuitionsforscherin Morgenstrahl böse Briefe mehrerer Psychologen-Kollegen, die sie sogar von ihrer Zunft ausschließen wollten, nur weil sie ihr neues Forschungsgebiet, die Intuition, als Scharlatanerie betrachteten.

Der Prophet Jona

Zusammenfassend möchte ich noch auf die berühmte Parabel vom Propheten Jona zu sprechen kommen, weil sie alles aufweist, was auch heutzutage im Zusammenhang mit Medialität zu beobachten ist. Es lohnt sich, die Bibel aufzuschlagen und diese wunderbare Dichtung zu lesen. Sie hat auch eine große theologische Bedeutung und in den Evangelien wird mehrmals Bezug auf sie genommen.

Jona erhält durch die Stimme Gottes den Auftrag: Ziehe nach Ninive und verkündige dort, dass ich die gesamte Stadt, alle Menschen und ihr Vieh vernichten werde, weil sich ihre Bewohner versündigt haben. Jona aber ist engstirnig und widerspenstig. Anders als Abraham denkt er nicht daran, den Befehl Gottes auszuführen, denn er bangt um sein Leben. Er ist sicher, die Bewohner der Stadt Ninive werden ihn töten, wenn er ihnen mit Unheil droht. Also besteigt er ein Schiff, »weit weg vom Herrn«, das in die entgegengesetzte Richtung segelt. Bald kommt ein heftiger Sturm auf. Alle an Bord schreien und beten zu ihren Göttern. Jona, dessen Ängste durch seine Flucht besänftigt worden sind, schläft derweil seelenruhig im unteren Raum des Schiffes. Der Kapitän weckt ihn und erfährt, dass er vor Jahwe flieht, »dem Gott des Himmels, der das Meer und das Festland gemacht hat«. Jonas gibt auch zu, dass er sich gegen Gottes Weisung versündigt hat, und bittet darum, er möge zur Strafe ins Meer geworfen werden. Die Seeleute wollen sich nicht an unschuldigem Blut vergehen, aber der Sturm hört erst auf zu toben, als Jona über Bord geht. Doch er ertrinkt nicht, sondern Gott schickt einen großen Fisch, Jonas zu verschlingen.

> »Jona war drei Tage und drei Nächte im Bauch des Fisches und er betete im Bauch des Fisches zum Herrn, seinem Gott … Da befahl der Herr dem Fisch, Jona ans Land zu speien. Das Wort des Herrn erging zum zweiten Mal an Jona: Mach dich auf den Weg, und geh nach Ninive, in die große Stadt, und drohe ihr all das an, was ich gesagt habe. Jona machte sich auf den Weg und ging nach Ninive, wie der Herr es ihm befohlen hatte … Er rief: Noch vierzig Tage, und Ninive ist zerstört!«[9]

Nun begannen alle Bewohner der Stadt zu fasten und der König ordnete eine große Buße an, in der Hoffnung, Gottes Zorn besänftigen zu können. »Da reute Gott das Unheil, das er ihnen angedroht hatte, und er führte die Drohung nicht aus. – Das missfiel Jona ganz und gar, und er wurde zornig.« Der Prophet fängt an mit Gott zu rechten. Er sitzt vor der Stadt im Schatten eines Rhizinusstrauchs und ruft, ein wenig manipulierend und scheinheilig: Herr, ich wusste ja, dass du barmherzig bist und Ninive ohnehin gerettet hättest, deshalb bin ich doch geflohen! Da verdorrt der Strauch. Jona schmachtet in der glühenden Sonne und wünscht sich den Tod. Er wird wütend, weil er, wenn auch widerwillig, seine Angst überwunden und sein Opfer dargebracht hat, Gott seine Drohung im Gegenzug aber nicht wahrmacht. Alles umsonst! Ninive bleibt verschont. Jonas Prophezeiung ist nicht eingetreten. Er zürnt. Als Prophet hat er sich lächerlich gemacht.

> »Darauf sagt der Herr: Dir ist es leid um den Rhizinusstrauch, für den du nicht gearbeitet und den du nicht großgezogen hast. Über Nacht war er da, über Nacht ist er eingegangen. Mir aber sollte es nicht leid tun um Ninive, die große Stadt, in der mehr als hundertzwanzigtausend Menschen leben, die nicht einmal rechts und links unterscheiden können – und außerdem so viel Vieh?«

Ja, Propheten, Wahrsager, Hellseher und Medien können sich irren. Was sie sagen, kann sich als falsch herausstellen. Damit müssen sie leben lernen. Ein Mensch kann noch so medial veranlagt sein – er muss davon ausgehen, dass allerhöchstens Dreiviertel seiner Äußerungen ins Schwarze treffen. Wer sich einbildet, immer recht haben zu müssen, wird bald seinen guten Ruf verlieren, auf die Nase fallen und entweder an sich selbst verzweifeln oder tatsächlich zum Scharlatan werden. Menschen sind fehlbar. Eine absolute Wahrheit gibt es nicht. Wer dies beherzigt und darauf verzichtet, seine eigene Fehlbarkeit unter dem Mantel der Eitelkeit zu verbergen, kann getrost seiner medialen Arbeit nachgehen oder seiner Berufung folgen. Oder anders ausgedrückt: Wer immer ganz genau zu wissen glaubt, was Gott / das Schicksal / das Leben vorsieht, sollte sich lieber einer anderen Tätigkeit zuwenden.

Charisma und Ergriffenheit

Mit einzelnen Beispielen aus der hebräischen Bibel (es gäbe darüber noch viel mehr zu sagen!) haben wir einen ungewohnten Blick auf die Arbeit, die Angst und die Probleme jener Propheten geworfen, die sich von ihrem Gott gerufen und zu Großem berufen fühlten. Sie hatten Visionen und Auditionen, vernahmen seine Stimme und waren bereit, ihren medial empfangenen Eingebungen zu folgen. Könige und Hohepriester wurden gesalbt, um auf ihrer Stirn das sogenannte »Dritte Auge« zu stärken und zu öffnen. Das erst machte sie zu legitimen Führern ihres Volkes. Von all diesen Erzählungen und Berichten ist unsere westliche Zivilisation über Jahrtausende geprägt worden. Man könnte fast behaupten, die Historie des Monotheismus sei im Wesentlichen ein Bericht von medialer Empfänglichkeit und medialem Gehorsam. Von Abraham über Mose, Elia, Jesaja bis hin zu Jesus und seiner Mutter Maria – sie alle horchten auf Weisungen aus der Transzendenz. Sie hörten Stimmen, sahen außerirdische Wesen wie die Engel oder irrationale Erscheinungen wie den brennenden Dornbusch. Heilig, heilig! Nur wurden diese Phänomene bislang nicht mit der Vorstellung und der Vokabel von Medialität verknüpft.

Unter solch veränderter Perspektive können wir weitere und wesentliche Teile auch des Neuen Testaments betrachten. Denn in den vier kanonischen Evangelien geht es immerzu um Wundertaten und Heilungen. Jesus wurde nicht nur zum spirituellen Erben von Mose und Elija und damit zum Messias erklärt. Davon berichtet eine Vision und Audition dreier Apostel, die man als »Verklärung des Herrn« bezeichnet. Dieses Ereignis wird noch heute von allen Christengemeinschaften alljährlich im August gefeiert. Jesus galt und gilt außerdem sowohl dem Judentum als auch dem Islam als großer Prophet. Doch das ist noch lange nicht alles.

Wie es scheint, hatte Jesus als frommer Jude niemals die Absicht, eine neue Religion zu begründen. Das bewirkten erst seine Jünger.

Entscheidend war dafür ein mediales Großereignis, das Pfingstwunder. Es ereignete sich fünfzig Tage nach der Kreuzigung und war zunächst als Trauer- und Gedenkfeier gedacht. Zugleich war dieser Tag ein großes jüdisches Fest namens Schawuot, zu dem Pilger aus aller Herren Länder nach Jerusalem gekommen waren. Die Jünger weinten und klagten, sie waren »außer sich«. Doch dann geschah etwas Überraschendes: eine kollektive Ekstase der Anwesenden. Sie wurde als »Ausgießung des Heiligen Geistes« verstanden. Die Apostelgeschichte des Evangelisten Lukas berichtet, dass alle ganz plötzlich in unterschiedlichsten fremden Sprachen, auch Zungen genannt, die Frohe Botschaft von der Auferstehung Jesu zu verkünden vermochten. Man nennt das heute Xenoglossie. Die Bewohner Jerusalems hielten die Jünger für sturzbetrunken. Doch sie wunderten sich auch sehr, dass Pilger der verschiedensten Muttersprachen verstanden, was da gesagt wurde.

Um die Menge zu beruhigen, sprach Petrus zu den Leuten und sagte: »So spricht Gott: Ich werde von meinem Geist ausgießen über alles Fleisch. Eure Söhne und eure Töchter werden Propheten sein, eure jungen Männer werden Visionen haben, und eure Alten werden Träume haben. Auch über meine Knechte und Mägde werde ich von meinem Geist ausgießen in jenen Tagen und sie werden Propheten sein.«[10]

Tief beindruckt von dem Geschehen ließen sich an jenem Tag gut dreitausend Menschen taufen und traten damit der jungen Christengemeinde bei. Die Apostel wurden anschließend in fremde Länder entsandt, um zu predigen und zu missionieren.

Ich bin mehrmals durch Indien gereist, am häufigsten aber habe ich mich im südindischen Bundesland Kérala aufgehalten. Dort begegnete ich immer wieder Menschen, die der Gemeinde der Thomaschristen angehörten. Sie führen ihre Tradition auf den Apostel Thomas zurück. In der Hafenstadt Cochin gab es vor mehr als zweitausend Jahren regen Handel mit Rom und eine große jüdische Gemeinschaft.

Nur sehr wenig ist davon noch übrig geblieben; die Synagoge ist heute Museum, weil nicht mehr genügend Männer aufgetrieben werden können, um einen Gottesdienst abzuhalten. Fast alle sind nach Israel ausgewandert. Sogar ein wenig bekanntes jüdisches Königreich hat in Südindien bereits vor der Zeitenwende existiert. Es ist also nicht unwahrscheinlich, dass der Apostel Thomas unter den dortigen Juden missioniert hat. Er musste nur ein Schiff besteigen und auf günstige Winde hoffen, um dorthin zu gelangen.

Auf das Pfingstereignis fällt somit der eigentliche Entstehungstag des kirchlichen Christentums. Und um auf das Anliegen dieses Buchs über Medialität zurückzukommen: Ist es nicht höchst merkwürdig, dass es heutzutage als pathologisch gilt, Visionen zu haben und prophetisches Reden nichts als peinlich ist? Und dass auch die meisten großen Kirchen Gläubige ablehnen, die berichten, eine ungewöhnliche Gottesnähe erfahren zu haben? Die Pfingstkirchen allerdings, die am stärksten wachsende christliche Bewegung in Afrika, Südamerika und anderen Regionen außerhalb Europas, auch als »charismatische Bewegungen« bezeichnet, haben der religiösen Verzückung und dem Zungenreden wieder einen Platz im religiösen Leben eingeräumt. Bei ihnen steht die persönliche Erfahrung und Ergriffenheit durch den Heiligen Geist im Zentrum des Glaubensgeschehens. Allerdings werden die »Pfingstler« hierzulande nicht nur mit einigem Argwohn betrachtet, sondern auch als Bedrohung eines nüchternen, aufgeklärten und theologisch fundierten Glaubens empfunden. Charismatisches Erleben ist den Mitteleuropäern fremd und ein wenig unheimlich geworden.

Ein Sektenbeauftragter der Evangelischen Kirche Bayerns hat uns einmal von einer seltsamen Begebenheit berichtet. Spätabends habe ihn ein Pfarrerkollege angerufen und ganz außer sich gerufen: »Bei mir sitzt eine Frau auf dem Sofa, die behauptet, sie habe einen Engel gesehen! Was mache ich jetzt bloß? Was soll ich tun?« Und unser Gesprächspartner sagte zu uns: »Es ist doch schrecklich, dass wir Theologen keine Ahnung haben, wie wir mit einer persönlichen oder unmittelbaren Gotteserfahrung umgehen sollen!« Wir konnten ihm nur beipflichten.

Die kirchenbegründende Vision des Paulus

Ein Zeltmacher und frommer Pharisäer aus Tarsus namens Saul (»der Erbetene«) war ein griechisch gebildeter Mann, der in Jerusalem vom Rabbiner Gamaliel in den Gesetzen und Gebräuchen des Judentums gründlich geschult worden war. Zunächst verstand er sich nach seinen eigenen Worten als »Eiferer für das Gesetz«. Er hatte Jesus nie persönlich erlebt, war jedoch ein erklärter Feind und Verfolger der sich entwickelnden messianischen Bewegung. Da widerfuhr ihm auf dem Weg nach Damaskus das, was er selbst in seinem Brief an die Galater als Offenbarung und Berufung beschreibt. Er hatte eine überwältigende Lichtvision des Auferstandenen und hörte eine Stimme, die rief: »Saul, Saul, warum verfolgst du mich?« Vor Erschrecken zu Boden gestürzt, fragte er: »Wer bist du, Herr?« Die Stimme antwortete: »Ich bin Jesus, den du verfolgst!« Vom himmlischen Licht geblendet, konnte er drei Tage lang nichts sehen und keine Nahrung zu sich nehmen, bis ein Urchrist aus Damaskus ihn heilte und taufte. Nun nannte er sich zusätzlich Paulus (Pavlos), »der Kleine«, und verkündigte von Stund an die Nachricht vom auferstandenen Christus, die er zuvor erbittert bekämpft hatte. Damit wurde er zum ersten Theologen, der in seinen Briefen an die von ihm gegründeten Gemeinden das Fundament für den heutigen Christenglauben gelegt hat. Und aufgrund seiner Vision betrachtete er sich als Auferstehungszeuge und somit ebenfalls als Apostel, als Sendbote. Er brachte die Frohe Botschaft zu den Heiden, das bedeutet: zu Nichtjuden, und gewann sie zum Glauben an den Messias Jesus, weil er ihnen gegenüber nicht auf der Beschneidung und den strengen jüdischen Speisegesetzen bestand. Er predigte ihnen von der Auferstehung der Toten und vom ewigen Leben.

Die christliche Religion wäre wahrscheinlich ohne die Vision und Audition des Paulus, ohne sein Offenbarungserlebnis, nicht entstanden, sondern eine der vielen zeitgenössischen jüdischen messianischen Bewegungen geblieben. Es gibt wenig Grund, an der Authentizität seines Erlebens zu zweifeln.

Vor dem entsetzlichen Bürgerkrieg in Syrien war ich mit meinem Mann zwei Mal in Damaskus. Wir fuhren auch hinaus vor die Stadt auf einen Hügel zu der Stelle, die traditionsgemäß als Ort der Lichtvision betrachtet wird. Dort in Daraaya steht eine Kirche, die von vielen Pilgern der syrisch-orthodoxen Glaubensgemeinschaft und anderen Christen aufgesucht wird. Von der Anhöhe hat man einen weiten Ausblick über die uralte Stadt. Wir besuchten auch das Stadttor Bab Tuma, hinter dem der Apostel angeblich in einem Korb heruntergelassen worden war, um vor seinen Verfolgern fliehen zu können. Diese Plätze aufzusuchen bedeutete uns viel. Doch erst ein dritter Ort in der Altstadt von Damaskus hat bei uns einen starken und bleibenden Eindruck hinterlassen. Das ist ein tief in die Erde eingegrabenes kellerartiges enges Gewölbe, das als Haus des Hananias bezeichnet wird; angeblich der Platz, an dem Paulus sich nach der Offenbarung des Auferstandenen bis zu seiner Taufe und vielleicht noch länger aufgehalten haben soll. Die Apostelgeschichte berichtet, dass dieser Urchrist Hananias den von seiner Vision geblendeten Paulus auch von seiner (psychosomatischen) Blindheit geheilt hat.

Wir stiegen eine steile Treppe hinunter. Ich fühlte nichts Besonderes. Aber Frank blieb plötzlich stehen, ging rückwärts einige Stufen nach oben, dann wieder nach unten und wieder rückwärts. Er betastete die dunklen feuchten Steinwände und flüsterte mir zu: »Ich glaube, ich hatte einen Energiestoß, der sich wiederholt. Ist das Paulus?« Frank ist allgemein sehr sensitiv und hat zum heiligen Paulus auch eine enge geistige Beziehung. Dennoch ist er auch Realist und war sich nicht sicher. Deshalb bat er mich, bald dazu eine Botschaft unserer Quelle zu erfragen. Folgendes wurde uns mitgeteilt: »Paulus ist hier nie gewesen. Aber seit bald zweitausend Jahren kommen fromme Menschen diese Stufen herunter, um inbrünstig zu beten, weil sie an diese Tradition glauben. Und deren Kräfte sind es, die du spürst. Sie sind in der kristallinen Struktur der Wände gespeichert.«

Und zu Daraaya, dem angeblichen Ort der Lichtvision, erfuhren wir: »Hier ist nichts mehr zu spüren. Die Energie, die auf Paulus übertragen wurde, ist nicht in den Boden gefahren, sondern in die Person. Dieser von der Kraft des Auferstandenen erfüllte Mensch ist so oft in den Straßen von Damaskus umhergezogen, dass ihr dort viel mehr von seiner Präsenz spüren könntet, besonders an den Marmorsäulen des alten Jupitertempels. Ihr vermögt euch nur historisch zurückzuversetzen, und das würdigen wir durchaus. Zu seinem Offenbarungserlebnis könnt ihr aber keinen eigenen Zugang finden.«

Auch ich spürte oft eine starke Verbindung zu Paulus. Immer wieder wandelte ich auf seinen Spuren, in Ephesus, in Konya, an der türkischen Südküste, in Myra und Perge. Während meine Füße sehr achtsam dasselbe uralte römische Straßenpflaster beschritten wie er einst, versuchte ich, mich in diesen unermüdlichen Mann hineinzuversetzen, der für seine Überzeugung bereit war, sich verprügeln zu lassen, im Gefängnis zu schmachten, Schiffbruch zu erleiden und elend weite Fußreisen zu unternehmen, obgleich er nicht gesund war und sich außerdem als Zeltmacher noch seinen Lebensunterhalt verdienen musste. Dabei hatte er doch eine alte und müde Seele. Aber seine Berufung gab ihm Kraft. Als Greis musste er für seinen Glauben in Rom sogar noch den Märtyrertod erleiden.

Das Zungenreden

Für unsere Thematik der Medialität ist noch etwas anderes von Bedeutung: das sogenannte Zungenreden (eine Wortschöpfung von Luther), die prophetische Rede und die unterschiedlichen Charismen bzw. Gnadengaben. Im 1. Korintherbrief äußert sich der Apostel Paulus dazu:

> »Es gibt verschiedene Gnadengaben, aber nur den einen Geist. … Jedem aber wird die Offenbarung des Geistes geschenkt, damit sie anderen nützt. Dem einen wird vom Geist die Gabe geschenkt, Weisheit mitzuteilen, dem andern durch den gleichen Geist die Gabe, Erkenntnis zu vermitteln, dem dritten im gleichen Geist Glaubenskraft, einem andern – immer in dem einen Geist – die Gabe, Krankheiten zu heilen, einem andern Wunderkräfte, einem andern prophetisches Reden, einem andern die Fähigkeit, die Geister zu unterscheiden, wieder einem andern verschiedene Arten von Zungenrede, einem andern schließlich die Gabe, sie zu deuten.«[11]

Paulus sagte von sich, dass er besser in Zungen reden kann als die allermeisten Mitglieder seiner Gemeinden. Es heißt: Paulus legte ihnen die Hände auf und der Heilige Geist kam auf sie herab. Sie redeten in Zungen und weissagten. Aber der Apostel ordnet die Glossolalie den anderen Gnadengaben unter, insbesondere der verständlichen und dem Verstand zugänglichen prophetischen Äußerung, die vom Heiligen Geist erfüllt ist:

> »Strebt aber auch nach den Geistesgaben, vor allem nach der prophetischen Rede! Denn wer in Zungen redet, redet nicht zu Menschen, sondern zu Gott; keiner versteht ihn. … Wer in Zungen redet, erbaut sich selbst; wer aber prophetisch re-

> det, baut die Gemeinde auf. Ich wünschte, ihr alle würdet in Zungen reden, weit mehr aber, ihr würdet prophetisch reden. Der Prophet steht höher als der, der in Zungen redet, es sei denn, dieser legt sein Reden aus; dann baut auch er die Gemeinde auf. Was nützt es euch, Brüder, wenn ich komme und in Zungen vor euch rede, euch aber keine Offenbarung, keine Erkenntnis, keine Weissagung, keine Lehre bringe? … Da ihr nach Geistesgaben strebt, gebt euch Mühe, dass ihr damit vor allem zum Aufbau der Gemeinde beitragt. Deswegen soll einer, der in Zungen redet, darum beten, dass er es auch auslegen kann. Denn wenn ich nur in Zungen bete, betet zwar mein Geist, aber mein Verstand bleibt unfruchtbar. … Ich danke Gott, dass ich mehr als ihr alle in Zungen rede. Doch vor der Gemeinde will ich lieber fünf Worte mit Verstand reden, um auch andere zu unterweisen, als zehntausend Worte in Zungen stammeln.«[12]

An dieser Stelle möchte ich von einem seltsamen Erlebnis berichten. Noch bevor ich meinen schönen Posten als Wissenschaftlerin verließ, nahm ich 1982 an einem mehrtägigen Selbsterfahrungsseminar teil. Außerhalb der Übungen sollten die etwa dreißig Teilnehmer nicht miteinander sprechen. An einem Nachmittag wurden wir alle in einen dunklen Raum geführt mit der Aufgabe, eine Stunde lang laut in einer unverständlichen, nicht existierenden Sprache zu reden. Es herrschte ein Höllenlärm. Nach einiger Zeit begann ich zu würgen, meine Laute wurden unartikuliert und ich hatte die Fantasie, Blut im Mund zu schmecken, weil man mir die Zunge herausgeschnitten hatte. Dieses Empfinden wurde immer stärker und überwältigte mich geradezu, sodass ich anschließend voller Entsetzen zum Seminarleiter ging, um ihm von meinem Erleben zu berichten. Er überlegte lange und meinte dann, es könnte vielleicht mit einem vergangenen Leben zusammenhängen. Nun gut, ich war vor allem heilfroh, wieder normal sprechen zu können, und archivierte das Ereignis als merkwürdiges Produkt meiner Einbildung. Doch Jahre später konkretisierte sich das Ganze, und ich erinnerte mich in vielen Einzelheiten, im 8. oder 9. Jahrhundert ein Dorf-Muezzin im Jemen gewesen zu sein, der von seinem Sohn bei den Autoritäten verleumdet wurde, Unislamisches geäußert zu haben, worauf ihm zur Strafe die Zunge herausgeschnitten wurde. Nun konnte er nicht mehr vom Dach der Moschee zum Gebet rufen, Allah laut preisen und den Koran rezitieren, sondern musste alles, was er empfand, allein und in seinem Innern wahrnehmen, den Hass auf seinen Sohn und auch den Zorn auf einen Gott, der ihn als überaus frommen Mann derart gestraft hatte ... Mit Frank reiste ich in den Jemen und versuchte, den Ort von damals zu finden. Aber als es uns endlich gelang, wurde ich von einer solchen Panik überwältigt, dass ich zum Taxi rannte, um schnell von dort wegzukommen. Auch Frank ging es so (er war wohl der Sohn gewesen), er war ganz bleich. Ich habe dieses Erlebnis und den dahinterliegenden Sinn ausführlich in unserem Buch *Die Seelenfamilie* geschildert.

Nun bin ich wirklich recht froh, dass das Zungenreden nicht zu meinen Begabungen gehört. Es hat eine gewisse Verwandtschaft zu dem orakelhaften Stammeln der Sibyllen und Pythien – insofern, als Unverständliches immer der Deutung und Übersetzung bedarf, um überhaupt eine sinnvolle Wirkung beim Empfänger der Botschaft zu erreichen. Heutzutage steht das klare, verständliche Sprechen eines Mediums im Mittelpunkt. Kein Priester oder Vermittler ist vonnöten, um zu erklären, was gemeint ist. Jedenfalls in den meisten Fällen. Dennoch hat eine medial empfangene Wortbotschaft, gesendet von einer transzendenten, transpersonalen Instanz, in der Regel so viele Mitteilungsebenen, dass man einen solchen Text viele Male lesen kann und doch immer wieder etwas Neues in ihm entdeckt. Gewiss ist es sensationell, wenn ein Medium fremdartige Laute von sich gibt, sich vielleicht sogar in Krämpfen mit Schaum vor dem Mund am Boden windet, aber wäre in einem solchen Fall nicht in Erwägung zu ziehen, dass es sich dabei eher um einen epileptischen Anfall handelt? Bestimmt sind solche Phänomene sehr eindrucksvoll, aber wo bleibt jenseits des Sensationellen der spirituelle Gehalt? Ist die Botschaft, so sie denn zu entschlüsseln ist, hilfreich und förderlich? Spendet sie Erkenntnis und Wachstum bei den Empfängern? Fördert sie Liebe und Verständnis unter den Menschen?

Medialität als solche ist weder gut noch schlecht. Sie ist eine Fähigkeit und eine Kraft wie Musikalität, wie eine malerische oder mathematische Begabung; anders gesagt, eine Kunst, die mehr oder weniger Kunstvolles und zuweilen Gekünsteltes hervorbringt. Laut Kapitel 7 des Matthäus-Evangeliums soll Jesus in der Bergpredigt gesagt haben:

> »Hütet euch vor den falschen Propheten; sie kommen zu euch wie (harmlose) Schafe, in Wirklichkeit aber sind sie reißende Wölfe. An ihren Früchten werdet ihr sie erkennen. Erntet man etwa von Dornen Trauben oder von Disteln Feigen? Jeder gute Baum bringt gute Früchte hervor, ein schlechter Baum aber schlechte.«

Strafe, Sühne und apokalyptische Prophezeiungen

Es ist nun offensichtlich, dass Medialität in ihren vielfachen Schattierungen in unserer auf dem Christentum aufbauenden Zivilisation eine bedeutende Rolle spielt. Und es ist ebenso offensichtlich, dass sie Gutes und weniger Gutes hervorgebracht hat. Im Neuen Testament ist anfangs die Hoffnung auf ein baldiges Ende der Welt das Zentrum der meisten Prophezeiungen. Christus, so glaubt man, sei gekommen, um die Menschen von aller Sünde und vom ewigen Tod zu erlösen. Am Ende aller Zeiten steht dennoch das Jüngste Gericht.

Obgleich der Sühnetod Jesu den Menschen die Angst vor der alttestamentlichen Rache Gottes nehmen sollte, verging die Furcht vor ewiger Strafe, Heulen und Zähneklappern nicht. Die Vorstellung eines unmittelbar bevorstehenden Weltenendes ließ die Sünder erzittern. Und wer war wirklich rein und ohne Sünde, trotz Taufe? Der schreckliche Ort der Verdammnis wurde von keinem eindringlicher beschrieben als von einem Mann namens Johannes, den man, möglicherweise im Rahmen der Christenverfolgung, auf die Insel Patmos verbannt hatte. Er ist nicht identisch mit dem Jünger Johannes (»den Jesus liebte«), mit Johannes dem Täufer oder mit dem Evangelisten Johannes. Letzteres hat man aber lange geglaubt und deshalb der apokalyptischen Schrift, die das Neue Testament abschließt, erhebliche Aufmerksamkeit geschenkt.

Die Offenbarung des Johannes, eine von vielen Apokalypsen aus den Jahrhunderten um die Zeitenwende, ist ein derart furchterregender Text, dass die Kirchenväter bis ins späte 4. Jahrhundert gezögert haben, ihn überhaupt in den Kanon der Bibel aufzunehmen, und wie ich meine zu Recht. Um eine Frohe Botschaft handelt es sich gewiss nicht. Denn obgleich die Apokalypse des Johannes die einzige prophetische Schrift im Neuen Testament ist und sein Verfasser wiederholt behauptet, Christus oder ein von ihm gesandter Engel habe ihm den Text diktiert, verbreitet er nichts als Angst und Schrecken. Die entsetzlichen Höllenqualen, die er voraussagt, sind alles andere als tröstlich. Johannes hat machtvolle, bildhaft eindrückliche Visionen. Aber es ist in jedem Wort zu spüren, dass hier nicht der versöhnliche, vergebende, liebevolle Geist Jesu regiert, den man aus den Evangelien kennt, sondern die nackte Angst, die anderen Angst machen soll. Die angebliche Offenbarung Christi besteht fast ausschließlich aus Drohungen, Warnungen und grauenerregenden Schreckensbildern. Sie wirken wie psychotische Halluzinationen.

In den Liturgien der Ostkirchen wird bis heute dieser endzeitliche, furchterregende Text niemals verlesen, und die syrisch-orthodoxe Kirche anerkennt ihn überhaupt nicht als Gotteswort.

Es genügt eben nicht, immer aufs Neue zu sagen: »Und ich sah …« Damit will ich nicht in Zweifel ziehen, dass Johannes tatsächlich »sah«, also ein Seher war. Er ist allerdings geradezu zwanghaft mit Zahlensymbolik befasst. Die Zahlen Sieben und Zwölf stehen dabei im Mittelpunkt. Ganz zum Schluss stößt Johannes noch wie ein strenger Sektenführer eine Drohung aus:

> »Diese Worte sind zuverlässig und wahr. Gott, der Herr über den Geist der Propheten, hat seinen Engel gesandt, um seinen Knechten zu zeigen, was bald geschehen muss … Ich bezeuge jedem, der die prophetischen Worte dieses Buches hört: Wer etwas hinzufügt, dem wird Gott die Plagen zufügen, von denen in diesem Buch geschrieben steht. Und wer etwas wegnimmt von den prophetischen Worten dieses Buches, dem wird Gott seinen Anteil am Baum des Lebens und an der heiligen Stadt wegnehmen.«

Als erfahrenes Medium und als Person, die in der »Szene« bewandert ist, maße ich mir an zu sagen: Angstmacherei ist in jedem Fall ungut. Angst macht Angst, sie macht eng, sie verkürzt den Blick, anstatt ihn zu erweitern. Ich rate jedem, der ein Medium, einen Wahrsager oder eine Hellseherin aufsucht und sich anschließend gemaßregelt, verängstigt oder bedroht fühlt, den Kontakt unverzüglich abzubrechen und die manipulierenden Strukturen hinter den Aussagen zu erkennen. Denn meistens wird dem Ratsuchenden zugleich auch suggeriert, dass durch viele weitere Sitzungen und entsprechende Zahlungen das drohende Unheil abgewendet werden kann. Übrigens beruft sich gerade diese Sorte von »Medien« als Quelle ihrer Offenbarungen besonders oft auf Jesus Christus oder Maria oder den Erzengel Gabriel. Das soll jede Kritik im Keim ersticken. Besonders vorsichtig muss man gegenüber Offenbarungen sein, die pompös und gestelzt in Luther-Deutsch daherkommen. Wenn uns Gott oder Christus oder die Erzengel tatsächlich etwas mitteilen wollen, können sie sich problemlos in moderner Umgangssprache äußern. Das Wesentliche ist doch, dass sie verstanden werden.

Dazu nur ein Beispiel: Eine Frau rief schluchzend bei uns an. Ein Medium, das die Gottesmutter Maria channelt, habe ihr gesagt, sie solle unverzüglich ihren Mann verlassen, um sich in Zukunft nur noch dem Gebet zu widmen. Sie rief: »Ich liebe meinen Mann und wir haben drei kleine Kinder! Wenn aber die heilige Maria von mir verlangt, dass ich mich von ihm trenne, muss ich es dann tun?« Wir konnten es ihr ausreden, aber es war für die gläubige Katholikin nicht leicht, sich diesem angeblichen Befehl zu widersetzen und auf ihren gesunden Menschenverstand zu horchen.

Medial empfangen oder nicht, Wahrheit oder psychotische Angstprojektion – Tatsache bleibt, dass die »Offenbarung« des Johannes auf Patmos einen enormen Einfluss auf Kunst und Sprache des Abendlandes ausgeübt hat. Zahlreiche mittelalterliche Kirchen wurden mit Fresken geschmückt, die den Gläubigen und Sündern die zukünftigen Höllenqualen darstellen sollten. Alpha und Omega, das Buch mit den sieben Siegeln, das Bild vom Lamm Gottes, aber auch die Zahl 666 als Symbol des Bösen, die Vorstellung von einem Tausendjährigen Reich und viele andere Begriffe entstammen diesem Text. Martin Luther, der selbst zeitlebens mit seinen Ängsten zu kämpfen hatte, hinterließ uns den Satz: »Mein Geist will sich in dieses Buch nicht schicken.«

Jede Religion ist darauf angewiesen, das Wirken göttlicher Kräfte in irgendeiner Weise anschaulich darzustellen. Dafür dienen seit jeher Legenden und sonderbare Erzählungen. Wunder und die Erscheinung überirdischer Wesen gehören dazu. Mögen all diese Visionen und Gottesbegegnungen nun wahr und wahrhaftig sein oder nicht – um das Phänomen der Medialität in unserer Kultur zu begreifen, kommen wir nicht an der Tatsache vorbei, dass die Menschheit seit Jahrtausenden an sie geglaubt und ihre Vorstellungen in Bezug auf Kontakte mit transzendenten Kräften daran orientiert hat.

Aber: Wenn eine Kultur überhaupt keine Vorstellungen besäße von der Art und Weise, wie sich das Numinose im Irdischen oder Menschlichen manifestiert, wie könnte sie das alles so exakt beschreiben? Gibt es nun Visionen, göttliche Berufungen, Erscheinungen, Prophezeiungen – oder sind sie allesamt nichts als fromme Einbildung und Wunschdenken? Religiöse Manipulation und Opium fürs dumme Volk? Und wie kommt es, dass unsere modernen Gesellschaften diesen Dingen gegenüber so ablehnend, verächtlich und skeptisch sind? Warum wird so häufig die Ansicht vertreten, dass ein vernünftiger, gebildeter, aufgeklärter Mensch heutzutage solche Erlebnisse gar nicht haben könne, weil ja die Wundergeschichten entweder erfunden, ewig lange her oder sowieso Mumpitz sind? Gehen wir mit diesen Fragen im Hinterkopf weiter voran in der Geschichte.

Mediale Empfängnis – Exklusiv für Betschwestern?

Das nächste mediale Großereignis war im Oktober 312 die angebliche Erscheinung eines Christuszeichens am Himmel. Kaiser Konstantin erblickte vor einer entscheidenden Schlacht bei Rom ein Lichtkreuz. Dazu die Worte, wohl auf Griechisch: »Unter diesem Zeichen siege!« Das Ereignis ist unter Historikern stark umstritten. Aber der Kaiser siegte tatsächlich, und es dauerte nicht mehr lange, da wurde das Christentum im gesamten römischen Großreich zur Staatsreligion erklärt. Auch ein berühmter visionärer Traum, in dem ihm Christus erschienen sei, wurde ihm zugeschrieben. Auf zahlreichen mittelalterlichen Miniaturen und Gemälden ist der träumende Kaiser dargestellt. Gewiss ist, dass er glaubte, seine Alleinherrschaft dem Beistand des Christengottes zu verdanken. Er selbst ließ sich vorsichtshalber erst auf dem Totenbett taufen. Die heidnischen Kulte wurden alsbald vernachlässigt oder verboten. Die Zeit der Christenverfolgung war vorüber. Schon unter Kaiser Konstantin und später auf Betreiben seiner Tochter Constantia entstanden im ganzen Reich die herrlichsten Bauwerke mit Mosaiken, die noch jetzt zu bewundern sind. Seine Mutter Helena reiste ins Heilige Land und brachte von dort die bis zum heutigen Tag tief verehrten Kreuzes-Reliquien mit.

Fünfhundert Jahre zuvor hatte ein mächtiger General aus Karthago, ein berühmter Stratege und Feldherr, versucht, sich die Vorherrschaft im Mittelmeerraum gegenüber dem aufstrebenden Rom zu sichern. Hannibals Heer aus rund einhunderttausend Kriegern und vierzig afrikanischen Kriegselefanten zog durch Spanien, Frankreich und im Winter über die Alpen. Zunächst eroberte er ganz Norditalien. Doch gelang es ihm nicht, Rom endgültig zu unterjochen. Es versteht sich von selbst, dass er ein Orakel befragt hatte, ob sein Vorhaben von Erfolg gekrönt sein würde. Vielleicht hatte er die Weissagung nicht richtig gedeutet? Jedenfalls war der Großteil seiner Streitmacht gefallen, allerdings hatte er lediglich drei Elefanten verloren.

Aus den folgenden Jahrhunderten gibt es schriftlichen Zeugnissen zufolge zu unserem Thema nicht allzu viel zu berichten. Erst um das Jahr 1000 erwartete das Abendland erneut das Weltenende und man erhoffte und fürchtete zugleich die Wiederkehr Christi. Entsprechend viele angstvolle Endzeitfantasien und apokalyptische Schriften verbreiteten sich. Sie übten großen Einfluss auf die Völker Europas und Kleinasiens aus. Doch die Jahrzehnte vergingen, und die kollektive Furcht ließ wieder nach. Sie war ein Jahrtausend später, um das Jahr 2000 und bald darauf um 2012, wieder zu beobachten, als viele Menschen von Weltuntergangsängsten geplagt wurden und versuchten, die Apokalypse mit kollektiven Gebeten und Vorräten im Keller abzuwenden. Sie glaubten den angeblichen Berechnungen des berühmten Nostradamus.

Nostradamus

Der französische Arzt, Apotheker und Astrologe (1503–1566) war, wenn man es aus heutiger Sicht beurteilt, ein gerissener Kerl von enormer Geschäftstüchtigkeit. Seine in Hunderten von Vierzeilern verfassten Prophezeiungen waren derart rätselhaft und mystifiziert, dass jeder hineinlesen konnte, was er wollte, um damit seine Ängste und Hoffnungen zu füttern, ganz nach dem Muster der stammelnden delphischen Pythia. Unklare Formulierungen wurden verknüpft mit möglichen astrologischen Konstellationen, die entweder Unheil oder Kriegsglück oder auch das Weltenende voraussagten. Ein kostbarer Steinbruch für Menschen, die Verschwörungstheorien lieben! Bis heute.

Sehr klug war auch, dass Nostradamus als einer der Ersten seine Weissagungen in der Volkssprache Französisch und nicht auf Latein veröffentlichte. So fanden sie eine viel größere Verbreitung. Niemand verstand sie, aber man konnte sie zitieren. Wie viele seiner Zeitgenossen scheute er sich auch nicht, von anderen Autoren abzuschreiben. Das wird man ihm nicht vorwerfen wollen. Aber alle seine Andeutungen für die Zukunft sind vielfach widersprüchlich und erklärungsbedürftig. Das reizt viele Menschen, die zahlreichen Angaben nachzurechnen und zu immer neuen Auslegungen seiner Texte zu gelangen. Fest steht, dass Nostradamus mit seinen Versen großen Erfolg hatte und hohe Einnahmen erzielte.

Wir waren einmal mit einer Germanistik-Professorin aus Taiwan bekannt, die Interesse am Material unserer Quelle hatte und sie ins Mandarin übersetzen wollte. Wir trafen uns im November 2011 in einem Salzburger Lokal, wo wir sie zum Essen eingeladen hatten. Aber sie wollte partout nichts bestellen. Wir hielten das für höfliche asiatische Bescheidenheit, bis sich herausstellte, dass sie bereits angefangen hatte zu fasten, um sich auf die unmittelbar bevorstehende Zeitenwende vorzubereiten. Sie war nämlich fest der Überzeugung, ab dem 1. Januar müssten die Menschen keine Nahrung mehr zu sich nehmen, würden nur noch von Licht leben und bräuchten auch kein Geld mehr. Deshalb wollte sie ihren schönen Professorenposten in Taipeh gleich nach ihrer Heimkehr kündigen. Ihre Überzeugungen hatte sie aus dem Internet gewonnen. Sie muss wohl unser stummes Entsetzen gespürt haben. Was aus ihr geworden ist, wissen wir nicht.

Ignatius von Loyola und Meister Eckhart

Sind weibliche Wesen, besonders Ordensfrauen, offener als Männer für mediale Botschaften, für göttliche Eingebungen und auch für Ängste und Drohungen, die sie in ihrem Sündenbewusstsein bestätigen? So eindeutig kann man es nicht sagen. Der Begründer des Zisterzienserordens, Bernhard von Clairvaux, der im 12. Jahrhundert durch seine Predigten auch den zweiten Kreuzzug in Bewegung setzte, hatte eine folgenreiche und häufig in der Kunst dargestellte Vision, denn er sah, wie Jesus sich vom Kreuz zu ihm herabbeugte, um ihn in die Arme zu nehmen. Auch gehörte eine ausgeprägte Marienfrömmigkeit zu seinem spirituellen Erbe. Ignatius von Loyola berichtet ebenfalls von mystischen Erlebnissen, die ihn vom Haudegen zum Begründer des Jesuitenordens werden ließen. Eine für unseren Kulturkreis besonders wichtige Figur ist Meister Eckhart (1260–1328) aus Erfurt in Thüringen. Lange galt der Dominikanermönch als Mystiker, aber er ist nicht bekannt für Visionen oder Auditionen. Vielmehr ist er frommer Theologe, klarer Denker, gewaltiger Prediger, Professor an der Pariser Universität und wurde – weil er sich nicht immer ganz kirchenkonform äußerte – zuletzt wie so viele vor ihm und nach ihm der Ketzerei angeklagt. Zu seinem Glück starb er, kurz bevor er zum Tode verurteilt werden konnte. Seine zentrale Thematik ist die Natur der Seele. Und Meister Eckhart ist insofern ein bedeutender Vorläufer all jener Trancemedien, die im 20. und 21. Jahrhundert dem Menschen seine existenzielle Würde zurückgaben, als er mit seiner Lehre vom »Seelengrund« der inkarnierten Seele eine göttliche und von Gott untrennbare Qualität zuerkannte. Der Mensch trägt, weil er beseelt ist, Gott in sich. Wer einmal nach Erfurt reist, sollte sich nicht nur Luthers originale Mönchszelle ansehen, sondern auch die nahe gelegene Predigerkirche besuchen, um dort einen Hauch von Meister Eckharts großem Geist zu erhaschen. Schon zweihundert Jahre vor Luther hat er verkündet, dass jede Art von Vermittlung zwischen Gott und Mensch überflüssig sei (was die Priesterschaft verständlicherweise nicht gern hörte).

Hildegard von Bingen

Trotz allem gewinnt man über die Zeiten hinweg den Eindruck, dass Schauungen und entrückende Erlebnisse vor allem den Klosterschwestern zuteilwurden. Noch im 11. und 12 Jahrhundert traten in Europa einige bewundernswerte Frauengestalten auf den Plan, deren Eingebungen und Visionen in Bildern und Texten festgehalten und somit der Nachwelt überliefert wurden. Das ist insofern von Bedeutung, als Frauen im Allgemeinen und vor allem zurückgezogene Ordensschwestern in der Öffentlichkeit keine Rolle zu spielen hatten. Dieses Bescheidenheitsgebot geht auf Paulus zurück. Eine von jenen, deren Berufung stärker war als alle Regeln der damaligen Gesellschaft, die größte unter ihnen, hieß Hildegard von Bingen (1098–1179). Sie war eine kraftvolle, unabhängige Frau, die im 12. Jahrhundert als Äbtissin noch in hohem Alter bei Königen, Kaisern und Päpsten ein ehrfurchterregendes politisches und spirituelles Ansehen genoss. Ihr umfangreiches Werk zu Themen der Religion, Medizin, Musik und Naturwissenschaft ist in mehreren Prachthandschriften erhalten, ausgestattet mit herrlichen Miniaturen, deren Wiedergaben heute in Museumsläden als Postkarten verkauft werden. Bis ins 19. Jahrhundert hinein geriet sie weitgehend in Vergessenheit, im 20. Jahrhundert aber erlebte ihr Wirken einen regelrechten Boom. Ihre Kompositionen erklangen auf CDs, Heilpraktiker behandelten ihre Patienten mit der Hildegard-Medizin. Im Jahr 2012 wurde sie neunhundert Jahre nach ihrem Wirken endlich heiliggesprochen und von Papst Benedikt XVI. als vierte Frau unter zweiunddreißig Männern zur Kirchenlehrerin ernannt.

Caterina von Siena

Im 14. Jahrhundert folgte ihr dann Caterina von Siena (1347–1380), ebenfalls eine Nonne, deren Berichte von Visionen und Auditionen gut bezeugt und erhalten sind. Schon als Kind hatte sie ekstatische Erlebnisse. Sie wusste auch um deren Gefahren. So unterschied sie je nach ihrer Reaktion auf die Visionen solche, die ihr vom Teufel eingegeben wurden, und andere, die von Gott stammten. Denn nur nach diesen erlebte sie dauerhafte Beglückung. Dann empfand ihre Seele »heilige Furcht«. Nach Jahren im Kloster widerfuhr ihr, was sie als »mystische Vermählung mit Christus« erlebte. Anschließend trat sie, ähnlich wie Hildegard, an die Öffentlichkeit. Das war unschicklich und skandalös. Sie aber besuchte Gefangene, Arme und Kranke, kritisierte bisweilen scharf die Kirche, äußerte sich in politischen und spirituellen Angelegenheiten, musste sich gegen den Vorwurf der Ketzerei verwahren, stiftete Frieden in Zeiten des Kirchenschismas und scharte eine große Zahl von gläubigen Menschen um sich. Alsbald wurde sie in ganz Europa bekannt. Im Jahr 1375 zeigten sich bei ihr die Wundmale Christi. Ein Jahrhundert später erfolgte die Heiligsprechung. Sie gilt als Kirchenlehrerin und wird als Patronin Italiens und Europas verehrt.

Diese zwei frommen mutigen Klosterfrauen, deren glaubenskonforme Visionen von den kirchlichen Autoritäten nach langem Ringen als von Gott inspiriert anerkannt wurden, haben das geistliche Gesicht des Abendlandes geprägt. Von Caterina sind uns mehr als dreihundertachtzig persönlich diktierte Briefe erhalten.

Juliana von Norwich, Margery Kempe und Birgitta von Schweden

Eine Zeitgenossin der italienischen Heiligen war eine englische Nonne, Juliana von Norwich (1342 bis nach 1413). Auch sie hatte Visionen, besonders während und nach einer schweren Krankheit. Sie hat uns ein bewegendes Werk über die Liebe Gottes hinterlassen, das jedoch erst Jahrhunderte nach ihrem Tod bekannt wurde. Zur selben Zeit lebte auch Margery Kempe (1373 bis nach 1438), keine Klosterschwester, sondern fromme Mutter von mehr als vierzehn Kindern, die in ständigem Gespräch mit Jesus stand und einen Lebensbericht geschrieben hat, eine eindrucksvolle spirituelle Autobiografie. Auch sie wirkte in der Öffentlichkeit, reiste weit umher, wurde der Ketzerei angeklagt und widerwillig freigesprochen. Vor allem warf man ihr vor, gegen die weibliche Bescheidenheitsweisung des Apostels Paulus zu verstoßen, weil sie öffentlich betete und weinte und, ergriffen vom Heiligen Geist, ihren Glauben ekstatisch vor Fremden bekannte. Das widersprach den guten Sitten, verärgerte ihre Umgebung. Und man warf ihr spirituellen Hochmut vor, weil sie nicht einmal eine Nonne war. Mit Juliana von Norwich war Margery gut bekannt. Man weiß, dass die zwei Frauen einige Tage miteinander verbracht haben. Ihr Lebensbericht war ebenfalls lange verschollen, erst 1934 wurde er in einer Privatbibliothek wiederentdeckt.

Eine weitere fromme Frau aus dem 14. Jahrhundert, Birgitta von Schweden (1303–1373), wurde bereits zwanzig Jahre nach ihrem Tod heiliggesprochen. Sie war Mutter von acht Kindern, eines davon ist die heilige Caterina von Schweden. Nach einer Pilgerreise nach Santiago de Compostela und dem unerwarteten Ableben ihres Ehemannes trat sie in ein Franziskanerkloster ein und gründete später den eigenständigen Orden der Birgittinen. Sie reiste nach Rom, Jerusalem und Bethlehem, war bemüht, die Kirche zu Reformen zu bewegen und den Papst von Avignon nach Rom zurückzurufen. Ihre Berufung führte sie auf eine mystische Verbindung mit Christus zurück. Ihre ekstatischen Offenbarungen von der Geburt Jesu, seiner Passion und seinem Kreuzestod wurden bald sehr bedeutsam, besonders für die Malerei. Die seitdem herrschende Bildvorstellung von Jesus, Maria und dem lichtumkränzten Christkind in Stall und Krippe gehen im Wesentlichen auf Birgittas Visionen zurück. Ihre Gebetstexte waren im Spätmittalter weit verbreitet und wurden in mehrere Sprachen übersetzt. Auch sie gilt als Patronin Europas. Martin Luther hatte für ihre Offenbarungen wenig Verständnis. Er hielt sie für Ausgeburten eines verwirrten Geistes. August Strindberg schildert sie in einem Drama als machthungrige, eitle und hochmütige Person, die vom Ehrgeiz gepeitscht wurde, unbedingt den Stand einer Heiligen zu erreichen und zur Ehre der Ältäre erhoben zu werden. Wie dem auch sei, in unserer Kultur hat die heilige Birgitta tiefe Spuren hinterlassen.

Teresa von Avila

Ebenfalls in der Tradition solcher von tiefstem Glauben bewegter und von Visionen erfüllter Ordensschwestern steht die weitaus bekanntere Teresa von Avila (1515–1582), Heilige und Kirchenlehrerin auch sie. Lorenzo Berninis berühmte Marmorstatue, die sie während einer Vision in ekstatisch-orgasmischer Verzückung darstellt, hat sie auch in weniger religiösen Kreisen bekannt gemacht.

> »Ich sah einen Engel neben mir, an meiner linken Seite, und zwar in leiblicher Gestalt, was ich sonst kaum einmal sehe … Er war nicht groß, eher klein, sehr schön, mit einem so leuchtenden Antlitz, dass er allem Anschein nach zu den ganz erhabenen Engeln gehörte, die so aussehen, als stünden sie ganz in Flammen … Ich sah in seinen Händen einen langen goldenen Pfeil, und an der Spitze dieses Eisens schien ein wenig

> Feuer zu züngeln. Mir war, als stieße er es mir einige Male ins Herz, und als würde es mir bis in die Eingeweide vordringen. Als er es herauszog, war mir, als würde er sie mit herausreißen und mich ganz und gar brennend vor starker Gottesliebe zurücklassen. Der Schmerz war so stark, dass er mich Klagen ausstoßen ließ, aber zugleich ist die Zärtlichkeit, die dieser ungemein große Schmerz bei mir auslöst, so überwältigend, dass noch nicht einmal der Wunsch hochkommt, er möge vergehen, noch dass sich die Seele mit weniger als Gott begnügt. Es ist dies kein leiblicher, sondern ein geistiger Schmerz, auch wenn der Leib durchaus Anteil daran hat, und sogar ziemlich viel.«[13]

Nach vielen spirituellen Krisen, bestimmt von Sündenangst, hatte sie eine bedeutende und schreckensvolle Höllenvision, die jedoch in die Erkenntnis vom Geschenk des göttlichen Erbarmens mündete. Gemeinsam mit ihrem Freund und Beichtvater, dem heiligen Johannes vom Kreuz, änderte sie die Ordensregeln der von ihr gegründeten Klöster, weil sie davon überzeugt war, dass eine allzu rigorose Askese mit strengsten Bußübungen dem angestrebten Gottvertrauen nicht hilfreich war. Sanftmut und Nächstenliebe sind die Kernbegriffe ihrer Lehre.

Weitere medial sehr offene Frauen

Die überlieferten Erfahrungen dieser bedeutenden Visionärinnen zeigen mehrere typische Merkmale auf. Klösterliche Abgeschiedenheit, Fasten und Gebet bilden eine gute Grundlage für mediale Öffnung. Schwere Krankheiten, von denen berichtet wird, scheinen den psychischen Widerstand gegen mystisch-bildhafte Erlebnisse zu brechen. Alle Frauen wurden mitunter aufs Heftigste angefeindet und mussten sich für ihr inneres Erleben vor den kirchlichen Autoritäten und missgünstigen, misstrauischen Klerikern rechtfertigen. Ihre Visionen und Auditionen standen in unmittelbarem Zusammenhang mit ihrer religiösen christlich-katholischen Prägung. Sie besaßen eigenständige, unabhängige Wesenszüge und ließen sich von ihrer inneren Wahrheit durch nichts abbringen. Sie haben wichtige schriftliche Zeugnisse hinterlassen, die bedeutsamen kulturellen Einfluss auf die Kunst ausgeübt haben.

Mit Sicherheit gab es noch viele weitere Klosterfrauen, die vergleichbare Zustände der Verzückung und Entgrenzung erlebt haben, doch von ihnen ist aus dieser Zeit nicht viel überliefert. Das weibliche Gemüt scheint besonders offen zu sein für mediale Empfängnis. Das wird sich auch in den folgenden Jahrhunderten zeigen. Es gab zahlreiche Frauen mit unterschiedlichen Stigmata. Bekannte Beispiele, auf die ich hier nicht näher eingehen kann, sind Katharina von Emmerick, Augustinerchorfrau mit Kreuzmalen, 2004 seliggesprochen und bekannt geworden durch die Aufzeichnungen des Dichters Clemens Brentano. Auch Luise Beck aus Niederbayern, eine skandalträchtige und machthungrige Frau, die angeblich Weisungen aus dem Jenseits erhielt und mit ihren Höllendrohungen und Erpressungen sogar Bischöfe in Rom terrorisierte, Maria von Mörl in Südtirol, zu der Tausende pilgerten und seit den Siebzigerjahren des 20. Jahrhunderts auch Gabriele Wittek, die ihre einflussreiche Organisation »Heimholungswerk Jesu Christi« bzw. »Universelles Leben« gegründet hat. Durch Frau Wittek sprachen Christus, Gott, ein Geistwesen namens Emanuel und einige Verstorbene. In ihrem Sinne wurden zahlreiche Gemeinden gegründet. Ihre Anhänger nennen sie die Posaune Gottes und verstehen sie als Prophetin. Ihre Feinde verachten die Gemeinschaft als die Sekte einer »unterforderten Hausfrau«. Ebenfalls als Sektenoberhaupt gelten die Begründerin des Geistchristentums Beatrice Brunner aus Zürich sowie die weltweit bekannte Schweizerin Uriella, die in Trance Kundgaben des vierten Erzengels Uriel empfing und die Gemeinschaft »Fiat Lux« begründete, der sie auch vorstand.

Franziskus von Assisi und Niklaus von Flüe

Ich habe hier ausführlicher nur von Nonnen berichtet, deren visionäre Kräfte historisch gut belegt sind und die bleibende Spuren in unserer Kultur hinterlassen haben. Selbstverständlich wissen wir auch von Männern, die vergleichbar den biblischen Gestalten von einer göttlichen Berufung berichten. Der bekannteste unter ihnen ist wohl Franziskus von Assisi (1181–1226). Auf einer Anhöhe saß er einsam neben einer verfallenen Kapelle, als er eine Stimme hörte, die ihm zurief: »Baue meine Kirche wieder auf!« Anfangs verstand er dies ganz konkret und wörtlich, besorgte sich Steine und Mörtel und setzte das kleine Gebäude wieder instand. Erst später ging ihm auf, dass damit Anderes und Größeres gemeint sein könnte. So wurde er zum Begründer eines Bettelordens, der Franziskaner. Dass er die Erlaubnis dazu erhielt, wird auf einen visionären Traum zurückgeführt, der Papst Innozenz III. dazu bewegte, dem lästigen Unbekannten aus Assisi sein Ohr zu leihen. Ich war bis zum verheerenden Erdbeben viele Male in Assisi und habe dort versucht, unseren Seminarteilnehmern das Wirken dieses großen Menschen nahezubringen. Angesichts der unzähligen Pilger ist es nicht schwer, seine Präsenz dort noch heute zu spüren. Überall wehen Banner mit der Inschrift PACE (Frieden).

Ein weiterer Mann von bedeutendem Einfluss ist der bereits erwähnte Niklaus von Flüe (1417–1487), Nationalheiliger der Schweiz. Seine Visionen sind ebenfalls gut belegt und in eindrucksvollen Bildern aufgezeichnet. Er soll viele Jahre streng gefastet haben, was bei der Obrigkeit Missfallen erregte; denn eine dauerhafte Nahrungsverweigerung schien ihnen auf einem Bund mit dem Teufel zu gründen. Er verweigerte sogar die Hostie und den Messwein, was die kirchliche Obrigkeit sehr misstrauisch machte. Aber er hat in seiner Heimat Großes getan und ist vielen noch heute ein Vorbild. Als ich seine Einsiedelei in einem grünen Tal besuchte, war ich tief berührt von der Stille dort. Er ist einer der wenigen, die auch heute noch verehrt und hochgeachtet werden. Damit ist er aber eher eine Ausnahme. Denn meistens wurden Menschen, die sich als Medien auf Gott oder Christus beriefen, verfolgt und vor Gericht gezerrt. Eine unmittelbare Gotteserfahrung – es darf sie anscheinend nicht geben.

»Gutachter«-Meinungen

Zu erwähnen wäre hier noch einmal Emanuel Swedenborg (1688–1772), ein hochgebildeter Wissenschaftler, dessen Lehren immer noch eine Gemeinde finden; sodann der von Hegel hoch geschätzte Jakob Böhme (1575–1624), der sich massiven Anfeindungen der protestantischen Kirche ausgesetzt sah; der katholische Geistliche Johannes Greber (1876–1944), der entgegen den Anweisungen seines Bischofs ein Hilfswerk für hungernde Kinder ins Leben rief und in die USA fliehen musste, um sein medial inspiriertes Werk zu vollbringen; und vor allem der tieffromme und gebildete Jakob Lorber (1800–1864). Als Schreibmedium hinterließ er, wie die übrigen Genannten, mehrere tausend Seiten nach dem Diktat Jesu Christi. Sie werden immer noch von Lorber-Freundeskreisen ehrfürchtig studiert, von den Kirchen jedoch nicht anerkannt. Denn er lehnte sowohl die Dreifaltigkeit als auch Luthers Rechtfertigungslehre ab. Anfangs verweigerte man seinen Büchern die Veröffentlichung, später wurden sie sogar konfisziert. Medial Empfangenes, wenn es nicht den Dogmen und Glaubenslehren der Kirchen entspricht, scheint brandgefährlich zu sein. Eine medizinische Dissertation über die Psychopathologie eines Sektenstifters aus dem Jahr 1966 kommt für Lorber zu folgender Beurteilung: »Chronische paranoide Schizophrenie mit manisch-depressiver Komponente bei einer präpsychotisch selbstunsicheren, ängstlich, neurotischen und geltungssüchtig-hysteriformen Persönlichkeit«. Nun ja. Man möchte der Verfasserin dieser Zeilen lieber nicht als Patientin nicht in die Hände fallen.

Derselbe Religionspsychologe, der auch meine medial empfangenen Botschaften begutachtet hat, kommt allerdings für Lorber (und mich) zu einer anderen Diagnose. Er meint, psychotisch Kranke könnten gar nicht zu solchen umfangreichen und langjährigen Leistungen fähig sein. Er ordnet die »Neuoffenbarungen« meiner Quelle vielmehr einer Suche nach spiritueller Orientierung zu. Hätte er mich nur dazu befragt! Ich hätte ihm geantwortet, dass ich noch niemals auf der Suche nach spiritueller Orientierung gewesen bin. Ich bin keine Sucherin und im Privaten eher eine Finderin. Doch was meine mediale Gabe und meine Quelle betrifft, wurde ich gefunden und habe Ja zu meiner Berufung und Aufgabe gesagt.

Emanuel, das Urlicht und der Hortus Conclusus

Ebenfalls einen christlichen Hintergrund haben die geheimnisvollen Botschaften aus dem Urlicht. Der Sender wird als »Emanuel« bezeichnet, das Medium ist – soweit ich in Erfahrung bringen konnte – nicht bekannt. Die Schriften, empfangen durch die Methode der »Psychografie«, eine Art medialen Schreibens, wurden Ende des 19. Jahrhunderts von einem Mann namens Bernhard Forsboom herausgegeben. In zahlreichen kurzen Kapiteln werden die unterschiedlichsten Themen angesprochen, als Antwort auf Fragen, die dem Medium gestellt werden. Es geht um das Verhältnis von Geist und Körper, um die uneingeschränkte Liebe Gottes. Ein Kenner der Materie findet auch viel Interessantes über die Aufgaben und Belastungen eines Mediums.

> »Die Kraft ist da; sie durchdringt das All und wartet, dass ihr sie nehmt und festhaltet. So lebe, lebe für Gott allein; und wenn andere dich nicht verstehen, so lasse sie und warte. Gott wartet auch. Glaubst du, mein Kind, du dürftest noch zaghaft

> durchs Leben gehen, deine Augen besorgt auf die Menschen gerichtet, ängstlich wartend, bis der Spiritualismus Mode geworden ist?«[14]

Hier werden die Ängste und die Einsamkeit eines Mediums innerhalb einer engstirnigen bürgerlichen Umgebung angesprochen. Um 1900 stand zwar der Spiritualismus in voller Blüte, aber doch eher in der englischsprachigen Welt als in Deutschland. Vielleicht handelt es sich bei dem Medium um eine Person aus der »besseren Gesellschaft«, deren Ruf bei Bekanntwerden ihrer Tätigkeit ruiniert gewesen wäre. Die Botschaften sind intelligent, tiefsinnig und durchaus erhellend, auch in Hinsicht auf die spätere Entwicklung medialer Durchgaben, die sich allesamt der allumfassenden göttlichen Liebe und der Bedeutung des All-Einen gewiss sind. Dieses Werk ist wenig bekannt geworden. Woran mag das liegen? Ich denke, dass hier wieder einmal das große Missverständnis deutlich wird: Nicht die Inhalte sind für ein Publikum aufsehenerregend, sondern eher das Medium selbst. Und dieses Medium scheint eben nicht bekannt zu sein. Die übermittelte Lehre ist gut und schön, aber die Menschen wollen das Sensationelle erleben, einen Menschen, der vom Geist ergriffen ist und dies möglichst in aller Öffentlichkeit vorführt.

An dieser Stelle soll auch ein Mann erwähnt werden, der ein umfangreiches, aber ebenso wenig bekanntes »Geistiges Lehrwerk« unter dem Titel *Hortus Conclusus* hinterlassen hat. Er hieß Joseph Anton Schneiderfranken, nannte sich Bô Yin Râ (1876–1943) und war außerdem ein bekannter Maler. Seine Schriften sollten als »praktische Kraft zur Erlangung von Gewissheit und Lebensfreude« dienen. Inhaltlich bezieht sich Schneiderfranken hauptsächlich auf religiös-christliche Themen. Obgleich er sich selbst nie als Medium bezeichnet hat, verraten doch der archaisch-mahnende Ton und die Eindringlichkeit seiner Botschaften, dass er sich von einer nicht menschlichen Instanz inspirieren ließ. Sein Werk wird von zwei Stiftungen bis heute gepflegt, bleibt aber wenigen Interessierten vorbehalten. Es reicht in keiner Weise an den internationalen Bekanntheitsgrad von Seth oder Lazaris heran. Dennoch schafft es eine Kontinuität der Medialität und der Menschen, die sich ihr hingeben. Sie ist eben nicht auf ferne Zeiten beschränkt, sondern zeigt sich immer und immer wieder, wenn auch in unterschiedlichsten historischen und gesellschaftlichen Kontexten.

Jeanne d'Arc

Die berühmteste und weltweit bekannteste Persönlichkeit in der Reihe der Menschen, die durch ihre Empfänglichkeit für nicht menschliche, übersinnliche oder (wie man glaubte: göttliche) Durchgaben die Welt verändert haben, war ein Bauernmädchen aus Nordfrankreich – Jeanne d'Arc oder Jungfrau von Orléans genannt. Geboren um 1412, hatte sie bereits mit dreizehn Jahren ihre ersten Visionen. Ob es nun wirklich die heilige Katharina, der Erzengel Michael oder die heilige Margareta waren, die immer wieder mit großem Nachdruck zu ihr sprachen, sei dahingestellt. Jeannes religiöse Vorstellungskraft war gewiss nicht sehr weit gefasst. Aber wiederum gilt: An ihren Früchten sollt ihr sie erkennen! Nach Jahrzehnten des erbitterten Krieges zwischen Frankreich und England erhielt das junge Mädchen von ihren »Stimmen« den Auftrag, ihr Land von den Engländern zu befreien und dem französischen Thronfolger zu seinem angestammten Recht zu verhelfen. Bevor man auch nur begann, diese Initiative einer Siebzehnjährigen ernst zu nehmen, musste sie ein Kreuz küssen, um ihre Rechtgläubigkeit nachzuweisen. Dann geriet sie in die Tumulte politischer Interessen und Intrigen. Aber 1429 waren unter ihrer Führung die Engländer tatsächlich weitgehend vertrieben und Karl VII. wurde in Reims gekrönt.

Dankbar war man ihr dafür nicht. Sie wurde gefangen genommen, eingesperrt, als Pfand an die Engländer verkauft, als Ketzerin angeklagt, exkommuniziert und am Ende, obschon sie alles, was man ihr vorwarf, widerrufen hatte, in ihrem zwanzigsten Lebensjahr auf dem Scheiterhaufen verbrannt. Als ihre Reliquien verehrte man später, als sie zur Märtyrerin und Nationalheiligen erklärt wurde, die Knochen einer Katze und einer ägyptischen Mumie. Denn man hatte nach ihrem Feuertod streng darauf geachtet, dass nichts, aber auch gar nichts von ihr übrig sein sollte; ihre Asche wurde in die Seine verstreut. Aber der Hundertjährige Krieg fand 1453 sein Ende, und das war nach dem Glauben der Zeitgenossen vor allem auf Gottes Wirken durch die Jungfrau Johanna zurückzuführen. Wie so oft, wurde auch sie letztlich zur Ehre der Altäre erhoben. Benedikt XV. vollzog Anfang des 20. Jahrhunderts ihre Heiligsprechung. Da hatte man bereits weitgehend vergessen, dass ihr Friedenswerk auf unabweisbaren Visionen und Auditionen beruhte, die ihr die erstaunliche Kraft gaben, sich mit den Mächten ihrer Zeit einzulassen.

Muss man denn gut katholisch sein, um eine ungewöhnliche Medialität zu entwickeln, die am Ende in eine Heiligsprechung mündet? Das mag in früheren Zeiten so gewesen zu sein. Doch die großen Medien des 19. und 20. Jahrhunderts, auf die wir noch zu sprechen kommen, bezeugen dies nicht. Außer Edgar Cayce, einem fundamentalen Christen, war und ist niemand von ihnen besonders kirchlich orientiert. Im Katechismus der römisch-katholischen Kirche steht zu lesen: »Sämtliche Formen der Wahrsagerei sind zu verwerfen: Indienstnahme von Satan und Dämonen, Totenbeschwörungen oder andere Handlungen, von denen man zu Unrecht annimmt, sie könnten die Zukunft ›entschleiern‹. Hinter Horoskopen, Astrologie, Handlesen, Deuten von Vorzeichen und Orakeln, Hellseherei und dem Befragen eines Mediums verbirgt sich der Wille zur Macht über die Zeit, die Geschichte und letztlich über die Menschen, sowie der Wunsch, sich die geheimen Mächte geneigt zu machen. Dies widerspricht der mit liebender Ehrfurcht erfüllten Hochachtung, die wir allein Gott schulden.«

Angesichts der Tatsache, dass, wie wir sahen, die Geschichte des Christentums nicht unwesentlich auf Visionen und Auditionen beruht und einige Renaissance-Päpste einen Hofastrologen beschäftigten, ist eine solch rigorose Haltung erstaunlich. Weniger erstaunlich ist, dass ein Trancemedium wie ich nicht gleichzeitig dieser großen Glaubensgemeinschaft angehören und ihrer Berufung gehorchen kann, eine Kunde von der menschlichen Seele zu verbreiten. Satan und Dämonen? Mit solchen Kräften habe ich wirklich nichts zu schaffen.

Meine Beziehung zum Christentum

Ich hatte mehrere Jahre meiner Jugend in Italien verbracht, dann ging ich nach Deutschland zurück, um zu studieren. Mein Vater schickte mir das Cover einer italienischen Wochenzeitschrift, die in etwa dem deutschen *Spiegel* entspricht. Passend zu einer Untersuchung über die schwindende Gläubigkeit der Italiener war dort eine junge Frau abgebildet, die in einer Kirchenbank kniend ins Gebet vertieft war. Wie es in den Sechzigerjahren Mode war, trug sie ein seidenes Kopftuch. Mein Vater fragte: »Warum hast du uns denn nicht erzählt, dass man dich fotografiert hat?« Darauf wusste ich keine Antwort, denn ich erinnerte mich nicht. Erst nach längerer Grübelei und mehrmaliger Betrachtung der Aufnahme bemerkte ich: Ein Seidentuch mit diesem Muster besitze ich gar nicht! Allein deshalb kann ich es gar nicht sein! Aber Gesicht und Gebetshaltung – ich hätte es sehr wohl sein können. Sogar mein Erzeuger hatte mich verwechselt. Soziologische Untersuchungen haben übrigens nachgewiesen, dass erwachsene Italiener mindestens einmal im Jahr einen Wahrsager aufsuchen, ohne es an die große Glocke zu hängen.

An dieser Stelle möchte ich einige persönliche Worte über meine eigene Beziehung zum Christentum sagen. Ich wurde evangelisch-lutherisch getauft und konfirmiert, hatte in Religion die Abiturnote Eins und betrete oft und gern jede Kirche, jeden Tempel, jeden geheiligten Ort. Mitte zwanzig trat ich aus der Kirche aus. Meine Wohnung ist über und über geschmückt mit Repliken antiker Götterstatuetten und Darstellungen von Heiligen. Nach den Lehren der Quelle wohnt eine Priester-Seele in mir. Daran habe ich niemals gezweifelt. Aber obwohl ich in der Bibel lese und auch zuweilen abends bete, Lourdes und viele andere Pilgerorte besucht habe, bin ich nicht religiös im engeren Sinn. Eine meiner ersten wissenschaftlichen Arbeiten war eine Studie über St. Alexius, eine zweite befasste sich mit St. Wilhelm von Toulouse. Über andere Heilige wie Franziskus, Niklaus von Flüe, Jesus, den Apostel Paulus und vergleichbare Gestalten der christlichen Tradition habe ich Hunderte von Seiten gechannelt und veröffentlicht. Mit dem Hinduismus, dem Jainismus, dem Buddhismus, den Sikhs, den Mormonen, den Baptisten, auch mit den Siebenten-Tages-Adventisten (deren Konfession zurückgeht auf die Visionen ihrer Gründerin Ellen White, 1827–1915) habe ich mich vertraut gemacht. Aber vor allem mit dem Islam konnte ich mich zusammen mit Frank auf vielen Reisen durch arabische oder muslimische Länder beschäftigen. Dadurch entdeckte ich, dass es kaum eine Religionsgemeinschaft gibt, die nicht auf Visionen, Auditionen oder sonstigen »unerklärlichen« Kontakten mit dem Göttlichen begründet wurde. Ein Beispiel sind die im Iran entstandenen Bahai, deren zwei Begründer Bab und Baha'ullah 1848 eine nachkoranische Offenbarung empfangen hatten. Ihre Anhänger werden seither dort heftig verfolgt. Eines der großen Heiligtümer der etwa acht Millionen Anhänger dieser sehr liberalen abrahamitischen Universal-Glaubensrichtung, die heilige Schriften aus aller Welt anerkennt, liegt in Haifa, ein weiteres in Neu-Delhi. Die Bahai lehren, dass der Körper des Menschen ein Tempel für seine unsterbliche Seele sei; damit stehen sie den Lehren unserer Quelle recht nahe. Ein weiterer Kernpunkt ist für sie die »fortschreitende Offenbarung Gottes«; damit verstoßen sie gegen ein

Grunddogma des Islam, der Mohammed als letzten aller Propheten und Offenbarungsträger betrachtet. Es wundert daher nicht, dass sie im Iran mit dem Tod bedroht werden.

Auch die im 19. Jahrhundert entstandene Neuapostolische Kirche gründet auf Visionen und Auditionen. Mit der intensiven Lektüre und Deutung der Offenbarung des Johannes entwickelte sich ein Endzeitglaube mit der Vorstellung, dass das Gericht Gottes unmittelbar bevorstünde. Prophezeiungen verkündeten die Wiederkehr Christi. Solche Naherwartungen (Parusien) sind seit mindestens zweitausend Jahren immer wieder zu beobachten; sie erzeugen Angst und Hoffnung zugleich.

Aus tiefer Überzeugung wurde ich 1981 Schülerin von Osho (daher mein Name Ma Deva Varda = die göttlich Begnadete) und bin es bis heute geblieben. Schülerin, nicht Jüngerin! Er ist mein geistiger Lehrer. Der mir verliehene Sannyas-Name ist selbst wie eine Prophezeiung. Denn seinerzeit wusste ich noch gar nichts von meiner medialen Gabe und erst recht nichts über die Quelle. Die rot-orange Kleidung und das Tragen der Mala (eine Art Gebetskette aus 108 Perlen) waren damals eine rituelle Einkleidung wie für eine Nonne. Vor mir selbst legte ich damit eine Art Gelübde ab, mir treu zu werden und zu bleiben. Ohne diesen Schritt wäre meine Medialität nie zutage getreten. Sie hätte sich nicht entwickeln können, wenn ich so angstvoll »zu« geblieben wäre, wie ich zuvor in meiner Zeit an der Uni war. Es erwies sich allerdings als ein langer Weg. Mein ganzes Leben habe ich seither der Seelen-Lehre unserer transpersonalen Quelle gewidmet und fühle mich dadurch in der Tat begnadet. Dazu gehört ja nicht nur das Channeln. Ich bin Botschafterin meiner transpersonalen Wesenheit, mit Haut und Haaren, ob es mir passt oder nicht. Missionarisch zu wirken ist mir andererseits ein Gräuel und manchmal wünsche ich mir nichts lieber, als eine ganze normale Hausfrau und Rentnerin zu sein. Aber leider kann ich nur so tun als ob. So richtig normal bin ich nun einmal nicht.

Jahrelange Meditationspraxis hat mir den Zugang zu einer Wachtrance eröffnet, denn mein Ich bleibt selbst im Zustand weitgeöffneter Bewusstseinspforten noch beobachtender Zeuge des Geschehens. Dennoch ist eine Trance mit einer meditativen Vertiefung nicht zu vergleichen.

Aber ich bezeichne mich nicht als »spirituell« im aktuell gängigen Sinne. Heutzutage ist dieses Wort ja gerade gegensätzlich zu einer traditionellen religiösen Haltung zu verstehen. Im Jahr 2012 hatte ich mehrere erschütternde lebensverändernde Begegnungen mit der Gottesmutter Maria, die allerdings zu privat und intim sind, als dass ich hier davon erzählen könnte. Ich würde sagen: Von Natur aus bin ich fromm, wenn auch nicht gläubig. Schließlich habe ich eine Priester-Seele und entsprechende Sehnsüchte. Aber ganz bestimmt werde ich trotz aller Arbeit für die Seele des Menschen nicht heiliggesprochen, keine Chance! Denn dazu muss man doch zumindest katholisch sein und einige Heilwunder vollbringen.

Wenn es denn überhaupt ein Wunder in meinem Leben gibt, ist es dieses: In all den Jahrzehnten von Channelarbeit, Veröffentlichungen, Vorträgen, Fernsehauftritten und Seminaren zum Seelenthema bin ich nicht ein einziges Mal ernsthaft und öffentlich angegriffen worden, obwohl ich ein Medium bin. Keine bösartigen Kommentare, kein Versuch, meine mediale Arbeit lächerlich zu machen. Die Kirchen und ihre Sektenbeauftragten haben mich tunlichst ignoriert. Dafür bin ich überaus dankbar, denn märtyrergleicher Mut und die Bereitschaft, für meine Überzeugungen zu leiden – das ist meine Sache nicht! Nur als 1996 eine umfangreiche TV-Dokumentation über unsere damals noch nicht sehr bekannte mediale Tätigkeit ausgerechnet auf dem religiösen Sendeplatz »Stationen« ausgestrahlt wurde, gab es einen kleinen Aufruhr in der BR-Redaktion. Was, eine ganze Stunde Sendezeit? Das geht nicht! Und auch noch in der Adventszeit? Dabei sind die beiden doch noch nicht einmal tot!

Medialität und Nachweisbarkeit

Seit der Antike besteht ein wichtiges und gewichtiges Argument der Kritiker gegen medial empfangene Informationen in ihrer zum Teil offensichtlichen Widerlegung durch naturwissenschaftliche Fakten. Ob Paulus, Hildegard, Jakob Lorber oder Edgar Cayce – sie alle haben Informationen empfangen und Prophezeiungen übermittelt, die nachweislich falsch waren, nicht eingetreten sind oder unüberprüfbar bleiben. Weder ist die Welt bislang untergegangen noch ist Christus zurückgekehrt noch besteht das All aus himmlischen Sphären und Engelschören. Über Atlantis wurde schon viel gesagt und gestritten. Oder als Frage formuliert: Wenn Gott selbst oder Christus sein Sohn wirklich durch den Mund heiliger Männer oder frommer Klosterfrauen spricht, warum weiß er dann nicht besser Bescheid, warum scheint er die Wahrheit nicht zu kennen? Der Mensch ist wahrscheinlich nicht die Krone der Schöpfung, die Welt wurde gewiss nicht an sieben Tagen erschaffen. Ob Jesus tatsächlich von den Toten auferstanden ist, sei dahingestellt. Was ist denn nun die Wahrheit? Gibt es sie überhaupt?

Frank und mich haben die Widersprüchlichkeiten in den Aussagen und Botschaften der vielen Medien beunruhigt. Wir wollten uns vor unseren Zuhörern und Lesern und vor uns selbst nicht lächerlich machen, indem wir nachweislich unwahre Äußerungen als Wahrheiten unserer transpersonalen Quelle zu verteidigen hätten. Zum Glück sind die Botschaften zur menschlichen Seele eine Thematik, mit der man sich schwerlich aufs Glatteis begeben kann. Denn ob der Mensch eine Seele hat oder nicht, ist bis heute strittig. Viel weniger noch kann man beweisen, »dass die Seele einen Menschen hat«. Es schien uns dennoch stets sehr wichtig, auch im Namen unserer eigenen Redlichkeit, eine gewisse – wenn auch subjektive – Überprüfbarkeit zu gewährleisten. Diese haben wir zu unserer Freude und Beruhigung ermöglichen können, indem wir viele tausende von Seminarteilnehmern um ihre persönliche Rückmeldung und individuelle kritische Verifizierung des von mir gechannelten Materials gebeten haben.

Uns von naturwissenschaftlichen Aussagen fernzuhalten, fiel uns nicht schwer, denn die Seele entzieht sich dieser Herausforderung. Anlässlich einer umfangreichen Botschaft zu Hildegard von Bingen und ihrer nachweislich irrigen Kosmologie stellten wir trotzdem eine dementsprechende Frage an unsere Quelle. Die Antwort lautete:

> »Gesetzt den Fall, Hildegard hätte Ähnliches wie Laotse empfangen – tiefe Weisheiten, die ein großes Volk und seine Geistesgeschichte auf Jahrtausende geprägt haben –, so hätte ihre zentraleuropäische mittelalterliche Umwelt, jene Menschen also, die diese Botschaften als Einzige vernommen hätten, damit nichts anfangen können. Eine transpersonale Instanz wird daher immer kooperieren mit der Resonanzfähigkeit der unmittelbaren Empfänger der Botschaft einerseits und den mittelbaren Empfängern der niedergeschriebenen oder ausgesprochenen Durchsagen andererseits. Denn wozu sollte sonst eine Information, ein Rat, ein Hinweis aus einer nicht menschlichen Intelligenz und Einfühlsamkeit übermittelt werden, wenn die Empfänger sie weder brauchen noch verwerten können? Der Kontakt zwischen einer transzendenten Bewusstseinsinstanz und einem lebendigen Menschen hat nur dann Sinn und Zweck, wenn die empfangene Botschaft einen erheblichen Aufruhr verursacht, eine Wirkung entfaltet, die alte Gewohnheiten und festgefügte Ideologien durcheinanderschüttelt, etwas zurechtrückt, das außer Kontrolle geraten ist oder sich zum Nachteil der menschlichen Gemeinschaft entwickelt hat … Alle Informationen, die Hildegards Schriften zum Aufbau des Kosmos und der himmlischen Sphären übermitteln, entsprechen nicht einer absoluten Wahrheit, sondern orientieren sich an dem bereits vorhande-

nen Weltbild, fügen jedoch vieles hinzu und rücken manches in einer neuen Weise zurecht, sodass dieses bereits entwickelte Weltbild wie ein Substrat mit neuen Impulsen und lichtvollen Wahrheiten subjektiver Art angereichert werden konnte. Das von Hildegard entworfene Bild der Himmel und ihre darüber hinausgehende neuartige Kosmologie eröffnete den Menschen, die sie zur Kenntnis nehmen konnten, einen überwältigenden Eindruck der himmlischen Herrlichkeit und vermittelten damit einen Einblick in die göttliche Ordnung und Allmacht.«[15]

Allgemein darf gesagt werden, dass mediale Botschaften aus transpersonalen Dimensionen keinem Selbstzweck dienen, sondern den Menschen Trost, liebevolle Geborgenheit, Erkenntnis und eine neue Weise vermitteln sollen oder wollen, ihre Welt zu betrachten. Unterschiedliche Empfänger benötigen unterschiedliche Informationen. Nur so sind die zahlreichen Widersprüche, von denen auch die in unserem Jahrtausend entstehenden Durchgaben gekennzeichnet sind, zu erklären. Genauso, wie es die verschiedensten Religionen, Denominationen, Philosophien und Weltanschauungen gibt, damit jeder das finden kann, was er sucht, so übermittelt auch jedes Medium nach dem allgemeinen Prinzip der Notwendigkeit das, was hier und jetzt gebraucht wird.

Spiritismus, Spiritualismus und Spiritualität

Nach der Mitte des 19. Jahrhunderts, parallel zu einer Explosion moderner naturwissenschaftlicher Forschung und dem Aufblühen neuer Universitäten, entwickelte sich eine unstillbare Sehnsucht nach Kontakten mit dem Jenseits, mit den Verstorbenen und nach Geistern. Die traditionelle christliche Religion konnte spätestens seit Darwin und den ersten Funden urzeitlicher Knochenreste zahlreichen Menschen nicht mehr die emotionale und geistige Sicherheit bieten wie einst. Viele begannen zu zweifeln und verloren ihren Glauben an den allmächtigen und allwissenden Schöpfergott. Theologen und Historiker stellten die zuvor verlässlich scheinenden Angaben der Genesis infrage. Dass ein Mensch nach seinem Tod entweder in den Himmel, ins Fegefeuer oder in die Hölle kam, galt nun nicht mehr als unanfechtbare Wahrheit. Mit dem Mesmerismus schien sich das Tor zu einer Welt zu öffnen, die aus Energie und geistigen Dimensionen zusammengesetzt war. Ein Leben nach dem Leben, eine Weiterexistenz weder in den Wolken mit Halleluja und Harfenklängen noch unter ewigen Feuerqualen, wurde nun vielen denkbar. Und dafür suchte man Beweise. So entstand um 1850 ein erster, mehr oder weniger umstrittener Kontakt mit Geistern aus dem Jenseits.

Die Fox-Schwestern

An Gespenster hatten viele schon vorher geglaubt. Sie trauten sich nicht, nachts über einen Friedhof zu gehen, und fürchteten sich vor alten Gemäuern, in denen es spukte. Werke der Literatur voller Wiedergänger zeitigten ihre Wirkung. Doch nun traten in einem Vorort von New York die drei Fox-Schwestern auf den Plan. Obgleich noch sehr jung, waren sie die Ersten, die behaupteten, ein ermordeter Bettler, im Keller vergraben, mache sich mit Klopfzeichen bemerkbar. Bald strömten Neugierige, Sensationslüsterne, aber auch Skeptiker in ihr Elternhaus. Die einen sahen in den Aussagen endlich Beweise für ein Weiterleben nach dem Tod, die anderen ebenso schlüssige Beweise für Betrug und Humbug. Besonders den Quäkern, Angehörigen einer 1650 von George Fox (derselbe Nachname!) gegründete Universalreligion, deren »Kinder des Lichts« von der Möglichkeit einer unmittelbaren und persönlichen Verbindung zum Göttlichen überzeugt waren, galten die Klopfzeichen im Hause Fox als überzeugende Nachrichten aus dem Jenseits. Man fand den Vorbesitzer des Hauses, der nunmehr als Mörder geächtet wurde. Auch einige Knochen und die angebliche Sammelbüchse des Landstreichers wurden aus dem Kellerboden geborgen.

Der Ruhm der drei Mädchen, die als Jenseits-Medien betrachtet wurden, breitete sich über ganz Nordamerika aus. Sie traten in großen Versammlungsräumen auf und verdienten entsprechend viel Geld. Ihre Klopfzeichen erlangten für viele, die den Vorführungen beiwohnten, eine nahezu religiöse Bedeutung. Weil eine der Schwestern nach England heiratete und auch die Quäker ursprünglich aus England stammten, erlangten die Klopfzeichen-Medien und der gesamte damit verknüpfte philosophisch-religiöse Hintergrund bald auch dort große Berühmtheit.

Nur einer konnte sich nicht so einfach mit dem Phänomen abfinden: der große Magier Harry Houdini. Er wollte das Ganze unbedingt als Betrügerei entlarven, doch das gelang ihm nicht. Die Schwestern selbst kamen ihm schließlich ungewollt zu Hilfe. Wahrscheinlich war es der Stress, der zwei von ihnen zu Alkoholikerinnen werden ließ. Und sie konvertierten zur katholischen Kirche. Das war natürlich mit dem Spiritismus, den sie verbreitet hatten, unvereinbar. Deshalb »widerriefen« sie und bezeichneten ihre Jahrzehnte dauernde spiritistische Tätigkeit von sich aus als Teufelswerk. Außerdem hatte der Geldsegen deutlich nachgelassen. 1889 bot ein Journalist einer der inzwischen über fünfzigjährigen Schwestern eine hohe Geldsumme gegen ein »Geständnis« an. Zunächst hieß es, sie hätten als junge Mädchen auf dem Dachboden Äpfel fallen lassen, um das Klopfen hervorzurufen. Später beichtete sie, das alles hinge mit ihrer Fähigkeit zusammen, ihre Zehengelenke laut knacken zu lassen; das hätten sie jahrelang geübt. Am Ende wurden alle drei in einem Armengrab bestattet.

Wenn ich die Berichte von damals lese, frage ich mich, wie erwachsene Frauen unter den bodenlangen Kleidern der Zeit mit mehreren Unterröcken und hochgeknöpften Schuhen es fertiggebracht haben, ihr Zehenknacken in einem Saal mit mehr als zweitausend Anwesenden hörbar zu machen? Nun, die angebliche Entlarvung beruhigte die Skeptiker, aber auf diejenigen, die an Zeichen aus dem Jenseits glauben wollten, erzeugte sie nachweislich keine ernüchternde Wirkung. Wie eine Pandemie breitete sich der Spiritismus in den folgenden Jahrzehnten in der gesamten englischsprachigen und auch der übrigen europäischen Bevölkerung aus. Hoch angesehene, noch heute existierende Gesellschaften zur Erforschung paranormaler Phänomene wurden gegründet, denen auch anerkannte Wissenschaftler angehörten. Schwere Tische tanzten durch die Luft, das Gläserrücken wurde allenthalben populär. Und ein neu erfundenes Gerät namens Ouija-Brett eroberte die privaten Haushalte. Unschuldige Backfische und korpulente Witwen wurden zu Jenseits-Medien und hielten geheimnisvolle Séancen in abgedunkelten Räumen ab. Und bis heute schwelt der Streit, ob sie alle sich selbst oder die gutgläubigen Anwesenden betrogen haben, wissentlich oder unwissentlich, ob sie an der Modekrankheit Hysterie litten oder vernünftige, normale Hausfrauen waren. Zumindest waren weibliche Medien weit in der Überzahl und viele von ihnen wurden international berühmt.

Ein Gedicht von Friedrich Rückert?

Anfang der Neunzigerjahre hatten auch Frank und ich es mit unseren Botschaften der Quelle bereits zu einiger Bekanntheit gebracht. Deshalb wurden wir von der hoch angesehenen Society for Psychical Research, gegründet 1882, nach Cambridge eingeladen. Wir hielten dort vor einer Gruppe von Interessenten einen Vortrag. Unter ihnen waren drei Nobelpreisträger! Er war wohl der heißeste Tag des Jahres. Für Filmaufnahmen des Bayerischen Rundfunks waren wir den ganzen Tag unterwegs gewesen. Ich war damals in den Wechseljahren und bereits völlig erschöpft, als die Veranstaltung begann.

Natürlich wusste ich, dass alle von mir eine Demonstration meines medialen Könnens erwarteten. Aber gegen zehn Uhr abends wurde mir klar, dass ich mich diesem Ansinnen verweigern musste, und das tat ich dann auch. Lieber versagen als blamieren! Allerdings rief ich die Energie der Quelle herbei, ohne einen Text zu sprechen. Das hat einige der Anwesenden berührt und beeindruckt. Dann stand eine Frau auf und erzählte, dass sie schon Jahre zuvor bei uns eine private Sitzung gebucht und nur Gutes davon zu berichten hatte. Das hat uns beruhigt. Diese Veranstaltung wurde ebenfalls gefilmt und später auf allen dritten TV-Kanälen unter dem Titel »Verbindung zur Quelle« mehrfach gesendet.

Die illustre Forschungsgesellschaft berichtete uns auch von folgendem kurz zuvor ausgeführten Experiment: In eine mehrfach versiegelte Bleikiste war ein unbelichteter Rollfilm gelegt worden. Dieser Vorgang wurde von glaubhaften Zeugen vom Trinity College in Cambridge und einem Notar beobachtet. Dann begann eine Séance. Als Medien waren ältere Eheleute tätig, die nicht wie ich auf die Durchgabe von Texten, sondern auf Materialisation geistiger Kräfte spezialisiert waren, eine seltene und eher leicht nachprüfbare Gabe. Im abgedunkelten Raum entstanden grün phosphoreszierende Kugeln verschiedenen Durchmessers, die über den Köpfen der etwa zwanzig Anwesenden schwebten. Das war schon aufregend genug. Als anschließend, wieder unter Zeugen, die Kiste geöffnet wurde, war der Film belichtet und enthielt unter anderem Fotos aus den Sechzigerjahren von Leuten, die in Australien lebten, wie anschließend zweifelsfrei nachgewiesen werden konnte.

Doch uns hat etwas anderes noch mehr beeindruckt. Auf dem Film war auch ein deutsches Gedicht in altertümlicher Schrift abgelichtet, offensichtlich aus dem 19. Jahrhundert. Von den Anwesenden konnte es niemand entziffern oder identifizieren. Frank und ich sind als Literaturwissenschaftler in Lyrik und Stilistik bewandert. Sofort hatten wir beide den Eindruck, dieses Gedicht sei in der Manier von Friedrich Rückert (1788–1866) verfasst. Wir legten es einem Rückert-Spezialisten vor, der dies bestätigte und auch die Handschrift identifizierte; andererseits meinte er, der Text sei ihm unbekannt und eventuell nie gedruckt worden. Nun ist Rückert berühmt als hochproduktiver Lyriker, der sicherlich nicht alle seine Entwürfe und lyrischen Versuche publiziert hat. Als *ultima ratio* befragten wir unsere Quelle. Sie bestätigte unsere Vermutungen. Über diesen Nachforschungen hätten wir allerdings beinahe das unfassbare Phänomen als solches vergessen. Denn viel aufregender war doch die Frage: Wie um Himmels willen kam dieses Gedicht – von Rückert oder auch nicht – auf den zuvor unbelichteten Film? Das mediale Ehepaar besaß keinerlei Deutschkenntnisse und hatte wohl auch keine Vorstellung von Rückerts Handschrift. Bis heute hat niemand eine Antwort darauf gefunden, auch unsere Quelle ist ja nicht allwissend und die zwei Medien haben sich kurze Zeit später von ihrer Arbeit zurückgezogen. Vielleicht ist selbst ihnen die Angelegenheit zu unheimlich geworden.

Allan Kardec

Etwa zur Zeit der Auftritte der Fox-Schwestern veröffentlichte ein französischer Philosoph und Philanthrop ein bis heute berühmtes Werk: *Das Buch der Geister* (1857). Sein gut fünfzigjähriger Autor Allan Kardec (ein keltisch-druidisch klingendes Pseudonym) war selbst kein Medium, aber er hatte viel von dem, was an Spiritismus um ihn herum bekannt worden war, gründlich untersucht. Als umfassend gebildeter und hoch angesehener Wohltäter wurde er sogar vom französischen Kaiser Napoleon III. empfangen. Mit seiner ersten Schrift und einigen anderen begründete er den Kardecismus. Dabei handelt es sich um eine religiös-schamanistische Bewegung, die zur Religion der heutigen brasilianischen Mittelschicht geworden ist und, verknüpft mit einigen einheimischen Vorstellungen, die der Glaubenswelt afrikanischer Sklaven entstammen, mehrere Millionen Anhänger hat. Diese Art der Religiosität wird als Spiritismus bezeichnet.

Auch in Europa gibt es kardecistische Freundeskreise. Neu an Kardecs Lehre war die nachdrückliche Einbettung der spiritistischen Geisterlehre in das Christentum. Aber er war, wider die christliche Lehre, von der Seelenwanderung und der Unsterblichkeit der Seele überzeugt. Dies führte für viele Christen des 19. Jahrhunderts zu einer Erweiterung und Vertiefung ihres Glaubens, obgleich es den kirchlichen Dogmen entgegenstand. Die »schlagenden Geister«, die sich aus dem Jenseits bemerkbar machten, waren für Kardec Sprecher der Toten und Beauftragte Gottes. Die stets unentgeltlichen spiritistischen Sitzungen sollten der geistigen Entwicklung des Menschen dienen, nicht der Vorhersage von Ereignissen. In dieser Hinsicht ist Kardec ein bedeutender Vorläufer und Vorkämpfer der Mehrzahl heutiger Medien und ihrer Botschaften.

Als ich in den frühen Achtzigerjahren noch keinerlei Vorstellungen davon hatte, wohin mein Lebensweg mich führen sollte, besuchte ich im Schwarzwald einen vierzehntägigen Ausbildungskurs bei brasilianischen Heilern. Sie lehrten, auch in Anlehnung an Kardec, dass alle Krankheiten durch Geister, Dämonen oder andersartige Besetzungen verursacht werden und dass ein geeignetes Medium solche Schad-Geister austreiben und die Beschwerden somit heilen könne. Jede Sitzung begann mit ausführlichen Segnungen und inbrünstigen Gebeten, um Satan den Zugriff auf die Lernenden zu verweigern. Satan hat in meiner Vorstellungswelt keinen Platz und an Dämonen glaube ich auch nicht – aber gut. Ich war nun einmal dort und ließ mich so willig wie möglich auf die Sache ein. Wir arbeiteten immer zu zweit. Einer war das Medium, das sich anstelle des Kranken von den Krankheits-Dämonen besetzen ließ, der andere redete gütlich, aber streng mit dem Schad-Geist, um ihn zum Ausfahren aus dem Körper des Patienten zu bewegen und ihm klarzumachen, dass ein Verstorbener bei den Lebenden nichts mehr zu suchen habe.

Am Ende des Kurses mussten wir eine Art Prüfung ablegen. Ich war das Medium und saß auf einem Stuhl. Ein verschlossener Umschlag mit der Diagnose einer Unbekannten wurde vor meine Füße gelegt. Die Kursleiter führten uns in Trance. Mein Oberkörper begann, sich vor- und zurückzubewegen, immer heftiger und schneller, bis mir fast übel wurde. Dann spürte ich, wie ein Wesen, etwas kleiner als ein zweijähriges Kind, auf meinen Schultern saß, die kurzen dicken Beinchen um meinen Hals geschlungen. Immer fester drückten sie mir die Luft ab, ich keuchte und würgte. Zugleich vernahm ich eine kreischende Stimme, die rief: »Holla, hossa, hopp hopp hopp! Ach, wie lustig ist das, so zu reiten!« Mit einiger Mühe versuchte ich, meine Situation in Worte zu fassen. Ich konnte vom Verstand her nicht glauben, was mir da geschah. Aber mein Erleben war stark und unabweisbar. Derweil sprach mein Helfer mit dem kleinen Wesen. »Begreife doch endlich, dass du tot bist und ins Jenseits gehörst! Hier ist nicht mehr deine Welt! Lass diese Frau (die Patientin) in Ruhe!« Der kleine Geist-Reiter weigerte sich noch eine ganze Weile mich loszulassen; ich war schon völlig erschöpft. Die meisten übrigen Teilnehmer waren mit ihrer Übung bereits fertig und scharten sich um unsere spektakuläre kleine Gruppe. Nach und nach löste sich der Druck um meinen Hals. Bockig und widerwillig ließ das kindlich-bösartige Wesen von mir ab. Ich begann, mich zu entspannen, wischte mir den Schweiß von der Stirn und öffnete die Augen. Ich war fix und fertig, nicht nur von dieser Besetzung. Viel mehr noch machte mir zu schaffen, dass damit meine Überzeugung, dass es solche Geister gar nicht geben könne, über den Haufen geworfen worden war. Mein Weltbild! Dann wurde unter Zeugen der Umschlag geöffnet. Darin stand die Heilanfrage einer brasilianischen Frau, die an einem großen Schilddrüsentumor litt. Der wachsende Tumor schnürte ihr die Kehle ab.

Ich muss gestehen, dass mich der Vorgang sehr beeindruckt hat. Sachen gibt's, die gibt's gar nicht! Leider – und das war ein deutliches Manko – habe ich nie erfahren können, ob der Tumor nun durch unsere Heilintervention zurückgegangen oder die Patientin gestorben ist. Der ganze Aufwand – und dann weiß man nicht, ob es etwas genützt hat?! Auf jeden Fall wurde ich dadurch von einem gewissen Hochmut geheilt. Ich werde niemals mehr behaupten, dass Besetzungen nicht möglich sind und es keine Quälgeister gibt. Andererseits war mir nach diesem Erlebnis klar: Das ist nix für mich! Viel zu anstrengend, es passt auch nicht zu mir und meiner Persönlichkeit. Um meinen Lebensunterhalt zu verdienen, hätte ich mich zwei Mal am Tag einer solchen Prozedur unterziehen müssen. Daran wäre ich selbst zugrunde gegangen. Und solch spektakuläre Besetzungen und die damit verbundene sensationslüsterne Beobachtung durch die Anwesenden – ach nein.

In Brasilien werden die dort tätigen Heilmedien von großen Stiftungen, einem hohen Spendenaufkommen und anerkannten Institutionen unterstützt. Die nach Heilung Suchenden sind in ein festes christlich-spiritistisches Glaubenssystem eingebunden. Als Anhänger des Kardecismus sind von sie von der Existenz und der Macht der Geister überzeugt. Hat Jesus nicht auch die bösen Geister von Kranken ausgetrieben? Sie sogar in Schweine fahren lassen? Die südamerikanischen Heiler helfen Quälgeistern und Dämonen, ihren Weg von der Erde ins Reich der Toten zu finden. Das wird nicht nur für den Patienten, sondern auch für den Geist als barmherzige Handlung betrachtet.

Es lässt sich unterschiedlich einordnen. Inzwischen ist auch im Westen die Placebodiskussion weit fortgeschritten. Und sowohl die Psychosomatik als auch die Vorstellung von der Macht der Einbildung, passiv und aktiv eingesetzt, wird nicht mehr von allen Schulmedizinern lächerlich gemacht. Also – wenn's hilft?

Einige Zeit später, als ich bereits als Medium eine gewisse Bekanntheit erlangt, aber mein Spezialgebiet (das Channeln von umfangreichen Texten zur Seelenlehre) noch nicht entwickelt hatte, suchte mich eine ältere Frau auf. Sie klagte verzweifelt darüber, ihr verstorbener

Mann würde sie jede Nacht aufsuchen und sexuell belästigen. Es ging ihr wirklich schlecht, sie fand weder Schlaf noch Ruhe. Ich spürte, dass sie ein schlichtes Gemüt besaß. Als Witwe war sie sehr einsam geworden, besonders in den Nachtstunden, also ging ich davon aus, dass sie sich einerseits nach der Nähe ihres Mannes sehnte, andererseits Angst vor einem Wiedergänger hatte. Durch den Kurs bei den brasilianischen Heilern etwas übermütig geworden, beschloss ich, meine dort erlernten Künste anzuwenden, wenn auch in abgewandelter Form. Zunächst einmal brachte ich alle Autorität, die diese gutgläubige Frau mir zuschrieb, ins Spiel. Ich versicherte ihr, es sei mir ein Leichtes, sie von dieser Besetzung zu befreien, doch eventuell würde es zwei Sitzungen in Anspruch nehmen. Ich stellte mich dann hinter sie, legte meine Hände auf ihre Stirn und redete laut und streng mit dem verstorbenen Ehemann. Dann strich ich ihr von unten nach oben über den Rücken, anschließend legte ich beruhigend meine beiden Hände auf ihr Herz-Chakra. Am Schluss nannte ich ihn noch beim Namen und rief ganz laut drei Mal: »Hau ab!«

»So, nun ist er weg, für immer und ewig!«, teilte ich der Frau mit. Sie war kolossal erleichtert und strahlte übers ganze Gesicht. Aber mir war das Ganze peinlich, obgleich ich ihr ja durchaus helfen konnte. Ich hatte »den Teufel mit dem Beelzebub ausgetrieben«. Einmal und nie wieder! Meine mediale Begabung liegt eindeutig auf einem anderen Gebiet. Aber als Schüler in dieser seltsamen Disziplin muss man erst einmal Verschiedenes ausprobieren, um seinen besonderen Wirkungskreis und seine individuellen Fähigkeiten zu entdecken.

Zu der Erfahrung mit den brasilianischen Heilern muss ich noch ein Weiteres sagen. In diesem Kurs wurde eine spezielle Form der Trance eingeübt. Sie setzte voraus, dass man, um die Quälgeister in sich einfahren zu lassen, so weit »weg« war, dass man sich anschließend an nichts erinnern konnte. Aber mein Hirn, vielleicht auch geprägt durch eine schon damals lange und intensive Meditationspraxis, die auf Achtsamkeit ausgerichtet war, ist gewohnt, auf mehreren Ebenen gleichzeitig wahrzunehmen. Ich kann mir noch heute stets zuhören, wenn die Quelle durch mich spricht. Wenn ich mir auch kaum etwas davon merken kann, bin ich doch während des Vorgangs bei klarem Bewusstsein. Ich nenne das »voll da und voll weg zugleich«. Aber die südamerikanischen Lehrer konnten ein solches Phänomen nicht als Trance anerkennen. Deshalb habe ich mein Diplom damals nicht bekommen. Durch diese innere Konfrontation erkannte ich aber, dass es eben unterschiedliche Arten von Tieftrance gibt, und ich habe mir meine spezielle Bewusstseinsmethodik, die ich durch Meditation und Achtsamkeitstraining entwickelt hatte, nicht ausreden lassen.

Geister weltweit

Der Geisterglaube findet in manchen Kulturen, besonders in Südamerika, China, Bali, Thailand, Tibet und weiten Teilen Afrikas erhebliche Resonanz. Als Geister werden dort verschiedenartigste Wesen bezeichnet. Da sind einmal ganz allgemein die Verstorbenen, besonders aber die Ahnen. Ahnenkulte sind schon seit der Jungsteinzeit nachgewiesen. Die Leichen der Toten wurden nicht selten unter dem Fußboden des Hauses begraben, aber ihre Schädel als Sitz der Seele trennte man ab, um sie gesondert zu bestatten und zu verehren. Die Römer hatten Hausaltäre für ihre Laren und bei Prozessionen wurden große Figuren mit den Kopfmasken berühmter Vorfahren mitgeführt. Die Kelten verehrten vor allem Wassergeister. Deshalb sind ihre Siedlungen und Fürstengräber meistens an großen Flüssen wie der Donau zu finden. Diese Geister von Verstorbenen werden um Schutz gebeten, man hat aber auch gehörige Angst vor ihnen. Mit Ritualen, Gedenktagen, Mahlzeiten und Alkohol müssen sie besänftigt werden. Sie sind aber nicht identisch mit spukenden Gespenstern in Schlossruinen. Diese scheinen eher auf literarische Vorlagen zurückzuführen zu sein als auf alte Kulte.

In diesem Zusammenhang muss auch die Voodoo-Religion erwähnt werden, die heute in Afrika, aber vor allem in Südamerika und auf den karibischen Inseln, darunter vor allem Haiti, neben dem Kardecismus eine Glaubensgemeinschaft mit gut sechzig Millionen Anhängern bildet. Im Voodoo gibt es einen Hauptgott. Insofern handelt es sich hier um eine monotheistische Religion, die etwa genauso alt ist wie das Christentum, von dem es auch eine Reihe von Elementen übernommen hat, ebenso wie von anderen indigenen Kulten. Ursprünglich aus Westafrika stammend und mit dem Sklavenhandel in die Neue Welt gelangt, ist Voodoo dadurch gekennzeichnet, dass der Kontakt zu diesem unerreichbaren und unbegreiflichen Gott über Mittler und Fürbitter hergestellt wird, vergleichbar den katholischen Heiligen. Diese Mittler findet man unter einer großen Anzahl von Geistern. Sie können Einfluss auf die Politik nehmen, Krankheiten heilen, für Gerechtigkeit sorgen. Voodoo ist eine im Wesentlichen sehr friedfertige Religion. Einige ihrer Wallfahrtsorte werden sogar vom Vatikan anerkannt und Gläubige beider Kirchen kommen dort zusammen. In Afrika sind sogar enge Beziehungen und Kreuzverbindungen zum Islam zu beobachten.

Besessenheit, Trancetänze, der Einsatz von Rasseln, Tieropfer, Alkohol und Tabak spielen in den Kulthandlungen eine bedeutende Rolle. Voodoo ist nicht zentral organisiert, sondern bezeugt sich in zahlreichen Untergruppen, die mit ihren Ritualen jeweils einem speziellen Geist (einem Loa) dienen.

Im modernen Westen, verstärkt durch Horrorfilme und Gruselgeschichten, wird Voodoo vor allem mit Schadenszaubern, durchstochenen Puppen und Zombies in Verbindung gebracht. Dies sind aber nur Randerscheinungen, wie sie in einer gut zweitausend Jahre alten Glaubensrichtung immer und überall vorkommen. In unserem Zusammenhang ist aufschlussreich, dass es sich um eine große kulturübergreifende Geisterreligion handelt, die sich zahlreicher Trancerituale bedient und den Bedürfnissen einer großen Bevölkerungsgruppe nachkommt. *Voodoo* heißt ursprünglich nichts anderes als »Geist«.

Über diesen Bereich hinaus gemahnen Geister und Dämonen – unheimliche wie wohlgesonnene – den Menschen an seine Sterblichkeit und zwingen ihn zu einer Auseinandersetzung mit dem Tod. Die reichen Bestattungskulturen ferner Zeiten und fremder Völker bieten uns einen tiefen Einblick in ihre Glaubenswelten. Leider ist es heutzutage nicht mehr erlaubt, unseren Toten Grabbeigaben wie Schmuck, Waffen und Essgeschirr, Wein und Getreide mitzugeben. Doch wie mager wäre unser Wissen über die Vergangenheit, wenn Menschen ihre Verstorbenen nicht auf diese Weise versorgt und geehrt hätten? Man denke nur an die überwältigend schöne Ausstattung, mit der Tutanchamun beigesetzt wurde, obgleich er ein eher unbedeutender Pharao gewesen war. Oder an die steinerne Armee, mit der sich ein chinesischer Kaiser noch im Jenseits verteidigen wollte.

Naturgeister in Bäumen, Flüssen und Bergen haben wieder andere Funktionen; sie ähneln oft Gottheiten oder Halbgöttern und sind, wenn auch menschenähnlich, mit übermenschlichen Gaben ausgestattet. Eine weitere Gruppe sind Elementarwesen wie Devas, Kobolde, Heinzelmännchen, Elfen, Zwerge – je nach Kultur und Zeitrahmen haben sie unterschiedliche Funktionen. Schamanen werden auch dazu ausgebildet, sie anzurufen und zu bändigen. Hätte man nicht handfeste Beweise von riesigen Kohlköpfen und anderen ungewöhnlichen Pflanzen aus den Gärten von Findhorn, wo die Gärtner mit diesen Geistern bewusst zusammenarbeiteten, wäre es ein Leichtes, die Existenz solcher nicht oder halb menschlicher Gestalten zu leugnen. Auch Krafttiere könnte man in diese Erscheinungen des Spiritismus einreihen.

Im Zusammenhang mit unserem Thema der Medialität muss betont werden, dass es nur selten direkte Beziehungen zwischen kranken oder verzweifelt ratsuchenden Individuen und den Geistern gibt. Schamanen oder weise Frauen sind für die Herstellung des Kontakts und die Vermittlung zuständig. Soll etwas für die Gemeinschaft Wichtiges in Erfahrung gebracht werden, setzen sie sich mit der Geisterwelt in Verbindung. Wegen ihrer besonderen Fähigkeiten werden sie von ihrer Gemeinschaft verehrt und bekleiden eine hervorgehobene Stellung. Meistens werden zum Zweck der Entgrenzung psychotrope Drogen, Trommeln und Rasseln, Feuertänze und monotone Gesänge und vor allem Masken eingesetzt. Schamanen sind natürlich auch Medien – in dem Sinne, dass sie stets Vermittler zwischen den Welten von diesseits und jenseits und auch zwischen Menschen und Tieren sind. Man vertraut besonders auf ihre Heilkräfte, denn die Vorstellung, Kranke seien von unguten Geistern besessen, die ausgetrieben werden müssen, ist außerhalb von Europa und den USA allgemein verbreitet und beruft sich übrigens auch oft auf das Wirken des Heilands, wie es im Neuen Testament beschrieben ist. Schamanen sollen die ihnen vertrauenden Menschen außerdem vor dem Bösen schützen, indem sie freundliche Geister herbeirufen.

Das Praktizieren Schwarzer und Weißer Magie gehört ebenfalls in diesen Zusammenhang. Des Weiteren gibt es Leitgeister, Geistführer und Geistlehrer, die sich bei Medien unterschiedlichster Prägung bemerkbar machen. Und vor allem Geistheiler (früher nannte man sie Gesundbeter), die entweder mit der Übertragung der Kraft Gottes oder Jesu auf den Kranken arbeiten oder ihre Energie aus sonstigen übermenschlichen Dimensionen ableiten. Daran ist nichts verkehrt. Glauben und Vertrauen entwickeln nachweislich heilsame Wirkungen. Und wer heilt, hat sowieso immer recht.

Das sogenannte Erlösungswerk Christi, auch Geistchristentum genannt, ist in der Neuzeit westlicher Kulturen durchaus lebendig. Weder der römisch-katholischen Kirche noch dem modernen Protestantismus mit seiner trostlosen Ganztod-Theologie ist es gelungen, allen Menschen die Wahrnehmung von jenseitigen Geistwesen und ihren Neu-Offenbarungen durch eine Reihe respektabler Medien auszutreiben. Vertreter der Kirchen würden unsere Quelle, nach eigener Auskunft eine Kollektivwesenheit aus der kausalen Bewusstseinswelt, wohl auch als Geist bezeichnen, wenn nicht gar als Spuk oder eingebildetes Gespenst. Allerdings – wie ist es zu erklären, dass eine Gruppe von Untoten mir so viele in sich kohärente Bücher und eine komplette Seelenlehre übermittelt? Zu einer Diskussion darüber kommt es erst gar nicht.

Astrale Welten

An die Vorstellung, dass es ein Jenseits mit unterschiedlichen Dimensionen geben könnte, musste auch ich mich erst einmal gewöhnen. Ich kannte bis dahin nur Träume, in denen mir manchmal eine bereits verstorbene Person erschien. Da kam mir ein glücklicher Zufall zu Hilfe. Von der Quelle hatten wir gerade einige Informationen über die Astralwelt (ein anderer Name für das Jenseits) erhalten, als ich an das Sterbebett einer alten Dame gerufen wurde, die ich einige Jahre lang betreut hatte. Sie lag nach einem Sturz im Krankenhaus. Als ich auf der Station eintraf, sagte mir ein Pfleger: »Jetzt dauert es nicht mehr lange, sie redet schon reichlich Unsinn.« Ich setzte mich an das Bett meiner dreiundachtzigjährigen Freundin und hielt ihre Hand. Sie freute sich, mich zu sehen, war aber etwas unruhig. Bald flüsterte sie mir in verschwörerischem Ton zu: »Ich war heute Nacht in Budapest, aber das darf ich den Schwestern nicht erzählen, hier glaubt mir ja keiner, außer dir.« Dann berichtete sie mir, sie habe ein U-Boot bestiegen und sei in der Donau unter Wasser bis nach Budapest gereist. »Dort war es ganz herrlich! Ich lief durch diese wunderschöne Stadt, sah mir alles an und freute mich an dem sonnigen Wetter. Da fiel mir ein, dass ich ja dort alte Freunde hatte. Ich ging also zu deren Adresse, stieg die Treppen zur ihrer Wohnung unter dem Dach hoch, klingelte und wurde sehr freudig empfangen. Mehrere Leute begrüßten, umarmten und küssten mich so liebevoll, als sei ich nicht jahrzehntelang fortgewesen. Am liebsten wäre ich dortgeblieben, es war ja auch schon dunkel geworden. Aber sie sagten mir, nein, das ginge leider nicht. Doch beim nächsten Besuch, das würden sie mir fest versprechen, könnte ich bei ihnen bleiben. Da wurde ich sehr traurig, nahm Abschied und bestieg das U-Boot zurück nach München. Aber ich will ganz bald wieder nach Budapest! Es war so schön dort!« Als ich am nächsten Tag wiederkam, war meine alte Freundin gestorben. Bis heute bin ich ihr dankbar, dass sie mir noch von dieser »Stippvisite im Jenseits« erzählen konnte, wenn auch in Symbolbildern.

Obgleich ich selbst noch nie eine Geistererscheinung hatte, besitze ich doch die Aussage einer unbestechlichen und glaubhaften Person, meiner eigenen Mutter. Ich darf wohl sagen, dass sie weder gläubig noch in irgendeiner Weise spirituell angehaucht war, sondern praktisch und nüchtern. Sie lebte weit entfernt von mir, und wir sahen uns deshalb nur ein paarmal im Jahr, aber wir telefonierten fast jeden Tag miteinander. Sie war über achtzig, als sie mich aus dem Krankenhaus anrief. Wegen einer eher unbedeutenden Verletzung am Fuß war sie eingeliefert worden und hatte die Gelegenheit wahrgenommen, dort auch gleich die allfällige Krebsvorsorgeuntersuchung machen zu lassen. Vor Krebs hatte sie schon immer panische Angst gehabt, denn ihre ältere Schwester war daran elendiglich gestorben; das war jedoch schon Jahrzehnte her. Nun entdeckte man einen winzigen Brusttumor, einen Alterskrebs, den man nicht zwingend operieren musste. Ich fuhr sogleich zu ihr. Sie war sehr verunsichert und meinte, sie könnte nicht mit dem Gedanken leben, ein wachsendes Geschwür in sich zu spüren. Wir besprachen das Für und Wider. Die Entscheidung sollte am folgenden Tag getroffen werden. Ich übernachtete in ihrer Wohnung. Als ich am nächsten Nachmittag wieder zu ihr in die Klinik kam, wirkte sie aufgeregt und verunsichert. »Du, mir ist heute Vormittag etwas völlig Verrücktes passiert«, erzählte sie. »Ich saß auf meiner Bettkante, die Tür war offen, auf dem Flur liefen Leute herum, und ich wartete auf die Visite. Es war gegen elf, und ich war hellwach. Immerzu überlegte ich: Soll ich mich nun operieren lassen oder lieber doch nicht? Da sah ich plötzlich eine grün gekleidete Gestalt von links nach rechts langsam unter der Zimmerdecke durchs Zimmer schweben. Ganz deutlich! Sie hatte kein Gesicht. Erst dachte ich, es könnte vielleicht die Jungfrau Maria sein, aber die trägt doch immer Blau und Rosa, stimmt's? Und ich bin doch auch gar nicht katholisch! Was sollte die bei mir im Zimmer wollen? Die Gestalt war jedenfalls grün, und ich hatte das Gefühl, ein bestimmtes Kleid zu erkennen, war mir aber nicht sicher. Ich hatte irgendwie den Eindruck, es könnte mit meiner Schwester zu tun haben. Das kann doch nicht sein, so was gibt es doch gar nicht, sie ist ja schon seit vierzig Jahren tot! Ich hab's aber ganz deutlich gesehen! Wie findest du das?«

Ich war auch erstaunt und ratlos. Am Nachmittag kam eine Cousine zu Besuch, die sich trotz ihrer sechsundneunzig Jahre auf den Weg ins Krankenhaus gemacht hatte. Meine Mutter fragte sie: »Sag mal, Berta, kannst du dich an ein grünes Kleid erinnern, das meine Schwester mal getragen hat?« – »Aber natürlich!«, kam es wie aus der Pistole geschossen. »Das war doch dieses wunderschöne Pariser Modell, das ihr so gut stand! Sie hatte es von einem Verehrer geschenkt bekommen, ich weiß es noch genau, wir waren ja alle neidisch!« Meine Mutter schluckte und wollte nicht weiter darüber reden. Sie fand ihre Vermutung bestätigt. Nun war sie sich sicher, dass diese Erscheinung ihr etwas Wichtiges mitteilen wollte: Lass dich operieren, mach's nicht so falsch wie ich damals! So geschah es dann, es war nur ein kleiner Eingriff, und sie konnte noch einige gute Jahre leben. Seltsamerweise hat sie nur kurze Zeit darüber nachgedacht, ob wohl auch von ihr nach dem Tod irgendetwas bleiben würde. Das eigentlich spektakuläre Ereignis hat ihr eher materialistisches Weltbild letztlich nicht verändert.

Doch wer Ohren hat zu hören … Wegen dieser beiden Ereignisse sah ich mich genötigt, meine vormalige Skepsis in Bezug auf Geister, jenseitige Botschaften und überhaupt alles, was mir meine eigene

Quelle darüber schon mitgeteilt hatte, erst einmal an den Nagel zu hängen. Es war ja Anfang der Achtzigerjahre, ich hatte gerade erst angefangen zu channeln und war sehr im Zweifel darüber, was mir da geschah und durch meinen eigenen Mund mitgeteilt wurde. Man muss auch bedenken, dass ein Medium beileibe nicht alles zu glauben hat, was da verkündet wird. Man ist keineswegs ein willenloses Werkzeug und wird auch von niemandem gestraft, wenn man inhaltlich nicht voll hinter den Durchgaben steht. Nicht selten muss man Botschaften von sich geben, die sich so sehr von den eigenen Überzeugungen unterscheiden, dass es direkt unangenehm ist. Aber eines ist sicher: Wer als Medium Zensur über das Empfangene ausübt und nicht getreulich wiedergibt, was in der Trance durchgesagt wird, der sollte diese besondere Arbeit lieber aufgeben. Die eigene Meinung, die Vorurteile und möglicherweise recht begrenzten Vorstellungen, die ein jeder von uns mit sich herumträgt und mit Millionen von Menschen teilt, haben beim Aussprechen einer medialen Botschaft nichts zu suchen. Es ist nicht die fromm oder esoterisch verbrämte Aussage in pompöser »Licht, Liebe, Kehre um!«-Sprache, die letzten Endes nur wiederholt, was andere schon gedacht oder geschrieben haben. Es ist nur das Neue, das Unerhörte, das eine Information aus den verschiedenen Dimensionen interessant macht.

Klärung einiger Begrifflichkeiten

Die Begriffe »Spiritismus«, »Spiritualität«, »Spiritualismus« sind weitgehend vom englisch-amerikanischen Sprachgebrauch abgeleitet und meinen in der englischen Sprache und kulturellen Tradition oft etwas anderes als in der direkten deutschsprachigen Übertragung. Das führt zu Missverständnissen. Unsere Sprachformen beziehen sich eher auf Rudolf Steiner und die bereits erwähnten christlichen Medien, die sich allesamt mit Phänomenen der sogenannten Geistigen Welt befassen. So sprach zum Beispiel Jakob Böhme bereits vor Jahrhunderten von Theosophie, meinte damit aber etwas ganz anderes als Madame Blavatsky. Die Terminologie der Medialität klar zu definieren ist nicht immer einfach. In den USA beispielsweise wird das Wort *spirit* oft gleichbedeutend mit »Intuition«, »Inspiration« oder mit der inneren Botschaft eines persönlichen Geistführers verwendet. In deutschsprachigen Ländern wäre es hingegen recht ungewöhnlich zu hören: »Geist (*spirit*) hat mir gesagt, ich solle dir blaue Blumen zum Geburtstag schenken.« In Amerika würde sich kaum jemand darüber wundern.

Während in unseren Breiten, besonders in der Nachfolge Rudolf Steiners das Jenseits als Geistige Welt bezeichnet wird, sprechen die Anglophonen von der Astralebene (*astral plane*). Dazu ein Zitat unserer Quelle:

> »Die astrale Ebene als Heimstatt der Seelen besteht aus verschiedenen Schichten und Bereichen. Wir benutzen zunächst das Wort ›Ebene‹, weil es das neutralste ist, obgleich es für euch noch anschauliche Dimensionen enthält. Die Vorstellung von einer astralen Welt scheint uns ebenfalls angemessen, solange ihr ›Welt‹ nicht mit Universum verwechselt … Das beinhaltet noch allzu sehr eine örtliche Entfernung, die den Kern der Sache nicht trifft … Der Begriff beschreibt etwas, das ganz zu Recht aus der Perspektive des Menschen betrachtet wird … Die Sterne … sind nicht jenseits seines Fassungsvermögens … Und der Mensch steht seit jeher mit den Sternen in einem intimen Erlebniskontakt, denn er kann sie jede Nacht sehen.«[16]

Das Arthur Findlay College in Südengland hat zahlreiche »spiritualistische« Medien ausgebildet, die sich auf Jenseitskontakte spezialisiert haben. Eigentlich stehen sie aber in der Tradition des Spiritismus. Ihr wesentliches Anliegen besteht darin, die Mitmenschen von der Realität eines Lebens nach dem Tod zu überzeugen, und wer einmal einer großen öffentlichen Sitzung mit Hunderten von Anwesenden beigewohnt hat, konnte mit Sicherheit Erstaunliches erleben. Diese sehr konkrete Art, mit den Toten zu sprechen und deren Botschaften den Hinterbliebenen auszurichten, ist auch in der Schweiz sehr beliebt und verbreitet. Mein Kollege Andy Schwab, der mit dieser Methode arbeitet, sagt, in der Geistigen Welt seien alle, die je auf dieser Erde gelebt haben, es gebe unzählige weitere Geistwesen. Eine ebenfalls eindrucksvolle Kommunikation mit dem Jenseits und den Verstorbenen pflegt Pascal Voggenhuber.

Den Spiritismus oder Geisterglauben muss man deutlich unterscheiden von einer theologischen Vorstellung, die das persönlich spürbare Wirken eines göttlichen Geistes als die eigentliche Gotteserfahrung betrachtet. Hier steht der Heilige Geist im Zentrum. Gott wird weniger personal (der Vater), sondern vielmehr als rein geistiges Prinzip betrachtet. Diese Vorstellung wird ebenfalls als Spiritualismus bezeichnet. Damit benennt man aber auch eine philosophische Richtung, in der die irdische, menschliche Wirklichkeit als ureigentlich geistig betrachtet wird. Hier gibt es Berührungen mit indisch-asiatischen Glaubensformen, die die Welt der Materie als Maya, als Illusion auffassen.

Der dritte Begriff, Spiritualität, ist so weit gefasst und offen, dass man ihn kaum definieren kann. Jeder, der sich beim Frühstück eine Tarot-Karte für den Tag zieht, betrachtet sich bereits als spirituell. Wer nach Indien reist, um ein, zwei Ashrams zu besuchen, ebenso. Alles Esoterische gilt als spirituell. Ich ärgere mich allerdings, wenn ich die Verachtung spüre, die viele »Spirituelle« für die trostsuchenden alten Frauen mit Kopftuch hegen, die gemeinsam inbrünstig das Ave-Maria beten. Es scheint, dass solche Menschen heute die volksfromme Ausübung des christlichen Glaubens aus der Spiritualität ausklammern möchten. Daheim würden sie sich niemals einer Prozession am

Fronleichnamstag anschließen. Aber wenn sie den Pilgerweg nach Santiago de Compostela entlanggewandert sind, um sich selbst zu suchen oder vielleicht auch zu finden, ist es natürlich etwas anderes.

Die drei Urmütter Blavatsky, Besant und Bailey

Noch niemals gab es so viele Menschen, die mediale Botschaften empfangen und diese öffentlich machen wie seit dem Zweiten Weltkrieg. Die Zeiten, in denen sich Geister von Verstorbenen durch Klopfzeichen oder schwebende Tische bemerkbar machen, scheinen vorbei zu sein. Das moderne Medium schreibt oder spricht. Es empfängt ausführliche Durchgaben, deren Inhalte mehr auf die Zukunft der Menschheit als auf das Totenreich gerichtet sind. Hunderttausende, wenn nicht Millionen geschulter und gebildeter Leser und spiritueller Sucher beschäftigen sich mit den Texten von Seth, Lazaris, Ptah, Michael, Ra, Vywamus oder Kryon. Der Trend geht fort von der persönlichen Lebens- und Problemberatung hin zu Aussagen allgemeiner Natur. Da will jemand/etwas/ein Wesen aus anderen Bewusstseinssphären Mitteilungen machen, die aufklären über bisher unbekannte Zusammenhänge zwischen Mensch, Erde und Kosmos. Da will, oft auf lehrhafte, aber auch liebevolle Art, Wissen vermittelt werden, das den Denkradius der Leser oder Hörer erweitert. Gedankliche Irrtümer sollen berichtigt werden. Entsprechend der weithin zu verzeichnenden Entfernung der Getauften von ihren Kirchen und der Zunahme des Atheismus in der westlichen Hemisphäre geht es inzwischen weniger um Christusbotschaften als um Nachrichten aus fernen Welten oder von anderen Planeten.

Wenig bewusst ist den Medien und Channels von heute, dass auch sie auf eine Art Ahnenreihe zurückblicken, die auf Helena Blavatsky, der Theosophie, der Anthroposophie Rudolph Steiners, auf Alice Bailey und ihrem Kreis, Annie Besant und einigen weiteren bedeutenden Gestalten der medialen Geistesgeschichte beruht.

Helena Blavatsky

Madame Blavatsky, wie sie meistens genannt wird, wurde 1831 in der Ukraine als Tochter adliger Eltern geboren und war schon als Kind eine wilde, mutige und waghalsige Person, die ihre Meinung den Leuten direkt ins Gesicht zu sagen pflegte. Als Jugendliche betätigte sie sich als Schreibmedium, sah Gespenster und wurde gegen Schlafwandel behandelt. Schon in jungen Jahren zwei Mal verheiratet, widersetzte sie sich dem sexuellen Vollzug beider Ehen. Es war ihr wichtig, als Jungfrau zu gelten. Im Hause ihres Großvaters fanden sich abends Gäste zu Séancen mit Tischrücken und Geisterbeschwörungen zusammen. Dies geschah etwa zur selben Zeit wie die Tätigkeit der berühmt-berüchtigten Fox-Schwestern, die die englischsprachige Welt mit ihren Klopfzeichen aus dem Jenseits verblüfften.

Bald reiste die unbezähmbare und ruhelose, aber durch ihre Heiraten »respektabel« gewordene Helena kreuz und quer durch Europa, Ägypten, die Türkei, den Balkan, Armenien und Georgien, später auch nach Nord- und Südamerika. Sie interessierte sich für Okkultismus, Schamanismus und Voodoo. Es ist fast unmöglich, ihre zahlreichen Talente und Aktivitäten aufzuzählen. Sie sang Opernarien, trat im Zirkus auf, gründete spiritistische Vereinigungen, arbeitete in einer Fabrik, betrieb einen Kunstblumenhandel, erlitt Schiffbruch im Mittelmeer, gebar einen Sohn (oder auch nicht, oder auch zwei), wurde sowohl als vermeintliche Betrügerin entlarvt als auch von Tausenden verehrt, studierte den Buddhismus und das Sanskrit, schrieb umfangreiche Bücher und machte sich mit den Mysterien vieler religiöser Strömungen bekannt. Mit einundzwanzig Jahren gelangte sie nach Indien und plante, als Mann verkleidet, in das damals noch der Außenwelt unzugängliche Tibet zu reisen. Dort suchte sie nach den sogenannten (oder von ihr erfundenen?) Aufgestiegenen Meistern, die sich noch heute großer, wenn auch meistens unverstandener Aufmerksamkeit erfreuen. Man denke an die duftenden Essenzen, die nach ihnen benannt sind: Master Morya, Lady Nada, Koot Hoomi (oft Kuthumi) und manch andere.

Ein Jugendfoto zeigt Helena Blavatsky mit breitem Gesicht, entschlossenem Mund und depressiv-bedeutsamem Augenausdruck. 1875 begründete sie in Manhattan mit Getreuen und Anhängern die ursprünglich geheime Theosophische Gesellschaft. So wandelte sie sich von einer Spiritistin zu einer Spiritualistin. Dann trat sie zum Buddhismus über, gewann aber vor allem im hinduistischen Indien eine große Zahl von Schülern. Ein Maharadscha und ein reicher Sikh aus Kaschmir finanzierten ihre weiten Reisen, nachdem Vater und Großvater gestorben waren. Auf einer späteren Fotografie, 1885 in Würzburg aufgenommen, sieht man eine sehr korpulente, offensichtlich schwerkranke Frau mit finster glotzendem Blick, den Kopf in einen Strickschal gehüllt, die Zigarre raucht. Zufrieden oder gar glücklich war sie wohl nicht.

Hochintelligente Betrügerin oder begnadetes Medium? Das ist trotz zahlloser Nachforschungen nicht eindeutig zu klären. Bedenkenlos hat sie für ihre Bücher aus den Werken anderer abgeschrieben. Aber sie hat auch eine große und nachhaltige geistige Bewegung erschaffen. Madame Blavatsky war ganz sicher eine rastlose Wahrheitssucherin mit einer in allen Farben schillernden Persönlichkeit. Wie die Historie zeigt, werden Menschen wie sie stets verklagt, angegriffen und angeblich entlarvt. Ihre umfangreichen Schriften, zum Beispiel *Isis entschleiert*, die *Geheimlehre* und die *Meisterbriefe* sind schwer zu lesen und noch schwerer zu verstehen. Dennoch enthalten und begründen sie den Geist moderner Esoterik und Weltanschauung. Madame Blavatsky hat die heutzutage verwendete Terminologie von unsterblichen Meistern eingeführt, neuartige kosmologische Zusammenhänge aufgezeigt und den im 19. Jahrhundert einer breiteren Gesellschaftsschicht noch wenig bekannten fernöstlichen Religionen und ihren Weisheitslehren erstmals Geltung verschafft. Man bedenke: Das ist erst gut hundert Jahre her! Die Begrifflichkeit von Reinkarnation, Akasha-Chronik, Karma und damit auch eine gewisse Vorstellung von der Überzeitlichkeit der menschlichen Seele (entgegen der christlichen Lehre) sind aufgrund ihrer Schriften aus der westlichen Esoterik nicht mehr wegzudenken. Sie war auch wohl die Erste, die von der »Großen Weißen Bruderschaft« sprach. Ihre Theosophie und deren zahlreiche Ableger, wie zum Beispiel Steiners Anthroposophie, sind weltweit bleibende Beiträge zu unserer Kultur und durchaus noch lebendig. Über den Theosophen Mahatma Gandhi fand Indien zu einem neuen Selbstwertgefühl. Zahlreiche weltbekannte Dichter, Maler und Musiker des 20. Jahrhunderts wurden von Helena Blavatskys sogenanntem Neu-Heidentum nachhaltig beeinflusst. Drei zu Unrecht wenig bekannt gewordene, kürzlich erst der Öffentlichkeit wieder zugänglich gemachte Künstlerinnen (Georgiana Houghton aus England, Hilma af Klint aus Schweden und Emma Kunz aus der Schweiz) haben völlig unabhängig voneinander, jedoch allesamt von der Theosophie beeinflusst, interessante, auf Visionen oder Eingebungen basierende Zeichnungen und Texte geschaffen. Zu Blavatskys Bewunderern und Geistesverwandten gehörte auch Aleister Crowley mit seinen berühmten, stets ein wenig unheimlichen Tarot-Karten. Er stand jedoch dem Okkultismus noch näher als sie. Crowley verstand sich selbst als Antichrist (Satan als gefallener Engel) und identifizierte sich mit der Zahl 666 sowie mit dem »Großen Tier« aus der Apokalypse des Johannes. Die von ihm erhaltenen Fotografien sind sehenswert. Man sollte einmal versuchen, sich selbst mit einem solchen Blick im Spiegel zu betrachten. Dann wäre man auch geneigt, an schwarze Magie und die eigenen satanische Kräfte zu glauben.

In der Nachfolge Helena Blavatskys kam es zu einer europaweiten spiritualistischen Bewegung, die allerdings vor allem die angelsächsischen Sprachgebiete erfasste. Zwei streitbare ungewöhnliche Frauen schlossen sich den theosophischen Lehren mit Begeisterung an: Annie Besant und Alice Bailey.

Annie Besant und Jiddu Krishnamurti

Die Vorstellung einer Theosophie (»göttliche Weisheit« oder »Weisheit Gottes«) wurde bereits in der Spätantike und dem Mittelalter entwickelt. Doch erst Madame Blavatsky und ihre Nachfolger machten sie weltweit bekannt und damit verlor sie auch ihre einstige Bedeutung, die auf die christliche Religion und einen personal verstandenen Gott bezogen war. Denn die Mitglieder der neu gegründeten Theosophischen Gesellschaft (TG) waren vornehmlich Atheisten. Wie bei fast allen geistigen Bewegungen dauerte es nicht lange, bis auch hier eine Spaltung eintrat, in einen amerikanischen und einen indischen Zweig. Letzterer wurde als Adyar-TG bezeichnet.

Annie Besant, später Präsidentin der Adyar-TG, steht als imposante Persönlichkeit der von ihr verehrten Helena Blavatsky in nichts nach. Zunächst Pfarrersgattin und Mutter, dann Atheistin und früh geschieden, bald gefragte Rednerin zu sozialistischen Themen und anarchistisch gesinnte Gefährtin von George Bernard Shaw, erregte sie die Gemüter ihrer Zeitgenossen. Allein was die Scheidung 1873 im viktorianischen England gesellschaftlich bedeutete, lässt sich heute kaum ermessen. Sie war auch eine der Ersten, die ein naturwissenschaftliches Fach studieren durfte und ihren Bachelor erwarb. Dann engagierte sie sich in der Gewerkschaftsbewegung und setzte sich in London für die Volksbildung ein. In Indien führte sie ein College, verfasste außer zahlreichen anderen Büchern eine Einführung in den Hinduismus, wurde Freimaurerin und gründete den »Order of the Star of the East«. Auch war sie in der indischen Unabhängigkeitsbewegung aktiv, allerdings wandte sie sich gegen Gandhi und kämpfte für einen Verbleib im britischen Empire. Auf manchen Fotos sieht man sie im Sari. Viele ihrer persönlichen, aber historisch relevanten Entscheidungen beruhten auf Inspirationen und einer ausgeprägten Hellsichtigkeit.

Aber seit etwa 1909 entwickelte sich auch bei ihr ein deutlicher Spiritualismus, der aus heutiger Sicht einige bedenkliche und autokratische Züge aufweist. Zunächst wurde sie Präsidentin der Esoterischen Sektion, einem Geheimbund innerhalb der TG, der sich bald in Machtkämpfen aufrieb. Nach einem Rückblick in ihre vergangenen Leben glaubte Annie Besant fest daran, eine Äffin gewesen zu sein, die Buddha einmal das Leben gerettet habe. Wenig später erkannte sie in einem vierzehnjährigen Brahmanen namens Jiddu Krishnamurti einen Weltmessias oder Weltlehrer und Lord Maitreya. Die Identifizierung ging auf einen ihrer Mitarbeiter, Charles W. Leadbeater, zurück, der sie von dieser Idee überzeugen konnte. Der Junge war außerordentlich schön und verband feine »arische« Gesichtszüge mit einem dunkelhäutig-indischen Erscheinungsbild. Und offensichtlich war er hochintelligent. Der Krishnamurti-Kult brachte Besant und der TG bald heftige Kritik ein und führte unter anderem zur Abspaltung der anthroposophischen Bewegung Rudolf Steiners, der meinte, der »Inderknabe als zukünftiger Christus« sei nicht ernst zu nehmen. Krishnamurti, der eine solide Bildung in England und Amerika genoss, entwickelte sich später zu einem bedeutenden Philosophen, nachdem er sich nach über zwanzig Jahren Zugehörigkeit von den Theosophen gelöst und den Messias-Wahn abgelehnt hatte. Auch störte er sich an den vielen Initiationen durch die okkulten Aufgestiegenen Meister und die überzogenen Pläne zur Gründung einer Weltreligion.

Krishnamurtis Lebenswerk entstand im Wesentlichen erst nach dem Zweiten Weltkrieg. Es ist geprägt von der Idee menschlicher Freiheit, die durch jegliche Art von Guru-Verehrung und Religion und jegliche Ideologie behindert werde. »Die Wahrheit ist unwegsames Gelände« ist ein Satz, den er geprägt hat. Mit Annie Besant, seiner Förderin und Ziehmutter, blieb er bis zu ihrem Tod 1933 verbunden.

Sie war weit über achtzig geworden. Während Jiddu Krishnamurti, der ausschließlich auf Englisch publiziert hat, bis heute ein Heros der New-Age-Bewegung geblieben ist, fiel Besant weitgehend der Vergessenheit anheim. Ein Teil ihres theosophischen Gedankenguts lebt unauffällig in Auroville weiter, einer weltbekannten Idealstadt, nicht weit von Adyar entfernt, begründet vom Zeitgenossen Sri Aurobindo.

Es gibt noch einen zweiten Krishnamurti (1918–2007), einen ebenso gurufeindlichen, geradezu materialistischen Philosophen, dessen Lehre lautet, dass er nichts zu lehren habe. Nicht den Geist, sondern den Körper stellte er in den Mittelpunkt seiner Gedankenwelt. Ebenfalls über Jahre tätig für die Theosophische Gesellschaft, war er weitgereist und breit gebildet. Mit seinem Namensvetter hatte er immer wieder engen Kontakt und immer wieder überwarf er sich mit ihm. Von Erleuchtung und Spiritualität hielt er nicht viel. Mit etwa fünfzig Jahren erlebte er eine existenzielle Krise, aus der er trotz innerer Abwehr als erleuchtet hervorging. Es lohnt sich, seinen Bericht darüber zu lesen, denn er ist einer der wenigen, der diesen unwillkürlichen Vorgang mit überzeugenden Worten beschreibt.[17] Hier wird nichts beschönigt oder mystifiziert. Vielmehr ist es für U. G. Krishnamurti eine ebenso qualvolle wie ultimativ beglückende Erfahrung, die zwar beschreibbar, aber niemandem vermittelbar ist.

Die Theosophische Gesellschaft und Rudolf Steiner

Während die Theosophische Gesellschaft in deutschsprachigen Gebieten nur noch wenige Mitglieder zählt, hat sich gerade hier ihr anthroposophischer Ableger fest etabliert und wirkt in vielen Richtungen weiter, besonders durch die Waldorfpädagogik und den Beginn der ökologischen Landwirtschaft. Vor über hundert Jahren veröffentlichte Rudolf Steiner, seinerseits inspiriert von den Durchgaben einer Verwandten aus dem Jenseits, eine einflussreiche und bis heute viel gelesene Schrift mit dem Titel *Die Schwelle der geistigen Welt*. Seine Begrifflichkeit hat den Sprachgebrauch deutschsprachiger Sucher und Esoteriker nachhaltig geprägt. Während im englischen Sprachgebrauch in der Nachfolge der Theosophen der Terminus *astral plane* (Astralebene) vorgezogen wird, obgleich man auch viel von *spirit* spricht, haben das Geistige, die Welt des Geistes, die von Steiner oft zitierte Geistesgeschichte im Deutschen einen besonders guten und edlen Klang. Steiner hat durch sein vielfältiges Wirken und Schreiben über Karma, das Übersinnliche, die Energien und die Christuskraft die geistigen Anschauungen seiner und unserer Zeit nachhaltig geprägt. Auch zum Empfang von Botschaften »von drüben« hat er sich ausführlich geäußert:

> »Sie müssen sich so ankündigen wie Buchstaben, die man vor sich hat. Man fasst nicht die Form dieser Buchstaben ins Auge, sondern man liest in den Buchstaben dasjenige, was durch sie ausgedrückt wird. Wie etwas Geschriebenes nicht dazu auffordert, die Buchstabenformen zu beschreiben, so fordern die Bilder, die den Inhalt des übersinnlichen Schauens bilden, nicht dazu auf, sie als solche aufzufassen; sondern sie führen durch sich selbst die Notwendigkeit herbei, von ihrer Bildwesenheit ganz abzusehen und die Seele auf dasjenige hinzulenken, was durch sie als übersinnlicher Vorgang oder Wesenheit zum Ausdruck gelangt. So wenig jemand den Einwand machen kann, dass ein Brief, durch den man etwas vorher völlig Unbekanntes erfährt, sich doch nur aus den längst bekannten Buchstaben zusammensetzt, so wenig kann den Bildern des übersinnlichen Bewusstseins gegenüber gesagt werden, dass sie doch nur dasjenige enthalten, was dem gewöhnlichen Leben entlehnt ist. Dies ist gewiss bis zu einem gewissen Grade richtig. Doch kommt es dem wirklichen übersinnlichen Bewusstsein nicht auf das an, was so dem ge-

wöhnlichen Leben entlehnt ist, sondern darauf, was in den Bildern sich ausdrückt. Zunächst muss sich die Seele allerdings bereitmachen, solche Bilder im geistigen Blickekreis auftreten zu sehen; dazu aber muss sie auch sorgfältig das Gefühl ausbilden, bei diesen Bildern nicht stehen zu bleiben, sondern sie in der rechten Art auf die übersinnliche Welt zu beziehen. Man kann durchaus sagen, zur wahren übersinnlichen Anschauung gehört nicht nur die Fähigkeit, in sich eine Bilderwelt zu erschauen, sondern noch eine andere, welche sich mit dem Lesen in der sinnlichen Welt vergleichen lässt. Die übersinnliche Welt ist zunächst als etwas ganz außer dem gewöhnlichen Bewusstsein Liegendes vorzustellen.«[18]

Alice Bailey

In Alice Bailey (1880–1949) fand Annie Besant anfangs eine würdige und unerschrockene Nachfolgerin. Alice, Tochter aus wohlhabendem Haus, war weitgereist und hochgebildet. Auch sie ließ sich, obwohl Mutter dreier Töchter, von ihrem Mann scheiden, einem Pastor der Episkopalkirche. Um ihren Lebensunterhalt zu finanzieren, arbeitete sie zeitweilig in einer Konservenfabrik, aber auch als Missionarin, Bibellehrerin und Sterbebegleiterin in der britischen Armee. Mit vierzig Jahren ehelichte sie den Theosophen Foster Bailey, der in Ojai, Kalifornien, die Adyar-TG leitete, wo auch Jiddu Krishnamurti lebte. Dort arbeitete sie als Köchin und betreute die Gäste. Gemeinsam studierten die Eheleute Blavatskys Buch *Die Geheimlehre*. Mit einem »Meister« Kuthumi, später auch mit Djwal Khul, »Der Tibeter« genannt, hatte sie nach eigener Aussage bereits seit ihrem fünfzehnten Lebensjahr Kontakt. Sie verfasste auf sein inneres Diktat hin achtzehn Bücher mit der Technik des automatischen Schreibens. Wie sie berichtete, empfing sie den Meister durch »Gedanken, die von ihm in ihr Hirn eingesenkt wurden«. Lange gehörte sie der Esoterischen Sektion der Adyar-TG an, wurde aber im Zuge von Konkurrenzkämpfen zusammen mit ihrem Mann davon ausgeschlossen.

Die »Meister der Weisheit«, höhere Wesen in der geistigen Hierarchie der Erde, berichten von Christus als einem überkonfessionellen Weltenlehrer, der zusammen mit Buddha das Liebe-Weisheits-Prinzip verkörpert. Inzwischen gibt es viele solcher Lehrer oder Meister: Saint Germain, Hilarion, Serapis Bey, Lady Nada, Ashtar, Koot Hoomi, Zarathustra, Vywamus und andere.

Daneben rief Alice Bailey eine umfangreiche Fernakademie als Initiationsschule und eine Arkan-Schule ins Leben, die bis heute besteht. Auch leitete sie einen eigenen Verlag (Lucifer bzw. Lucis) und gab die Zeitschriften *The Theosophist* sowie *The Beacon* (»Der Leitstern«) heraus. Letztere erscheint immer noch. Die Ideen von Reinkarnation, geistiger Evolution der Menschheit und Bewusstseinserweiterung waren ihr selbstverständlich. Bleibenden Einfluss hat ihre in mehreren Bänden dargelegte Lehre von den Sieben Strahlen (das sind Göttliche Kraftströme und kosmische Energieträger) erzeugt, die ursprünglich auch auf Helena Blavatsky zurückgeht. Mit ihren Schriften über Meditation, Weiße Magie, Karma, Astrologie und die kosmische »Weiße Bruderschaft« (zu der nach ihren Vorstellungen auch die großen Diktatoren des 20. Jahrhunderts gehören) ist sie wie ihre Vorgängerinnen eine Urmutter des New Age und der modernen Medialität.

Blavatsky, Besant und Bailey waren eindrucksvolle weibliche Wesen, die mutig genug waren, sich gegen die Sitten und oft engstirnigen moralischen Vorstellungen ihrer Zeit aufzulehnen. Diese erstaunliche Unabhängigkeit eröffnete ihnen vollkommen neue Wege zu einer geistigen Erneuerung außerhalb der überkommenen religiösen Strukturen. Geradezu besessen von einer inneren Mission verfolgten sie hartnäckig ihre Ziele und ließen sich weder durch private Konflikte, gesundheitliche Probleme noch durch finanzielle Engpässe davon abhalten, ihre Botschaften zu verkünden. Sie bestanden darauf, ihre merkwürdigen Bücher zu veröffentlichen und in einer Zeit, in der das viktorianische Ideal einer sittsamen Gattin und Mutter unter der Aufsicht des Mannes als Familienoberhaupt die Gesellschaftsordnung bestimmte, eigene internationale Organisationen zu gründen. Sie leiteten Zeitschriften, verdienten ihr Geld und beeinflussten die Ideen von Zehntausenden in Bezug auf das vielschichtige Jenseits, obgleich sie noch nicht einmal das Wahlrecht besaßen. In vielfacher Hinsicht wurden sie zu Vorbildern für spätere Medien und führten Techniken ein, die die medialen Empfänger des New Age prägen.

Zugegeben, diese drei Frauen waren allesamt auch ein wenig verrückt. Zumindest atemberaubend eigenwillig! Aber das ist wohl eine verbreitete Eigenschaft, die alle auszeichnet, die sich dem Empfang extraterrestrischer geistiger Lehrmeister hingeben. Kann man denn überhaupt normal sein, wenn man einer solch umstrittenen Tätigkeit über Jahrzehnte hin nachgeht? Solange sich die Durchgaben im akzeptierten religiös-christlichen Rahmen bewegten, wurden solche Menschen zwar anfangs angefeindet und zumindest moralisch geächtet, bis ein einflussreicher Mann, oft der Papst selbst, ihnen offiziell bescheinigte, dass sie doch keine Häretiker wären; wenig später wurden sie dann zu Vorbildern und Heiligen erklärt. Es ist für die medial Begabten unserer Zeit sehr entlastend und ermutigend, dass sie sich im Rahmen des Grundrechts auf Meinungsfreiheit äußern können, wie sie wollen.

Was wären wir heute ohne das von diesen drei Theosophinnen entwickelte Vokabular und Gedankengut? Man muss weder ihre Namen kennen noch ihre Bücher gelesen haben, denn ihr gedankliches Erbe ist in aller Munde. Sie entwickelten die Vorstellung von einem Kontakt mit kosmischen Kräften und dem Empfang einer geistigen Belehrung – nicht durch Geister oder Verstorbene oder allenfalls Christus, sondern durch die »Weisen Meister« und höher entwickelte Wesenheiten aus fernen Bewusstseinswelten.

Diese Haltung ist inzwischen vorherrschend in der Welt der Medialität. Vieles von dem, was Anfang des 20. Jahrhunderts noch revolutionär und geradezu anstößig war, hat sich hundert Jahre später fast unmerklich in unserer Gedankenwelt etabliert.

Medien des späteren 20. Jahrhunderts

Betrachtet man die Geschichte und Entwicklung medialer Empfänglichkeit und ihre Folgen, fällt auf, dass es zwar nach dem Zeugnis der Bibel anfänglich eher männliche Wesen waren, die die Befehle Gottes getreulich ausführten. Und seit der Antike waren es meistens Männer, besonders Priester des Orakelgottes Apollon, die mediale Durchsagen kontrollierten, interpretierten und verwalteten oder sogar für gutes Geld verkauften. Später übernahmen christliche Kleriker diese Funktion, weil sie über Kenntnisse und Einfluss verfügten; Frauen waren bis vor Kurzem in vielfacher Hinsicht rechtlos, konnten bis auf wenige Ausnahmen auch weder lesen noch schreiben. Aber schon mit den Pythien, Sibyllen, mit Maria und den zahlreichen Ordensschwestern, von deren Wirken hier berichtet wurde, begann eine lange und eindrucksvolle Geschichte von entweder sehr jungen oder deutlich gealterten Frauen, die sich nahezu vorbehaltlos den seltsamsten Eingebungen und Botschaften öffneten. Vielleicht hatten sie weniger innere oder intellektuelle Widerstände; vielleicht sind der weibliche Organismus und die weibliche Psyche eher dazu geeignet, fremde Energien in sich eindringen zu lassen und die Kontrolle vorübergehend abzugeben. Und da sie in Familie und Gesellschaft nicht allzu viel zu sagen und auch kaum Zugang zu Bildung hatten, fiel es ihnen möglicherweise leichter, keine Zensur über ungewohntes, aber authentisches Material auszuüben.

Diese zahlenmäßige Vorherrschaft der medial begabten Frauen sollte sich bis ins 20. und 21. Jahrhundert fortsetzen. Ihre Angst, als sittenlos zu gelten und ihren guten Ruf zu verlieren, ist einer inneren Auseinandersetzung mit ihren Gaben und Fähigkeiten gewichen.

Weiterhin gibt es unter Männern große Hellseher, berühmte Astrologen, Heiler, Medien und Gurus, die ihre Arbeit tun und die geistige Lebenseinstellung zahlloser Menschen verändern. Etwas bissig sagen manche: »Wer in Indien nichts werden kann, der reist nach Deutschland.«

Während Meditation noch in den Achtzigerjahren des 20. Jahrhunderts als Nabelschau arbeitsscheuer Hippies verschrien war und Vivekananda, Bhagwan Sri Rajneesh (Osho), Maharishi, Sai Baba und viele andere im Westen berühmt gewordene indische Lehrer gern als Verderber der Jugend betrachtet wurden, bieten heutzutage die Volkshochschulen wie selbstverständlich Yoga, Meditation und Selbstverbesserungskurse an, ohne dass man sich viel dabei denkt. So rasch kann das gehen! Nicht christliche Spiritualität ist salonfähig geworden und damit auch die Gabe der Medialität. Während die großen Kirchen, von Skandalen erschüttert, vor sich hin kümmern, findet der Buddhismus bei uns so großen Zulauf, dass der allseits verehrte Dalai Lama den Menschen, die seine Vorträge besuchen, bereits anrät, doch lieber in der ihnen vom Karma zugewiesenen Religion zu verbleiben.

Auffällig ist, dass die meisten großen, international beachteten Medien in den USA und besonders in Kalifornien heimisch sind. Das Umfeld war und ist aus historischen Gründen dort besonders förderlich. Angefangen hat es mit Vivekananda, einem hinduistischen Swami, Schüler von Ramakrishna, der 1893 als erster indischer Weisheitslehrer in Chicago vor dem Weltparlament der Religionen sprach. Zehntausende Amerikaner wandten sich anschließend seinen Lehren, dem Yoga und der Meditation zu. Er selbst verband seine östlich-hinduistischen Traditionen mit der westlich geprägten Theosophie. Gandhi und Aurobindo verehrten ihn. 1946 erschien dann die *Autobiographie eines Yogi* von Paramahansa Yogananda, ein großartiges Buch mit Millionenauflage, das immer noch viel gelesen wird. Beide Gurus verstarben sehr jung, hinterließen aber ein reiches spirituelles Erbe. Den Samen dafür hatten die Theosophinnen gelegt.

Ihr Erfolg in den USA erzeugte auch in Indien ein starkes Echo und stärkte das spirituelle Selbstbewusstsein dieser großen Nation, die ihre geistig-literarischen Traditionen unter der britischen Kolonialherrschaft nahezu vergessen hatte. Wer sich damals Bildung leisten konnte, besuchte eine Missionsschule und ging möglichst nach England zum Studium. Die Lektüre der Veden und das Sanskrit spielten lange eine sehr untergeordnete Rolle, bis um die Mitte des 19. Jahrhunderts angesehene Gelehrte wie Max Mueller oder Friedrich Rückert ihre Übersetzungen der heiligen Sanskrittexte vorlegten. Erst auf diese Weise gelang eine Rückbesinnung der indischen Bildungsschicht auf ihre uralte hinduistische Tradition. Damit einher ging auch die Wiederentdeckung eines bedeutenden zyklischen Weltbildes, das sich von dem westlichen deutlich unterschied, weil es nicht auf die Wiederkehr Christi und das Zeitenende gerichtet war. So war der Boden bereitet für eine überraschende Entwicklung.

Die Michael-Botschaften von Sarah Chambers

Es war kein Zufall, sondern sehr deutlich erkennbar eine Fügung, damals und auch im Nachhinein, dass Frank im Jahr 1982 auf einer Reise durch New Mexico auf ein Buch stieß, das noch nicht lange auf dem Markt war. Es hieß *Messages From Michael* und übte sofort einen radikal verändernden Einfluss auf unser beider Leben aus. Frank hatte die freundliche Einladung einer Frau angenommen, die auf gut amerikanische Art zu dem deutschen Touristen gesagt hatte: Kommen Sie doch einfach mal vorbei! Wenig später klingelte er an ihrer Tür, lief dann wie ein ferngesteuerter Roboter stracks durch die fremde Wohnung und griff besagtes Buch aus einem Regal, das im Schlafzimmer stand. Das ist normalerweise wirklich nicht seine Art. Er wollte dann wissen, was das für ein Buch sei, die Frau druckste etwas herum, erzählte vage von einem Medium und irgendwelchen Botschaften.

Frank aber war nicht nur neugierig, sondern bis ins Innerste erregt und bohrte so lange nach, bis er von ihr die Erlaubnis erhielt, wenige Tage später an einer medialen Gruppenveranstaltung teilzunehmen. Dabei hatte er damals genauso wenig Neigung zu solchen Themen wie ich und auch keinerlei Ahnung von damit verbundenen Fähigkeiten und Tätigkeiten.

Wir hatten nach zehn Jahren Ehe und fünfzehn Jahren Gemeinschaft die Scheidung eingereicht, waren aber immerzu in engstem Kontakt. An Liebe mangelte es nicht. Aber wir waren Kinder unserer Zeit und wollten frei sein von »bürgerlichen Zwängen«. Während der Sitzung mit dem amerikanischen Medium stellte er eine Frage zu unserer Beziehung und erhielt, ohne Details oder Namen preiszugeben, eine kurze Antwort, die in so erschütternder Art auf den Punkt zutreffend war, dass er mir unverzüglich diesen Text mitsamt dem Buch nach Deutschland schickte. Man kann wohl sagen, dass ich bildlich gesprochen bei der Lektüre vom Hocker fiel. Ich konnte einfach nicht fassen, dass jemand über uns so genau Bescheid wissen konnte. Gewohnt, wissenschaftlich zu denken und mich an Fakten zu orientieren, sah ich mein Weltbild wanken. Ich verschlang das Buch, das wegen seiner anspruchsvollen Diktion nicht leicht zu lesen war und für mich völlig neue Inhalte bereithielt. Da war viel von Seele die Rede, von seelischen Strukturen und der Sinnhaftigkeit des menschlichen Lebens. Bis dahin hatte ich darüber noch nicht nachgedacht. Zwar zweifelte ich nicht an der Berechtigung meines Da-Seins und So-Seins, hatte auch, wie beschrieben, einige seltsame Erlebnisse gehabt, die etwas mit vergangenen Leben zu tun haben konnten, aber derartige Überlegungen hatten mich allenfalls am Rande berührt. Doch was ich hier las, berührte mich deshalb, weil ich, die ich mein Leben lang gewohnt war, täglich viele Seiten zu lesen, einen so deutlich »anderen« Text noch niemals gelesen hatte. Es waren der Ton, die Energie, die aus den Zeilen sprachen, die mich überzeugten, dass da etwas nicht mit meinen üblichen Kategorien zu erklären war.

Und nun geschah etwas völlig Irrationales. Ich überlegte nicht lange und beschloss: Wenn es tatsächlich so etwas wie Botschaften aus dem Universum (oder was immer das hier ist) geben kann (was ich noch sehr in Zweifel zog), dann will ich die auch erhalten! Ich versuch's einfach mal! Und flugs machte ich mich an die Arbeit, nicht ahnend, was da auf mich zukommen würde. Ich war sechsunddreißig Jahre alt, arbeitete an meiner Habilitationsschrift und hätte eigentlich anderes im Kopf haben sollen. Wenn ich das heute bedenke, finde ich es ziemlich irre. Aber plötzlich war ich wie in einem Rausch.

In Oshos Ashram, der großen Ranch in Oregon, hatte ich Monate zuvor einen Kurs im Pendeln besucht. Dort hatte man uns auch ein laminiertes Papier ausgehändigt, auf das in einem Halbkreis eine Buchstabenskala gedruckt war. Wir hatten gelernt, über das Buchstaben-Pendeln eine Art Zugang zu den inneren Geheimnissen unserer Psyche zu suchen. Nicht mehr und nicht weniger. Ich kann nicht behaupten, dass ich darin sehr geschickt war. Aber hin und wieder hatte ich etwas Interessantes in Erfahrung gebracht und mit dem Pendel konnte ich gut umgehen.

In dem amerikanischen Buch stand, dass die ersten Botschaften von Michael (das ist kein Erzengel, sondern ein mehr oder weniger beliebiger Name der besagten Wesenheit) mittels eines sogenannten Ouija-Boards und einer beweglichen Planchette empfangen worden waren. Auch davon hatte ich zuvor noch nie etwas gehört, dachte mir aber, es müsse so ähnlich funktionieren wie meine Buchstabenskala. Und so war es dann auch. Es ging! Aber außerordentlich mühsam! Frage aufschreiben. Einen Buchstaben pendeln, das Pendel hinlegen, den Stift ergreifen, den Buchstaben notieren, dann den nächsten auspendeln. Für eine handgeschriebene Seite in meinem karierten Schulheft brauchte ich manchmal den ganzen Tag, denn ich musste erst noch aus der Buchstabenfolge Wörter machen, Punkt und Komma einsetzen, bevor der Text brauchbar wurde. Ich erhielt ein, zwei Wörter, hatte allerdings nicht die geringste Vorstellung davon, wie der

Satz oder Gedanke zu Ende geführt werden würde. Aber dann! Mir war sofort klar, dass die Antwort nicht direkt aus meinem Tagesbewusstsein stammen konnte. Übrigens war ich als Naivling und Neuling auf diesem Gebiet der Ansicht, dass das Ganze nur auf Englisch funktionieren konnte. Ich wollte ja Kontakt mit der Entität aus dem amerikanischen Buch, nicht mit irgendjemandem von irgendwoher, und ich dachte, dass sich Michael eben auf Englisch mitteilte. Also mühte ich mich ab, mit Engelsgeduld und zugleich getrieben von einer seltsamen Kraft. Ich empfing sogar Vokabeln, die ich als ausgebildete Anglistin im Lexikon nachschlagen musste. Der Vorgang war für mich faszinierend und beunruhigend zugleich. Wenn ich Frank dann meine Ergebnisse schickte (per Post, denn E-Mail gab es damals noch nicht und einen Computer besaß ich auch nicht) fand er die Texte gut und eindrucksvoll. Und weil ich aus großer persönlicher Erfahrung niemandem sonst ein so klares und ehrliches Urteil zutraue wie ihm, fühlte ich mich damals wie heute in meiner Bereitschaft bestätigt, mich weiterhin dieser mühseligen Arbeit zu widmen. Es war einfach zu spannend! Die Universität hatte ich noch nicht hinter mir gelassen, lebte in Göttingen, begann zu meditieren und plante, wie so viele andere damals, eventuell irgendwann Heilpraktikerin zu werden.

Ich plagte mich also mit dem Empfang schwieriger englischer Texte, denn – »wenn schon, denn schon« – ich wollte unbedingt mit »Michael« in Kontakt treten, weil mich die Durchgaben dieser Wesenheit tief bewegten und interessierten, denn sie waren intellektuell anspruchsvoll. Ich wusste ja auch gar nicht, dass es noch andere Wesenheiten geben könnte. Zwei Jahre später, im Juni 1984, verließ ich dann die Uni. Ich löste meine Wohnung auf, die Scheidung war durch, ich besaß noch zwei Koffer mit Habseligkeiten und hatte nun als arbeitslos Gemeldete reichlich Zeit. Aber ich besaß nicht die geringste Vorstellung von meiner Zukunft. Der Empfang der Texte über Pendel und Buchstabenskala ging immer schneller und brachte immer bessere Resultate. Frank unterstütze mich nach Kräften. Niemand kannte mich ja so gut wie er. Seit wir uns 1967 begegnet waren, hatte er immer wieder lachend behauptet, dass ich – im besten Sinne – irgendwie komisch wäre. Das wollte ich gar nicht hören. Es war immer mein Wunsch gewesen, eine möglichst normale, fast biedere bildungsbürgerliche Existenz zu führen. Aber seine Vision schien sich jetzt zu bewahrheiten. Er stellte mir viele persönliche Fragen und schickte mir von Hamburg nach München für jede erpendelte Antwort fünfzig Mark. Denn für mich hieß es in jenen Jahren: entweder drei Stunden putzen gehen oder drei Stunden pendeln. Später habe ich von vielen Frauen erfahren, deren Ehen allein schon darunter litten, dass sie heimlich ein Selbsterfahrungsseminar besuchten. Insofern hatte ich wirklich Glück, dass ich jemanden an meiner Seite hatte, der an mich glaubte. Es waren die frühen Achtziger, und was von Kalifornien zu uns herüberschwappte, war vielen unheimlich. Umso dankbarer war ich für Franks ausdauernden Beistand, der mir bis heute die Kraft gibt, meine ungewöhnlichen Fähigkeiten zu leben. Nach der Scheidung waren wir uns manchmal näher als zuvor. Inzwischen waren wir beide Sannyasin geworden und saßen sozusagen spirituell im selben Boot. Das Michael-Buch, das auf so merkwürdige Weise zu uns gekommen war, wurde eine Art Bibel für uns.

Das Ouija-Brett, heute auch als Witch-Board oder Wahrsagebrett bekannt, spielt in der Geschichte der modernen Medialität eine wesentliche Rolle. Lange zuvor schon hatte man in Europa und Amerika mit Kreide Buchstaben auf einen Tisch gemalt und dann mittels Gläserrücken versucht, Nachrichten von Verstorbenen zu erhalten. Das war mehr oder weniger erfolgreich und aufregend, galt aber als After-Dinner-Spielerei von Leuten, die nichts Besseres zu tun hatten. Eine bedruckte Holzplatte mit Buchstaben und Ja-nein-Positionen sowie einer leicht beweglichen Planchette, die hurtig im Alphabet hin und her rutschen konnte, war eine willkommene Neuheit. Ein gewisser Elijah Bond war zwar nicht ihr Erfinder, er war jedoch so klug, sich das Objekt patentieren zu lassen und es in großen Stückzahlen zu produzieren. Bald besaßen Tausende Haushalte ein Ouija-Board. Ihr Produzent wurde steinreich.

Die Bezeichnung ist ein wenig rätselhaft, doch könnte sie mit dem französischen *Oui* und dem deutschen *Ja* zusammenhängen. Natürlich ist ein solcher Name umso eingängiger für die damit verbundene Tätigkeit, je exotischer und geheimnisvoller er klingt. Ähnliche »Seelenschreiber« sind auch heutzutage für wenige Euro im Internet zu bestellen. Dort findet man auch den Rat, einen Rosenkranz daneben zu legen, eine Kerze anzuzünden und Weihrauch zu verbrennen, damit um Himmels willen nichts Böses in den Raum kommt. Wie man sieht, wird das Objekt als solches schon ein wenig dämonisiert. Mit den über dieses Instrument erhaltenen Botschaften oder Kontakten hat das gar nichts zu tun.

Im Jahr 1973 setzte sich in der Bay Area von Kalifornien ein fröhlicher Freundeskreis nach dem Abendessen zusammen, um ein wenig mit dem Brett zu experimentieren. Andere Gäste spielten nebenan mit Karten. Es handelte sich um gebildete Leute aus mehreren akademischen Berufssparten. Einige von ihnen hatten sich bereits Jahre zuvor mit den Methoden des russischen, nach Stationen in Deutschland und England seit 1922 in Frankreich lebenden spirituellen Lehrers und »charismatischen Meisters« Georges Gurdjieff und seinem Schüler Ouspensky befasst, bekannt geworden als Lehrer des »Vierten Wegs«. Dies ist eine weitgehend geschlossene esoterische Philosophie, die der Entwicklung des menschlichen Potenzials dienen soll. Sie fand international großes Interesse, bezeugt auch durch zahlreiche Amerikareisen. Innere Achtsamkeit, Nicht-Identifikation mit dem Körper, die »Arbeit« an sich selbst, bestimmte tanzähnliche *movements* und das System des Enneagramms – sie stellen für die New-Age-Bewegung ein dauerhaft präsentes Erbe dar. Auch die Vorstellung von Körperzentren (Chakras) spielte bereits bei Gurdjieff eine bedeutende Rolle. Dabei flossen mehrere esoterische Einflüsse aus der Theosophie, dem Sufismus, der hinduistischen Tradition und einem esoterisch-mystischen Christentum in seine Lehre ein.

Nun saß da dieser amerikanische Freundeskreis – und nach einigen Versuchen kam plötzlich von der Planchette ein zusammenhängender Text: »We are here with you tonight.« Große Aufregung, große Spannung! Im Lauf der folgenden drei, vier Jahre kamen großartige und informative Texte zustande. »Michael« definierte sich als eine Wesenheit aus der kausalen Bewusstseinswelt, eine Gruppe von eintausendfünfzig ehemaligen Menschen, die nun als Sender und Lehrer fungierte und eine groß angelegte Theorie zur Seele vermitteln wollte.

Immer mehr interessierte Freunde und Bekannte wollten an den Sitzungen teilnehmen und füllten das Wohnzimmer von Sarah Chambers (1937–1998) und ihrem Mann Richard. Die Gastgeberin war anfangs das Hauptmedium, dann versuchten auch andere, mit der Planchette zu arbeiten und die Michael-Entität offenbarte sich ihnen ebenfalls. Wenig später verlor Sarah Chambers das Interesse (das kann ich nur schwer nachvollziehen!) und die ganze Angelegenheit schlief ein. Die wertvollen Notizen aus dieser Zeit wurden später an eine bekannte Autorin von Vampir-Romanen verkauft, Chelsea Quinn Yarbro. Sie machte daraus im Jahr 1978 das Buch *Messages From Michael*, von dem oben die Rede war. Da die Mitglieder der ursprünglichen Gruppe nicht bekannt werden wollten, wurden alle Namen anonymisiert und die ungewöhnliche Erfahrung in eine halbfiktive Erzählung mit Originalzitaten umgewandelt. Die Veröffentlichung der *Messages* wurde ein Riesenerfolg, trotz einer reißerischen und eher abstoßenden Covergestaltung.

Die Michael-Wesenheit hat sich von Anbeginn über mehrere Channels mitgeteilt, und so ist es bis heute geblieben. Das ist aber eher die Ausnahme. Die meisten Medien hüten ihre Informationsquelle recht eifersüchtig; das hat natürlich auch rechtliche und finanzielle Hintergründe. Vor allem aber: Medium und Informationsquelle müssen energetisch zusammenpassen. Es ist nicht in das Belieben eines willigen Menschen gestellt, eine (bestimmte) kausale Quelle empfangen zu wollen. Es gibt zwischen vierzig und fünfzig Personen, die mehr oder weniger überzeugende Botschaften von Michael empfangen. Die wenigsten von ihnen veröffentlichen längere Texte; hervorzuheben sind hier José und Lena Stevens, J. P. Van Hulle sowie Shepherd Hoodwin. Die übrigen beschränken sich auf die Ermittlung der sogenannten overleaves, das sind die seelischen Merkmale eines inkarnierten Seelenfragments, die eine Blaupause für das geplante Leben bilden. In unserer auf den Offenbarungen von Michael basierenden Lehre von den seelischen Archetypen entspricht dies der Seelenmatrix.

Nachdem ich mich jahrelang fleißig und geduldig mit dem Pendel um den Empfang von Nachrichten bemüht hatte, beklagte ich mich eines Tages bei meinem »Sender« darüber, dass dieser Vorgang so zeitraubend und ermüdend sei. Ich sagte auf Englisch: »Hört mal, das geht so nicht weiter! Wir müssen irgendeine andere Möglichkeit finden, sonst muss ich die Sache aufgeben!« Daraufhin wurde mir sehr nachsichtig erklärt, dass ich ganz allgemein die Neigung hätte, mir die Dinge schwerer zu machen als nötig. Ich könne doch problemlos auch auf Deutsch empfangen, sie würden sich in allen Sprachen mitteilen können, weil ihre Sendearbeit nicht auf Sprache basiere, sondern auf Gedankenimpulsen. Aha! Ach so! Also schaltete ich rasch um auf Deutsch und alles ging viel schneller, die Texte wurden umfangreicher.

Nun, vielleicht ist es ja ein Glück, dass ich in den anfänglichen Jahren meiner medialen Tätigkeit so völlig unwissend und naiv war, denn auf diese Weise wurde der Empfang des Paranormalen, des Transzendenten für mich zu einer einzigartigen persönlichen und lehrreichen Erfahrung. Gegen Ende der Achtziger entdeckte ich außerdem, dass ich gar nicht, wie ich immer gemeint hatte, mit »Michael« in Kontakt stand, sondern mit einer sehr ähnlichen, seelisch verwandten Quelle, die auch ein vergleichbares Anliegen hatte. In der Tat wurde zunehmend offensichtlich, dass meine Texte eine andere Diktion und einen anderen Ton aufwiesen, viel verbindlicher, humorvoller, zugewandter, während die Michael-Wesenheit, wie sie sich in den amerikanischen Büchern mitteilte, meistens recht streng und belehrend klang. Es muss allerdings berücksichtigt werden, dass das jeweilige Medium auch seinen Anteil daran hat, wie auch immer dieser gestaltet sein mag. Wir waren zumindest verunsichert und wollten wissen, wie es sich damit verhält und mit wem wir es zu tun hatten. Daraufhin beschlossen Frank und ich, Genaueres in Erfahrung zu bringen, und fragten, wie es jedes Medium tun sollte: »Wer seid ihr? Wer spricht da zu uns?« Die Antwort wurde in *Welten der Seele* veröffentlicht:

> »Wir sind eine Kollektiv-Wesenheit, eine Gruppe von 1164 ehemaligen Menschenseelen … Wir sind zusammengeschmolzen, haben aber unsere Erinnerung an unser Getrenntsein in der Physis nicht verloren … Es ist nicht leicht, euch den Verschmelzungsprozess und sein Ergebnis begreifbar zu machen, da ihr euch aus der Getrenntheit versteht und euch nicht vorstellen könnt, dass ein Gefühl von Identität erhalten bleibt, wenn Individualität aufgelöst ist … Wir kamen aus einem Größeren und gingen in ein Kleineres und nähern uns wieder dem Größeren … Wir sind Lehrende und Kommunizierende, also Gelehrte und Weise … wir unterscheiden uns nur unerheblich von anderen großen Gruppenseelen, die dieselben Inhalte verkünden, ohne sie auf dieselbe Art zu vermitteln. Sprachgebrauch, Semantik und Systematik mögen leicht verschieden sein.«[19]

Wir hatten gelesen, dass die Entität Michael aus den Energien von Kriegern und Königen zusammengesetzt ist. Notwendigerweise ist deshalb ihre Grundenergie und ihre Art sich mitzuteilen anders als bei einer Entität wie der Quelle, die aus den Seelenrollen von Weisen und Gelehrten besteht.

Dadurch wurde uns manches klar. Auch teilte man uns mit, dass eine Kollektiv-Wesenheit keinen Namen haben kann, da es sich nicht um ein lebendiges Individuum, sondern um eine ganze Gruppe von Wesen handelt, die ihre irdischen Existenzen längst hinter sich gelassen haben. Sie muten uns zu, mit einer überindividuellen Kraft zu kommunizieren, ganz anders als mit einem menschlichen Gegenüber. Sie haben keine Gefühle und keine Persönlichkeit wie wir. Sie urteilen wohl, doch sie verurteilen nicht. So entschieden wir uns, keinen biblischen, esoterisch-fantasievollen oder stellaren Namen zu verwenden, sondern unsere Informationspartner einfach nur »Die Quelle« zu nennen. Denn irgendwie mussten wir diese Wesenheit ja anreden und rufen.

Angeregt, ja inspiriert von den Michael-Büchern entwickelten wir unsere eigene Systematik, die mit den *Archetypen der Seele* und den *Welten der Seele* (beide Bücher erschienen erstmals 1993) ihren Anfang nahm und sich später in Zusammenarbeit mit diversen Forschungsgruppen auf die Untersuchung der sieben Urängste, der Seelenfamilie und der Seelenalter erstreckte. Ähnlich wie beim Freundeskreis um Sarah Chambers, der unterstützend wirkte und überhaupt erst Fragen an die kausale Bewusstseinsentität Michael generierte, zogen auch wir es meistens vor, in der Anwesenheit anderer zu arbeiten, sei es während regelmäßiger abendlicher Zusammenkünfte, sei es bei öffentlichen Vorträgen und Vorführungen. Zwar wurde ich es nach einem guten Jahrzehnt leid, meine mediale Fähigkeit dort immer aufs Neue zu »beweisen« und mich vorführen zu lassen wie ein dressiertes Zirkuspferd oder »die Frau ohne Unterleib«. Andererseits wurde unsere Arbeit auf diese Weise rasch bekannt. Journalisten und Fernsehleute wurden auf uns aufmerksam, unsere Bücher erlangten überraschend hohe Auflagen. Zu der wachsenden Aufmerksamkeit hat mit Sicherheit auch mein Doktortitel beigetragen, denn man hatte es dadurch schwerer, die Botschaften der Quelle als das verrückte Produkt einer Verrückten abzutun. Ich wirkte ja auch so ganz anders, als Lieschen

Müller sich ein Medium vorstellt, so gar nicht blond und dünn, engelsgleich und ätherisch. Bald galt ich allgemein als »Medium zum Anfassen« und als ausgesprochen bodenständig. Das ist aber nicht mein Verdienst – ich bin halt so! Ich lernte mich zu erden, um nicht die Bodenhaftung zu verlieren, nach dem Motto: Nur ein Baum, der tiefe Wurzeln hat, kann hoch in den Himmel wachsen. Und die Arbeit im unzertrennlichen Team mit Frank, der mir mit seinem unbestechlichen und zugleich hochsensiblen Intellekt immer zur Seite stand, gab mir von Anfang an die emotionale Sicherheit, dass an dem, was ich da von mir gab, am Ende doch etwas dran sein könnte. Denn die Zweifel hörten nicht auf an mir zu nagen. Was, wenn ich viel intelligenter bin, als ich je geahnt habe? Was, wenn ich das alles aus meinem Unbewussten heraus produziere?

Bis 1989 hatte ich mit diesen inneren Konflikten zu kämpfen. Dann erlernte ich eine ganz auf mich persönlich zugeschnittene Trancetechnik. Aus einem Schreibmedium wurde innerhalb weniger Wochen ein Sprechmedium. Meine Buchstabenskala und mein Pendel, Ersatz für Hexenbrett und Planchette, legte ich nun beiseite. Wenn mir auch kein Mensch auf dieser Welt glauben würde, dass ich mir die Seelenlehre nicht ausgedacht hatte – ich selbst wusste es jetzt ganz sicher.

Jane Roberts und die Entität Seth

Die Arbeit mit dem Ouija-Brett stand auch am Anfang jener weltverändernden Publikationen, die in Millionenauflagen und zahlreichen Übersetzungen als *Gespräche mit Seth* bekannt geworden sind. Sie dürfen als Basistext des New Age betrachtet werden. Obgleich es nirgends belegt ist, kann man sich vorstellen, dass die Michael-Gruppe einen Teil des Seth-Materials bereits zur Kenntnis genommen hatte, denn das erste Buch *The Seth Material* war schon 1969 erschienen, bevor

Sarah Chambers ihre Übermittlungsarbeit der Wesenheit Michael aufnahm.

Jane Roberts (1929–1984), das »Seth-Medium«, hatte bereits seit 1963 in zahlreichen, von ihrem Ehemann Robert aufgezeichneten Trancesitzungen Botschaften dieses »multidimensionalen Persönlichkeitskerns« empfangen. Jane war eine Schriftstellerin und Dichterin, die sich eher zufällig auch für außersinnliche Wahrnehmungen interessierte, doch viel gelesen hatte sie darüber nicht. Ähnlich wie ich war sie dementsprechend »geistig jungfräulich«, was diese Themen betrifft, und sie hat dies später als einen gewaltigen Vorteil gegenüber all jenen bezeichnet, die in den Sechzigern bereits feste Vorstellungen zu diesem großen Themenbereich entwickelt hatten.

Eines Tages, nach dem Abendessen, fiel sie spontan in einen veränderten Bewusstseinszustand und begann niederzuschreiben, was ihr durch den Kopf ging. Als sie wieder »zu sich« kam, war sie höchst erstaunt über das, was da auf dem Papier zu lesen war. Später experimentierte sie mit der Planchette. Jane war katholisch erzogen worden und glaubte weder an Geister noch an Reinkarnation. Erst nach einer gewissen Anzahl von Kontaktsitzungen begann Seth direkt durch sie zu sprechen. Bis zu ihrem Tod entstanden viele intellektuell höchst herausfordernde Schriften, in denen Seth sich über die Illusion von Zeit und Raum, Paralleluniversen, die individuelle Erschaffung der persönlichen Realität, Selbst und Höheres Selbst, Schutzgeister, Psyche, Bewusstsein, die Abfolge oder Gleichzeitigkeit menschlicher Inkarnationen, aber auch über die Natur Gottes und Jesu Christi mitteilte. Und noch über vieles mehr, denn die Seth-Bücher bieten ein nahezu unerschöpfliches Reservoir an Themen, die das New Age bis heute beschäftigen. Im Zentrum steht die Auffassung, dass Bewusstsein Materie hervorbringt und dass Menschen ihre eigene Realität erzeugen.

Während Jane Roberts zwei Mal in der Woche in Trance sprach, konnte sie im Zimmer umhergehen, rauchen und Alkohol trinken.

Das ist eine eher seltene Form von Wach-Tieftrance. Es gibt nur wenige Fotos von ihr und kaum Filmmaterial. Auf YouTube kann man sich einen Eindruck von dieser seltsamen, untergewichtigen Frau mit schlechten Zähnen und einem wiehernden Lachen machen. Ein großer Geist mit einem leidenschaftlichen Temperament in einem schwächlichen Körper. Ihre Persönlichkeit wirkt während der Durchgaben verändert und auch ihre Stimme klingt anders als sonst, wenn die Wesenheit Seth mit ihrer Energie von ihr Besitz ergreift und zu diktieren beginnt. Jane wird von Seth auch immer angesprochen, als sei sie ein Mann namens Ruburt. Das Material ist schwierig und war seinerzeit in der dargebotenen Dichte vollkommen neu. Entsprechend viel Resonanz fand es alsbald weltweit. Aber Jane musste sich auch mit den »Rechtgläubigen« ihrer amerikanischen Heimat auseinandersetzen. Nicht wenige beschuldigten sie, mit dem Teufel im Bunde zu sein.

Nach ihrem Ableben mit fünfundfünfzig Jahren schossen bald andere Seth-Channels wie Pilze aus dem Boden. Echte Medien oder Trittbrettfahrer? Niemand konnte je die Qualität von Janes Durchgaben erreichen. Ich darf daran erinnern, dass jede außerkörperliche Instanz auf eine passende Resonanz in einem Medium angewiesen ist. Zwar fließen die Botschaften nur durch den Channel hindurch, aber der Channel muss dem Material geistig und sprachlich gewachsen sein. Jane Roberts besaß diese Qualitäten.

Im November 2019 erschien in der *New York Times* (allein dies ist bemerkenswert!) ein Artikel, in dem berichtet wurde, dass eine kleine Gruppe von Seth-Freunden eine Wohnung in dem Haus erworben hat, in dem Jane Roberts und ihr Mann gelebt und die berühmten Botschaften empfangen haben. Der Journalist schrieb aber auch, dass Jane Roberts wie auch die mehr als zwanzig Bücher in Millionenauflage mit den Durchgaben von Seth in den USA weitgehend vergessen seien. Wie schade, wie traurig! In Europa spielen ihre zahlreichen Übersetzungen immer noch eine gewisse Rolle.

Für mich persönlich und für unsere Thematik der Medialität ist interessant, dass Jane Roberts bis zu ihrem Lebensende in Betracht gezogen hat, die Mitteilungen könnten vielleicht doch aus ihrem eigenen Unbewussten oder Überbewusstsein stammen. Auch stand sie dem von ihr durchgegebenen Seth-Material zuweilen skeptisch gegenüber und nannte es »Theorien«. Wie gut kann ich das nachvollziehen! Wer erlebt, dass merkwürdige und ungewohnte Informationen dem eigenen Mund entquellen, wenngleich man sie nicht selbst gedacht hat, muss unweigerlich eine gewisse Skepsis entwickeln. Ich behaupte scherzhaft: Wer das alles völlig naiv und unbesehen glaubt, ist weder normal noch intelligent! Zweifel und Selbstzweifel in angemessenem Umfang sind notwendig, um die Gesundheit der eigenen Psyche zu bewahren.

Nun gab es ja für Jane Roberts in den Sechzigern noch kaum mediale Vorbilder, an denen sie sich hätte orientieren können. Edgar Cayce, von dem noch die Rede sein wird, arbeitete vollkommen anders. Umso erstaunlicher ist es, dass sie trotz allem unbeirrbar und mit einer solch großen Hingabe ihre segensreiche Fähigkeit gepflegt hat. Sie war mir, als ich später von ihren Schriften Kenntnis erhielt und über ihr Leben und ihre Tätigkeit las, in vieler Hinsicht ein Vorbild, aber auch ein warnendes Beispiel. Es wurde mir klar, dass sie nur deshalb so tief in Trance fallen und so lange fremdartige Texte sprechen konnte, weil ihr Mann und geistiger Gefährte immer bei ihr war und sie in jeder Hinsicht unterstützte. Er schrieb stets alles mit, notierte auch ihre Bewegungen, Mimik und Gestik und die Pausen. Damals gab es ja in normalen Haushalten keine Tonbandgeräte. Wenn man wirklich in tiefster Trance ist, kann man nicht gleichzeitig Aufzeichnungen machen, es sei denn, man ist ein Schreibmedium, aber dann dauert alles viel, viel länger. Deshalb braucht man Hilfe.

Genauso dankbar bin ich dafür, dass Frank, neben allen seinen übrigen Beiträgen zu unserer Arbeit, mir auch den Schutz und die Energie zur Verfügung stellt, damit ich lange Zeit in Trance fallen und sprechen kann. Er geleitet mich in den entgrenzten Zustand und er holt mich wieder heraus. Jane hat ihre Gesundheit durch die dauernden Entgrenzungen und das Besetztwerden durch Seth über die Maßen strapaziert. Sie arbeitete ohne Unterlass und veröffentlichte »nebenher« auch noch eine größere Anzahl weiterer Texte und Gedichtbände. Außer von Seth empfing sie »Besuch« von anderen Entitäten oder Geistern; sie hatte sozusagen immer »Tag der offenen Tür«. Kaum war ihre Arbeit bekannt geworden, klingelte ständig das Telefon, denn Menschen suchten bei ihr um Hilfe nach, und sie war mehr als bereit, deren Probleme mittels Durchgaben zu lindern. Anrufbeantworter gab es auch noch nicht.

Als Frank Anfang der Neunziger feststellte, dass verzweifelte Leute keine Skrupel hatten, mitten in der Nacht oder sonntags bei uns anzurufen, um ihr Leid zu schildern, bestand er als Erstes darauf, einen AB anzuschaffen. Ich hatte selbst Schwierigkeiten mich abzugrenzen und wollte nicht nur gern jedem helfen, sondern fühlte mich auch durch die große Nachfrage sehr geschmeichelt. Man möge verstehen, dass eine gewisse Grenzenlosigkeit zwar einerseits Vorbedingung für den Empfang außermenschlicher Botschaften darstellt, andererseits aber im normalen zwischenmenschlichen Kontakt zu Schwierigkeiten führt. In jenen Jahren unterzog ich mich einer dreijährigen Psychoanalyse. Mein Analytiker überraschte mich eines Tages mit den Worten: »Frau Hasselmann, ich glaube, das Wort ›Grenze‹ ist Ihnen nicht geläufig!« Dazu wusste ich nicht viel zu sagen, denn ich verstand damals nicht einmal, was er damit meinte. Aber ich sah bald ein, dass es praktisch gesehen so nicht weitergehen konnte. Und ich wollte nicht so früh sterben wie Jane Roberts. Sie litt an einer Autoimmunkrankheit, die möglicherweise mit ihrer Unfähigkeit sich abzugrenzen und zu schützen zusammenhing. Somit wurde sie auch in dieser Hinsicht für mich zur Lehrerin. Ich musste Nein sagen lernen, um diese Trancearbeit mit ihrer psychischen Dissoziation über Jahrzehnte hinweg zu bewältigen. Es fällt mir heutzutage immer noch nicht wirklich leicht, aber es geht schon viel besser.

Noch etwas anderes verbindet mich mit Jane Roberts: Ich finde es ebenso schwierig wie sie, damit zu leben, dass ich als Person in der Öffentlichkeit vor allem dann zur Kenntnis genommen werde, wenn ich die Augen schließe und nicht mehr ich bin. Mag es ein Ego-Problem sein oder nicht – ich meine, ein Medium ist nicht nur ein Medium, sondern in erster Linie ein Mensch. Insofern habe ich, wie die Botschafterin von Seth, das tiefe Bedürfnis, nicht ausschließlich als Botschafterin der Quelle wahrgenommen zu werden. Meine große Lust ist, wie für Jane, das Schreiben. So war es von Anfang an. Deshalb habe ich das Bedürfnis, auch als Autorin von Sach- und Fachbüchern sowie von Romanen und Erzählungen wahrgenommen zu werden. Damit kann ich mich verwirklichen, während ich im Dienst der Quelle vor allem Instrument bin. Allerdings ist mir völlig klar, dass die Seelenlehre mich überdauern wird, während meine literarischen Arbeiten und Romane wahrscheinlich bald vergessen sein werden.

Als wir 1991 für die Manuskripte unserer ersten zwei Bücher einen Verlag suchten, schrieben wir viele an, erhielten aber nur selten Antwort – und wenn, war es eine Absage. Da trat erneut deutliche Fügung in unser Leben. Ein Teilnehmer an unseren Abendgruppen kam bei einer Mitfahrgelegenheit mit der Wagenbesitzerin ins Gespräch. Es stellte sich heraus, dass sie als Übersetzerin der Seth-Bücher für den Goldmann-Verlag arbeitete. Er erzählte ihr, er kenne in München Leute, die ebenfalls mit medialen Botschaften arbeiten würden, und ob sie mal in die Texte reinschauen wolle? So kam es, dass wir schon ein Jahr später beide Bücher bei Goldmann veröffentlichten.

Selbstverständlich wurden wir durch das Michael-Material nachhaltig inspiriert, doch schien es uns von Anfang an wichtig, unsere Tätigkeit nicht heimlich und anonym auszuüben, sondern uns der Öffentlichkeit zu stellen. Nur so, dachten wir, könne sich erweisen und auch gewissermaßen überprüfen lassen, ob die Inhalte der Zeit, der Kritik und den gesellschaftlichen Veränderungen standhalten würden. Deshalb hatten wir anfangs nicht nur unsere Abendgruppen und täglich zwei Privatsitzungen, sondern auch noch zahlreiche Auftritte und Trancevorführungen in Buchhandlungen und auf Kongressen. Obgleich mich das alles sehr unter Stress setzte, war es doch für unsere Selbsteinschätzung von großer Bedeutung, die Reaktion von Menschen zu testen, die von der Möglichkeit einer medialen Arbeit gerade nicht überzeugt waren. Zwar wollten wir niemandem etwas beweisen, denn das ist völlig sinnlos. Aber zu erleben, wie intelligente, vernünftige und gebildete Skeptiker von den Antworten der Quelle auf ihre Fragen angerührt und beeindruckt waren, half uns in den Anfangsjahren sehr. Erst viel später beendeten wir die mediale Lebens- und Problemberatung für Einzelpersonen – wir hatten bemerkt, dass zwei oder drei Stunden täglich in Trance zu sein sich schädlich auf meinen Körper und meine Psyche auswirkten und mein eigentliches Talent – ähnlich wie bei Jane Roberts – im Empfang langer Botschaften abstrakten und allgemeinen Inhalts lag. Daher widmeten wir uns nur noch unseren Seminaren und unseren Büchern. Als Priester-Seele habe ich zwar immer ein großes inneres Anliegen zu beraten, zu trösten und zu helfen, aber ich merke auch, dass ich meine Kräfte schonen muss.

Edgar Cayce

Wenn ich von meinen »medialen Vorfahren« wie Jane Roberts und Sarah Chambers spreche, muss ich auch auf Edgar Cayce (1877–1945) verweisen. Als Mensch steht er mir näher als die zwei beschriebenen Frauen, soweit ich ihn aus den Biografien und über seine Arbeit kennengelernt habe. Man nennt ihn den »schlafenden Propheten«. Meines Wissens ist er das einzige unter den bekannten Medien, das sich über eine Autohypnose in eine schlafähnliche Tieftrance versetzen konnte und »so weit weg« war, dass es sich hinterher nicht an Inhalte und Aussagen erinnern konnte. Seine Arbeit war in erster Linie der

Aufgabe gewidmet, kranken und problembehafteten Menschen zu helfen. In den Dreißiger- und Vierzigerjahren schrieben ihm Menschen aus den ganzen USA zuerst nach Kentucky und dann nach Virginia und baten um Hilfe. Von Spiritismus und dem, was man (erst später) Channeling nennt, hielt er wenig. Er war ein tiefgläubiger Mensch. Es war sein Wunsch, den Hilfesuchenden über seine Trance-Readings den Weg zu Gott zu ebnen. Unausweichlich war auch er, wenn auch nur in Maßen, von den theosophischen Theorien seiner Zeit beeinflusst. Seine Botschaften übermittelte er in einer altmodisch-pompösen Sprache. Im Alltag redete er anders.

Zu Beginn seiner rastlosen und selbstlosen Tätigkeit beschränkte sich Cayce auf Diagnosen und alternativ-medizinische Heilvorschläge, die er während seiner Tieftrance empfing und aussprach. Damit erzielte er große Erfolge, viele Kranke konnten auf diese Weise geheilt werden. Er scheint ein grundgütiger Mensch gewesen zu sein, der gerade deshalb in finanzieller Hinsicht auch immer wieder ausgenutzt und betrogen wurde. Allerdings ist verständlich, dass man ihn nicht nur um Heilung bat, sondern auch nach anderen, mehr der spirituellen Neugier entsprechenden Themen befragte. So ergab es sich, dass er sich (oder wer immer durch ihn sprach), weitgehend gegen seinen Willen, auch zu Reinkarnation, Astrologie, Atlantis, Jesus Christus, der Herkunft der Menschenseelen und weitreichenden historischen Prophezeiungen äußerte. Die Ergebnisse waren in vielerlei Hinsicht sensationell und spektakulär, brachten den frommen Cayce jedoch in große innere Bedrängnis. Denn wenn man ihm anschließend vorlas, was er in Trance gesagt und prophezeit hatte, konnte er sich nicht damit identifizieren. Die Informationen, die aus seinem Mund gekommen waren, ängstigen ihn, weil sie seinen religiösen Überzeugungen widersprachen, und er befürchtete, er könne am Ende doch vom Satan besessen sein. Wie es so häufig bei großen Medien ist, kann man auch bei Cayce feststellen, dass viele seiner allgemeinen Vorhersagen und historischen Fakten entweder ganz falsch oder zumindest in keiner Hinsicht überprüfbar sind. Unsere Quelle sagt dazu:

> »Der Mensch, der personale und in Fleisch und Blut inkarnierte Mensch, unterliegt stets und ohne Ausnahme den Bedingungen seiner Epoche, seiner Kultur, seines Zeitgeistes, in dem und mit dem er aufgewachsen ist, sowie den Umständen, in die er hineingeboren wurde … Denn nur ein bereits geprägter und insofern verankerter Geist mit den dadurch entwickelten medialen Kräften kann von den transpersonalen Instanzen als Empfänger anvisiert und genutzt werden … Es ist nicht möglich, Informationen zu erhalten, die den Gegebenheiten der historischen Situation diametral entgegengesetzt wären. Darin hat jedes Medium seine Grenzen.«[20]

An dieser Stelle sollte hinzugefügt werden, dass es selbst dem allerbegabtesten und mental sauber arbeitenden Medium unmöglich ist, immer und über die Jahre hinweg keinerlei Fehler zu machen. Häufig betreffen diese exakten Zahlen, Ereignisse in der Zukunft und Namen. Es ist eher die große Hoffnung oder Sehnsucht derer, die mediale Botschaften hören und lesen, endlich Sicherheit in einer objektiven Wahrheit zu finden. Das ist jedoch naiv. Eine solche Sicherheit gibt es nicht, und wenn es überhaupt objektive Wahrheiten in unserer Welt geben sollte, dann gewiss nicht im Bereich der Übermittlungen aus einer transpersonalen Informationsquelle. Es ist ja geradezu ein zeitübergreifendes Phänomen der Geistes- und Wissenschaftsgeschichte, dass alle Erkenntnis der Korrektur und dem Widerspruch unterlegen ist. Und in den Naturwissenschaften ist es nicht so viel anders. Auch dort muss verifiziert oder falsifiziert werden und oft wird eine lange gültige Theorie von einer anderen abgelöst.

Cayce war Anhänger der amerikanischen Neugeist-Bewegung (New Thought Movement), einer metaphysischen Glaubensrichtung, die im Unterschied zu den großen katholischen und protestantischen Kirchen das Konzept von Karma, Reinkarnation, Wunder- und Glaubensheilungen ebenso vertritt wie die Vorstellung, dass Krankheiten und Unglück Folgen eines fehlgerichteten Bewusstseins seien. Falsches Denken führt demnach zu einem schlechten Leben, denn Geist und Materie bedingen sich. Wer richtig denkt, dem stehen Gesundheit, Wohlstand und Glück zu. Diese Philosophie, aus unserer europäischen Warte sehr »amerikanisch«, mündete in das weitverbreitete »positive Denken« mit seinen Meditationen, Bestellungen beim Universum und den Affirmationsmethoden einerseits und andererseits auch in Christian Science und die Unity Church, zu der sich heutzutage mehrere Millionen bekennen. Auch in Europa sind die Grundkonzepte des New Thought im Zusammenhang mit der New-Age-Bewegung weit verbreitet. Dies belegen unter anderem die überaus großen Bucherfolge von Norman Vincent Peale, Louise L. Hay und Rhonda Byrnes *The Secret*, in Deutschland unter vielen anderen auch Kurt Tepperwein, Erhard Freitag, Pierre Franckh und Bärbel Mohr. Hier geht es auch um das »Gesetz der Anziehung« (Law of Attraction). Was der Klappentext von Frau Mohrs Buch *Bestellungen beim Universum* verspricht, steht stellvertretend für die gesamte Denkrichtung:

> »Bärbel Mohr zeigt dir auf einmalig lockere Weise, wie du dir den Traumpartner, den Traumjob oder die Traumwohnung u. v. m. einfach ›herbeidenken‹ und quasi beim Universum ›bestellen‹ kannst. Sie bringt dir bei, auf deine innere Stimme zu hören, und beweist, dass du wirklich alles bekommen kannst, was du dir wünschst! Ihre Rezepte zur Erfüllung der kleinsten und größten Wünsche helfen dir, dein Leben im Großen wie im Kleinen viel positiver zu gestalten, damit du die Wunschbestellung erfolgreich abschicken kannst und die georderte Lieferung auch in vollem Umfang erhältst. Ein ide-

> ales Buch nicht nur zum Verschenken, das jeden auf sonnige Gedanken bringt und bereits Millionen Leser in seinen Bann gezogen hat.«

Dieser Hype ist längst vergangen. Aus der Perspektive unserer Seelenlehre und der Quelle ist das beschriebene Wunschdenken vor allem ein Phänomen der Jungen Seelen, die sich in der Vorstellung sonnen, das Leben und das eigene Glück mit all seinen Facetten beherrschen zu können. Wer in früheren Zeiten inbrünstig zu Gott betete, um das eigene Schicksal zum Guten zu wenden, schreibt jetzt ans Universum. Gewiss hat das eine ähnlich positive psychologische Wirkung. Man wüsste im Nachhinein allerdings gern, wie viele Happiness-Bestellungen aus dem Universum wirklich beim Empfänger eingetroffen sind und dauerhaft zu großer Zufriedenheit geführt haben und wie viele Retouren es gegeben hat. Doch aus gutem Grund gibt es solche Statistiken nicht.

Als wir mit unserer medialen Arbeit begannen, erschienen in der mit der Weltanschauung des New Thought verbundenen Zeitschrift *esotera* noch Artikel über die neue Seelenlehre. Inzwischen wurde das Magazin eingestellt. Pranahaus mit seinem weitverbreiteten Versandkatalog steht ebenfalls in dieser Tradition.

Ach, wenn wir nur alle so genau wüssten, von welchen geistigen Strömungen unser Denken und Handeln beeinflusst wird! Doch wir sind unweigerlich dem Zeitgeist unterworfen. Als Kind meiner Zeit arbeitete auch ich eine Weile mit Affirmationen. Es lässt sich aus psychologischer Sicht wohl nicht von der Hand weisen, dass eine positive Einstellung zum Leben und zum Schicksal, selbst wenn es hart ist, angenehmere Ergebnisse zeitigt als sogenannte Negativität. Als ich mich in den Achtzigern intensiv mit meinem Selbstbild und meinem Hang zum Märtyrertum und mangelndem Selbstwertgefühl befasste, entwarf ich die Affirmation »Ich werde beschenkt, einfach weil ich bin.« Über Monate hinweg schrieb ich diesen Satz morgens und abends zehn Mal säuberlich in ein schönes Heft. Abgesehen davon, dass ich mich dadurch ständig mit meinem seinerzeit geringeren Selbstwertgefühl beschäftigte, das in altpreußischer Manier auf Leistung als Vorleistung gründete (»Ohne Fleiß kein Preis«), und die entsprechend entspannende Wirkung auf meine Psyche nicht ausblieb, geschahen bald merkwürdige Dinge. Wildfremde Menschen kamen auf mich zu, um mir eine Kleinigkeit zu schenken, einen Bleistiftspitzer, ein Buch, ein schönes Tuch. Darüber freute ich mich und dachte: »Siehste, es wirkt!« Aber dann traf ich bei einem Abendessen eine Frau, die ich nur dieses einzige Mal gesehen habe. Sie schenkte mir eine zweiwöchige Luxusreise durch Indien, mit lauter Fünfsternehotels, Elefantenritten, Binnenflügen und großartigen Exkursionen. Ich weiß nicht einmal mehr, wie die Frau heißt. Nach meiner Rückkehr versuchte ich, ihr noch Fotos von der Reise zu schicken, doch ich bin nicht sicher, ob sie jemals angekommen sind. Mir wurde die Sache mit den Affirmationen daraufhin richtig unheimlich, und ich hörte vorerst auf damit. Erst zwanzig Jahre später fand ich mit derselben Methode eine wunderschöne Wohnung, in der ich heute noch lebe. Das geschah ganz ohne Mühe und war ebenfalls ein kleines Wunder.

Ich erhielt also Geschenke. Dennoch glaube ich nicht, dass sie mir vom Universum gesandt wurden und dass es allein meine Willenskraft war, die sie mir beschert hatte. Das Erschaffen der eigenen Realität ist psychologisch betrachtet gewiss zu einem Teil möglich, aber diese Vorstellung absolut zu setzen scheint mir nicht zulässig. Der menschliche Wille kann vieles erreichen, er hat jedoch seine Grenzen, wenn er nicht mit dem Wollen der Seele oder eines Höheren übereinstimmt. Bis zu einem gewissen Grad ist es die eigene Einstellung zu den Dingen der Welt, die durch Affirmationen verändert wird. Sie wirken nachhaltig auf den unbewussten Anteil unserer Psyche. Dadurch sind sie erfolgreich. Aber man kann sich nach meiner Erfahrung nicht alles wünschen; denn man weiß ja gar nicht, was wirklich gut und richtig für die eigene Entwicklung ist. Tritt etwas heiß Ersehntes nicht ein, ist die Enttäuschung umso bitterer. Es ist eine Illusion Junger Seelen, die Welt im Griff zu haben und alle Umstände des Lebens beherrschen zu können. Ältere Seelen gehen meistens mit mehr Umsicht, Demut und Hoffnung vor. Sie begreifen im Laufe ihres Inkarnationszyklus immer besser, was es heißt: «Dein Wille geschehe« oder »Der Mensch denkt und Gott lenkt.«

Die von Edgar Cayce in die Welt gebrachten alternativen Heilweisen jedenfalls dauern fort in seinem berühmten und aktiven Gesundheitszentrum in Virginia Beach (A.R.E.), das jährlich von mehr als hunderttausend Ratsuchenden und Notleidenden aufgesucht wird.

Was den »schlafenden Propheten« betrifft, habe ich ihn immer ein wenig bedauert, weil er durch seine Schlaf-Tieftrance und das, was man ihm in diesem wehrlosen Zustand an Aussagen abpresste, in einen so schweren inneren Konflikt geraten ist. Ich selbst praktiziere ja eine Wach-Tieftrance, die letztlich noch ein Minimum an Kontrolle über die Situation gewährleistet; außerdem ist Frank immer dabei und würde unpassende Fragen nicht zulassen.

Heute darf ich auf die zuweilen schmerzlichen Erlebnisse der Medien vor meiner Zeit zurückgreifen, aus ihren Erfahrungen lernen und alles vermeiden, was ich nicht erleiden will. Unter anderem habe ich bereits sehr früh mit meiner Quelle einen Vertrag, eine Art Pakt getroffen. Er lautet: Ihr kommt immer (und zwar IMMER) zu mir, wenn ich euch rufe; aber niemals, wenn ich euch nicht rufe! Starrsinn hin oder her, ich wollte damit zweierlei vermeiden. Zum einen wollte ich mich auf keinen Fall blamieren, wenn ich vor Hunderten von zahlenden Zuhörern in Trance gehe und dann … passiert nichts! Zum anderen bestehe ich auf dem »Entweder ganz offen oder ganz zu«-Prinzip. Ständig in Halbtrance herumzulaufen, auf transpersonalen Empfang geschaltet zu sein, auch im Supermarkt oder während einer Abendeinladung, das ist nicht gesund und liegt mir nicht. Denn ich kann ja dann weder Notizen machen, die Durchgaben festhalten und damit nutzbar machen, noch darf ich davon ausgehen, dass Undeutliches, Halbverstandenes und Wirres denselben Wert besitzt wie eine klare Botschaft aus einer anderen Dimension in deutlich-eindeutiger Sprache, die ich während einer Tiefenentspannung und in einem geschützten Raum empfange. Ich halte es gewissermaßen für eine spirituelle Disziplinlosigkeit, Energie auf Halbgares zu verschwenden. Dafür sind die Lehrer aus der Kausalwelt nicht zuständig. Vielmehr hat ja jeder noch seine Impulse, seinen Instinkt, seine Intuition und dazu noch Lebenserfahrung und Menschenkenntnis. Auch diese wollen genutzt werden. Es ist gefährlich, wenn ein Medium sich für jede alltägliche Kleinigkeit Hilfe und Unterstützung, Anweisung und Anleitung aus fernen Bewusstseinswelten holt. Das macht unselbstständig und abhängig. Meine Quelle sagte mir bereits sehr früh: Triff deine eigenen Entscheidungen! Das habe ich einerseits beherzigt, andererseits haben diese Worte auch meine Neigung zu einer angstvollen Autonomie gefördert. Für mich und meine privaten Anliegen frage ich sehr selten und ungern. Nach wie vor finde ich es »komisch«, mir selbst mittels der Quelle gute Ratschläge zu geben. Denn das betont auf wenig angenehme Weise die Dissoziierung und Spaltung, die ich erlebe, wenn ich in Trance mit den Worten der Quelle meine eigene Stimme höre und mir Hinweise und Aufklärungen geben lasse, die ich mir, so glaube ich dann wenigstens, auch im Normalbewusstsein hätte geben können. Aber ob das stimmt?

Natürlich bin ich, allein schon aus vertrauter Gewohnheit, immer irgendwie mit meiner Quelle verbunden. Ich bin ja die Hauptmitarbeiterin und kenne deshalb die Interna! So empfange ich für mich ganz persönlich und privat dieses und jenes, auch ohne offiziell in Tieftrance zu fragen. Dafür muss ich nur minutenweise innerlich umschalten. Ich möchte vor allem nicht immerzu »im Dienst« sein. Denn das ist wegen der psychisch belastenden, eigentlich unmöglichen Mischung aus Kontrolle und Kontrolllosigkeit sehr anstrengend. Bislang wurde der Pakt eingehalten.

Gitta Mallász und *Die Antwort der Engel*

Kurz nach Ausbruch des Zweiten Weltkrieges fanden sich vier Freunde in einem Dorf vor den Toren Budapests zusammen. Drei von ihnen waren Juden, die sich zunehmend der Gefahren, in denen sie sich befanden, bewusst wurden. Jahre später, am 25. Juni 1943, mitten während eines Gesprächs über die Risiken offener Meinungsäußerungen und völlig unerwartet, begann durch Hanna Dallos, eine der jüdischen Freundinnen, eine fremde Energie zu sprechen. Die Stimmen bezeichneten sich als Engel. Siebzehn Monate lang spendeten die Engel Rat und Trost. Sie redeten über den Sinn des Seins. Alle Botschaften wurden in einem Heft notiert. Ein gutes Jahr später wurden die drei jüdischen Freunde deportiert, Gitta Mallász blieb übrig.

Erst in den Sechzigerjahren, als Gitta längst vor den ungarischen Kommunisten nach Paris geflohen war, begann sie die Durchgaben von Hanna Dallos ins Französische zu übersetzen. Während einer Radiosendung, in der sie ihr Schicksal schilderte, erwähnte sie auch diese Texte und nannte sie *Die Antwort der Engel.* Das erregte großes Aufsehen. 1976, dreißig Jahre nach ihrem Entstehen, wurde die Sammlung endlich veröffentlicht und sogleich zu einem spirituellen Bestseller. Bis ins hohe Alter widmete sich Gitta Mallász (1907–1992) der Verbreitung und Erläuterung dieser Durchgaben. Erst nach der politischen Wende wurden sie auch in Ungarn publiziert.

Helen Schucman

Helen Schucman (1909–1981), Professorin für klinische Psychologie in New York und aus einer jüdischen Familie stammend, ist vielleicht das deutlichste Beispiel dafür, was eine Berufung durch einen transpersonalen Sender mit einem Menschen macht. Zwar hatte sie sich als Kind und Jugendliche mit dem christlichen Glauben auseinandergesetzt und mit sechzehn Jahren als Baptistin taufen lassen. Doch schon wenig später bezeichnete sie sich als »rationale Atheistin«. Das hat eine nicht menschliche Instanz, vielleicht Jesus, nicht davon abgehalten, diese herbe und streitbare Person mitten in ihrem akademischen, eher kühl-intellektuellen Leben aufzufordern, folgende berühmt gewordene Worte niederzuschreiben: »This is a course in miracles, please take notes.«

Bereits in den Monaten vor diesem einschneidenden Ereignis erlebte Helen Schucman immer wieder Visionen und Auditionen, in denen ihr Jesus erschienen war. Dagegen sträubte sie sich mit Händen und Füßen. Sie hatte das Gefühl und die Angst, wahnsinnig zu werden. Als Channel oder Medium wollte sie sich auf keinen Fall wahrnehmen. Es passte absolut nicht in ihr Selbstbild. Auch empfand sie sich nicht als in Trance befindlich, wenn sie in Kurzschrift ihre Aufzeichnungen machte, denn sie bezeugte, dass sie diese jederzeit unterbrechen und wieder aufnehmen könne. Darin ist sie sich mit Hildegard von Bingen einig, die ebenfalls stets behauptet hat, sie sei während ihrer Visionen und Eingebungen bei völlig klarem Verstand. Beides ist jedoch meiner Erfahrung nach ein irriges Verständnis von Trance, die viele unterschiedliche Aspekte und Tiefen kennt.

Weil sie sich lediglich und ausschließlich als Werkzeug sah, bezeichnete Helen Schucman sich stets nur als *scribe*, also als jemanden, der beim Hören einer inneren Stimme nach Diktat etwas niederschreibt. Auch wollte sie niemals als Urheberin oder Autorin des *Kurses* in Erscheinung treten; deshalb taucht ihr Name nicht auf den Titelblättern der Veröffentlichungen auf.

Aber obgleich sie diese Spaltung ihrer Selbstwahrnehmung während der folgenden sieben Jahre ertragen musste, sagt sie, dass sie nie auf die Idee gekommen sei, mit der Niederschrift des Diktats vom *Kurs in Wundern* aufzuhören. Das Wunder bestand und besteht darin, einen Geisteswandel herbeizuführen bei denen, die den Anweisungen folgten, hin zu Liebe und Vergebung, aufbauend auf der Erkenntnis, dass Jesus Christus sich in jedem Menschen manifestiere.

Allein auf sich gestellt hätte Helen dieses Diktat wohl kaum je veröffentlicht. Aber ein zweiter Mensch wurde ihr (von Jesus?) als Helfer zugeteilt: ihr Kollege William Thetford. Nach einer längeren Zeit heftiger persönlicher Spannungen und Auseinandersetzungen im Institut sagte er eines Tages, er habe es satt, sich immerzu mit ihr zu streiten; es müsse doch noch andere, bessere Wege der Kommunikation geben. Noch am selben Tag begann Helen mit der Niederschrift. Am folgenden Morgen zeigte sie Professor Thetford ganz entsetzt ihre Notizen, er fand sie jedoch beachtlich und tippte sie in die Schreibmaschine. Es war der 22. Oktober 1965.

In den nun folgenden sieben Jahren, bis 1972, wurde den beiden dieses Vorgehen zur täglichen Gewohnheit. Sie schrieb, las ihm den Text am folgenden Morgen vor, er tippte ihn und fügte das Ganze zu einem Manuskript zusammen. Ohne es beabsichtigt zu haben, wurden sie so zu einem unzertrennlichen Team. Das erinnert doch sehr an die Zusammenarbeit von Frank und mir. Ohne psychische, seelische und praktische Unterstützung kann ein solches Werk kaum entstehen, weil die angstvollen Selbstzweifel des Mediums viel zu mächtig sind, bei Frau Professor Schucman noch wesentlich heftiger als bei mir. Ihre innere Spaltung erhielt sie bis zu ihrem Lebensende aufrecht. Sie war nicht einverstanden mit dem Material, das ihr diktiert worden war, und hätte am liebsten alle ihre Fähigkeiten eingesetzt, um zu beweisen, dass es sich dabei um Irrtum und Unsinn handelte. Ihr Kollege Thetford meinte, allein schon die Tatsache, dass sie immer derart gegen die Inhalte ihrer Niederschrift wütete, würde doch zeigen, dass sie ernst zu nehmen wären. Helen aber empfand ihre Lebenslage, wie sie sagte, als sowohl lächerlich als auch schmerzhaft. Sie befand sich in der unmöglichen Situation, ihrer eigenen Lebensaufgabe keinen Glauben zu schenken, und das quälte sie. Professor Thetford hatte weniger große Probleme mit den Prinzipien des *Kurses*, doch auch er sah sich genötigt, nach der Lektüre seine Weltsicht und sein Selbstbild zu verändern.

Ein Kurs in Wundern ist in vielerlei Hinsicht ein größeres Kaliber als die zahlreichen Gottes- und Jesusbotschaften früherer Zeiten. Gerade weil Helen Schucman weder gläubig noch fromm war, muss man die von ihr empfangenen Durchgaben einer Wesenheit, die sich Jesus nennt, mit anderen Augen betrachten. Die Entstehungsgeschichte ist authentisch. Nichts wäre der Empfängerin lieber gewesen, als das Ganze als eingebildeten Humbug betrachten zu können. An ihrer Lebensgeschichte und Einstellung gegenüber diesen Botschaften kann man auch sehr gut das immer wieder, schon seit biblischen Zeiten, zu konstatierende Dilemma einer medialen Berufung beobachten. Die drei Bände dieses medial empfangenen Werkes haben eine Millionenauflage erlebt und sind immer noch aktuell.

Noch größeren Widerstand erzeugte bei Helen Schucman das Diktat weiterer Schriften und besonders einer Sammlung von mehr als hundert Gedichten mit dem Titel *The Gifts of God*. Sie wurden erst 1982, also nach ihrem Tod veröffentlicht. Ihr Erbe und die damit verbundenen Einkünfte fließen in eine Stiftung für inneren Frieden ein.

Die meisten Botschaften aus fernen Welten befassen sich allerdings nicht mit Gott, Jesus oder christlichen Glaubensinhalten. Aber irgendeine Vorstellung von etwas Großem, Unfassbarem, einer Schöpferkraft oder allumfassenden Energie trifft man fast überall an. Genannt wird es Alles-was-ist oder, wie bei unserer Quelle, »Das Allganze«. Allerdings gibt es ein mehrbändiges Werk, ebenfalls in zahlreichen Übersetzungen und Millionenauflagen, das in geradezu intimer Weise ein neues, weit über das Vertraute hinausgehende Gottesbild vermittelt: *Gespräche mit Gott*.

Neale Donald Walsch spricht mit Gott

Manch ein deutscher Leser stört sich an dem flapsigen, respektlosen Ton, in dem Walsch zu Gott und mit Gott spricht. Tut man das? Sollte man nicht voller Ehrfurcht und Demut mit dem Allmächtigen reden? Aber gerade dies ist das Besondere an den *Gesprächen mit Gott*. Man möge nicht vergessen, dass es bei Offenbarungen stets um ein Kommunikationsdreieck zwischen Quelle, Medium und Adressaten der Botschaft geht. Wer passt zu wem? Wie wird wer erreicht? Die intime Redeweise, der Zorn, all die ausgesprochenen Zweifel – das macht die Authentizität des Kontakts aus. Das wurde bei Helen Schucman besonders deutlich.

Walsch bestreitet zwar, seine Texte gechannelt zu haben. Er sagt, er sei von Gott inspiriert. Dafür mag er gute Gründe haben. Letzten Endes gilt die sogenannte Inspirationstheorie nicht nur für viele heilige Schriften, sondern auch für reichlich anderes frommes, aber für den Kenner offensichtlich medial empfangenes Material. Während Channeling vielfach und immer noch als höchst dubios gilt, muss in einer grundsätzlich frommen Nation wie den USA (ein Großteil der Bevölkerung gehört dort irgendeiner Gemeinde an) eine Inspiration durch Gott eine wesentlich größere Resonanz erzeugen. Sie entschärft sozusagen die unvermeidliche Kritik. Und es mag durchaus so sein, dass Walsch sich nicht als Channel empfunden hat.

Doch die Umstände, unter denen der erste Band seiner *Conversations* entstanden sind, können als typischer Auslöser für eine Berührung durch eine außermenschliche Quelle betrachtet werden. Es war Anfang der Neunzigerjahre und dem Fünfzigjährigen ging es in jeder Hinsicht schlecht – Ehe kaputt, Arbeit verloren, mittellos, durch Erkrankungen schwer angeschlagen, obdachlos, tief verzweifelt. Er fühlte sich als Verlierer, das machte ihn wütend. Weil er streng katholisch geprägt war und sich sogar längere Zeit mit Theologie beschäftigt hatte, fiel ihm (im wahrsten Wortsinn!) nichts Besseres ein, als einen zornentbrannten Brief an Gott zu schreiben. Bitter beklagte er sich darin über seine Lebenslage. Warum? Warum? Fragen über Fragen. Ein solcher Brief ist Gefäß für eine geballte Energieladung an Wut, Aufbegehren, Verletztheit. Doch letzten Endes zeugt er auch von einem Restquantum an Gottvertrauen. Denn warum sonst einen Brief an Gott schreiben?

Wer so viel von sich hinausgibt, der kann auch viel zurückbekommen. Auch nach meinem eigenen Gottesverständnis nimmt der Schöpfer, das Allganze oder Alles-was-ist einem Menschen nicht übel, wenn er sich ihm in seiner ganzen Not ehrlich offenbart. Einen solchen »Ton« findet man in den Psalmen und auch in manchem Propheten-Buch des Alten Testaments. Man denke an die Klagelieder von Jeremia und an das Los von Hiob. Und so wie sich beider Geschick zum Guten änderte, geschah es auch mit dem Empfänger/Autor/Dialogpartner der *Gespräche mit Gott*.

Walsch sagt, das Buch, das ihn binnen kurzem weltberühmt machen sollte, sei nicht von ihm verfasst worden, sondern sei ihm widerfahren. Es stand fast zweieinhalb Jahre auf der Bestsellerliste der *New York Times* und seinen zahlreichen später erschienenen Schriften wurde vergleichbarer Ruhm zuteil. Sogar ein Kinofilm erzählt die Entstehungsgeschichte der *Gespräche mit Gott*. Ihr Autor ist weiterhin ein von seinem inneren Auftrag inspirierter Schriftsteller. Sein jüngstes Werk *The Essential Path* (2019) darf als eindringliche, wortreiche, idealistisch-utopische Predigt verstanden werden. Es wirkt wie die moderne Äußerung eines alttestamentarischen Propheten, der die absolute Untrennbarkeit des Individuums vom Göttlichen verkündet.

Allerdings sind viele Leser der Meinung, dass vor allem oder vielleicht ausschließlich der erste Band der *Conversations* die Schwingung authentisch medialer Mitteilungen aufweist, obgleich Walsch auch späteres Material als *Revelations* (»Offenbarungen«) bezeichnet und sich damit zumindest in die Tradition der antiken Apokalypsen stellt. Der früheste Text, 1993 veröffentlicht, wurde ursprünglich mit der

Hand geschrieben und die Technik, obgleich nicht als solche benannt, ist die des medialen Schreibens, das oft (und zu Unrecht) als »automatisches Schreiben« bezeichnet wird. Walsh schrieb »an den größten aller Schikanierer … Es war ein gehässiger, leidenschaftlicher Brief – voll von Ungereimtheiten, Verzerrungen und Verdammungen. … Plötzlich bewegte sich der Stift ganz von selbst. Ich hatte keine Ahnung, was ich schreiben würde, doch schien ein Gedanke in mir aufzukommen, und ich beschloss, der Sache ihren Lauf zu lassen. Heraus kam ›Willst du wirklich eine Antwort auf all diese Fragen oder nur Dampf ablassen?‹«[21]

An anderer Stelle berichtet Walsch, er habe auch eine Stimme in seinem Rücken gehört. Entscheidend ist aber die überzeugende, weil mit der Mehrzahl aller Medien der Neuzeit übereinstimmende Auskunft, die er im Buch wiedergibt: »Und noch bevor ich begriff, wie mir geschah, hatte ich eine Unterhaltung begonnen, wobei ich nicht eigentlich von mir aus schrieb, sondern ein Diktat aufnahm … Oft erhielt ich die Antworten schneller, als ich schreiben konnte.«[22]

Falls der Bestseller von Walsch nichts anderes bewirkt haben sollte, als Millionen Leser davon zu überzeugen, dass Gott in Wahrheit zu jedermann spricht – »zu den Guten und den Schlechten, zu den Heiligen und den Schurken. Und sicherlich zu allen, die sich zwischen solchen Extremen bewegen«[23], dann ist das Wasser auf meine Mühle. In welches Gewand sich die göttliche Energie dabei kleidet (ob Uriel oder Emanuel, Lazaris oder Gabriel, Sanat Kumara oder El Morya), ist dabei zweitrangig. Hilft es den Menschen, einen Weg der Liebe und Erkenntnis zu sich selbst und ihren Mitmenschen zu finden, ist das Ziel erreicht, die Aufgabe erfüllt. Die Berufung des Mediums hat ihre Wirkung getan. Walsch schreibt – und was könnte wahrer sein? – dass Gott, sein Gott, ihm sagt: »Ich rede mit jedermann. Immer. Die Frage ist nicht, mit wem ich rede, sondern wer zuhört.«[24]

Für das hier vorgestellte Modell medialer Kommunikation als Energiefluss zwischen drei Instanzen (Quelle, Medium, Empfänger) ist es von Bedeutung zu fragen: Für wen, für welche Empfänger, sind die *Gespräche mit Gott* bestimmt? Gewiss auch für Walsch selbst, aber er erkennt schon nach wenigen Zeilen: »Meine Fragen sind Ihre Fragen.«[25] Die Botschaften, die dieser medial Schreibende erhält, beantworten die bewussten und unbewussten Fragen, die unzählige Christen bewegen, aber aller Wahrscheinlichkeit nach ganz besonders die unausgesprochenen Nöte in den vielen Churches und Denominationen, denen sich Gläubige und Kirchgänger in den USA zugehörig fühlen. Die Alltagssprache, die ehrliche und direkte Art der Argumentation dieses Austausches, die Unmittelbarkeit, die nicht der Vermittlung und Erläuterung eines Geistlichen bedarf, bildet neben den Inhalten und Aussagen die Grundlage dieses ungewöhnlichen Dialogs. Wer auch immer sich auf ihn einlässt, ob Baptist, Mormone oder Jude, ob Pfingstchrist, Katholik oder Protestant, ja sogar Muslim oder gar Atheist – jeder, der sich im Radius einer monotheistischen Religion bewegt, wird hier Antworten, Anregungen, Herausforderungen für sein Denken, seine Urteile und Vorurteile finden.

Um zu verstehen, was hier verbreitet wird, muss man weder Philosoph noch Theologe noch Absolvent von Harvard oder Yale sein. Aber auch die Hochgebildeten unter den Lesern finden hier Anregungen genug. Die *Conversations* haben in allen Schichten breite Resonanz gefunden und sind auf nur geringe Kritik oder Abwehr gestoßen. Allein dies ist schon beachtlich, denn wie die Geschichte der Medialität zeigt, sind Anfeindungen bis hin zu Todesurteilen eher die üblichen Reaktionen. Was kann ein transpersonaler Sender, der einen geeigneten Träger seiner Botschaften gefunden hat, Besseres für seine Mühen erhoffen als eine millionenfache Leser- und Hörerschaft? Diese Botschaften nehmen die gläubig Suchenden ernst und ebenso jene, die ihren traditionellen Gottglauben mit einer gemäßigten New-Age-Spiritualität verknüpfen möchten. Letzten Endes wird hier nichts wirklich Neues verkündet. Es handelt sich um die allbekannte Einheitslehre. Aber was gesagt wird, wurde so noch nie gesagt. Und während sich die Kirchenbesucher vor der nächsten langweiligen Sonntagspredigt fürchten, findet Langeweile hier keinen Platz. Dass Walsch als Mensch, Medium und Autor ebenfalls seinen Lohn dafür erhalten durfte, dass er sich diesem Dialog geöffnet hat – nicht nur materiell, sondern auch durch ein neues Lebensglück, nachdem er sein dunkles Tal der Tränen durchschritten hatte –, ist mehr als angemessen.

Unterstützung beim seelischen Wachstum

Seit Jane Roberts zu Beginn der Sechzigerjahre die Informationen der Wesenheit Seth empfing, sind nur gut sechzig Jahre vergangen. Dennoch haben Werke wie das ihre und auch das von Walsch Meilensteine für eine ganz neue Art von Medialität gesetzt. Durch die modernen Möglichkeiten der Verbreitung durch Film, Fernsehen und Internet sowie durch einen vernetzten Buchhandel konnten die medialen Botschaften weltweite Verbreitung finden und dabei so viele Menschen erreichen wie niemals zuvor. Das ist nicht nur eine Frage des kommerziellen Erfolgs. Wenn man davon ausgeht, dass sich Roberts, Schucman und Walsch sowie manch andere, von denen noch die Rede sein wird, den Inhalt ihrer Werke nicht ausgedacht haben (was immerhin eine beachtliche Leistung wäre), sondern dass nicht menschliche Wesenheiten sich Botschafter suchen, um ihre Mitteilungen an das Menschengeschlecht zu verbreiten, kann man wohl sagen, dass sie zurzeit damit mehr erreichen als in allen Jahrhunderten zuvor; die Bibel und den Koran einmal ausgenommen.

Unsere eigene Quelle macht dazu zwei wichtige Aussagen: »Wir bestehen aus Energie und daher verschwenden wir keine Energie.« Und außerdem: »Um uns weiterzuentwickeln, müssen wir lehren und denen helfen, die sich noch im Inkarnationsprozess befinden.« Es scheint sich also um einen Prozess gegenseitiger Unterstützung zum seelischen Wachstum zu handeln. Weil nun die zahlreichen kausalen Lehrer darauf angewiesen sind, ihren Lehrstoff »an den Mann zu bringen«, benötigen sie geeignete Medien. Diese wiederum können sich nur dann zur Verfügung stellen, wenn sie keine übermäßige Angst vor Verfolgung haben. Gäbe es in unseren westlichen Ländern zurzeit nicht so etwas wie Meinungsfreiheit, wären viele Menschen wohl nicht bereit, sich zum Empfang von Mitteilungen aus anderen geistig-seelischen Dimension zur Verfügung zu stellen. Ein weitreichendes Maß an Angstfreiheit ist nun einmal die unabdingbare Voraussetzung für den »sauberen« Empfang eines außermenschlichen Senders.

Wie an einer großen Universität gibt es auch in fernen Dimensionen sozusagen Fakultäten und einzelne Fächer. Die Wissensgebiete sind, wie man weiß, unterschiedlich anspruchsvoll und nicht jedes Fach ist für jeden interessant oder geeignet. Auf der Erde strebt der eine das Medizinstudium an, die andere wählt Japanistik. Wer so gar keine Neigung zum Verstehen der Vergangenheit besitzt, sollte sich lieber nicht für das Fach Geschichte einschreiben, und wer weder Romane noch Gedichte schätzt, ist für eine jahrelange intensive Beschäftigung mit der Literaturwissenschaft wenig geeignet.

Auch die großen Lehrer aus fernen Bewusstseinswelten brauchen »Dozenten«, die ihre Lehre verstehen, und darüber hinaus noch Schüler, die sich für den jeweiligen Stoff begeistern können. Das umfangreiche theoretische Gebäude von Seth ist nicht jedermanns Sache. Um sich daran zu erfreuen, benötigt man einen deutlich intellektuell geprägten Verstand. Jane Roberts war eine Intellektuelle, daher konnte Seth durch sie sprechen und dann konnten seine Botschaften von ebenso intellektuell interessierten und mental geschulten Menschen am besten verstanden werden. Helen Schucmans Werk richtet sich an Menschen, die Jesus als ihren Meister verehren. Es geht um Verstehen und Vergeben. Die Wesenheit Michael vermittelt eine bedeutsame und neuartige Betrachtungsweise der menschlichen Seele; unsere Quelle vertieft und erweitert diesen Ansatz um eine umfangreiche kohärente Seelenlehre, in deren Mittelpunkt die Seelenfamilie, die Seelenmatrix und die aufeinander aufbauenden Seelenalter stehen und die auch zahlreiche zentrale Themen unserer Zeit anspricht. Dabei geht es immer wieder um die große Sinnfrage, um übergeordnete Zusammenhänge und vor allem um Trost.

Für die TV-Dokumentation »Verbindung zur Quelle«, die BR und 3Sat 1995 drehten, ließ ich mich in eine tiefe Trance fallen, was unter blendendem Scheinwerferlicht und in Anwesenheit von Kameraleuten nicht ganz einfach ist. Dann wurde mir folgende Frage gestellt: Warum und wozu übermittelt die Quelle diese Seelenlehre?

> »Das göttliche Prinzip ist Liebe und Erkenntnis. Im Göttlichen vereinigt sich Liebe mit Erkenntnis. Menschen sind in ihrer Wirklichkeit von dieser Einheit oft getrennt. Ihre Seele aber kennt die innige Freude, die sich im Wesen eines Menschen ausbreitet, wenn manchmal – auch nur für Sekunden – Liebe und Erkenntnis zu einer Einheit werden. Wir geben euch diese Lehre, damit ihr immer häufiger die Möglichkeit erhaltet, Liebe und Erkenntnis gleichzeitig zu erfahren. Alles, was wir zu sagen haben, ist auch von eurem Verstand erfassbar, nicht nur mit dem, was ihr euer Herz nennt. Der Bereich der Erkenntnis erweitert sich mit rasender Geschwindigkeit. Der Bereich der Liebe hingegen kommt in euch zu kurz. Wir möchten ein Gegengewicht schaffen, ohne Erkenntnis zu leugnen und ihren Wert herabzuwürdigen. Wir wollen euch dazu führen, die seelische Dimension, die eure existenzielle Hälfte ausmacht, nicht als einen formlosen, mysteriösen und okkulten Bereich zu begreifen, sondern

> als ein Gebiet, in das ihr mit denselben Methoden vordringen könnt, die ihr in eurer materiellen, verstandesorientierten Welt verwendet, um sie zu verstehen. Die Verbindung des Umfassenden mit dem Einzelnen, die Verknüpfung der universellen Bewusstheit mit eurem kognitiven Bewusstsein wiederherzustellen – das ist unser innigster Wunsch. Wir müssen bewirken, was wir bewirken. Wir haben keine Wahl. Ihr seid es, die wählen könnt. Ihr könnt lieben oder nicht lieben, erkennen oder nicht erkennen. Wenn ihr spürt, dass Liebe und Erkenntnis durch unsere Botschaft in euch ein wenig größer, stärker und mächtiger werden, sind wir zufrieden.«[26]

Walschs *Gespräche mit Gott* sprechen hauptsächlich die Emotionen der Menschen an und ihre Sehnsucht nach einer unmittelbaren Beziehung zu Gott. Sie tragen eine neue Einstellung zum Leben in die Haushalte hinein und verändern das Selbstverständnis des Normalmenschen von sich als einem armen Sünder hin zu einer allgemeinen Vorstellung, ausnahmslos jeder sei ein geliebtes Kind Gottes und untrennbarer Teil des Göttlichen. Beim genauen Lesen erlangt man tiefe Erkenntnisse. Walsch ist sein ganzes Leben lang ein großartiger Kommunikator gewesen, ob als Radiomoderator oder als Schriftsteller. Deshalb hätte »Gott« kaum einen Besseren als Mitarbeiter finden können.

Alle Wesenheiten und ihre Medien legten im 20. Jahrhundert gemeinsam die Grundlagen für eine neue Spiritualität. Sie ergänzen sich, auch wenn sie sich in Einzelheiten wiedersprechen. Spiritualität ist ein weites Feld und jeder Mensch braucht ein seinen Bedürfnissen und Nöten entsprechendes Material. Die eher christlich geprägten Durchgaben erweitern ein durch die zweitausendjährige Kirchengeschichte überschattetes Bild der Lehre Jesu. Die übrigen erweitern das aktuelle Menschenbild und die überkommenen Vorstellungen eines geistigen oder auch real-physikalischen Kosmos – eine jede Botschaft auf ihre Weise.

Man möge nie vergessen, dass es dabei nur scheinbar um absolute Wahrheiten geht. Allenfalls um Teilwahrheiten. Die Sehnsucht nach dem Absoluten ist durchaus verständlich, aber letztlich kindlich. Sie ist ein urmenschliches Verlangen nach Sicherheit, Schutz und Geborgenheit. Jede Epoche und jede große Gruppe von Menschen benötigt jedoch nun einmal genau die Informationen, die sie verstehen und verwerten kann. Würden vergleichbare Theorien und Erkenntnisse von anerkannten Philosophieprofessoren oder Astralphysikern in Fachzeitschriften veröffentlicht, käme niemand auf die Idee, sie ohne Überprüfung dem dubiosen Bereich der Esoterik zuzuordnen. Aber weil solches Material nun einmal aufgrund von medialen Methoden und durch Menschen verbreitet wird, die behaupten, sie hätten es ohne ihr Zutun empfangen oder diktiert bekommen, wird es von einer naturwissenschaftlich denkenden Mehrheit pauschal abgelehnt. Dennoch setzen sich – wie sich aufgrund der Buchauflagen leicht nachweisen lässt – viele Millionen Menschen mit den medial übermittelten Botschaften nichtmenschlicher Lehrer oder (neutraler ausgedrückt) Instanzen auseinander.

Medialität und New Age

Wenn sie nur könnten, würden sich gewiss noch viel mehr spirituell Interessierte zu Botschaftern und Sprechern transpersonaler und transzendenter Wesenheiten machen. Aber wollen und sehnen und wünschen – das reicht nicht aus, um mit erweiterten Bewusstseinsebenen in Kontakt zu treten. Vielmehr konnten wir anhand mehrerer Beispiele und Berichte beobachten, dass es die Wesenheiten selbst sind, die sich ihre Medien, ihre Channel, auswählen, um sich durch sie mitzuteilen. Und da muss »der Deckel zum Topf passen«. Da es sich um

Energieübertragungen handelt, ist eine passende Grundausstattung die unabdingbare Voraussetzung für eine erfolgreiche Verbindung zwischen Sender und Empfänger. Und möglicherweise werden die zukünftigen Medien von ihren Quellen bereits lange vor der eigentlichen Informationsübertragung geschult, kalibriert und sozusagen energetisch bearbeitet, bis sie in der Lage sind, den Kontakt zu ertragen.

Jach Pursel und Lazaris

Ein besonders eindrückliches Beispiel ist der Werdegang von Jach Pursel. Er verheiratete sich früh mit seiner Kinderliebe Peny. Nach dem College und einem Studium der Politikwissenschaft wurde er recht erfolgreich und stieg steil die Karriereleiter hoch. Immer wieder war es Peny, die darauf bestand, dass er sich auch mit Numerologie und Meditation beschäftigte, denn sie hatte ein gesteigertes Interesse an spirituellen Thematiken. Ihrem Mann war das nicht so wichtig, im Gegenteil, er hatte deutliche Widerstände gegen solche Praktiken. Aber – es waren die frühen Siebzigerjahre. Viele reisten nach Indien und suchten nach einem Guru, einem Meister. In Kalifornien entstanden die ersten großen Zentren des Human Potential Movements und der Humanistischen Psychologie. Meditation eröffnete nicht nur den Nachfolgern der Flower-Power-Hippie-Generation, sondern auch vielen anderen Suchern einen neuen Weg nach innen. Während Europa sich noch im Wiederaufbau befand und Deutschland die ersten fetten Jahre des Wirtschaftswunders genoss, hatte sich in den USA und besonders in Kalifornien bereits eine gewisse materielle Sättigung eingestellt und bei manch einem machte sich eine innere Leere und Unzufriedenheit bemerkbar. Damit wurde auch die Frage »Soll das schon alles gewesen sein?« immer drängender. Mediation wurde in einigen Kreisen »chic«, nicht nur bei den Jugendlichen, die man gern als »Halbstarke« bezeichnete, sondern gerade unter denen, die kurz nach dem Krieg das Licht der Welt erblickt hatten. Zu diesen gehören die meisten großen Medien in Amerika und auch ich. Wir alle sind jetzt in unseren Siebzigern.

Man darf dankbar sein, dass Jach Pursel sich so ausführlich und überzeugend zu seiner Berufung als Medium geäußert hat. So erhalten wir einen detaillierten Eindruck von den Vorgängen, die sonst meistens so rätselhaft erscheinen. Zwar vollzieht sich der Vorgang bei jedem Medium ein wenig anders, dennoch kann man auch zahlreiche Parallelen und Strukturähnlichkeiten erkennen. Bei Pursel treten sie besonders klar zutage. Und auch die Wesenheit Lazaris, die er channelt, hat umfänglich über die Vorgänge gesprochen. Wir können also Auskunft aus zwei Perspektiven erhalten.

In der Einführung zum Buch *Die Lazaris-Botschaft* (Original 1987) beschreibt Pursel, wie er während eines fünftägigen Arbeitskongresses abends im Hotelzimmer auf dem Bett saß und, mehr oder weniger widerwillig, dachte: »Ich probier's mal wieder mit Meditation.« Seit 1972 hatte er auf Wunsch seiner Frau ab und zu meditiert, war aber immer gleich dabei eingeschlafen. Für ihn war es eine willkommene Gelegenheit, sich von seinem anstrengenden Arbeitsalltag auszuruhen. An diesem Abend schloss er die Augen, atmete ein paarmal tief durch und – plötzlich hatte er eine deutliche, vollkommen ungewohnte Vision. Er sah einen Weg, eine Hütte und eine männliche Gestalt, die ihn freundlich anschaute und sagte, er sei Lazaris. In einer Mischung aus Erschrecken und Begeisterung machte Jach die Augen auf und schrieb so schnell wie möglich auf ein Blatt Papier jedes einzelne Wort, das er gehört, und jedes Bild, das er gesehen hatte. Dann rief er seine Frau an, die seine Begeisterung teilte. In den folgenden Monaten geschah gar nichts. Das merkwürdige Ereignis hatte er fast vergessen, es war ihm wohl zu unheimlich.

Dann kam der denkwürdige Abend des 3. Oktobers 1974. Jach saß, auf Kissen gestützt, auf seinem Bett, und wieder war es Peny, die meinte, er solle doch ein bisschen meditieren. Währenddessen stellte sie ihm ein paar Fragen, und er gab Antworten, die er ziemlich langweilig fand. Ob er dabei wach war oder schlief, ist unklar. Als er wieder zu sich kam, war seine Frau in heller Aufregung. Denn sie hatte beobachtet, dass sein Kopf nicht wie sonst, wenn er einnickte, auf die Brust gefallen war. Sie hatte ihm weitere Fragen gestellt und aus seinem Mund war eine unbekannte, viel tiefere Stimme gekommen. Und die Antworten auf Penys Fragen hatten plötzlich ein ganz anderes Kaliber. Sie schrieb mit, so schnell wie eben möglich. Die Stimme erklärte, sie gehöre der Wesenheit Lazaris, die Jach bereits Monate zuvor erschienen war. Lazaris bat jetzt um weitere zwei Wochen, während deren er eine Art Ausbildung an seinem Kanal vornehmen wollte, und übermittelte Peny eine einfache, aber sichere Methode, um ihren Mann in Trance zu führen. Er gab überdies eine Art Zusicherung ab, dass er weder ihr noch Jach jemals Schaden zufügen würde. Notwendig oder nicht – es beruhigte auf jeden Fall.

Für Jach selbst war dieses Geschehen nicht angenehm. Zwar nahm er halb peinlich berührt zur Kenntnis, was Peny notiert hatte, doch vor sich selbst verleugnete er, was da mit ihm passierte. Er verstand es nicht und wollte es auch nicht verstehen. Nach dem Abhören einer Audiokassette mit Lazaris' Worten weinte er und wollte einfach nur in Ruhe gelassen werden. Der Siebenundzwanzigjährige wurde von seinen Ängsten überwältigt. Dieser Zustand hielt über Monate an. Gleichzeitig geleitete Peny ihn immer wieder in Trance und notierte die Durchgaben. Ein paar vernünftige Bekannte wurden zurate gezogen. Sie beurteilten das Material positiv. Jach war häufig in Panik, dass Lazaris sich melden würde, und gleichzeitig hatte er große Angst, dass Lazaris sich nicht mehr melden würde. Aber die Trancesitzungen wurden ihm langsam zur Gewohnheit. Allerdings sollte es noch zwei Jahre dauern, bis Mr Pursel, der junge Politikwissenschaftler, während eines weiteren energetisch überwältigenden Erlebnisses – nämlich als er eine Kassette mit seinen eigenen Durchgaben abhörte – mit seiner ganzen Person, mit Haut und Haaren, dazu stehen konnte, dass er tatsächlich ein Channel für seinen körperlosen Freund Lazaris war. Denn zwischen den Worten, neben der Information, erkannte er die Schwingung der Liebe. Erst jetzt gab er jeden inneren Widerstand auf und stellte sich in den Dienst der Wesenheit, die durch ihn sprach.

Über die spezifische Art der Trance, die Jach Pursel anwendet (oder besser gesagt: die Trancetiefe, die Lazaris braucht, um sich mitzuteilen), wollen wir später sprechen. An dieser Stelle können wir jedoch mehrere hochinteressante Details beobachten. Zunächst einmal ist da das Faktum, dass sich eine bedeutsame Wesenheit, das heißt eine Entität, die wirklich etwas zu sagen hat, was über die übliche Problem- und Lebensberatung hinausgeht, ihre menschlichen Mitarbeiter sucht und nicht umgekehrt. Und gerade wenn und weil es sich um einen so einschneidenden Vorgang handelt, der die eigene Person und Persönlichkeit vorübergehend außer Kraft setzt, hat der oder die »Auserwählte« keine Wahl. Dies wiederum macht Angst. Wenn dann noch hinzukommt, dass der Vorgang, zum Medium gemacht zu werden, nicht in das bereits etablierte Weltbild und Selbstbild eines Menschen passt, wird die Angst noch größer.

Aufschlussreich ist auch die Spaltung, in der sich Jach als Mensch und Medium wiederfindet. In Tieftrance leitet Lazaris bereits seit geraumer Zeit sogar Seminare durch ihn, aber er kann im Wachzustand immer noch nicht glauben, was er tut und was ihm da widerfährt. Kommt einem das nicht bekannt vor? Ich gestehe, dass auch ich sogar nach mehr als dreißig Jahren Trancearbeit zuweilen Momente erlebe, in denen ich meine, diese Botschaften der Quelle – das sei alles Unsinn und ein Ding der Unmöglichkeit. Mir scheint dann, dass mich meine Zweifel vor dem Irrewerden retten. Und so wie Pursel benötige auch ich immer aufs Neue die Bestätigung und Resonanz sowohl von Frank als auch von unseren Seminarteilnehmern als auch der zahlreichen Leser, um mir klarzumachen, dass das »Zeug« von Bedeutung ist. Das hat wohl mehrere Gründe.

Zum einen kommt mir das, was ich in Trance von mir gebe, während des Vorgangs völlig normal und selbstverständlich, ja geradezu trivial vor, so als könne das doch jedermann mit seinem Alltagsverstand genauso gut sagen. Zum anderen ist es gewiss eine Frage der »genutzten« Person mit ihrem Charakter, wie weit sie sich hinzugeben vermag und wie gut sie die psychische Dissoziation, die ja die Voraussetzung für den medialen Empfang ist, verkraften und bejahen kann. Sich eine Zeitlang völlig leer zu machen, um eine andersartige Fülle durch sich hindurchströmen zu lassen, das ist nicht so einfach, wie es aussieht, wenn das Medium die Augen zu- und den Mund aufmacht.

Besonders interessant finde ich die Zusammenarbeit der jungen Eheleute. Peny Pursel ist offenbar die ältere, stärker durchlässige Seele. Sie ahnt vage das Potenzial, das in ihrem Mann schlummert, und drängt darauf, vielleicht halb bewusst, halb intuitiv, dass Jach meditieren lernt. Dennoch channelt sie eben nicht selbst, sondern Lazaris braucht ihren Mann, um sich *ihr* mitzuteilen. Ursprünglich waren die meisten Botschaften nämlich in erster Linie für sie gedacht. Lazaris scheint mit Peny eine ähnlich mysteriöse und starke energetische Verbindung zu haben wie Seth zu Ruburt, dem Channel-Namen von Jane Roberts. Und Peny schenkt Jach den Halt, die tiefe Vertrautheit, die Zuverlässigkeit, die Liebeskraft, die eine solche Trancearbeit erst ermöglicht. Ähnlich wie Frank viel eher als ich begriffen hat, dass ich »nicht ganz dicht« bin und dass die ersten Durchsagen der Quelle einen Wert haben, der über das übliche Eso-Gewäsch hinausgeht, so hätte auch Jach Pursel wahrscheinlich ohne die umfassende und kluge Unterstützung seiner Frau niemals den Mut aufgebracht, sich dem seltsamen Freund Lazaris hinzugeben.

Bei uns war es so, dass Frank ja als Erster das Buch mit den *Messages from Michael* in unsere Beziehung gebracht hatte. Aber nicht nur das. Er wandte sich auch als Erster den Lehren von Bhagwan/Osho zu und brachte 1979 die Idee der Meditation in unsere Ehe. Eines Tages ging ich mit, eher widerstrebend, ängstlich und voller Misstrauen, weil ich ihn nicht »an die Sekte« verlieren wollte. Meine allererste Meditation war »Kundalini« in einer Gruppe von mir unbekannten Menschen. Schütteln, Tanzen, Sitzen, Liegen. Es dauerte eine Stunde, danach gab es noch Kräutertee bei Kerzenschein. Und anschließend war ich wie verwandelt, fühlte mich geradezu erneuert. Frank holte mich ab. Er sah und spürte sofort, dass mit mir etwas fundamental Veränderndes passiert war. Insofern möchte ich aus heutiger Sicht sagen: Ohne Meditationserfahrung wäre ich nicht zum Medium geworden. Ohne die Entgrenzung, die ich in Oshos Buddhafield erfahren durfte, hätte ich nicht gelernt, mich tief zu entspannen. Und ohne Entspannung keine Trance. Mein Starrsinn schien mir zuvor das Einzige zu sein, worauf ich wirklich bauen konnte: Verlass dich nur auf dich selbst, dann verlässt dich keiner! So etwas wie Tiefenentspannung war mir völlig unbekannt. Kundalini, die mich durchschüttelte, wurde zu meiner Lieblingsmeditation.

Ich meine, es ist gut für alle Beteiligten, wenn man eine solche Entgrenzungs- und Empfangsarbeit zu zweit macht. Fühlt man sich von einem Schutzwall verlässlicher Liebe umfangen, kann man sich viel tiefer fallenlassen. Und man hat ein Korrektiv, einen klugen Menschen, der in der Lage ist, kluge Fragen zu stellen und die Antworten in ihrem Gehalt zu beurteilen. Wie ich angedeutet habe, gewinnt man in Trance oft den Eindruck von Trivialität und Banalität – ach, das kann doch jeder sagen! Schließlich kommt es aus dem eigenen Mund, und ein Mensch kann sich schwerlich vorstellen, dass Worte oder Inhalte am eigenen Denkapparat vorbei generiert werden. Aber ein kompetenter Zuhörer merkt den Unterschied. Ich selbst kann die von der Quelle empfangenen Texte nicht selten erst nach Jahren an mich heranlassen, sie sind meinem begrenzen Normalbewusstsein fremd und während des Trancezustands kann ich mir leider fast gar nichts merken, obgleich meine Ohren hören, was gesagt wird, und mein Geist überwach ist. Kurzzeitgedächtnis und

Langzeitgedächtnis scheinen jedoch weitgehend außer Kraft gesetzt. Während einer Nachbesprechung muss Frank mir ein paar Stichworte geben, damit ich überhaupt weiß, worum es geht. Dann kann ich mich noch für ein paar Minuten »einloggen«, aber schon eine Stunde später ist alles gelöscht. Das ist bestimmt auch gut so, denn wenn ich alles, was ich in mehr als drei Jahrzehnten durchgesagt habe, in meinem armen Kopf speichern müsste … Die wesentlichen Texte der umfassenden Seelenlehre muss ich mir, fast wie jeder andere Leser, über das Gedruckte erarbeiten.

Am schönsten ist es, wenn Frank mir aus unseren alten Büchern vorliest. Dann bin ich oft vollends begeistert von dem, was die Quelle durch mich in die Welt gebracht hat – die herrlichen Inhalte, die wunderschöne Sprache, die Bildlichkeit, die Liebesschwingung. Nicht von mir und dennoch durch mich! Insofern fühle ich mich Jach Pursel eng verbunden. Ein wenig fremdartig wird die ganze Angelegenheit wohl für immer bleiben. Die psychische Abspaltung oder Aufspaltung des Bewusstseins, die ein Medium benötigt, um authentisch und objektiv Fremdes zu empfangen, muss auf Dauer verkraftet werden.

Es wurde bereits erwähnt, dass Wesenheiten und Lehrer immer ein Anliegen haben, das sie verbreiten wollen und auch müssen, um sich selbst weiterzuentwickeln. Was bietet Lazaris an? Woran wächst diese Wesenheit? Sie bezeichnet sich als »Freund«. Freund von Peny und Jach Pursel, Freund der Fragenden und Zuhörer. Dieser Begriff taucht immer wieder in den Botschaften auf. Und der Ausdruck *spark of consciousness* (»Bewusstheitsfunken«) wird als Verbindung zu den inkarnierten Seelen genutzt, denn alle Menschen sind ebenfalls Bewusstseinsfunken. Nur ist Lazaris anders als wir, denn da er keinen Leib besitzt, ist er, wie er sagt, Inhalt ohne Form, vielschichtiges Bewusstsein, deshalb spricht er von sich selbst als Wir. Außerdem besteht »er« darauf, dass er weder Guru noch Meister ist. Vor allem aber keine Vaterfigur, die dann die Projektionen der alten Gottesbilder (Mann mit Bart auf Wolke) auf sich zieht. »Er« wünscht auch keine Schüler oder Jünger, sondern nur Freunde. Als Freund möchte er Verbindung schaffen, Nähe spenden, Rat geben, Zusammenhänge aufklären, Bewusstsein erweitern, Weltbild verändern. Interessant ist, dass sich Lazaris – im Unterschied zu unserer Quelle – nach eigener Aussage als Bewusstheitsfunke in einer Dimension jenseits der seelischen Welten verortet. Eine Energie wird erzeugt, die Gedanken hervorbringt und sich über ein Schwingungssystem so weit heruntertransformiert, bis der Gedanke – in Worte geformt – aus dem Mund des Mediums hervorquillt.

Dahinter liegt eine Art Mission, die zunächst nur darin besteht, Jachs junge Ehefrau Peny zu erreichen und sich an ihrer Energie zu erfreuen, an ihren Erfahrungen teilzuhaben. Die Wesenheit Lazaris hat nie in menschlich inkarnierter Form existiert. Sie besteht aus vielen einzelnen Bewusstheitsfunken. Aber über die Berührung mit Penys Bewusstsein können diese an vielen Aspekten der irdischen Wirklichkeit teilhaben. So lernen und erfahren sie etwas über das Leben auf der Erde und können zugleich etwas über die Existenz auf anderen Bewusstseinsebenen vermitteln. Es versteht sich von selbst, dass die in Tieftrance über Jach Pursel vermittelten Worte, Informationen und Weisheiten auch für zahlreiche andere Menschen bedeutsam und hilfreich sein können. Kein Thema ist zu groß oder zu klein. Keine Frage eines Menschen ist zu intelligent oder zu dumm. Lazaris langweilt sich nicht und wird nie ungeduldig, weil diese Wesenheit außerhalb der Zeit ist.

Diese Wesenheit spricht auch oft über vergangene Leben der Zuhörer, weil sie das menschliche Potenzial erweitern. Sie macht auf Hürden aufmerksam und auch darauf, wie jemand diese selbst aufgebaut hat, bevor er darüberstolpert. In dieser Hinsicht gehört auch die Botschaft von Lazaris grundsätzlich in die Reihe jener, die den Standpunkt vertreten, dass Menschen sich ihre Realität selbst erschaffen; doch geschieht dies hier aus einer übergeordneten Perspektive, nicht im zuweilen doch recht streng verurteilenden und auch zu real-konkreten Sinn. Die Vorstellung, dass die Menschheit oder der Planet als solcher zu retten seien und dass jemand berufen sei, dies zu leisten, wird zurückgewiesen. Mit anderen Wesenheiten verbindet ihn auch die Lehre, dass jeder Mensch Gott in sich trägt und somit göttlich ist. Lazaris ist jedoch auch eine Art »Alltagshilfe«, wenn es um Krankheiten und zwischenmenschliche Probleme geht. Diese Wesenheit will Alternativen und neue Blickwinkel anbieten. Es geht ihr nicht um Pflichten und Aufgaben, sondern darum, welchen Fokus ein individuelles Menschenleben hat. Es ist ihr Wunsch, Optionen und Wahlmöglichkeiten aufzuzeigen, damit ein Mensch mit mehr Freude die Zügel seines Lebens in der Hand führen kann.

Es ist ein Segen, dass die Channeling-Arbeit von Jach Pursel so früh so sehr große Aufmerksamkeit in Presse und Medien fand. Nicht nur, dass eine berühmte Schauspielerin wie Shirley McLaine in ihren autobiografischen Büchern ausführlich von Sitzungen mit Lazaris berichtet, auch zahlreiche (anfangs gewiss sehr kritisch-skeptische) amerikanische Journalisten nahmen daran teil und stellten intelligente, wichtige Fragen, die weit über das Niveau der üblichen alltäglichen Problemstellungen hinausreichen. Auch in der Welt des Medialen gilt nämlich, wie auch sonst oft im Leben, dass die Qualität einer Frage die Qualität der Antwort generiert.

Die Durchgaben von Lazaris sind sehr praktisch, sehr einfühlsam, sehr überzeugend und anwendungstauglich. Sie erreichen uns in einer verständlichen, unkomplizierten Sprache, ohne trivial zu sein. Sie stellen Ansprüche an den Intellekt, ohne sich in intellektuellen Spekulationen zu ergehen oder sophistisch zu wirken. Insofern sind sie den Botschaften unserer Quelle sehr ähnlich, aber ganz anders als zum Beispiel die Mitteilungen von Seth. Wenn ich Fotografien von Jach Pursel in Trance betrachte, spüre ich einen vernünftigen, ehrlichen und durchaus kritischen Menschen, der im Lauf seiner Tätigkeit gelernt hat, aus Misstrauen tiefes Vertrauen zu entwickeln.

Das Wassermann-Zeitalter

Eine neuartige Bewegung erfasste in den Siebzigerjahren so gut wie alle jüngeren Menschen, die als Kinder der kriegsgeschädigten Generation nach neuen Sinnstrukturen suchten oder, wie man es formulierte, »nach sich selbst«. Es war die Zeit, in der sie nach Selbsterfahrung strebten und unzählige Wochenendseminare buchten, um sich anders definieren zu können als die Eltern; die Zeit der Konsumverachtung und der Hoffnung auf einen grundlegenden Wandel westlicher Gesellschaften. Natürlich gilt auch hier der Grundsatz »Von nix kommt nix«, denn selbst wenn es den meisten damals keineswegs klar war: Das Neue Zeitalter hat seine vielfältigen Verwurzelungen in der Theosophie, dem Spiritualismus, in der Hippiekultur, sogar im Ufo-Glauben, in der Psychologie des Human Potential, ja auch in den magischen Vorstellungen der Wicca-Hexen und in der Homöopathie. Erneut handelte es sich dabei um Denkstrukturen, die zunächst im anglo-amerikanischen Kulturbereich ihre natürlichen Entstehungsbedingungen fanden und deren Gedankengut erst nach und nach in das nazigeschädigte Mitteleuropa, speziell nach Deutschland gelangte. Immerhin gab es hier bereits den Beruf des Heilpraktikers mit seinen Ansätzen zu einer alternativen, holistischen Medizin und zur Pflanzenheilkunde, angefeindet von der Schulmedizin und daher umso reizvoller für all jene, die der Chemie nicht trauten und deshalb das Natürliche zur Linderung ihrer Beschwerden suchten. Heilung, oder besser gesagt *Healing* (ein angelsächsischer Begriff, der anderes und mehr als körperliche Heilung meint, eher so etwas wie Therapie mit esoterischen Mitteln) wurde in allen möglichen Aspekten des Lebens angestrebt. Landschaften, Bäume und Städte wurden geheilt, die eigene Kindheit oder Vergangenheit benötigte Heilung. Kunstformen und eine Musik wurden entwickelt, die seinerzeit als alternativ und somit auch als skandalös galten. Was hat sich das Establishment über die Pilzköpfe aufgeregt! Lange Haare galten als Ausweis eines Lebens im Protest gegen alles Überkommene. Sozialstrukturen wurden entwickelt, die einen neuen Menschen für das Wassermann-Zeitalter formen sollten. Wann dieses beginnt, ist höchst umstritten. Berechnungen variieren um gut dreitausend Jahre. Es könnte auch schon begonnen haben. Die »Umwelt« (ursprünglich mit der Bedeutung »Milieu«, seit den Sechzigern ein eher scheußlicher Neologismus) als schützenswertes Gut im Rahmen der Ökologie rückte in den Fokus. Die Zahl der Vegetarier nahm zu. Eine neue Epoche schien zu versprechen, dass Wissenschaft und Spiritualität nicht mehr im Gegensatz zueinander stehen oder sich gar erbittert bekämpfen müssen. Überall herrschte eine Mischung aus Hoffnung und Weltuntergangsstimmung. Alles sollte sich durch die Guten zum Guten verändern, aber angesichts der dauerhaften nuklearen Gefahr, der Kriege in Vietnam und Korea und auch durch die Kubakrise vertraten viele jüngere Menschen die Auffassung, man dürfe keine Kinder mehr in die Welt setzen. Auch die Furcht vor Überbevölkerung wurde allenthalben geschürt. Dennoch wuchs die Weltbevölkerung stetig, was angesichts von gut siebzig Millionen Toten durch den Zweiten Weltkrieg nicht wenig erstaunte.

Ist das (oder war das, denn es scheint vorbei) New Age nur Zeitgeist, wie die Aufklärung oder die Romantik, oder handelte es sich um eine revolutionäre Weltsicht oder gar die Entstehungsphase einer neuen Religiosität?

Für Betrachter von außen handelte es sich um nichts anderes als die übliche Esoterik in neuem Gewand oder, wie mein Vater behauptet hätte, um die Nabelschau der Faulpelze. Denn viele Sucher reisten nach Indien, um dort einen Meister aufzusuchen, Meditieren zu lernen und neue Freiheiten zu genießen. Es versteht sich von selbst, dass dies schlecht mit einer geregelten Erwerbstätigkeit zu vereinbaren war. Es war die Epoche der spirituellen Wohngemeinschaften und einer ungewohnten sexuellen Freizügigkeit, die durch die Entwicklung der Pille gefördert wurde, bis sie mit dem Aufkommen der AIDS-Erkrankungen schon zehn Jahre später wieder gezügelt wurde.

1980 war ich mit Bhagwan (Osho) in Berührung gekommen. Frank reiste als Erster nach Poona, ich folgte wenig später. Eine völlig neue Welt öffnete sich uns. Eine Innenwelt! Eine Denkwelt! Eine Fühlwelt! Wir merkten erst dort, wie bürgerlich eng und spießig unser bisheriges Leben doch gewesen war. Wir veränderten uns von Tag zu Tag. Selbsterfahrungsgruppen aller Art, Psychotherapie vom Neuesten, Körperbehandlungen jeglicher Richtung, Rückführungen, Meditationen, Begegnungen mit wunderbaren, aufregenden Menschen von überall her. Und vor allem viel Frische, Offenheit, Spaß, Tanz, integrales Wachstum. Wenn man wollte, konnte man jeden, der vorbeikam, umarmen, und reichlich Sex mit wechselnden Partnern war kein moralisches Tabu.

Mit dem Aufkommen von AIDS und dem Umzug der Bewegung von Indien in die USA, wo sich in Oregon eine riesige Kommune entwickelte, änderte sich das sehr schnell. Jeder, der ab 1983 die »Ranch« betrat, musste einen AIDS-Test nachweisen. Verkehr durfte man nur haben, wenn man Kondome benutzte, Gummihandschuhe trug und jeglichen direkten Kontakt mit Körperflüssigkeiten vermied. Auch Küsse waren nicht mehr gern gesehen. Es war verständlich, dass sich die berühmte Kommune, die praktisch wie ein großer Kibbuz funktionierte, schützen wollte. Untergegangen ist sie dann jedoch an vielen anderen unguten Umständen.

Doch nicht nur in Poona und Oregon veränderte sich für viele das gesamte Leben und vor allem Denken und Wahrnehmen. Ein Wiederaufleben der Astrologie unterstützte die Sehnsucht großer Schichten der Bevölkerung, mit Anbruch des Wasserman-Zeitalters würde endlich alles besser werden, das Äon der Transformation wäre angebrochen. Wenn es doch in den Sternen stand und keiner sich dem Einfluss der Gestirne entziehen konnte, dann musste es ja notwendig geschehen. Es schien nicht im historischen Bewusstsein verankert, dass solche Hoffnungen millenarischen Charakters in regelmäßigen Abständen aufkommen und auch heutzutage wieder die Welt der Esoterik und besonders die Botschaften der modernen Trancemedien beherrschen. Menschen begegneten sich, »erkannten sich« an ihrer *energy*, an ihrer Aura oder am Kleidungsstil. Sie taten sich aufgrund ihrer gemeinsamen Überzeugungen zusammen und fühlten sich gegenseitig verstanden als Suchende und Beitragende zum Anbruch einer neuen Zeit. Man entwickelte ein verbindendes Vokabular und sprach in mancher Hinsicht eine gemeinsame Sprache mit den Gleichgesinnten aller Länder. Grundlegend war (und ist) die Vorstellung, dass alles mit allem verbunden sei, eine holistische Grundeinstellung, und man ging davon aus, dass nur genügend »Neue Menschen« zusammenkommen müssten, um alles zu verändern – so wie eine damals beliebte Theorie besagt, dass ein einziger Flügelschlag eines Schmetterlings genügen könnte, um in weit entfernten Regionen ein Erdbeben auszulösen.

Unter dem Dach des New Age fand vieles Platz. Für die einen war es eine bestimmte Einstellung zum Leben, eine Weltanschauung und Lebensweise, für die anderen eine Art Kult mit entsprechenden Ritualen. Die christliche Sündentheologie wurde nach und nach von der Idee abgelöst, dass alle Menschen das Göttliche in sich tragen. Das war zwar nicht ganz neu, befreite aber viele von uralten Ängsten. Kirchenentfremdete Idealisten meinten hoffnungsfroh: Wir glauben doch alle an denselben Gott. Alle Menschen sind eins. Leben bedeutet Lernen. Darwins Theorie von der biologischen Evolution wurde nachhaltig auf ein Evolutionsmodell der Seele übertragen. Überall duftete es nach Räucherstäbchen. »Lichtarbeiter« taten in vielen Ländern ihr Werk. Allgemein erstrebte man eine gesellschaftliche Veränderung der westlichen Kulturen, vor allem aber individuelle Weiterentwicklung.

Eine wichtige Vokabel des New Age, besonders in den USA, ist bis heute *spirit*. Die deutsche Übersetzung als »Geist« wäre irreführend, da dieses Wort in unserer Sprache eine völlig andere Konnotation hat. *Spirit* bedeutet vielmehr eine Mischung von Höherem Selbst, innerer Führung, Schutzengel, Intuition und Inspiration.

Auch ich war auf der Suche nach meinem »wahren« Selbst, was immer das sein sollte. Mein Dasein empfand ich zunehmend als uneigentlich, ohne diese beunruhigende Empfindung logisch begründen zu können. Nachdem ich einmal unter höchsten inneren Vorbehalten eine Selbsterfahrungsgruppe besucht und halb entsetzt, halb fasziniert und berührt erlebt hatte, wie Leute über ihr Innerstes und ihre Ängste redeten und sogar im Beisein wildfremder Teilnehmer Tränen vergossen, entdeckte ich eine für mich ganz neue Dimension des Fühlens und Denkens. Ich wurde freier und mutiger. Hätte ich mich sonst jemals getraut, in warmen Sommernächten auf Münchens öffentlichen Plätzen den Leuten aus der Hand zu lesen oder ihnen die Tarot-Karten zu legen, wenn es nicht eine breite Bevölkerungsschicht von neugierigen und zahlungswilligen New-Age-Sympathisanten gegeben hätte? Zehn Jahre zuvor wäre das nicht möglich gewesen, und ich hätte gewiss für »so etwas« auch keinen Gewerbeschein erhalten. *Spirit*, eine innere Stimme, hatte mich dazu bewogen, meinen alten Weg als Wissenschaftlerin zu verlassen und nur diese von Gewissheit getragene Entscheidung ließ mich die Jahre bis zur tatsächlichen neuen Lebensaufgabe als Trancemedium frohgemut überstehen.

Eine Art Gegenkultur und ein neues Milieu waren entstanden. Es war ja auch die Zeit, in der man auf der Straße, in Bahnhöfen und an Flughäfen jeden Bhagwan-Schüler schon von Weitem an seiner roten Kleidung und an seiner Mala erkennen konnte, sich sogleich verbunden fühlte, sich umarmte und vertraute Worte wechselte. Hare-Krishna-Jünger in indischen Gewändern tanzten auf den Plätzen, sangen und schlugen ihre Trommeln. Alles sehr exotisch und durchaus das Stadtbild belebend, doch begegneten diese auffälligen Gestalten mit ihrem fremdartigen Gebaren auch einiger Feindseligkeit und sogar offener Ablehnung. Ich hatte Glück. An meiner Göttinger Uni lief ich in Rot mit Bhagwans Konterfei auf der Brust herum und wenn die Kollegen wohl auch hinter meinem Rücken klatschten und mich kritisierten – ich blendete das aus und erfuhr nichts davon. Meinem

Mann ging es da ganz anders. Im Hamburger Schuldienst geriet er zwischen die Fronten von Elternschaft und Kollegen, sein Foto war monatelang in der Presse, er musste sogar vor Gericht aussagen und in den juristischen Fakultäten diskutierte man anhand seines Falls über das Recht auf Religionsfreiheit. Der *Spiegel* brachte einen süffisanten Artikel über die Frage, ob man als Lehrer einen rotbraunen Pullover und rote Socken tragen dürfe. Die Wochenzeitung *Christ und Welt* stand erstaunlicherweise auf seiner Seite und die Schulbehörde ebenfalls, weil er ein hervorragender Lehrer war und man ihm rein gar nichts Dubioses vorwerfen konnte.

Wer in jenen Jahren etwas auf sich hielt, nahm an Reiki-Kursen teil. Nach dem Psychotraining »EST« und den großen Avatar-Veranstaltungen fanden Gurus aus den USA immer mehr Zulauf. Es ging den Teilnehmern darum, ihr eigentliches wahres Wesen und ihr menschliches Potenzial zu entdecken. Meditation galt bald als selbstverständlich und viele wandten sich dem tibetischen Buddhismus zu. In den Ländern Westeuropas und in einigen Bundesstaaten der USA entwickelte sich fast selbstverständlich eine Art Alltagsspiritualität. 1982 besuchte ich während einer von der Deutschen Forschungsgemeinschaft finanzierten langen Vortragsreise durch Amerika (wie sich herausstellte, sollte es mein Abschied von der Academia werden) heimlich auch Kalifornien und das dort bereits berühmte und bis heute überall hoch angesehene Esalen-Institut. Der von mir von Deutschland aus unter großen postalischen und telefonischen Mühen gebuchte Workshop erwies sich als voll, als ich endlich dort eintraf. Ich musste mit einer anderen Veranstaltung vorliebnehmen. Das war mein Glück! Man steckte mich in einen Wochenendkurs für Hellseher. Ich war nicht wenig überrascht zu erleben, dass ich dort mit Abstand die besten Ergebnisse erzielte.

Auch hier entwickelte sich also unter dem Schutzdach des Human Potential Movement eine Art »okkulte« oder spiritualistische Richtung, die sich auf den Umgang mit Geistern, entkörperten Führern und den Kontakt mit Verstorbenen berief. Kommunikation mit Engeln und Dämonen war nicht mehr seltsamen Auserwählten vorbehalten. Dadurch entstand eine neue Haltung und Praxis gegenüber dem neumodischen Channeling.

Ob Carl Gustav Jung geahnt hat, welche Rolle er in der Entfaltung der New-Age-Gedankenwelt spielen würde? Hermann Hesse, der 1922 mit seinem Roman *Siddharta* nur sehr mäßigen Erfolg erzielt hatte, durfte nicht mehr erleben, dass sein Buch zur Bibel der neuen spirituellen Bewegungen wurde und Millionenauflagen erlebte. Sogar Michail Gorbatschow verkündete in den späten Achtzigern, dass mit der Glasnost-Politik für die Menschheit ein neues Zeitalter beginnen würde. Viele Christen hatten lange genug auf die versprochene Wiederkehr des Heilands gewartet. Nun suchten sie ihr Heil in einer näheren Zukunft. Auch eine apokalyptische Hoffnung auf die Rettung der durch Atomenergie bedrohten Erde durch extraterrestrische Intelligenzen verbreitete sich zunehmend. Das Woodstock-Festival und das Musical *Hair* mit seinem berühmten Aquarius-Song taten ein Übriges. Und wer in einem strenger religiösen Kontext seine Heimat finden wollte, wandte sich dem Sufismus zu.

Viele bangten um ihr Karma. Die Veröffentlichungen von medialen Durchgaben nahmen zu, es war die Zeit von Seth, Ramtha, dem *Kurs in Wundern*, den *Prophezeiungen von Celestine* und Autoren wie Ram Dass, Marilyn Ferguson, Linda Goodman, Shirley MacLaine. Im August 1987 fand in Sedona, einem New-Age-Zentrum, ein riesiges Event statt, um ein für die Veränderung des menschlichen Bewusstseins angeblich bedeutsames astronomisches Ereignis zu feiern, die *Harmonic Convergence*.

Im Vergleich mit den Schreckensvisionen der Johannes-Apokalypse waren (oder sind?) die New-Ager (und ihre Erben?) von großartigen positiv-apokalyptischen Visionen eines menschlichen Daseins voller Liebe, Freude, Frieden und Harmonie ergriffen. Tja, wenn schon, denn schon. Es ist auf jeden Fall angenehmer, in Hoffnung als in

Angst zu leben. Inzwischen hat sich das Rad wieder gedreht. Das Denken des beginnenden neuen Jahrtausends ist geprägt von Ängsten um die Umwelt und den Fortbestand der Menschheit. Das spiegelt sich auch in den Durchgaben moderner Medien.

Neu kalibriert

In den Achtzigern steckte ich bereits mittendrin, ohne zu wissen, worin. Ich wurde von Zeitgeist und Milieu mitgerissen und bedauere heute keine einzige Stunde. In den Siebzigern war ich allgemein recht brav gewesen, trug dunkelblaue Pullis über weißen Blusen, kombiniert mit Schottenrock und vernünftigen Schuhen, studierte und forschte und verfolgte anfangs nur aus der Ferne mit, wie sich die Stimmungen und gesellschaftlichen Verhältnisse änderten. Wir besaßen bis in die frühen Neunziger keinen Fernseher (er galt unsereins als »bildungsfern«), und während Frank täglich die *FAZ* las, schaute ich höchstens einmal ins Feuilleton. Als Beamte an Schule und Uni hüteten wir uns, an Demonstrationen teilzunehmen, denn man wurde überwacht. Die Meetings und die endlosen politischen Diskussionen, die ich aus Mangel an Informationen nicht recht verstand, langweilten mich. Unerhört fanden wir beide, wie Maoisten und Leute von den Roten Zellen mit den ältlichen Professoren umgingen, sie ohrfeigten, anbrüllten, sogar verprügelten und die Vorlesungen störten. Göttingen war zwar im Vergleich zu Berlin ruhig. Aber uns war schon dieser Aufruhr zu viel. Wir wollten nur lernen.

Weil Frank bei der Bundeswehr gedient hatte, machte er etwas später als ich sein Staatsexamen. Ich war derweil wissenschaftliche Assistentin und verdiente als Beamtin schon gutes Geld. Wir bekamen eine Dienstwohnung. Einen kleinen Schock erlebte ich, als wir kurz nach unserer Eheschließung 1972 eine Spülmaschine als »Liebesretter« anschaffen wollten, um uns nicht über dem Abwasch zu entzweien. Ich ging ins Kaufhaus, suchte ein Gerät aus und wollte zahlen. Da teilte man mir mit, dass mein Ehemann für den Kauf sein Einverständnis geben müsste. Ich war tief empört. Von der damaligen Gesetzeslage hatte ich keine Ahnung. Als Frau konnte man schon dankbar sein, dass man zur Wahl gehen durfte. Die Emanzipation steckte noch in den Kinderschuhen. Und das ist erst etwa fünfzig Jahre her! Hier hat der Geist des New Age wahrscheinlich ganz unauffällig und aus dem Hintergrund viel Gutes bewirkt. Denn Frauen, die Geld verdienten und mit der Pille Schwangerschaften verhindern konnten, waren nicht mehr so abhängig von ihren Ehemännern wie in den Jahrhunderten zuvor. Einige Jahre später sollten sich auch die deutschen Gesetze zum Besseren ändern. Doch es bleibt noch viel zu tun, und die geistigen Folgen des New Age werden unmerklich dazu beitragen. Denn sein Gedankengut hat inzwischen nahezu unmerklich alle Gesellschaftsschichten durchdrungen.

Inzwischen ist das damals so aufregend neue Lebensgefühl entweder altmodisch-überholt oder aber Mainstream geworden. Wer heute nach Räucherstäbchen riecht, wird zwar belächelt und die meisten Eso-Buchläden mit ihren Kristallen, Pendeln, Pyramiden und Kerzen haben Mühe, sich über Wasser zu halten. Doch die vielen Selbsterfahrungsgruppen der Eltern haben ihre positiven Auswirkungen auf deren Kinder und ihre Einstellung zum Leben nicht verfehlt.

Aber die Drogen! Zwar weiß man, dass Soldaten und Piloten während des Hitler-Regimes (und anscheinend auch während des Vietnamkriegs) mit Cannabis versorgt wurden, damit ihre Kampfeskraft nicht erlahmte. In dem Dorf, in dem ich aufwuchs, munkelte man, der Hausarzt sei morphiumsüchtig. Wer weiß, was er im Krieg erlebt hatte, dass er seinen Schmerz betäuben musste! In den Fünfzigern erlebte die Gesellschaft dann einen Rückfall ins Biedere. Drogen wurden verboten, sie waren verpönt. Und die Frauen, die während des Krieges in den Munitionsfabriken geschuftet hatten oder als Trümmerfrauen Wesentliches zum Wiederaufbau der Städte beigetragen hatten, banden sich eine Cocktailschürze um, kehrten zu Kindern und Haushalt zurück. Den Mann als Geld verdienendes Familienoberhaupt zu verwöhnen (es gab ja nicht mehr viele von ihnen) und ihm ein gemütliches Heim zu schaffen, wurde zu ihrer Erfüllung. Frauen »mussten« nicht mehr arbeiten, und sie durften es auch nicht, wenn der Ehemann seine Einwilligung verweigerte. Auch die Glaubensgemeinschaften erlebten wieder großen Zulauf, überall wurden in Eile hässliche neue Kirchen erbaut. Jetzt hatten nur noch wenige Menschen aus der Schickeria Zugang zu Kokain und Heroin. Alkohol und Zigaretten waren die Drogen des Alltags. Bald probten die Kinder dieser Generation den Aufstand. Wer Mut genug hatte, wurde zum Halbstarken. Sex, Drugs and Rock'n'Roll waren die Symbole des Aufbruchs.

Es dauerte nicht lange, da galt der Konsum von Drogen als besonders fortschrittlich. Letztlich ging es der Nachkriegsjugend vielleicht nicht in erster Linie um Betäubung, sondern um Bewusstseinsveränderung, und mehr noch: um Erweiterung des Bewusstseins. LSD (Acid), in der Schweiz entwickelt, wurde zur Modedroge; Psychologen und Psychiater setzten sie auch im therapeutischen Kontext ein. Im Rahmen der Selbsterforschungsbewegung einer ganzen Generation sollten sie der Erkenntnis dienen. Gleichzeitig entstand in den USA die Channeling-Bewegung. Auch über eine nicht mittels Drogen induzierte Trance konnten viele jetzt in andere Bewusstseinswelten eindringen.

Mit vierzig bekam ich zum Geburtstag eine Ecstasy-Pille geschenkt. Monatelang lag sie unberührt in einem Kästchen. Ich rang mit mir. Soll ich, soll ich nicht? Ich hatte noch nie etwas »genommen«. Damals channelte ich bereits mithilfe von Pendel und Buchstabenskala. Ich fand diese Arbeit zwar lohnend, aber äußerst zeitraubend und anstrengend. Auch war mir klar, dass ich Leute, die Drogen nahmen, zutiefst verachtete. Doch ich verachtete etwas, wovon ich keinerlei Ahnung hatte! Das gefiel mir nicht an mir, ich fand es borniert. Nach vielen Wochen nahm ich all meinen Mut zusammen, sorgte dafür, dass keiner klingeln oder anrufen würde, sodass ich einen ganzen Sonntag lang Zeit für mein Experiment haben könnte. Am Morgen warf ich das Zeug ein. Anfangs geschah gar nichts, doch nach zwei Stunden erlebte ich einen Zustand von Freude, Klarheit, Entspannung und multisinnlicher Wahrnehmung, wie ich ihn nie zuvor erlebt hatte. Zweifellos ein ekstatischer Zustand! Schon damals litt ich an Fibromyalgie und beginnenden Polyarthrose-Schmerzen. Unter Ecstasy war das alles weg. Ich erlebte eine berührende Begegnung mit meiner verstorbenen Großmutter, redete laut mir ihr, weinte ein bisschen um sie, dankte für ihre Liebe und aß wie in meiner Kindheit Knäckebrot mit feiner Teewurst zum Abendessen, zu ihrem Gedächtnis. Und ich channelte stundenlang ohne Mühe! Ich muss gestehen, es war herrlich.

Doch ich war erwachsen und meine Persönlichkeit einigermaßen gefestigt; deshalb wusste ich genau, dass ich niemals drogenabhängig werden würde. Das Entscheidende an dem Erlebnis aber war, in der Rückschau betrachtet, dass ich diesen entgrenzten Zustand nicht unterbrechen oder abstellen konnte, ob ich wollte oder nicht. Man bedenke: Als Starrsinnige ist mir Entspannung und Kontrollverlust eher unheimlich als angenehm; auf mich wirkt so etwas bedrohlich und ich fühle mich ungeschützt. Ich musste aber an jenem Tag notgedrungen über viele Stunden in einem deutlich erweiterten Bewusstseinszustand bleiben. Das war zwar ungewohnt, aber fruchtbar. Natürlich werde ich ein solches Experiment niemandem empfehlen, doch für mich stellte dieser einzigartige Tag im Jahr 1986 einen Durchbruch bei meinen Channeling-Fähigkeiten dar. Seither ging alles viel leichter, ich konnte stundenlang in Trance bleiben, mich furchtloser dem Unbekannten stellen. Die Texte meiner Durchgaben wurden länger, bedeutsamer, die Kontaktaufnahme mit meiner Informationsquelle schneller und einfacher. Mein kleines Experiment hatte wie eine nachhaltige Kalibrierung gewirkt.

Die Achtziger waren die Jahre, in denen viele meiner Zeitgenossen, die verächtlich auf Geld und Besitz schauten, feststellen mussten, dass es in Europa nicht gerade einfach ist, von der Hand in den Mund zu leben. Ohne Moos nix los! Zum Kapitalismus halbherzig zurückbekehrte oder von den Indienjahren heimgekehrte Aussteiger (zu denen ich trotz meines Abschieds vom akademischen Milieu nie gehört hatte, denn ich habe etwas durch und durch Gutbürgerliches an mir) entwickelten eine Art kollektiven Wunsch, Heilpraktiker zu werden – ein Beruf, der ungeahnte Freiheiten versprach und wegen der vielseitigen oder unorthodoxen Therapiemöglichkeiten der alternativen Szene zugerechnet wurde. Nachdem ich Göttingen hinter mir gelassen und aus Oregon zurückgekommen war, zog auch ich diese Möglichkeit in Erwägung. Ich suchte also die Räumlichkeiten einer berühmten Heilpraktikerschule in München-Schwabing auf, um mich zu informieren. Und ich wankte rückwärts wieder hinaus. Zu entsetzlich erschienen mir das Milieu, der muffige Geruch, die ältliche Einrichtung, die merkwürdigen Gestalten, die dort herumliefen. Mir wurde plötzlich klar, dass ich mein ganzes Leben – bis auf die Monate in Poona und Oregon – fast ausschließlich mit Lernen und Lesen verbracht hatte und sagte mir: Nicht noch mal, nicht schon wieder! Die Ausbildung sollte drei Jahre dauern. Nein. Das halte ich nicht aus! Lieber tat ich gar nichts, als noch einmal die Schulbank zu drücken, Prüfungen abzulegen, dann eine Praxis zu gründen … Zwar bin ich bis zum heutigen Tag sehr an Gesundheitsfragen interessiert und kenne mich auch einigermaßen in der Naturheilkunde aus, schon wegen meiner eigenen andauernden körperlichen Beschwerden, doch spürte ich damals, dass ich meine Zukunft nicht mit der Behandlung von Kranken verbringen wollte. Aber was dann? Alles war noch offen, bis mich Ende 1989, direkt nach dem Tod meines Vaters, die Quelle am Schlafittchen packte und mir andeutete, ich sei jetzt bereit für eine anspruchsvollere Zusammenarbeit.

Heute weiß ich, dass mein Hirn nach Promotion und halbfertiger Habilitationsschrift endlich einmal Ruhe brauchte. Das zeigte sich unter anderem darin, dass ich mehrere Jahre nichts lesen konnte, nicht einmal die Zeitung. Wann immer ich Buchstaben sah, schwamm mir der Kopf, ich empfand eine tiefe Erschöpfung. Es war gewiss auch eine Vorbereitung auf das Leerwerden, das man für eine längere Trance benötigt. Nicht mehr selbst denken, sondern Gedankenimpulse empfangen – das sollte meine Zukunft werden, von der ich damals noch gar nichts ahnte. Viele Jahre später, ich war fast sechzig, habe ich doch noch meinen Heilpraktiker für Psychotherapie gemacht. Die Erkenntnisse der transpersonalen Psychologie nahmen mystische Erlebnisse, veränderte Bewusstseinszustände und Gipfelerfahrungen (*peak experiences*) ernst. Auf diese Weise konnte ich das, was ich an mir erlebte, in einer Art System unterbringen. Dadurch war es mir weniger unheimlich.

Ganzwerden, Einswerden, mit dem Allganzen verschmelzen und in der Auseinandersetzung mit der Welt wachsen – das entsprach nun auch meinen Wünschen. Yoga, Homöopathie und Kinesiologie passen zwar nicht so ganz zu meiner inneren Ausrichtung, und ich schätze die Erkenntnisse der modernen Schulmedizin in hohem Maße. Aber man darf sich doch wundern und freuen, dass es inzwischen an jeder Ecke ein Yogastudio gibt, Meditation in jeder Volkshochschule angeboten wird und die Krankenkassen eine Knie-Akupunktur widerstandslos bezahlen. Wer weiß, ob nicht auch dies zur ersehnten Transformation von Mensch und Erde beiträgt? Die Neue Physik mit den Schriften von Fritjof Capra, David Bohm und dem Nobelpreisträger Ilya Prigogine war bemüht, Wissenschaft und Mystik in Einklang zu bringen. Der Begriff »Paradigmenwechsel« war in aller Munde.

Natürlicherweise konnte nicht jeder diese geistige, ja nahezu religiöse Strömung gutheißen. Besonders die großen christlichen Kirchen, begründet auf ihrem Erlösungsglauben, der von New-Age-Anhängern als überflüssig betrachtet wurde, fühlten sich bedroht. 2003 verurteilte der Vatikan Yoga, Meditation und Feng-Shui aufs Schärfste. Ein höchst erfolgreicher Autor, F. Peretti, entwarf eine Verschwörungstheorie, die New Age, Feminismus und säkulare Bildungseinrichtungen als Teufelswerk zur Auslöschung des Christentums brandmarkte. Aber diese Reaktionen kamen, wie es scheint, zu spät.

Die Therapieszene, ausgenommen eine Gruppe von Analytikern strengster Ausrichtung, wurde tief durchdrungen von Ansichten und Praktiken des New Age. Viele Einsichten und Methoden der Humanistischen Psychologie überzeugten Therapeuten und Klienten mehr als die immer mehr umstrittene Redekur freudianischer Prägung. Und wäre die Entwicklung der momentan erfolgreichsten Psychotherapieform, der dialektischen Verhaltenstherapie von Marsha Linehan, denkbar ohne den geistigen Einfluss von New Thought und New Age?

Ferner, höher, machtvoller: die Sternenwesen

Meine Bereitschaft zu lesen kehrte erst zurück, als ich wieder Fuß gefasst hatte, wenn auch in einem merkwürdigen Beruf. Meine Schwiegermutter, ebenfalls promovierte Romanistin, hatte mich oft beschworen: »Kind, mach deinen Doktor, da hast du als Frau ein ganz anderes Ansehen!« Das war gewiss nicht verkehrt, obgleich ich während meiner Jahre als Forscherin eine durchaus edlere Motivation entwickelt hatte. Bei meiner späteren Karriere als Medium hat mir mein Titel auf jeden Fall geholfen, nicht automatisch ausgelacht zu werden. Auch meiner Mutter habe ich etwas zu verdanken, die mich beschwor, mein Licht nicht unter den Scheffel zu stellen. Ihr und auch mir war das Ganze zwar eher peinlich. Ich verschwieg am liebsten meinen universitären Hintergrund, denn ich meinte damals, ich müsste einen klaren Schnitt machen. Nachdem sie jedoch einer öffentlichen Veranstaltung beigewohnt hatte, während der ich in Trance gechannelt hatte, rief sie: »Sei doch nicht so blöd! Du hast etwas zu bieten, was sonst keiner hat, eine ungewöhnliche Kombination von Intelligenz und medialer Begabung!«

Was ihre Tochter betraf, hatte meine Mutter wohl recht, doch im Allgemeinen kann man sagen, dass gerade diese Kombination von klarem Verstand und erstaunlicher Durchlässigkeit bei den meisten guten und bekannt gewordenen Trancemedien vorherrschend ist. Die wenigsten wirken total abgehoben oder spinnert. Es ist inzwischen eher die Ausnahme, dass ungebildete Hausfrauen, unschuldige Kinder oder ungelernte Bauarbeiter zu Empfängern von Botschaften aus fernen Welten werden. Die meisten Trancemedien haben heutzutage Universitätsabschlüsse und lassen angesehene Berufe hinter sich, um das zu tun, wozu sie sich berufen fühlen.

Whitley Strieber, ein Ufologe und Autor von Horrorromanen veröffentlichte 1987 ein Buch mit dem Titel *Communion* (*Die Besucher*), das den Erfolg aller seiner übrigen Werke überstrahlte. Es stand monatelang auf der Bestsellerliste der *New York Times*. Erzählt wird die angeblich wahre Geschichte von Begegnungen mit Außerirdischen und Entführungen durch Ufos, medizinischen Behandlungen durch Extraterrestrische, Bewusstseinsveränderungen durch Implants. Das ist schon aufsehenerregend genug. Das Buchcover mit dem wohlwollend-unheimlichen Antlitz und den riesigen Mandelaugen eines »Grey Alien« prägt seither vielfach die Vorstellung, die Menschen sich von einem Wesen aus einer anderen Galaxie machen. Seit Erscheinen dieses Buchs gibt es unzählige Berichte von ähnlichen Entführungen, medizinischen Eingriffen, liebevollen Gehirnwäschen und geistigen Neuprägungen. Strieber betrachtete das Bekanntmachen seines Erlebens als göttliche Aufgabe. Und er bekam seinerzeit ebenso heftig Angst vor den Möglichkeiten und Folgen seiner Erlebnisse wie die meisten anderen, von denen bislang die Rede war. Auch glaubte er eine Ähnlichkeit zwischen dem stellaren Wesen, das ihm erschienen war, und der sumerischen Göttin Ishtar zu erkennen. Was ihn zu dieser Annahme führt, kann man allerdings nur schwer nachvollziehen, denn Ishtar bzw. Astarte ist historisch nachvollziehbares Menschenwerk wie die allermeisten anderen Gottheiten auch.

Ein Medium, das davon überzeugt ist, bereits 1947 als kleines Kind aus einem Waldgebiet in Neuseeland an Bord eines Raumschiffes gebracht worden zu sein, ist Jani King. Jani ahnte nur, es sei »etwas« passiert, konnte sich an keine Details erinnern, hatte allerdings begeistert kurz zuvor Striebers neu erschienenes Buch gelesen. Ein befreundetes Channelmedium bzw. der durch diese Person sprechende Aufgestiegene Meister Saint Germain erklärte ihr, dass man sie entführt und ihr auf einem Raumschiff »ein bestimmtes Wissen und bestimmte Erinnerungen« implantiert habe.[27] Genaueres konnte sie nicht erfahren.

Der Wesenheit P'taah, die durch sie spricht, begegnete Jani King schon im Jahr 1961, spricht aber durch sie erst seit 1989. Ein einziges Mal ist sie ihr in körperlich manifestierter Form erschienen, als menschenähnliche Lichtgestalt; seither wartet Jani sehnsüchtig darauf, P'taah noch einmal zu erblicken. Aber zuweilen scheint die Wesenheit sich ihrer gänzlich zu bemächtigen, denn als P'taah geht sie auf manche Anwesenden zu, berührt sie, küsst sie auf die Stirn. Sie soll ein Sternenwesen von den Plejaden sein.

Wenn Jani King sich in Tieftrance befindet, spricht sie mit veränderter Stimme. Manchmal möchte sie am liebsten nicht zurückkommen, berichtet sie.

> »Ich sitze da, mit geschlossenen Augen, und murmle vor mich hin; dann gehe ich weg und er kommt rein ... Besonders dann, wenn es mir gut geht, wenn ich mich nach ein paar Gläsern Wein sehr entspannt fühle, dann, im nächsten Moment, hoppla, ist er da ... P'taah sagt, wenn er in seinem eigenen Körper erscheinen würde, böte er ihnen (den Zuhörern) eine Lightshow. Er sagt, dass wir in den letzten dreißig Jahren oft zusammen dort gewesen seien. Ich muss euch allerdings

> sagen, dass ich keine bewussten Erinnerungen daran habe, dass ich mich auf den Plejaden befand.«[28]

Jani King wünscht sich, dass die Menschen mithilfe der Botschaften von P'taah ihre eigene Göttlichkeit erkennen. Das erste P'taah-Buch erschien 1988. Es schließt an vieles an, was andere Wesenheiten und andere Medien verkünden. Die Botschaften, die von den Plejaden über Jani King vermittelt werden, sind sehr persönlich und liebevoll, inhaltlich allerdings vergleichsweise schlicht, wenn man sie neben die Mitteilungen von Seth, Michael oder Lazaris stellt. Jedoch gehören sie bereits einer neuen Generation von Durchgaben an.

Ebenso ist J. Z. Knight zu verstehen. Sie begann im Jahr 1978, Botschaften von Ramtha zu übermitteln. Nach ihren Aussagen ist Ramtha ein göttliches Geistwesen und zugleich ein unsterblicher Aufgestiegener Meister, der vor gut 35 000 Jahren lebte. Seine Heimat war Lemurien. Seine Liebe gilt der Menschheit.

J. Z. Knight (geboren 1946) erging es ähnlich wie Jani King. Nach einem Lachanfall, der sie anscheinend für Momente entgrenzte, erblickte sie im Jahr 1977 eine Vision. Oder war es eine Manifestation? In ihrem Zimmer stand plötzlich ein überlebensgroßer bronzehäutiger Krieger mit muskulösem Körper, einem vielfarbigen Gewand und einem Mund, der mit herrlichen Zähnen ein überwältigendes Lächeln hervorbrachte. Dieses Erlebnis beschreibt sie ausführlich auf ihrer Internetseite. Ramtha erkannte in ihr Ramaya, in vielen Leben eine seiner geliebten Adoptivtöchter. Seither nutzt er ihren Körper, um seine philosophischen und wissenschaftlichen Lehren für die Menschheit nutzbar zu machen. J. Z. Knight, eine kraftvolle blonde Frau, spricht mit großem rhetorischem Geschick und nachhaltiger Überzeugungskraft. Der Begriff des Channelns wurde durch sie erst so recht populär. JZ, wie sie meistens genannt wird, ist eine imposante Person. Sie kann während der Durchgaben umhergehen, ihre großen blauen Augen sind weit geöffnet und sie spricht mit lauter, sonorer Stimme. Ramtha äußert sich, dem Stand der Forschung jener Jahre entsprechend, häufig über die DNA des Menschen, über Quantenphysik, darüber, dass niemand mehr als ein Drittel seines Hirnpotenzials nutzt. »Ja, wisst ihr denn nicht, dass …« – so spricht Ramtha häufig seine Zuhörer an. Die Unsterblichkeit des Menschen ist sein zentrales Thema. Er selbst ist vergöttlicht und somit unsterblich. Vor den Augen seines Millionenvolkes der Lemurier fuhr er auf gen Himmel. Jetzt ist er wiedergekehrt, was ihn deutlich von Christus und Buddha Maitreya unterscheidet.

JZ war bereits eine erfolgreiche Geschäftsfrau, als ihr die Begegnung mit Ramtha wiederfuhr. Diese Begabung nutzte sie weiterhin. Heute zieht ihre School of Enlightenment in Yelm (Washington) Scharen von Menschen aus aller Welt an. Diese Erleuchtungsschule hat sich zu einem geistig-materiellen Imperium entwickelt, wie es wohl nur in den Vereinigten Staaten von Amerika möglich ist. Gelehrt wird dort altes Wissen und alte Weisheit. Die vier grundlegenden Aspekte von Ramthas Erleuchtungsunterricht bestehen in der Erkenntnis »Du bist Gott«, in dem Auftrag, Unbekanntes bekannt zu machen, sich darin zu üben, mit Bewusstsein und Energie die Realität zu erschaffen, und in einer Aufforderung zum Self-Empowerment, vielleicht am besten mit »Selbstermächtigung« zu übersetzen. Jesus als Retter und Erlöser wird dadurch überflüssig.

Weil vieles in dieser Lehre aus alten Quellen (Echnaton, Buddha, Jesus, Sokrates, Platon, aber auch Michelangelo und Leonardo und viele andere) übernommen wurde, hat man es leicht, den in solchen Zusammenhängen üblichen Synkretismus-Vorwurf zu machen. Aber alle Menschen und alle Erkenntnisse bauen auf den geistigen Errungenschaften unserer Vorfahren auf. Damit stellt Ramtha keine Ausnahme dar. Aber bei JZ werden die Kausalitäten umgekehrt. Es ist nämlich Ramtha, der Buddha, Echnaton, Platon oder Jesus ihre Weisheit geschenkt hat. Der erfolgreiche Kinofilm *What the Bleep do we (k)now* wurde mithilfe von JZs Erleuchtungsschule produziert und hat weite Kreise beeinflusst, auch in Europa.

Mediales in den Medien

Die Echtheit von JZs Channeling-Phänomen wurde durch eine Reihe von Wissenschaftlern bestätigt. Soweit man es messen kann, befindet sich ihr Gehirn tatsächlich in einem veränderten Bewusstseinszustand. Ihr hoher Bekanntheitsgrad in den USA ermöglichte solche aufwändigen und teuren Untersuchungen. Mir sei der Einwand gestattet, dass die Frage nach der Echtheit des Phänomens nicht verwechselt werden sollte mit der Frage nach dem absoluten Wahrheitsgehalt einer Botschaft.

Ich finde es bewundernswert, wenn sich ein Medium solchen diagnostischen Methoden unterzieht. Mir war es immer sehr unangenehm, meine Arbeit im Beisein von Kameraleuten und unter grellem Scheinwerferlicht zu tun. Wenn meine Augen, selbst durch die geschlossenen Lider, geblendet sind, fällt es mir schwerer, in Trance zu fallen. Ich muss dann mehr Energie aufbringen, nicht nur, um hineinzugehen, sondern auch, um diesen Zustand über längere Zeit aufrechtzuerhalten. Am liebsten arbeite ich in leicht abgedunkelten Räumen. Dennoch musste ich mich zuweilen überwinden, vor Kameras zu channeln, und die so ermöglichte weite Verbreitung unserer Botschaften und mehr noch der medialen Möglichkeiten und Fähigkeiten über Kinoleinwand und Fernsehen hat unsere Anliegen sehr unterstützt. Man erreicht Menschen, die sonst nie mit diesen Themen in Berührung gekommen wären. Es geschah aber auch, dass mich Leute bei Gelegenheit ansprachen: »Ich kenne Sie doch von irgendwo her … Doch, ganz bestimmt! Da hatten Sie ein rotes Kleid an!« Ach Gottchen, dachte ich dann, wenn das alles ist, was von einer ganzen Stunde TV-Dokumentation über unsere Arbeit hängengeblieben ist! Das Kleid stand mir allerdings sehr gut.

Bei einer anderen Filmaufnahme sollte ich ebenfalls in Trance gehen. Ich hatte mich natürlich hübsch gemacht und trug auch einen brandneuen BH. Als der Dreh beginnen sollte und ich mich entspannte, bemerkte ich plötzlich, dass das Ding drückte und kratzte und ich es unbedingt ausziehen müsste, um channeln zu können. Ich entschuldigte mich kurz und bat bei meiner Rückkehr in den Raum den Kameramann, ausschließlich mein Gesicht bis zu den Schultern zu filmen. Natürlich hielt er sich nicht daran. Wochen später erblickte ich mich im Fernsehen. Außer mir bemerkte sicherlich keiner einen gelinden Hängebusen, aber ich kann mich noch heute ein bisschen darüber ärgern.

Einmal drehten wir für den ORF in Wien. Die Produzenten hatten für drei Stunden ein kleines Café gemietet, wo wir ungestört die Aufnahmen machen konnten. Es sollte ein Filmbeitrag über Reinkarnation werden. Frank und ich hatten da einiges zu berichten. Natürlich waren wir aufgeregt. Das Kamerateam erschien pünktlich, wir besprachen noch das Nötigste, die Spannung stieg – nicht nur bei uns, sondern ganz besonders auch bei diesen Menschen, denen das Thema Wiedergeburt völlig fremd war und die auch noch niemals ein Medium aus der Nähe betrachtet hatten. Dann sollte der Dreh beginnen. Aber daraus wurde erst einmal nichts. Denn sämtliche Batterien waren plötzlich leer. Dabei schworen uns alle, dass sie selbstverständlich mit vollen Akkus zum Treffpunkt gekommen waren. Frank und ich und auch die Produzenten waren erschrocken und fasziniert zugleich. Einen greifbareren Nachweis dafür, dass wir etwas ungewöhnliche Leute waren, hätte man sich kaum denken können. Das Kamerateam war schwer beeindruckt. Wir zwei hatten etwas zum Schmunzeln. Es dauerte mehrere Stunden, bis alle ihre Geräte wieder aufgeladen hatten, und anschließend ging alles glatt.

Anfangs war ich den neuen digitalen Möglichkeiten gegenüber sehr misstrauisch und zurückhaltend, Frank war es noch mehr. Doch dann begründete mein Freund Thomas Schmelzer den YouTube-Kanal Mystica.tv und bat mich, in Form von Interviews etwas dazu beizutragen. Das gefiel mir recht gut und erzeugte erstaunlich viele Klicks. Auch unser Verlag ließ bald jeweils nach Erscheinen eines neuen

Buchs mit Durchsagen ein interaktives Onlineseminar herstellen. Bald begann ich so, diese Möglichkeiten mehr zu schätzen.

Im Allgemeinen haben wir – außer über unsere Bücher – nie die große Öffentlichkeit gesucht, und es war uns zu keiner Zeit ein Anliegen, eine größere Organisation nach amerikanischem Vorbild zu gründen. Es passt nicht so recht zu unseren Persönlichkeiten. Uns war auch klar, dass wir alle Mieten und Mitarbeiter einzig und allein mit dem Erlös aus meiner medialen Arbeit hätten finanzieren müssen. Das hätte bedeutet: noch mehr Seminare, noch größere Teilnehmerzahlen, vor allem unendlich viel mehr Durchsagen. Dabei arbeitete ich bereits am Limit. Mein armer Kopf! Eine Trance sieht so ruhig aus, aber sie besteht zum großen Teil aus Nervenarbeit und mentaler Disziplin. An zusätzlichen Durchgaben wäre ich wohl schon bald zugrunde gegangen. Ich musste mich in dieser Hinsicht immer schonen, und Frank stand stets voll hinter mir. Bis heute haben wir keine Sekretärin, Frank tippt alle Botschaften selbst, wir organisieren unsere Veranstaltungen allein. Das ist viel Arbeit, doch wir sind ein eingespieltes Team und haben auch einige Freizeit, um uns zu erholen.

Lee Carroll und Kryon

Lee Carroll, geboren Ende der 1930er-Jahre, ist ähnlich zurückhaltend wie JZ, was sein Privatleben betrifft. Im Internet ist darüber kaum etwas zu finden. »Ich bin kein evangelikaler Prediger, ich begründe keinen Kult, ich habe keine Organisation außer ein paar Helfern, die mich auf Reisen begleiten.« Während JZ streng darauf besteht, dass niemand außer ihr befugt sei, Ramtha als Sprachrohr zu dienen, distanziert sich Carroll zwar höflich von allen, die ebenfalls seine Quelle Kryon channeln, aber er schreitet auch nicht dagegen ein. Wir selbst haben zwar schon früh die Wortmarken »Septana« und »Archetypen der Seele« patentrechtlich schützen lassen, sind aber der Ansicht, dass unsere Quelle sich auch über viele andere Trancemedien äußern könnte. Da ihre Durchgaben einige gut identifizierbare Charakteristika aufweisen, wie zum Beispiel freundliche Neutralität, Systematik, eine bestimmte Art von Humor, eine gediegene Sprache und vor allem Inhalte von hoher intellektueller und emotionaler Qualität, ist es relativ einfach zu erkennen, ob jemand tatsächlich mit dieser Energie aus der Kausalwelt in Verbindung steht. Ich bin gewiss nicht die einzige Person, die im Auftrag der Quelle ihre Seelenlehre verkündet. Und die individuelle Seelenmatrix ist ein derart hilfreiches Instrument für das innere Wachstum, dass es nur wünschenswert sein kann, wenn viele gut ausgebildete Medien in der Lage sind, sie korrekt zu ermitteln. Im November 2011 erhielten wir folgende Botschaft:

> »Wir haben im Laufe der letzten irdischen zweihundertfünfzig Jahre immer wieder einmal versucht, unsere Seelenlehre ›an den Menschen zu bringen‹. Das ist uns auch hier und da durchaus gelungen, jedoch nicht in Gestalt einer systematischen Schriftenreihe. Wir konnten tatsächlich von Zeit zu Zeit einzelne Menschen, Familien oder kleine Gruppen erreichen, jedoch auf eine Art, die mehr von den Weisen in uns als von den Gelehrten ausging. Eure Vorbildung und eure spezifische Denkfähigkeit verbindet sich mit einer medialen Empfänglichkeit. Diese wiederum nutzt eine Trancemethode, die in früheren Jahrhunderten nicht bekannt war und nicht praktiziert wurde. Anders als zuvor erlaubt sie nun einen kontinuierlichen Redefluss ohne spektakuläre Manifestationen, der Texte generiert und zur Veröffentlichung bereitstellt. Wenn Trance wie früher lediglich ein Zufallsprodukt ist, das einige Individuen erfahren, und sich dieses Individuum nichts anderes vorstellen kann als Geister zu sehen, erregende Phänomene zu produzieren oder etwas zu äußern, das niemand versteht oder niemanden interessiert, können wir keine Lehre

> verbreiten. Wohl aber vermögen wir Menschen auf halbbewusster Ebene von der Wirklichkeit der Seele überzeugen.«

Lee Carroll ist ein wortgewandter freundlicher und aufrichtiger Mann, der als Ingenieur jahrzehntelang eine eigene Firma geleitet hat. Er channelt seit 1989 eine engelsgleiche sanfte Wesenheit namens »Kryon vom magnetischen Dienst« und hat seither eine große Anzahl von Büchern veröffentlicht. Seine Durchgaben sind gerade bei uns sehr bekannt geworden. »Deutschland ist meine zweite Heimat«, sagt er. Mehrmals hat er auch im Salzstollen von Berchtesgaden Veranstaltungen angeboten, weil er die Isolation und Stille tief im Berg sehr schätzt.

Die Engelwesenheit Kryon, die anders als P'taah oder Ramtha nie einen Körper besessen hat und sich auch nicht in erkennbarer, beschreibbarer Gestalt manifestiert, äußert sich durch Carroll seit gut dreißig Jahren häufig zu aktuellen politischen und wirtschaftlichen Belangen. Sein eigentliches Thema aber ist der Neue Mensch. »Wer sind wir?« ist die zentrale Frage, die sich seine Zuhörer stellen sollten. Darin ist er Ramtha vergleichbar. Er spricht auch viel über die Weisheit indigener Völker, besonders über den Maya-Kalender. Die Entfesselung der inneren Kraft, eine grundlegende Wandlung, wird unterstützt durch »Lichtarbeiter« (*light-worker*) auf der ganzen Welt. Einige von ihnen sind wahrscheinlich inzwischen erwachsene »Indigokinder«. Diesen Begriff hat Lee Carroll zwar nicht geprägt, ihn aber im Laufe seiner Tätigkeit weit verbreitet. Was ihn ebenfalls an die übrigen großen Medien des 21. Jahrhunderts anbindet, ist eine grundlegende Aufwertung des menschlichen Daseins. Hier ein Auszug aus einem Gespräch zwischen Lee Carroll und Nadine Fröhling anlässlich einer Veranstaltung im Jahr 2018:

> »Was kann jeder Einzelne von uns für die Welt und den Wandel zum neuen Menschen tun?«

»Wir sind bereits sehr mächtig. Es gibt zum Beispiel inzwischen den Beweis, dass das Bewusstsein die Physik verändern kann. Dies ist das Werk von vielen auf diesem Planeten, die Kohärenz und andere Energien des Mitgefühls messen. Gleichzeitig sehen wir den schlüssigen Beweis, dass Mitgefühl sogar die Stärke des Magnetfeldes verändern kann. Das bedeutet also, dass wir in der Lage sind, die Dinge mithilfe unserer Gedanken zu ändern. Jahrzehntelang haben Esoteriker und spirituelle Gelehrte dies gesagt, aber nie zuvor konnten wir es wissenschaftlich beweisen. Jetzt können wir das und wir haben es getan. Deshalb sage ich allen: Sende Licht und Gedanken des Mitgefühls an die Machthaber auf unserem Planeten. Schicke die Idee von ›Weisheit‹ an diejenigen, die an entscheidenden politischen Orten sind. Oder an Personen, die in hohen Positionen sind und wichtige Entscheidungen treffen. Beurteile nicht, ob du sie magst oder nicht. Sende einfach Licht auf die Wege vor ihnen, erhelle dich und erleuchte den Weg vor ihnen. Dann versuche, ›Gott‹ in jedem Menschen zu sehen. Unabhängig davon, wer er oder sie ist. Ganz gleich, ob du mit diesem Menschen einer Meinung bist oder nicht. Das ist Meisterschaft vom Feinsten, und genau darum werden wir gebeten. …

Wenn ich Kryon channele, dann gehe ich an einen Ort, der rein und liebevoll ist; aber er ist noch nicht hier auf der Erde. Ich gehe zu diesem Ort und möchte bleiben. Ich ›sehe‹ die Menschen um mich herum und liebe sie. Ich ›fühle‹ diejenigen um mich herum, die zuhören, und erkenne die erweiterte Familie der Menschheit. Ich ›spüre‹ diejenigen, die das lesen, und ich bin in sie alle verliebt – aus all den Gründen, die Kryon mir immer wieder gegeben hat. Ich sehe die Schönheit Gottes in jedem Menschen, weil das der Kern dessen ist, wer wir alle sind.«[29]

Versandhaus Universum

Derselben Generation wie Lee Carroll, JZ Knight (und ich), das bedeutet kurz vor oder nach dem Zweiten Weltkrieg geboren, entstammt auch das Autorenpaar Esther und Jerry Hicks. Mit ihren Durchgaben, gesandt von einer »unendlichen Intelligenz« namens Abraham, erlangten sie große Popularität und erreichten viele Menschen. Abraham ist ein Gruppenbewusstsein aus einer nicht physischen Dimension, vergleichbar unserer Quelle aus der kausalen Bewusstseinswelt. In der Nachfolge der New-Thought-Bewegung des späten 19. Jahrhunderts ist Abrahams zentrales Thema das Gesetz der Anziehung (*Law of Attraction*). Allerdings geht es hier weniger um mentale Beeinflussung und Schöpfung der Realität, sondern vorwiegend um die emotionale Einstellung eines Menschen zu Leben und Wirklichkeit. Zulassen statt Kämpfen, die feste Vorstellung, dass Wünsche wahr werden, wenn man es wirklich will, sowie die Weiterexistenz des Individuums nach dem Tod des Körpers. Lebensfreude, körperliches Wohlbefinden, Entspannung und das Vertrauen darauf, dass das Universum den Lebenden jederzeit wohlgesonnen ist, kann als Zentrum von Abrahams Lehre verstanden werden. Uns Mitteleuropäern mag dies reichlich amerikanisch vorkommen. Aber wer wollte solchen Auffassungen grundsätzlich widersprechen? Gerade für jüngere Seelen scheint mir die Hoffnung auf ein durch eigene Kraft gelingendes Leben sehr tröstlich zu sein. Der europäische Nihilismus der Nachkriegszeit ist es jedenfalls nicht.

Ob die oft etwas naiven *Bestellungen beim Universum* (so der erfolgversprechende Titel eines Bestsellers von Bärbel Mohr) tatsächlich immer geliefert werden, sei dahingestellt. Ihr Buch hat hohe Auflagen erzielt, denn es erinnert an die Märchenzeit, »als das Wünschen noch geholfen hat«.

Besser als deprimierende Schwarzseherei ist dieser mentale Ansatz allemal. Ähnlich wie JZ hat auch das Abraham-Hicks-Teaching enorme Popularität gewonnen durch einen international gezeigten Kinofilm und ein Buch von Rhonda Byrne mit dem Titel *The Secret.* Auch hier Millionenauflagen und einiges an gerichtlichen Auseinandersetzungen, weil die Autorin der Urheberschaft von Esther Hicks nicht den gebührenden Platz eingeräumt und sie an den Einnahmen nicht hinreichend beteiligt hat.

Doch trotz aller Sehnsüchte und Affirmationen stößt das menschliche Wünschen an seine Grenzen, wenn das Schicksal, das Leben, die Seele oder das Göttliche es anders beschlossen hat. So hat sich Bärbel Mohr gewiss gewünscht, noch lange bei ihrer Familie zu verweilen. Aber sie starb bereits in jungen Jahren auf der Höhe ihres Erfolgs und hinterließ zwei kleine Kinder.

Tom Kenyon und die Hathoren

Ganz anderer Art sind die Klang-Channelings von Tom Kenyon. Er ist ein Psychotherapeut, der überdies zum bekanntesten Sprachrohr der Hathoren geworden ist. Seine Quelle äußert sich nicht nur über Töne, sondern auch über Worte. Dabei handelt es sich um planetarische Botschaften, die sich in erster Linie auf den altägyptischen Hathor-Kult beziehen. Vor mehr als fünftausend Jahren war Hathor zunächst eine verehrungswürdige Kuh, dann wurde sie eine Göttin mit Kuhhörnern und Kuhohren, später eine Muttergottheit, die auch für Belange der Toten, des Friedens und der schönen Künste verehrt wurde. Als Gebärerin des Falkengottes Horus gehört sie zu den archaischen Gottheiten Ägyptens. Der Tempel in Dendera, den alle Ägyptenreisenden vom Nilschiff aus besuchen können, ist ihr geweiht. Warum die Kuhgöttin heute zu uns modernen Menschen spricht, bleibt ein Rätsel. Angeblich ist es aber umgekehrt: Die Hathoren manifestierten sich unter anderem ursprünglich in der Energie der Göttin, während sie heute durch Tom Kenyon sprechen, aber inzwischen auch durch einige andere Medien weltweit. Allerdings galten die Hathor-Priesterinnen in pharaonischer Zeit auch als Prophetinnen, die die Kunst der Weissagung beherrschten. Cheops, der berühmte Pharao, der die größte der drei Pyramiden von Gizeh für sich als Grabmal errichten ließ, hielt sich eine Hathor-Priesterin zur ständigen persönlichen Befragung. Vieleicht kann man hier eine Verbindung zu Kenyons Channeling erkennen.

Offenbar ist Tom Kenyon ein Multitalent. Seine Stimmkunst ist eindrucksvoll. Viele Anwesende sind davon ergriffen. Über die Hathoren sagt er auf seiner Website: »Ende der 1980er wurde ich von ihnen während einer Meditation ›kontaktiert‹, und sie begannen, mich in der vibrierenden Natur des Kosmos zu unterweisen, im Gebrauch der heiligen Geometrie als einem Weg, die Arbeit des Gehirns zu stimulieren, und im Gebrauch der Töne zur Aktivierung psychospiritueller Erfahrungen.«

Doch er kann noch mehr, denn er lässt unter anderem auch Maria Magdalena, die Jüngerin Jesu, durch seinen Mund sprechen. Seit einigen Jahren übermittelt er auch Botschaften der »Lichtboten von Arcturus«, die (so wird gesagt) die reine Liebe auf die Erde bringen. Außerdem ist er einer der wenigen medial Tätigen, die gern mit anderen Medien zusammenarbeiten, unter anderem mit seiner Frau Judi Sion, einer Ufo-Forscherin, und mit Virginia Essene, Patricia Cori, Wendy Kennedy, die Botschaften von den Plejaden empfängt, und sogar mit Lee Carroll. Vermittelt über das Medium Tom Kenyon berichten die Hathoren:

> »Wir nahmen auch während der Entwicklungsperiode des Buddhismus mit den tibetischen Lamas Kontakt auf. Obgleich wir mit einigen der alten Kulturen zusammenarbeiteten, sind wir ein Vorposten, der sich über Teile des euch bekannten Universums und darüber hinaus erstreckt. Wir sind, was ihr eine aufgestiegene Zivilisation nennen würdet – eine Gruppe von Wesen, die in einem besonderen Schwingungs-

feld existieren, ganz so, wie ihr eine energetische Signatur habt. Es ist einfach nur so, dass unsere Schwingung schneller als eure ist. Nichtsdestoweniger sind wir alle Teile des Mysteriums, Teile der Liebe, die das ganze Universum erhält und miteinander verbindet. Wir sind gewachsen, so wie ihr gewachsen seid, aufsteigend zu der Quelle all dessen, das ist. So wie ihr sind wir in Freude und durch Sorgen gewachsen. Wir sind, um in Größenverhältnissen zu sprechen, ein bisschen höher als ihr auf der Spirale des Gewahrseins und Bewusstseins, deshalb können wir euch das anbieten, was wir gelernt haben, als Freunde, Mentoren und Reisegefährten auf dem Weg, der zurückführt zur Erinnerung an alles, was ist. (…)

Wir kennen Sanat Kumara gut, denn er war es, der uns bat, in dieses Universum zu kommen. Als aufgestiegener Meister hat Sanat Kumara zahlreiche Verantwortungen auf sich genommen, die mit dem Aufstieg des Planeten Erde und seinem Sonnensystem zusammenhängen. Er arbeitet wie wir für den Aufstieg, die Evolution des Bewusstseins im Sonnensystem.«[30]

Das ist schon ein gewaltiger Anspruch. Die Hathoren, zehn (oder dreizehn) interdimensionale bzw. intergalaktische Freunde und Mentoren, kommen, wie sie sagen, vom hellsten für Menschen sichtbaren Stern, dem Sirius. Derzeit aber gehören sie zu den ätherischen Regionen der Venus. Auf dem Mars waren sie auch schon einige Äonen lang und haben dort Gebäude errichtet, die allerdings nicht mehr zu sehen sind. Die Hathoren sind für jene, die sie erblicken können, etwa drei bis viereinhalb Meter groß und sehr schön. Unter den zehn sind Ärzte, Wissenschaftler, Lehrer, Historiker, Mystiker und Philosophen. Sie wollen zur fundamentalen Transformation der Menschheit beitragen und deren Bewusstheit dahin zurückführen, die Große Mutter Erde wieder zu verehren, wie es einst die Ägypter mit Hathor taten. »Deshalb haben sich Wesen aus vielen Dimensionen und anderen Sphären rund um die Erde auf Planeten, Asteroiden und interdimensionalen Räumen postiert, um zu beobachten, was da passiert. Es ist so einzigartig.«[31]

Wie auch die Arcturier und die Plejadier haben sie einige berühmte Seher aus Atlantis und Lemurien nach Ägypten gerettet, damit das »Große Werk« der Alchemie nicht vergessen werde. Die aufgestiegenen Hathoren-Meister sprechen häufig über die Chakren (sie sagen, das menschliche Gehirn besitze mehrere tausend davon), die Sexualität und das komplexe Energiesystem des Menschen. Ihre Botschaften sind ganz auf die Zukunft gerichtet, zugleich arbeiten sie als Meister des Klangs, der Energie und der Liebe daran, den menschlichen Emotionalkörper zu aktivieren und zu schulen. Dafür werden eine Anzahl von Übungen und Praktiken empfohlen. Das Ziel ist, »harmonische Liebe« zu entwickeln.

Es gibt keinen Grund zur Annahme, Tom Kenyon sei kein aufrichtiges und echtes Medium. Seine Klangkunst ist überwältigend schön. Doch es sei mir gestattet, seine Übermittlungen ein wenig vollmundig zu nennen. Alles Mögliche purzelt dort durcheinander: das Interstellare, Intergalaktische und Interplanetarische, dazu Elemente des Tantra und des tibetischen Buddhismus, allerlei Halbwissen über die vieltausendjährige ägyptische Geschichte, ein großer Optimismus in Bezug auf den geistig-emotionalen Fortschritt der Art Homo sapiens und noch vieles mehr. Das Vermächtnis der Maria von Magdala ist schön zu lesen, scheint mir jedoch weitgehend Fiktion zu sein. Ich zitiere abschließend noch einmal von seiner deutschen Internetseite: »Als echter Renaissancemensch ist Tom Kenyon Forscher, Therapeut, Musiker, Klangheiler und Lehrer jedes größeren Transformationssystems, des tibetischen Buddhismus, Taoismus, Hinduismus, esoterischen Christentums und der Hohen Alchemie Ägyptens.«

Carla Rückert und Ra

Ein weiteres Medium dieser Generation ist Carla Rückert. Ihre Informationsquelle bezeichnet sich als Ra (wie der altägyptische Sonnengott). Frau Rückert, in den USA geboren, nannte sich selbst *instrument*, also Werkzeug. Bei ihren Durchsagen befand sie sich in Trance, lag in einem weißen Zimmer in einem weißen Bett, zugedeckt bis zum Kinn, und auf ihren Augen lag ein weißes Tuch. Der kahle Raum wurde mit Weihrauch gereinigt und geheiligt. Carla Rückert war sehr fromm. Jim McCarty, von Anbeginn ihr Unterstützer und später auch Ehemann, pflegte an ihrem Kopfende zu sitzen und Lichtenergie in und auf ihren Körper zu verströmen. Er stellte die Fragen an Ra und bewegte sich nur, um die Audiokassetten auszutauschen.

Das erinnert mich ein wenig an das Setting, das Frank und ich uns als das günstigste für unsere mediale Arbeit entwickelt haben. Allerdings sitze ich sehr aufrecht, eher wie eine Hohepriesterin, in einem Sessel, nachdem ich festgestellt hatte, dass ich im Liegen nicht so rein empfangen kann. Der Grund ist, dass ich mich nicht gut genug »geerdet« fühle, wenn meine Füße den Boden nicht berühren. Meistens verharre ich regungslos, gestikuliere auch nicht, und meine Stimme bleibt fast unverändert, wenn auch die Sprechweise ein wenig langsamer, hoch konzentriert, druckreif, getragener und weniger moduliert als im Wachzustand wirkt. Frank sitzt stets neben mir und achtet auf die Tonaufnahmen, schreibt auch mit, ist aber ebenfalls so weit in einer leichten Trance, dass er jedes meiner Worte mitträgt; ja, ich habe manchmal den Eindruck, wir haben einen gemeinsamen Kopf, jedoch artikuliere nur ich das von unserer Quelle Eingegebene. Helles Tageslicht empfinde ich als störend und blendend, ich mag es gern abgedunkelt. Anfangs habe ich sogar mit Augenbinden oder Schlafbrillen experimentiert. Und mir wird beim Channeln immer kalt, besonders von der Körpermitte abwärts, weil meine Energie sich auf die vier oberen Chakras konzentriert, die sozusagen meine Arbeitschakras sind: Herz-, Hals-, Stirn- und Kronenchakra. Daher habe ich mir angewöhnt, stets eine leichte wärmende Wolldecke über meine Knie und Füße zu breiten. In der Münchner *Abendzeitung* war ich in den frühen Neunzigern einmal abgebildet mit der Unterschrift: »Frau Varda ist bereits unter ihrer Decke eingenickt.« Ein großes Missverständnis! Denn es mag seltsam anmuten, doch niemals bin ich wacher als in Trance! Die Bewusstseinserweiterung ist enorm, wenn die Persönlichkeit mit ihren Ecken und Kanten, ihren Ängsten und Eigenarten ausgeschaltet ist. Ich sehe Bilder und Zusammenhänge, die mir mit offenen Augen unzugänglich sind. Ich höre und rieche mit erweiterten Sinnen. Wenn ich aus der Trance auftauche, mag ich aber nicht berührt werden und brauche auch einige Zeit, bis ich wieder normal denken und sprechen kann.

Jedes Medium ist in seiner Arbeitsweise eigenartig, vielleicht auch eigensinnig. Als Starrsinnige benötige ich immer (und das seit Jahrzehnten!) exakt den gleichen Ablauf, dieselbe Musik, Franks urvertraute Stimme, die mich begleitet, und seine Präsenz, die mir Sicherheit schenkt. Andere Medien bewegen sich, gehen mit offenen Augen auf und ab, einige (wie beispielsweise Jane Roberts) rauchen oder trinken sogar Alkohol. Unter solchen Umständen könnte ich nicht empfangen, aber bei anderen geht das wunderbar. Ich habe auch eine ideale Tageszeit, etwa von elf bis dreizehn Uhr. Natürlich kann ich auch zu anderen Tageszeiten channeln, wenn es sein muss, doch am späten Vormittag muss ich die geringste Energie aufwenden, um mit der Quelle in Kontakt zu treten. Den Zustand, in dem Carla Rückert sich beim Channeln befand, kann ich daher recht gut nachvollziehen.

Ra, jene Wesenheit, die durch sie sprach, begann jede einzelne Aussage mit dem Satz: »Ich bin Ra.« In einhundertsechs Sitzungen (Liegungen!) vermittelte er (oder besser: vermittelten sie, denn es scheint sich bei Ra, wie bei anderen kausalen Lehrern, um eine multiple Wesenheit zu handeln) eine umfassende Aussage zur *Law of One*, dem Gesetz des Einen. Die Sprache von Ra ist sehr komplex, manchmal kompliziert und etwas hochgestochen. Sie ist daher schwierig in andere Sprachen zu übertragen. Hier ein Beispiel (in der Übersetzung des deutschen Verlegers Jochen Blumenthal):

> »Ich bin Ra. Wir kamen zu euch Menschen, um das Gesetz des Einen zu verkünden. Wir wollten jenen, die sich wünschten, von Einheit zu lernen, einprägen, dass in Einheit alle Paradoxien gelöst sind; alles, was gebrochen ist, wird geheilt; alles, was vergessen ist, wird ans Licht gebracht. Jahrtausendelang haben die Wesen von Ra versucht, das Gesetz des Einen an Wahrheitssuchende auf der Erde weiterzugeben, die sich wünschten, mehr über die Einheit oder das Einsseins aller Dinge zu erfahren. Dieses grundsätzliche Gesetz aller Schöpfung liegt tief in jedem unserer Herzen vergraben, weil wir in Liebe und in Licht, den Bausteinen des Universums, wirklich eins sind. Wir alle sind Manifestierungen des Einen Unendlichen Schöpfers. Wir sind der Schöpfer. Dieses Gesetz lernen wir nicht erstmalig, sondern wir erinnern uns daran, wie es alle Mystiker im Verlauf der Geschichte der Erde gelehrt haben. Unsere Reise der Selbst-Verwirklichung ist die Entdeckung oder Erinnerung dieser essenziellen Wahrheit, unserer essenziellen Identität. Ein Aufwachen, wie manche es genannt haben, in einer Illusion der Trennung.«[32]

In der Lehre von Ra geht es im Wesentlichen um die Beziehung vom Mikrokosmos zum Makrokosmos, von den Einzelheiten des Lebens auf der Erde zur Existenz im gesamten Kosmos, den vielfältigen Möglichkeiten der Selbstverwirklichung für spirituell Suchende. Die Ra-Wesenheit spricht von Einheit, vom freien Willen, Licht und Liebe. Zentral sind die Vorstellungen von unterschiedlichen Dichtezuständen des menschlichen Energiekörpers. So sollte der Mensch sich bemühen, aus der Dichte 3 (Entscheidungen) in die Dichte 4 zu gelangen (Dichte der Liebe). Hier ein weiteres Beispiel, in dem Ra sich über sein Medium Carla äußert:

> »Ich bin Ra. Es gibt eine kleine Menge Arbeit, die das Instrument hinsichtlich seiner vor-inkarnativen Entscheidungen in Bezug auf Dienst an den Unendlichen Schöpfer in dieser Erfahrung tun kann. Die Entscheidung, sich ohne Vorbehalt dem Anbieten des Selbst zu öffnen, wenn Dienst wahrgenommen wird, ist eine so fundamentale Entscheidung, dass sie für eine bedeutsame Veränderung nicht zugänglich ist, noch würden wir uns wünschen, in den Ausgleichs-Prozess, der mit diesem bestimmten Wesen stattfindet, einzugreifen. Die Weisheit und das Mitgefühl, die so durch diese nochmalige Zusammenfassung der vierten Dichte ausgeglichen werden, sind hilfreich für diesen bestimmten Geist/Körper/Seele-Komplex. Dies ist ein Wesen, das nicht dazu neigt, der Reinheit auszuweichen, mit der es ausführt, was es als das Beste empfindet, das es tun kann. Wir können dies, aufgrund des Wissens des Instruments, das sich über diesen Punkt klar ist, sagen. Genau diese Diskussion kann jedoch einer geringfügig weniger voll ungebremsten Hingabe zu Dienst in jeder einzelnen Arbeit Auftrieb geben, so dass der Dienst über eine große Periode eurer Raum/Zeit fortgesetzt werden kann.«[33]

Ra übermittelt anspruchsvolle intellektuell fordernde Botschaften. Allerdings ist die Idee von einer großen (göttlichen) Einheit, die alle Zweiheit in sich birgt, seit dem Mittelalter in allen bedeutenden Theologien verbreitet und insofern nichts Neues. Doch Menschen leben nun einmal im Polaren und Dualen. Einheit ist für sie nur mental vorstellbar oder sehr selten, in einem ekstatischen Zustand, emotional erfahrbar. Die Erleuchteten sprechen davon, doch der Mehrheit der Erdbevölkerung bleibt dieses Erleben unzugänglich. Daher ist es wohl wichtig, von einem kausalen Lehrmeister von Zeit zu Zeit daran erinnert zu werden. Auch unsere Quelle spricht bisweilen über das Einssein, die »große Seligkeit« im Vergleich zur »kleinen Seligkeit«. Zuweilen spricht sie auch vom »Allganzen«. Aber ihr Fokus ist auf das irdische Erleben gerichtet, auf das Fördern von Liebe und Erkenntnis im Diesseits und die erfahrbare Wirklichkeit des Seelischen. Selbstverständlich bettet die Quelle als transzendente Wesenheit ihre Lehre in den Kontext außermenschlicher Realität ein. Doch vor allem sollen dem Menschen in seinem begrenzten aktuellen Ist-Zustand eine neue Würde und ein liebendes Bewusstsein seiner irdischen Seinsqualität verliehen werden.

> »Wir wollen euch vermitteln, dass Menschsein von einer umfassenden Sinnhaftigkeit getragen wird. Du bist Mensch. Das bedeutet: Allein durch dein Sein erfüllst du einen göttlichen Auftrag. Du bist Mensch. Das bedeutet: Mit allem, was du tust oder nicht tust, leistest du einen unverzichtbaren Beitrag zum Großen Ganzen.«[34]

Janet McClure und Vywamus

Ein anderes Anliegen bewegt die Wesenheit Vywamus, die sich zunächst über das Medium Janet McClure und später über Petronella Tiller mitteilte. Auf jeden Fall möchte ich darauf hinweisen, dass das Buch *Die Kunst des Channelns* viele hilfreiche und aufschlussreiche Hinweise auf den körperlichen Empfangsprozess des Mediums, die Chakras und die daran beteiligten endokrinen Drüsen enthält. Wer oder was Vywamus ist, scheint allerdings nicht ganz klar zu sein. Im Netz (wiki.yoga-vidya.de) fand ich folgende Auskunft: »Vywamus ist die Bezeichnung eines Lichtwesens. Es gibt bestimmte spirituelle Traditionen, die sagen, dass es eine kosmische Wesenheit gibt, ein Lichtwesen, einen Aufgestiegener Meister, der seit 1984 auf diesem Planeten Erde wirkt. Er hat verschiedene Namen und wirkt auf unterschiedliche Weisen. Es heißt, dass Vywamus dieselbe Seelengrundstimmung hat wie der planetare Logos, aber eine höhere Bewusstseinsebene. Manche sagen, dass Vywamus das höhere Selbst von Sanat Kumara ist. Man sagt auch, dass Erzengel Gabriel die Urseele ist, aus der Vywamus hervorgegangen ist. Erzengel Gabriel ist seit Urzeiten Verkünder Gottes. Er hat Maria die Geburt von Jesus Christus verkündet und sogar Mohammed den Koran verkündet. Und so ist Vywamus derjenige, der ausgesandt ist, Licht auf die Erde zu bringen und die Menschen zu inspirieren, Gutes zu tun.«

Den Aufgestiegenen Meister Djwal Khul, zuerst geschaut von Madame Blavatsky, stellt Vywamus uns zu Beginn des Buchs *Die Kunst des Channelns* vor:

> »Er ist ein großes Wesen, das zu uns gekommen ist, um in dieser entscheidenden und wunderbaren Zeit zu dienen, wo die Menschheit danach strebt, spirituelles Bewusstsein zu entwickeln, wo sie die veralteten Formen abstreift und in größerem Lichte in das Neue Zeitalter hineingeht … Vywamus ist ein Wesen von sehr hohem Bewusstsein. Er ist ein höher entwickelter Aspekt von Sanat Kumara, dem Logos unseres Planeten, der die Erde und alles, was auf und in ihr lebt, beseelt … Vywamus stellt eine noch höhere Ebene dieses Bewusstseins dar. Man kann sagen, er ist das ›Höhere Selbst‹, wie wir es manchmal nennen, oder die Seele von Sanat Kumara.«[35]

Vywamus spricht in seinen Lektionen vor allem über den Channeling-Prozess als solchen, aber auch über die »göttliche Seele«, die Chakras, das endokrine System, den Weg zu Meisterschaft und Erleuchtung. Hier scheint eine enge Verbindung zu einer ursprünglich von

Madame Blavatsky identifizierten Wesenheit namens Sanat Kumara zu bestehen. Inzwischen ist dieser zum »Hüter der Erde« avanciert, zum planetarischen Logos, doch Vywamus scheint ja noch über ihm zu walten. Seine Geschichte erzählt Sanat Kumara in dem Buch *Die Erde ist in meiner Obhut* durch Vywamus und Janet McClure. Zusammen mit anderen Seelen erschuf er die Erde, kam aber von einem anderen Planeten dieser Galaxis »der in Größe und Dichte der Erde sehr ähnlich ist«. Sein Vater, dort reich an Grundbesitz und Vieh, diente dem Planetarischen Rat; er selbst war als Knabe Schafhirte. Ein Krieg brach aus, sein Planet bot 667 Personen Schutz und Tausenden von Schafen … In der Form eines Märchens berichtet Sanat Kumara von seiner Ausbildung bei den Engeln. Sein Bewusstsein musste in 900.000 Fragmente aufgeteilt und alle Stücke auf entsprechend viele Planeten verteilt werden. Zugleich aber blieb er sich der Großen Einheit bewusst. Bunte Ziegen wurden zu seinen geliebten Gefährten. Sie wurden von Jägern bedroht, doch er schützte sie.

> »Ich bin hier, um die Erde zu führen. Über die vergangenen 18 Millionen Jahre haben viele, viele, viele Veränderungen stattgefunden. Neue Graduierte der Erde haben innerhalb der ›Hierarchie‹ Verantwortung übernommen … Auch ich kümmere mich um jeden von euch … Denk daran – was jetzt auf der Erde erlernt werden muss, ist dies: Alle können hier in Frieden und Harmonie zusammenleben und dabei die anderen Glaubensformen respektieren und anerkennen, ohne sie zu verurteilen oder abzuwerten!«[36]

Es ist verwirrend, diese Informationen ordnen zu wollen. Wer steht nun höher in der Hierarchie – Sanat Kumara oder Vywamus? Wer beseelt, wer führt, wer beherrscht die Welt, die Erde? Wer wird sie in das Neue Zeitalter führen? Ich muss eingestehen, dass ich hier an meine Grenzen stoße, als Medium und als denkender Mensch. Von unserer Quelle in jahrzehntelanger Unterweisung darin belehrt, auf hierarchisches Denken (höher, besser, größer, mächtiger, liebevoller) zu verzichten, fällt es mir schwer, den Ausführungen von Vywamus und Sanat Kumara zu folgen. Doch ich bin bereit einzugestehen, dass es sehr viel Merkwürdiges gibt, gerade weil – wie ich berichtet habe – auch mir die verrücktesten Dinge widerfahren sind und ich durchaus sehr ungewöhnliche Informationen über die Seele des Menschen und die Welten der Seele erhalten habe. Daher möchte ich nicht darüber urteilen, ob das, was über das Medium Janet McClure verbreitet wurde, wertvoll oder gar »wahr« ist.

Mir persönlich ist das alles »zu hoch«, ich komme nicht mehr mit. Aber vielleicht bin ich zu engstirnig, zu borniert, um mir diese interplanetarischen oder intergalaktischen Wesen und ihren Einfluss auf uns Menschen vorstellen zu können. Ähnlich geht es mir mit der Großen Weißen Bruderschaft. Ich habe zwar an mir selbst erfahren, dass es Sachen gibt, »die gibt's gar nicht«! Bei aller Begabung betrachte ich mich dennoch als recht erdgebunden, praktisch, pragmatisch. Ich will gern manches glauben, muss aber in der Lage sein, entweder zu überprüfen oder aber die Informationen in mein Weltbild einbauen zu können. Möglicherweise bin ich auch den jüdisch-christlichen Gottesvorstellungen noch zu sehr verhaftet, als dass ich Wesenheiten oberhalb von Gott in Betracht ziehen könnte. Und auf die Erkenntnisse der Naturwissenschaft bezüglich der Bewohnbarkeit anderer Gestirne durch uns Menschen möchte ich ebenfalls nicht ganz verzichten, obgleich ich ja weiß, dass Gottesvorstellungen sich im Lauf der Zeit verändern und die Geschichte der Wissenschaften eine oft befremdliche Geschichte von lauter fehlerhaften Theorien ist.

Im Allgemeinen scheint mir unter den modernen Medien eine Art Konkurrenz zu herrschen. Wer channelt die höhere Wesenheit, wer empfängt den besseren Meister, welcher Sender hat das höhere Bewusstsein? Die Ansprüche wachsen von Jahr zu Jahr, von Medium zu

Medium. Was das Channeln von Sternenwesen betrifft, vermute ich, dass die zahlreichen amerikanischen Filme vom Typ *Star Wars* sowie die Ufo-Religion der Fünfzigerjahre und die Geheimniskrämerei des CIA, wenn es um schwer erklärliche Phänomene geht, einen erheblichen Einfluss auf die Denkweise und die Fantasie einiger Medien ausgeübt haben.

Die Inflation der Erzengel

Ähnlich anspruchsvoll, was die Sender aus dem All betrifft, verhält es sich mit der Dimension und den Durchgaben der Engel. Die großen Religionen der Welt haben allgemein eine mit historischem Blick zu beobachtende Tendenz, im Laufe der Jahrhunderte in strengen kultischen Vorschriften, der korrekten Ausübung der Riten und in komplexen Ausformungen ihrer Götterwelt immer abstrakter und komplizierter zu werden. Am Ende wissen nur noch die jahrelang Initiierten, priesterlich Ausgebildeten und theologisch Gelehrten, was gemeint und wovon die Rede ist. Glaube, Kultus, Mystik und Geheimwissenschaften vermischen sich. Fast alle Weltreligionen haben »esoterische« Zweige entwickelt, sei es der Sohar oder der Sufismus. So verhält es sich auch mit der Angelologie, der Wissenschaft von den Engeln, die letztlich zu einer großen Anzahl von Durchgaben aus den Dimensionen des Himmels und der Engel geführt hat. Es ist überdies verständlich, dass man schwerlich Einwände gegen eine Botschaft vom Erzengel Michael geltend machen kann. Und Gabriel – hat er nicht schon einige Wunder vollbracht?

Geflügelte Wesen, die den Göttern beigesellt waren, gab es bereits im antiken Mesopotamien, besonders in Babylon und Assyrien. Schon damals galten sie als Boten, die den Menschen den göttlichen Willen überbrachten. Auch die Zoroastrier und die Ägypter kannten mythische Mischwesen mit Flügeln. In die jüdische Kultur drangen sie wahrscheinlich mit und nach dem babylonischen Exil ein. Griechische Daimones und römische Genien wurden ebenfalls häufig geflügelt dargestellt. Der Götterbote Hermes/Merkur trägt Flügel an den Schuhen; auch die Siegesgöttin Nike/Viktoria hat große Flügel. Der Liebesgott Amor ist ebenso geflügelt wie seine Gefährtin Psyche, die allerdings nur Stummelchen wie Reste von Schmetterlingsflügeln aufweisen kann.

Im Judentum gelten die Engel als Boten Gottes. Die Bezeichnung *mal'ach* für »Bote« oder »Vermittler« wurde ins Griechische mit *angelos* übersetzt; daher unser deutsches Wort Engel. In der hebräischen Bibel gibt es allerdings nur einen einzigen Erzengel (*archangelos*) namens Micha-el. Das bedeutet etwa »Wer ist wie Gott?«. Weitere Engel werden in nicht kanonischen Schriften erwähnt, zum Beispiel Rapha-el. Ein Gabri-el, ebenfalls Überbringer von Göttlichen Weisungen, taucht erst im Neuen Testament auf, als Verkünder der Geburt Jesu an Maria, jedoch nicht als Erzengel. Allein diese drei werden von den christlichen Kirchen als Erzengel anerkannt, die über allen anderen Gottesboten stehen. Uri-el trat erst später hinzu. Gabriel spielt außerdem als Übermittler der göttlichen Worte Allahs an Mohammed im Koran eine zentrale Rolle.

Die Endung *-el* geht auf *El* zurück, in den semitischen Sprachen bereits seit dem zweiten vorchristlichen Jahrtausend das Wort für »Gott«. In der Pluralform Elohim wurde es in der jüdischen Religion neben JHWE eine weitere Bezeichnung für Gott. Im Arabischen findet man den Wortstamm in Allah wieder. Dass die Namen der Erzengel auf -el enden, zeugt von ihrer Zuordnung als Diener Gottes. Stets gelten sie als nicht menschliche, übernatürliche, körperlose, geschlechtslose und rein geistige Zwischenwesen. Allerdings werden sie in der Kunst vorwiegend als ernst blickende männliche Gestalten mit großen Flügeln dargestellt. Zu ihnen traten später die niedlichen Putti des Barocks und die angeblich jedem menschlichen Individuum beigesellten Schutzengel.

Seit dem späten 5. Jahrhundert versuchten christliche Theologen eine hierarchische Ordnung in die unübersichtliche Engelwelt zu bringen. Besonders Thomas von Aquin hat sich in seiner *Summa Theologica* darum bemüht, doch waren auch viele andere am Werk (unter anderen Hildegard von Bingen), die Ordnungen der Engel oder die neun Engelchöre, die zum Lob Gottes singen, zu beschreiben. Die drei Erzengel wurden zunächst mit Uriel zu vier und dann mit unterschiedlichen Namen zu der heiligen Zahl Sieben vervollständigt. Sie wurden erst im 15. Jahrhundert einem portugiesischen Mönch enthüllt: Barachiel, Sealtiel und Jehudiel. Ihre Namen könnten aber auch Raguel, Barachiel und Pantasaron lauten, wie ein Text aus dem 8. Jahrhundert verkündet. Sie alle stehen jedoch nicht einmal an oberster Stelle in der Hierarchie der Gottesboten, denn über ihnen herrschen noch die Seraphim, Cherubim und Throni.

Dennoch bleibt Michael der bekannteste und zumal im deutschsprachigen Raum wichtigste Erzengel. Er ist der Schutzpatron Deutschlands (der deutsche Michel), außerdem der Patron der österreichischen und Schweizer Polizei. Als Bezwinger des Satan-Drachens in der Offenbarung des Johannes, als Torhüter des Paradieses mit Seelenwaage und Flammenschwert, als Begleiter der Seelen ins Jenseits spielt er in Theologie und Volksglauben eine zentrale Rolle. Die Mormonen, Zeugen Jehovas und Adventisten betrachten ihn sogar als gleichgestellt mit Jesus oder Adam. In einer der Schriftrollen vom Toten Meer wird er als Fürst des Lichts, Anführer der himmlischen Heerscharen (deshalb wird er häufig in der Rüstung eines römischen Soldaten dargestellt) und als Vizekönig des Himmels bezeichnet. Rudolf Steiner spricht sogar von einem Michaelischen Zeitalter, das mit dem Jahr 1879 begonnen haben soll. Es versteht sich im Rahmen unserer Erörterungen fast von selbst, dass zahlreiche Menschen Michaels-Visionen erlebten.

Wäre ich ein Junge geworden, hätten meine Eltern mich Michael getauft. Noch heute ist dies einer der beliebtesten Vornamen. Als ich an meinem Roman *Die Seelenwaage* schrieb, der von der Untrennbarkeit von Schuld und Unschuld handelt, war dieser Erzengel mir besonders nah, denn die Seelenwaage ist sein Attribut. Mit einem Teil des Vorschusshonorars erwarb ich eine schöne antike Holzfigur, die mich seither täglich begleitet. Und sie erinnert mich als Priester-Seele auch immer an die uralte Namensbedeutung dieser Engelsgestalt und die ewige Frage »Wer ist wie Gott?«

Michael ist seit dem 4. Jahrhundert nach Maria auch das häufigste und älteste Patrozinium der europäischen Kirchen. Man denke an den Mont Saint-Michel, die Engelsburg in Rom, den Michel in Hamburg … Auf dem Sporn des italienischen Stiefels, dem Gargano mit dem Monte Sant'Angelo, entstand im 5. Jahrhundert eines der bedeutendsten Heiligtümer Italiens in einer Höhle über dem Meer. Jeder, der nur irgendwie in die Nähe kam – Kaiser, Könige, Päpste – suchte sie auf. Auch der heilige Franziskus von Assisi machte auf seiner Reise zum Sultan Saladin, den er zum Christentum bekehren wollte, zunächst dort Rast. Auf dem Torbogen über dem Eingang zur weitläufigen Höhle steht geschrieben, dass jedem frommen Besucher alle Sünden vergeben sind. Als ich zum ersten Mal das Tor durchschritt, voller Neugier und Erwartung, spürte ich zu meiner großen Enttäuschung gar nichts. Es wurde gerade eine der zahlreichen Pilgermessen gefeiert, andere Touristen lärmten und fotografierten. Im Allgemeinen spüre ich die Schwingungen heiliger Orte. Deshalb wollte ich unbedingt noch einmal dorthin, und wirklich, beim zweiten Besuch schlug mir eine machtvolle Energiewelle entgegen, der ich mich hinzugeben vermochte. Ich meinte die fromme Andacht von Hunderttausenden Pilgern zu spüren.

Warum erzähle ich so ausführlich vom Erzengel Michael? Ehrlich gesagt betrachte ich ganz persönlich die unzählbare Schar der Engel eher als historisch gewachsenes Phänomen, aber auch – psychologisch gesprochen – als Ausdruck der Sehnsucht des Menschen nach Mittlergestalten, die ihnen jene so unendlich ferne Gottheit näherbringen. Ich erkenne ihre Not, etwas Greifbares und Beschreibbares, konkrete

Kompetenzen und Zuständigkeiten auszumachen. Das beruhigt unser menschliches Gemüt angesichts des Unendlichen. Fromme Theologen versuchten immer wieder Ordnung in das Unfassbare und Unbegreifliche zu bringen. Seit dem Mittelalter und bis ins 20. Jahrhundert gab es sieben Erzengel und damit basta. Die übrigen unendlich großen himmlischen Heerscharen waren dienende Geister ohne Namen. Sie waren hierarchisch geordnet wie das Personal eines byzantinischen Kaiserhofs, wo jeder seinen Platz kannte. Auch unsere eigene Quelle als Kollektivwesenheit sagt, dass sie lediglich als untergeordnete Verwalterin der göttlichen Energie, des Allganzen, arbeitet; sie würde sich zwar niemals als Engel bezeichnen, leugnet aber auch nicht, dass es so etwas wie Engelkräfte gibt.

Nun hat sich in den vergangenen etwa vierzig Jahren in medialen Kreisen eine erstaunliche Entwicklung ergeben. Zahlreiche der neuen jungen Medien sagen, dass sie ihre Informationen von Erzengeln erhalten. Diese Aussage schmälert nicht den Gehalt der jeweiligen Botschaften, wohl aber verleiht sie ihnen hohe, vielleicht sogar überhöhte Autorität und eine wie selbstverständlich angenommene Heiligkeit. Dazu war und ist es nötig, eine ganze Menge neuer Erzengel-Namen zu (er)finden oder frühchristlichen apokryphen Schriften zu entnehmen. Es sind wohl inzwischen etwa vierzig an der Zahl. Ich stelle hier nur einige von ihnen vor: Haniel, Emanuel, Jeremiel, Jophiel, Metatron (laut dem hebräischen Sohar der Engel neben Gottes Thron, höchstrangiger Statthalter des Himmels, König der Engel, Herrscher des Anfangs und des Endes und vieles mehr), Raguel, Raziel, Schmael, Zadkiel, Zaphkiel, Chamuel, dazu Azriel und Israfil aus der islamischen Tradition, auch Ariel … Hauptsache: -el.

Tachi-ren und Ariel

Ariel leitet sich wahrscheinlich vom persisch-zoroastrischen Ahriman ab, wird hebräisch als Ari-el (»Löwe Gottes«) gedeutet und später nicht nur in die Ordnung der Erzengel eingegliedert, sondern auch bald ganz »oben« angesiedelt. Die Namensgleichheit mit einem Waschmittel ist sicherlich zufällig. Ariel führt verschiedene Engelschöre an, wird oft mit Uriel gleichsetzt oder verwechselt und kann auch als »Prinzregent der jüdischen Thronengelhierarchie« gelten. In unseren Tagen wird Ariel von einem amerikanischen Medium gechannelt, das der sogenannten Lichtarbeiter-Bewegung angehört, Tashira Tachi-ren. Der Erzengel vermittelt Kenntnis von den zwölf Lichtkörperebenen. Es handelt sich, wie Ariel sagt, um Mutationsphasen der DNA.

> »Am 30. Mai 1994 ergab sich im Göttlichen Plan eine dramatische Veränderung für den Planeten Erde. Der gesamte Zeitplan für den planetarischen Aufstieg wurde beschleunigt … es war als hätte Gott in eure Körper gegriffen und die Angst und das Gefühl der Getrenntheit mit der Wurzel ausgerissen … Dein Geist bestimmt, welche Lichtkörperebene deinem göttlichen Aufbau, deinem Inkarnationsgitter innerhalb des Hologramms und dem, was dem planetarischen Aufstieg dient, am besten entspricht. In Wirklichkeit geht es beim Lichtkörper um die Evolution dieser Spezies und den kollektiven Dienst an allem Leben. …
>
> Jedes Mal, wenn ein Planet ins Licht geht, ist diese Heimkehr aus der Getrenntheit ein einzigartiges Ereignis … Es gibt 383 weitere Planeten, die simultan mit der Erde ins Licht gehen werden … Es gab zwar eine Zeit, in der wir nicht sicher waren, ob dieser Planet heimkehren kann, doch nun feiern wir die Gewissheit einer sicheren Heimkehr. … In dei-

nem Universum wurde im Prozess der Verdichtung der Punkt der maximalen Entfernung vom reinen Licht erreicht. Nun kehrt sich dieser Prozess um (seit März 1988) … Momentan sind sieben bis acht Millionen Lichtarbeiter auf der Erde. Viele von euch sind Spezialisten darin, Planeten beim Aufstieg zu helfen. Ihr habt das schon viele tausende Male zuvor getan.«[37]

In dieser anspruchsvollen und gewiss wegen der extremen Verantwortung auch anstrengenden Arbeit wird Ariel unterstützt von einer großen Anzahl von Helfern, den Aufgestiegenen Meistern. Auch hier will ich nur einige der vielen Namen und Gestalten nennen: Helion, Hilarion, Koot Hoomi, Djwal Khul, Kamakura, Lao Tse, Christus, Orion, Pallas Athene, Serapis Bey, Ashtar, Zarathustra, El Morya, Kwan Yin, Maria, Angelica, Lady Nada, Sanat Kumara, Vywamus und den vielgerühmten Saint-Germain. Eine bunte Mischung aus aller Herren Länder.

Saint Germain

Saint Germain, ein französischer Graf oder auch nicht, Musiker, Okkultist, Alchemist, Freimaurer, Hochstapler und großmäuliger Abenteurer, der in halb Europa Schulden hinterließ und unter zahlreichen Namen auftrat, strickte bereits selbst fleißig an seiner Lebenslegende. Unter anderem behauptete er, ein Wässerchen zu besitzen, das alterslos oder gar unsterblich macht. Das hat sich rentiert. König Louis XV. ließ ihm in Versailles und in Chambord Chemielabors einrichten. Dort versuchte er, Gold herzustellen und Diamanten zu vergrößern.

Einem dänischen Diplomaten gegenüber sagte Saint Germain: »Diese Pariser Idioten glauben, dass ich fünfhundert Jahre alt bin, und ich bestätige sie in dieser Auffassung, da ich sehe, dass es ihnen Vergnügen bereitet – was nicht heißen soll, dass ich nicht sehr viel älter bin, als ich erscheine.«[38] Voltaire schrieb voller Ironie an Friedrich den Großen, das sei »ein Mann, der alles weiß und niemals stirbt«, und der König antwortete, Saint Germain sei ein Graf zum Lachen. Hundert Jahre später hatte er schon ordentlich Karriere gemacht, denn Madame Blavatsky hielt ihn für einen geheimen tibetischen Weisen. Ein Abführmittel aus Sennablättern wurde als Saint-Germain-Tee bekannt. Der 1930 begründeten I-am-Bewegung gilt er als großer spiritueller Lehrer. In der Eso-Szene des 20. und 21. Jahrhunderts hat er einen glänzenden Ruf und wird von zahlreichen Medien als Übermittler bedeutsamer Botschaften aus dem Jenseits oder noch weit höheren Bewusstseinssphären genannt.

Giovanni Casanova, Zeitgenosse und selbst kein Kostverächter, schreibt in seinen Memoiren: Saint Germain »gab sich in jeder Hinsicht als Wunderknabe. Er wollte verblüffen und verblüffte auch tatsächlich. Er hatte eine entschiedene Art zu sprechen, die jedoch nicht missfiel, denn er war gelehrt, sprach fließend alle Sprachen, war sehr musikalisch, ein großer Kenner der Chemie, besaß angenehme Züge und verstand es, sich bei allen Frauen beliebt zu machen.«[39] Sein Bruder im Geiste war Alessandro Cagliostro, er bezeichnete sich als sein Schüler; und auch Franz Mesmer, der Begründer des Mesmerismus und Vorläufer moderner Energielehren, behauptete, von ihm gelernt zu haben. Wie Saint Germain nun aber zu einem Aufgestiegenen Meister geworden sein soll, bleibt zunächst ebenso rätselhaft wie seine gezielt verrätselte Biografie.

Doch des Rätsels Lösung liegt nahe. Es scheint nicht nur einer gewissen Unwissenheit moderner Medien geschuldet zu sein, die sich damit brüsten, die höchsten der höchsten Informationsquellen anzuzapfen. Zu einem vergleichbaren Fall befragten wir unsere Quelle. Wir erfuhren, dass es nicht menschlichen Sendern aus anderen Bewusstseinsdimensionen ein Hauptanliegen sei, überhaupt Gehör für ihre Botschaften zu finden. Sie präsentieren sich daher gern in bestimmten, oft bereits bekannten oder berühmten Erscheinungsformen, sogenannten Gewändern oder Einkleidungen. Wenn dann das Publikum ihrer Botschaften ehrfürchtig »Ahh« und »Ohh« zollt, haben sie ihr Ziel erreicht. In dieser Hinsicht ist es unwesentlich, ob es sich dabei um den Namen eines Erzengels oder Aufgestiegenen Meisters, um Jesus oder die Jungfrau Maria handelt. Ein berühmter oder gar heiliger Name beruhigt Ängste und verspricht Wahrheit. Man verzeihe mir meine Skepsis. Doch ich bleibe dabei: Nur der Wert der durchgegebenen Inhalte zählt, nicht der Name oder der Anspruch des entkörperten Informanten. Und wer nach der absoluten Wahrheit sucht, wird sich irgendwann enttäuscht abwenden. Denn gleichgültig, *wer* (angeblich) durch ein Medium Botschaften an die Menschheit sendet, er kann immer nur Teilwahrheiten anbieten.

Ich bitte darum, mich angesichts dieser Inflation von Erzengeln, Aufgestiegenen Meistern und Hohen Lehrern aus fernen Bewusstseinsdimensionen nicht für allzu herablassend zu halten. Zumindest einen kausalen Lehrer kann ich persönlich verbürgen, denn ich bin es ganz gewiss nicht selbst, die die Texte unserer zahlreichen Bücher verfasst. Im Gegensatz dazu kann man die Entstehung der Idee von Aufgestiegenen Meister historisch nachvollziehen. Ob es Engel gibt, weiß ich nicht. Doch in den vergangenen zehn Jahren hatte ich zwei Erlebnisse, zwei Begegnungen, die ich als außerordentlich seltsam empfunden habe. Eines Nachts bestellte ich ein Taxi und setzte mich wie gewohnt auf den Beifahrersitz. Es war spät, und ich war müde, mochte nicht reden. Im dunklen Wagen verbreitete sich eine ungewohnte Stimmung, eine merkwürdig warme und sehr liebende Stille. Ich wandte nach einiger Zeit meinen Kopf zur Seite, betrachtete den Fahrer mit seinem rotblonden Haar und wagte zu fragen: »Wer sind Sie?« – Er antwortete: »Ich bin ein türkischer Jude aus Istanbul.« Mein Herz klopfte stark, mir standen Tränen in den Augen, ganz ohne logischen Grund. Ich konnte nicht mehr sprechen. Und dann war die Fahrt schon zu Ende. Am folgenden Tag rief ich bei der Taxizentrale an, um zu erfahren, wer dieser ungewöhnliche Mensch war, wie er hieß, ich wollte ihn unbedingt wiedersehen! Trotz großer Bemühungen erhielt ich keine Auskunft, er war unbekannt. Auch andere türkische Fahrer, die ich in den folgenden Jahren wiederholt befragte, wussten nichts von ihm. Wann immer ich an diese Nacht denke, habe ich das starke Gefühl, ich sei einem Engel begegnet. Nur ein Gefühl, da ich keine anderen Kriterien kenne, denn ich weiß ja nicht, wie eine Engelskraft wirkt.

Einige Jahre später wollte ich im Stadtzentrum von München ein paar Besorgungen machen. Ich stieg am Marienplatz aus der U-Bahn. Oben schallten mir lärmende Lautsprecher und das Grölen von Fußballfans entgegen. Solche Menschenansammlungen von Betrunkenen und aggressiv Feiernden sind mir unangenehm, daher wählte ich den Weg durch eine schmale Passage, um den wogenden Massen auf dem Marienplatz zu entgehen. So gelangte ich in eine Art Hinterhof, den ein Lokal mit ein paar Stühlen und Tischen ausgestattet hatte. Auch hier saß eine Gruppe junger Erwachsener, die schon stark angetrunken waren, laut sangen und mich anpöbelten. Ich musste an ihnen vorbeilaufen, es war ein Weg von etwa hundertfünfzig Metern, ich fühlte mich verunsichert und ein wenig bedroht. Außer mir und den Fußballfans war keiner da. Da bemerkte ich, wie jemand unendlich sanft den Arm um meine Schultern legte. Ohne ein Wort führte mich dieser Jemand auf die nächstgelegene belebte Straße und war schon verschwunden, als ich mich zum ihm umwandte und ein leises Danke sagte. Die hauchzarte Berührung an meinen Schultern kann ich noch heute spüren, aber viel mehr noch die Liebe und den fürsorglichen Schutz, der von diesem Jemand ausging (ich meine, es war ein junger Mann, doch ich habe ihn nicht sehen können). Ich war wie verzaubert, blieb stehen und hörte mich halblaut sagen: Ich glaube, das war ein Engel! Und das obwohl ich doch eher nüchtern, zweiflerisch und pragmatisch bin, eigentlich an persönliche Schutzengel nicht glauben mag (denn wo bleiben die, wenn es jemandem schlecht geht?) und eine solche Begegnung zwischen Kaufhof und Rathaus ganz bestimmt nicht hätte erwarten können. Wegen dieser emotionalen und rein subjektiven Erlebnisse bin ich nun gewiss die Letzte, die standfest behaupten würde, Engel gibt es nicht. Aber gibt es sie wirklich? Wie steht es um den objektiven Wahrheitsgehalt solcher Empfindungen? Und wie kann man die Erzengel zählen? Wer kann sie zählen?

Die neuen Anliegen

Was ist es überhaupt, was moderne Medien unserer Jahre verkünden (ich rechne mich in dieser Hinsicht einer älteren Generation zu)? Ich möchte folgende Hypothese wagen: Die weitverbreitete Sehnsucht nach einem Kontakt zu hohen, immer höheren und mächtigeren Wesenheiten, die der Transzendenz zugerechnet werden, ist der Ersatz für eine Suche nach Gott, für eine Beziehung zu Gott. Gott als personales Wesen, wie ihn Judentum, Christentum und auch der Islam verkünden, ist, wie unsere Quelle sagt, »das Nächste und das Fernste zugleich«. In der Seelenlehre wird das Wort »Gott« weitgehend gemieden. Als Begriff für das Unbegreifliche, dem Menschen Ferne (weil »es« zu groß ist), für das, was er trotzdem als schöpferische Instanz oder Macht wie etwas Nahes zu empfinden vermag, wurde das Wort »Das Allganze« eingeführt. In der englischsprachigen Tradition steht hier die Vokabel *the Divine*. Der deutschsprachige Neologismus umfasst jedoch mehr als das Göttliche. Es meint Alles und Eines, das Ganze. Es versucht, das geistige Prinzip hinter allen materiellen und nicht materiellen Erscheinungen des physischen Universums und des geistigen Kosmos mit einem Wort zu erfassen. Unsere Quelle sagt jedoch auch, dass dieses Allganze von ihr nur erahnt, nicht aber erkannt werden kann.

Nun wird von den allermeisten Medien des postmodernen Zeitalters und von den Empfängern außer- und übermenschlicher Botschaften das Personale des alten biblischen Vatergottes übertragen auf stellare, interstellare oder gar intergalaktische, allwissende, allmächtige und all-liebende Gestalten wie Sanat Kumara, auch genannt »Herr der Erde« (eventuell ist aber auch er nur ein Diener oder Vertreter von Vywamus, wer weiß). Der Mensch scheint nun einmal ein unstillbares Bedürfnis nach einem übergeordneten Ansprechpartner zu haben, der jeden Einzelnen kennt, schützt und berät. Eine verehrungswürdige Gestalt, mal mit, mal ohne physischen Körper. Darum und dazu kreieren die medialen Empfänger unserer Zeit herrlich schöne, übermächtige und den Menschen behütende überirdische Figuren oder Wesenheiten, die allerdings in ihrer Art zu sprechen und in ihren Anliegen etwas ausgesprochen Menschenähnliches an sich haben.

Atlantis und Lemurien

Die meisten neuen Weltherrscher haben angeblich eine Vergangenheit in Atlantis oder Lemurien oder eben in Urzeiten auf der Erde, zu der sie heute gnädig herabsteigen. Diese Aussagen haben auch uns natürlich beschäftigt; deshalb haben wir im Jahr 2000 unsere Quelle dazu befragt. Ich gebe die Durchsage hier wieder, ohne zugleich den Anspruch zu erheben, dass dies nun die letztgültige Wahrheit zum Thema sei.

> »Niemand, der jetzt als Mensch inkarniert ist, keiner, der jetzt lebt, kommt von einem anderen Planeten. Niemand war schon in jetziger Gestalt ein Wesen, das von vielen als Atlanter bezeichnet wird. Wohl aber verbirgt sich hinter dieser Empfindung eine Realität. Denn es gibt menschlich Inkarnierte, die eine nicht ganz gelöschte Erinnerung an eine Zeit haben, in der die Erde von anderen Seelenvölkern belebt war. Wir haben an anderer Stelle schon angedeutet, dass dieser uralte Planet schon mehrfach Inkarnationsversuche und Besiedlungsversuche erlebt hat, und viele dieser Versuche waren

durchaus für Hunderttausende von Jahren erfolgreich. Sie wurden abgeschlossen, als die sie tragenden Seelenvölker ihr Werk getan hatten.

Wie ihr auch erfahren habt, ist alles, was existiert, miteinander verbunden und vernetzt. Es gibt also Verbindungen zwischen einzelnen Seelenvölkern, es gibt Verbindungen, die aufrechterhalten werden müssen, um eine bestimmte Kontinuität zu wahren. Doch wenn jemand sagt: ›Ich war Atlanter‹ oder ›Ich komme aus Atlantis‹, so müssen wir von unserer Warte her sagen: Hierin liegt einiges beschlossen, das korrigiert werden sollte.

Zunächst einmal ist es genauso problematisch zu sagen ›Ich war in Atlantis‹ wie zu sagen ›Ich war ein Chinese im 12. Jahrhundert‹ oder ›Ich war ein Ägypter im Neuen Reich‹. Das Ich war niemals ein anderes Ich, die Kontinuität, die Erinnerung, von der gesprochen wird, betrifft nicht das Ich. Deshalb sagen wir, kein Mensch, der heute lebt, war in Wirklichkeit ein anderer Mensch. Andere Menschen haben gelebt, andere Ichformen wurden hervorgebracht, doch die Kontinuität liegt auf einer anderen Ebene, nicht auf der Ebene des Ich.

Zum Zweiten muss einmal gesagt werden, dass Atlantis – so wie es viele sich denken – niemals existiert hat. Die Vorstellungen entstammen in den allermeisten Fällen einer mythischen Tradition, die mit dem, was wir euch berichten können, nicht viel zu tun hat. Wir betonen: Es hat andere Beseelungsexperimente gegeben, doch weder gab es ein Volk der Lemurier oder Atlanter noch gab es einen Ort, der als Atlantis oder Lemurien bezeichnet werden kann. Das Seelenvolk war ganz anders, der Ort war nicht dort, wo viele Atlantis vermuten, sondern betraf die gesamte Erdoberfläche.

Das Volk, das ihr als Atlanter gewohnt seid zu bezeichnen (und damit meinen wir ein Seelenvolk), unterschied sich ganz wesentlich und unverwechselbar von dem Seelenvolk, das uns und euch als Spezies Homo sapiens hervorgebracht hat, also von unserem Seelenvolk. Es ist für euch fast unvorstellbar, dass Seelen sich entschließen konnten, sich mit den Körpern von Nichtsäugetieren zu verbinden und eine beseelte Gestalt hervorzubringen, die in ihrem letzten Stadium den Sauriern entsprach, und hierbei ganz besonders einigen Großformen. Diese beseelten Lebewesen haben Existenzen hervorgebracht, die ebenso wie die eure einen ganzen Inkarnations- und Entwicklungsweg benötigten, um die entscheidenden und notwendigen Erfahrungen auf der Erde machen zu können. Und als sie diese abgeschlossen hatten, vergingen auch die entsprechenden Lebensformen. Dass dazu auch äußere Umstände klimatischer und eruptiver Art beigetragen haben, wird davon nicht beeinflusst. Wenn wir nun abermals sagen: Kein Mensch, der heute lebt, war jemals ein solches Wesen, so wird euch dies jetzt umso tiefer einleuchten. Ein beseeltes Säugetier ist nicht mit einem beseelten Reptil zu vergleichen. Oder anders ausgedrückt: Es ist undenkbar, ein beseeltes Reptil mit einem beseelten Wesen auf einem anderen Planeten wie der Venus oder den Sternen der Plejaden in Beziehung zu setzen.

Jene, die das Empfinden haben, sie seien Atlanter gewesen, erinnern sich in merkwürdiger Häufigkeit an etwas, das sie Machtmissbrauch nennen; und sie sprechen oft davon, dass sie ganz andere Fähigkeiten besaßen, dass sie sich nicht oder nur selten über eine Sprache verständigten und einen anderen Stoffwechsel besaßen, andere Bedürfnisse an Nahrung und unterschiedliche, den Menschen unbekannte Kommunikationsformen.

Dies alles ist, auch wenn es euch absurd erscheinen mag, mit dem, was wir andeuteten, zu erklären. Doch müssen wir euch gestehen, dass wir über diese beseelten Echsen und Saurier nicht viel wissen, denn wir gehörten niemals zu ihnen. Wir lebten in unserer inkarnierten Zeit ausschließlich als Angehörige der Spezies Homo sapiens. Und daher wissen auch wir nur vom Hörensagen, dass es Anderes, Früheres gegeben hat. Gewiss, auch wir haben verlautbaren hören, dass alles, was vor Millionen von Jahren für jene beseelten Wesen üblich war, gigantеske Züge aufwies, Überdimensionales, Unbegreifliches – unbegreiflich deshalb, weil der aktuelle beseelte Mensch im Verhältnis zu dem, was einst war, klein und zierlich ist und ganz andere Ziele verfolgt.

An dieser Stelle möchten wir die Gelegenheit nutzen, euch die Illusion zu nehmen, dass große Bauwerke wie die Pyramiden oder riesenhafte Kunstwerke wie die Erdlinien in Südamerika von einer anderen Menschenspezies oder gar den Atlantern hervorgebracht worden sind, die sich von euch unterscheiden. Dies ist nicht so. Es waren Menschen wie ihr, die solches geschaffen haben, doch geht ihr – ganz besonders, seit die Idee des sogenannten Fortschritts sich in eurer westlichen Kultur als alles beherrschend manifestiert – stets davon aus, dass Kulturen, die vor eurem aktuellen Bewusstseins- und Technologiezustand existiert haben, primitiver gewesen sein müssen. Oder übermenschlich, mächtiger, intelligenter.

Doch Zeit ist nicht nur linear und Bewusstsein folgt nicht ohne Bruch dem linearen Fortschreiten von Zeit. Es gibt viel mehr Zyklisches aufgrund der sich überschneidenden und überlappenden Seelenalters- und Inkarnationswellen, als ihr euch normalerweise vorstellt. Warum sollten Menschen in früheren Stadien ihrer zeitlichen Entwicklung nicht Großes hervorbringen können, warum sollten nicht alle, die sich neu als Säugling-Seelen auf der Erde inkarnieren, zunächst einmal das Recht haben, nichts Großes hervorbringen zu müssen? Wir möchten damit diese Rede abschließen. Sie betrifft nicht im Wesentlichen unser eigenes Anliegen, das sich in allerersster Linie darauf richtet, denen, die jetzt leben, eine neue Perspektive aufzuzeigen, die ihr Dasein bereichern und unterstützen kann: mehr Wissen über ihre Seele.«

Claire Avalon und ihre vielen Freunde

Als Beispiel für die herrschende Vorstellung von einer machtvollen, gütigen geistigen Herrschaft überirdischer Wesen über Erde und Menschheit sollen uns die Schriften von Claire Avalon dienen. Ihre Arbeit steht voll im Erbe theosophisch-anthroposophischer Traditionen – den zwölf Strahlen, den Aufgestiegenen Meistern (darunter besonders El Morya) und der Weißen Bruderschaft. Sie selbst tritt als Person kaum in Erscheinung, es gibt im Internet kein Foto von ihr. Gewiss hat sie gute Gründe sich zu schützen. Medien sind ja äußerst sensibel, notgedrungen, sonst könnten sie ihre Arbeit nicht leisten, die ja auf Durchlässigkeit und feinste Wahrnehmungsfähigkeit angewiesen ist. Es ist anzunehmen, dass Claire Avalon kein Klarname, sondern ein Künstlername ist. Wenn ich es richtig verstanden habe, ist Claire Avalon eher ein Schreib- als ein Sprachmedium. Damit ist sie in guter Gesellschaft; man denke an Hildegard von Bingen oder Helen Schucman. Aber sie ist wohl die Erste, die Botschaften von so zahlreichen Sendern empfängt, dass man als Leser kaum noch begreift, mit wem man es zu tun hat. Alle bezeichnen sich als liebende Freunde der Menschen. Es handelt sich um eine sehr bunte Mischung. Denn obgleich die einzelnen Kapitel durch Namen ihrer Absender gekennzeichnet sind, so enthalten sie doch im Wesentlichen dieselben Inhalte: noble Verheißungen, Aufforderungen zu bedingungsloser Liebe, Frieden, Toleranz, Demut und Wandlung und zahlreiche moralische Grundsätze, besonders im Hinblick auf eine vegetarische Ernährung. »Um das atlantische Bewusstsein zum Tier wiederherzustellen, ist es mehr als wichtig, dass jeder von euch ein Tier in sein Heim aufnimmt. Die Gattung spielt dabei keine Rolle.«[40] Ich sehe mich angesichts dieser Worte genötigt zu fragen: auch Ratten, Wanzen, Läuse? Und waren Raubtiere in Atlantis wirklich so zahm wie Lämmer? Wovon haben sie sich denn ernährt? Waren Tiger seinerzeit Veganer?

Kwan Yin, Lady Nada, die Atlantische Priesterin Lara, der Maha Cohan, Hilarion, Wellina, Kamakura, Konfuzius, Maitreya, Kuthumi, Serapis Bey, Rowena, El Morya … Es handelt sich anscheinend um eine »offizielle Dachorganisation, die sich aus Weltenlehrern und Strahlenlenkern zusammensetzt«. Die gesamte Weiße Bruderschaft schreibt sozusagen über Frau Avalon Sendbriefe an die Menschheit. Auch Jesus kommt zu Wort. Er äußert sich in seiner Rolle als Heiler und Arzt im Rahmen des venusischen Heilwissens. Sie alle arbeiten zusammen und wollen den Erdenbewohnern helfen, den Aufstieg der Erde zu bewerkstelligen. Ihre Feinde seien die Bewusstseinslevels der Menschen, die in ihrer Egoreife noch nicht so weit fortgeschritten sind.

In ihrem Buch *Sanat Kumara und die Weiße Bruderschaft. Die Heimkehr der neuen Erde* kommen zahlreiche unterschiedliche Stimmen zu Wort. Die Brüder und Schwestern von der Venus, vor allem aber Lady Venus, die liebende Gefährtin von Sanat Kumara, bieten durch ihre venusische Schulung eine Anzahl von Übungen an, die dazu führen sollen, mehr Frieden, mehr Wahrheitsliebe und vor allem mehr Tierliebe sowie grundsätzliche Wandlung des Menschen und eine Transformation seines Egos hervorzurufen.

Saint Germain spricht durch Claire Avalon: »Hält in eurem Herzen der Frieden endlich Einzug, dann steht dem Weltfrieden nichts mehr im Wege, und das neue Zeitalter kann beginnen. Jesus übergab mir seinerzeit die Verantwortung für diese Schritte mit den Worten: ›Lasse sie das Tor des Friedens durchschreiten, damit die Erde wachse und die Menschen ihre wahre Aufgabe wiederfinden.‹«[41]

Sanat Kumara berichtet von einer atlantischen Schablone, die mit einem präexistenziellen Körper korrespondiert. Diese Schablone enthält nach Claire Avalon »das Wissen über die Schaffung und Erhaltung des androgynen Körpers, das direkte Abrufen des uralten Wissens, strahlende Schönheit, ewige Jugend, perfekte Gesundheit, das perfekte Zusammenleben in Harmonie und das Loslassen, die Sprache ohne Worte, das Sehen in der absoluten Wahrheit und die Erleuchtung als Produkt der gelebten Demut.« Er fügt hinzu: »Zu erklären brauchen wir die Details nicht, da ihr sie kennt, wenn ihr den Zustand erreicht habt.«[42]

Von anderweitig medial empfangenen Botschaften hält Sanat Kumara (oder Claire Avalon) nicht viel. »So kommt es zu deutlichen Fehlinformationen, die verheerende Folgen haben können. Vermeintlich gechannelte Botschaften sind ein alarmierendes Beispiel für diese mentalen Übergriffe. Man versucht auch, die Kommunikationsebene der Erde auf ein primitives Maß zu degenerieren, um die mentalen universellen Übergriffe zu erleichtern und so die geistige Macht zu erlangen … außerirdisch durch die mentale Macht anderer Planeten, bedingt durch karmische Strukturen.«[43]

Ich könnte noch vieles aus diesem Buch zitieren. Seine Sprache ist klar, seine Gedankenwelt anspruchsvoll. Doch einerseits die Venus mit dem Polarstern zu verwechseln (peinlich!) und andererseits nicht zu berücksichtigen, dass physisches Leben, nach allem, was man weiß, auf dem feurigen Planeten Venus mit einer mittleren Temperatur von 464 Grad Celsius vollkommen unmöglich scheint – das gibt mir zu denken. Allgemein plädiere ich dafür, gechannelte Aussagen gründlich daraufhin zu überprüfen, ob sie in offensichtlichem Gegensatz zu nachweislichen wissenschaftlichen Erkenntnissen stehen. Ja, ja, ich weiß, dass die Wissenschaftsgeschichte ständig eigene Fehler revidieren muss, doch einiges scheint mir doch allgemein akzeptiertes Wissen zu sein.

Es gibt noch eine zweite Hypothese zur Erklärung der neuartigen Inhalte aktueller medialer Botschaften. Im 21. Jahrhundert und durch die stetig wachsende Nutzung der digitalen Technologie hat sich eine bis dato ungeahnte Menge von Verschwörungstheorien herausgebildet. Meistens verbreiten sie Angst und Schrecken und ihre Anhänger bilden undurchdringliche Communitys, die davon überzeugt sind, als Einzige der Wahrheit auf der Spur zu sein. Bei der Lektüre vieler zeitgleich entstehender medialer Botschaften bildet sich bei mir der Eindruck, es könnte sich dabei vielfach um eine spiegelbildliche Erscheinung handeln. Zahlreiche aktuelle Mitteilungen, die sich als aus transzendenten Bereichen stammend definieren, verbreiten so etwas wie eine »positive Verschwörungstheorie«. Nur für Eingeweihte und Wissende, die die neue Weltherrschaft durch liebevolle, weise stellare Wesenheiten erkennen und unterstützen. Nicht Angst und Schrecken, wie in den traditionellen Apokalypsen, sondern Hoffnung und Aussicht auf einen spirituellen Aufstieg des gesamten Planeten und auserwählter menschlicher Individuen (wenn sie denn bedingungslos zu lieben vermögen) charakterisieren ihre Anliegen. Nun ist an Hoffnung und Trost und der Aussicht auf eine bessere Menschheit in Frieden, Liebe und Lichtnahrung nichts Verkehrtes. Handelt es sich hier um eine aktualisierte Version der christlichen Heilserwartung? Friede auf Erden und den Menschen ein Wohlgefallen? Dürfen wir von Sanat Kumara und seiner Dachorganisation, der Weißen Bruderschaft, Rettung und Erlösung erwarten?

Die Akasha-Chronik als universelles Gedächtnis

Wenden wir uns noch der Thematik der Akasha-Chronik zu. Der Begriff taucht als *akashic records* erstmalig 1899 in den Schriften von Charles Leadbeater auf, einem Kollegen und Freund von Annie Besant und Alice Bailey. Von ihnen und ihrer Theosophie übernahm Rudolf Steiner das Konzept und machte es mit einer Aufsatzserie in der deutschen Anthroposophie zu einer Vorstellung von einem Weltgedächtnis, in dem man bei bestimmter Eignung lesen kann wie in einem Buch, mit einem »rückwärts gerichteten hellseherischen Blick«. Indologen und Religionswissenschaftler konnten in der hinduistischen Tradition keine Belege für die Theorie eines solchen Weltgedächtnisses finden. Das Sanskrit-Wort *akasha* wird in diesem Zusammenhang nicht verwendet. Es scheint sich eindeutig um ein westliches esoterisches Konstrukt zu handeln. Und obgleich kaum ein Indienreisender, der sich als Suchender versteht, seinen Besuch in einer Palmblattbibliothek auslässt, steht es doch sehr zu bezweifeln, dass dort Vergangenheit und Zukunft deutscher Touristen auf Tamil verzeichnet stehen. Jedenfalls wurden trotz mehrerer seriöser Tests keine belastbaren Beweise dafür gefunden, dass die Aussagen kluger und gewiefter Palmblattleser über das hinausgehen, was jeder intuitiv oder medial Begabte ebenso aus dem Kaffeesatz oder einer Glaskugel lesen könnte.

Angesichts der Frage, ob es so etwas wie die Akasha-Chronik als Gedächtnisspeicher der Menschheitsgeschichte in Kollektiv und Individualität geben könnte, gerate ich allerdings angesichts meiner eigenen Erfahrungen und der langjährigen medialen Arbeit in gewisse Schwierigkeiten. Abgesehen davon, dass ich oft in meine eigene Vergangenheit und Zukunft und auch in die anderer Menschen geschaut habe, ist doch die für mich persönlich unbezweifelbare Theorie der Reinkarnation die Basis meiner Tätigkeit. Hätte ich persönlich keinen Zugang zu einer Reihe meiner vergangenen Leben, und Frank auch nicht, käme ich gewiss nicht auf die Idee, dass es irgendwo irgendeinen Speicher für Fakten und Bewusstheit geben muss. Aber: Befindet er sich im individuellen Hirn? Gibt es vielleicht ein kollektives Gedächtnis? Kann man tatsächlich von einer Art Cloud in den Welten der Seele oder im Reich des Geistes ausgehen, in der alles ohne Rücksicht auf Bedeutung, einfach alles, was geschieht (und auch nicht geschieht, also unterlassen wurde) mit oder ohne Bewertung verzeichnet wird? Vorstellbar ist es. Denn vieles, was sonst unerklärlich bleibt, wird erst dadurch plausibel. Was man selbst über seine eigene seelische

Historie zu wissen glaubt, könnte Einbildung oder Wunschdenken sein, denn mit den aktuellen wissenschaftlichen Methoden ist es nicht beweisbar. Aber es gibt inzwischen allzu viele Berichte darüber, dass eine entsprechend begabte Person auch in die seelische Vergangenheit anderer Menschen kognitiv eindringen kann, um davon zu berichten, als dass man dieses Phänomen einfach als Humbug abtun könnte. Ob es sich nun um vergangene Leben oder den Kontakt mit Verstorbenen handelt – jemand, der das nie erlebt hat und dazu (vielleicht als Junge Seele) keine Resonanz findet, wird auch niemals von der Realität dieser Möglichkeiten zu überzeugen sein. Wer sich ausschließlich auf eine materielle Wirklichkeit bezieht, in der nur (bislang nachgewiesene) physikalische und beweisbare Forschungen anerkennt werden, kann nicht nachvollziehen, was »die Spinner« von den Welten der Seele oder von der sogenannten Geistigen Welt erfahren und berichten. Siglinda Oppelt ist eine Frau, die ursprünglich aus dem Bereich der Unternehmensberatung kam und gerade auch in diesen Kreisen als Leserin in der Akasha-Chronik bekannt geworden ist. Ihre Readings sind intelligent, aufschlussreich und hilfreich, ihre Botschaften klar und sprachlich wie emotional eindrucksvoll. Auffällig ist der Verzicht ihrer Informationsquelle auf Verurteilung und Belehrung. Sie lehrt vielmehr die »Heiligkeit jedes Menschen in jedem Moment«. In dieser Hinsicht ist ihre Arbeit von hoher Qualität und ihr Buch *Akasha-Chronik* daher eine empfehlenswerte Lektüre.

Die »Geistige Welt«

An dieser Stelle möchte ich auf den Begriff »Geistige Welt« eingehen, weil er gerade im deutschsprachigen Bereich unklar und missverständlich ist. Auch in diesem Fall ist es sinnvoll, auf die Entstehung und Geschichte dieses Terminus, der in der deutschen Esoterik eine zentrale Rolle spielt, zu blicken. Die Begründer der Theosophie, Helena Blavatsky und ihre Freunde Besant, Bailey und Leadbeater verständigten sich auf Englisch und prägten den Begriff *spiritual* in neuartiger Weise. In der Nachfolge des Spiritismus bezog er sich zunächst auf die Welt der Geister, der Verstorbenen. Darauf baute eine ganz große und neuartige »spirituelle« Philosophie, genannt Spiritualismus auf, wie bereits beschrieben. Das Wort »spirituell« leitet sich ab von *spiritus* = »Geist«, ein Begriff, der sich eher auf das Mentale und den Verstand, die geistigen (nicht geistlichen!) Fähigkeiten des Menschen bezog. In der deutschen Tradition der Geistesgeschichte, also der Geschichte der geistigen Strömungen der einzelnen Epochen, in Verbindung mit dem Aufkommen der universitären Geisteswissenschaften (im Kontrast zu den Naturwissenschaften), erhielt der Begriff »Geist« im 19. Jahrhundert eine weitere noble Nuance. Dabei ging es zunächst vor allem um eine wissenschaftliche (wenn auch nicht naturwissenschaftliche) Methodik, literarische oder theologische Texte sowie den Lauf der Geschichte zu untersuchen und zu deuten. Daran ist so gar nichts »Spirituelles« im modernen, aktuellen Sinn mit seinen para-religiösen Konnotationen. In dieses komplexe Gefüge tritt nun Rudolf Steiners anthroposophische Vorstellung von einer »Geistigen Welt«. Höchstwahrscheinlich hat er anfangs das englische Wort *spiritual* als »geistig« übersetzt. Bis heute aber ist damit nur in Ausnahmefällen genau das gemeint. Wichtig ist zu begreifen, dass das Wort »Geist« ebenso wie das Wort »Seele« im Deutschen durch seine lexikalische Geschichte eine tiefsinnige, emotional aufgeladene Bedeutung erlangt hat und mit einem Ballast unbewusster Assoziationen beladen ist. Beide Wörter lassen uns einen kleinen wohligen Schauer über den Rücken rieseln.

Steiner hat auf der Vorstellung von einer Geistigen Welt ein hohes Gedankengebäude mit einer großen Anzahl von Ebenen und Dimensionen aufgebaut. Dieses hat er in mehreren weitverbreiteten Schriften ausführlich dargelegt. Zusammenfassend kann es folgendermaßen beschrieben werden: Die geistige Welt umfasst alle übersinnlichen, außermenschlichen und außerirdischen Existenzbereiche, angefangen mit der Ätherwelt und der Astralwelt. Alles Seelische und Physische entspringt aber, enger gefasst, dem Devachan und dem oberen Devachan als Ursprung der materiellen Schöpfung. Darüber, also höher und somit »geistiger« angesiedelt sind der Buddhiplan und der Nirwanaplan. Darüber liegen noch der Parinirwanaplan und der allergrößte, allerhöchste und allergeistigste Mahanirwanaplan. Ich möchte nicht behaupten, dass ich dieses Konstrukt nachvollziehen oder auch nur verstehen kann. Dazu muss man sich wohl in anthroposophischen Kreisen bewegen. Mit »-plan« ist möglicherweise nicht das deutsche Wort »Plan« gemeint, sondern die irrige Übersetzung des englischen Wortes *plane* = »Ebene«, »Dimension«. So wird es jedenfalls bis heute in den angelsächsischen Ländern gebraucht, wenn von seelischen, astralen, kausalen oder anderen Welten gesprochen wird. *Spirit* wird dort oft als Synonym für Intuition oder Inspiration benutzt, aber auch in vielfach anderer Bedeutung.

Nach Auffassung unserer Quelle und ihrer Seelenlehre weilen die Verstorbenen in einer seelischen Dimension, nicht in einer geistigen Welt. Menschen sind nach ihrem Ableben weder spiritueller noch klüger noch edler oder vergeistigter als zuvor. Und eine wesentliche Bedingung zum Verständnis der Seelenlehre ist die strikte Unterscheidung von Seele und Psyche. Es kann gar nicht oft genug wiederholt werden, dass die Psyche, ebenso wie der individuelle Geist und der einzigartige physische Körper mit dem Tod eines Menschen vergehen und verfliegen. Die Seele aber bleibt und bringt zu gegebener Zeit einen neuen Menschen und damit ein neues kostbares Ich hervor, in dem Körper, Psyche, Geist und Seele ein neues Zusammenspiel entwickeln.

Andy Schwab, ein Schweizer, der in England am Arthur Findley College ausgebildet wurde und großen Erfolg beim Sehen oder Reden mit Verstorbenen hat, sagt, dass alle, die je auf der Erde gelebt haben, jetzt in der Geistigen Welt oder Geistigen Realität seien. Dort gebe es aber auch noch unzählige andere Geistwesen. Seine Begrifflichkeit entspricht seiner Ausbildung in England und seiner angelsächsischen Terminologie. Und James van Praagh, eines der bekanntesten und renommiertesten Jenseitsmedien, stellt seit vielen Jahren Verbindungen her zwischen der irdisch-physischen Welt und der Geistwelt (*spiritual world*). In seiner Heimat USA hatte er sogar eine Zeitlang eine eigene Fernsehshow.

Man darf diese scheinbar eindeutigen Ausdrücke nicht ungeprüft ins Deutsche übernehmen. Wie ersichtlich ist, sollte man all solche Begrifflichkeiten nicht unhinterfragt und unbedacht verwenden. Bereits 1991 haben wir versucht, eine gewisse terminologische Ordnung in unsere eigene Systematik und die Seelenlehre der Quelle zu bringen. Unsere erste Herausforderung war der Terminus »Astralwelt«, doch auch die übrigen, oft ohne tieferes Verständnis oder leichtfertig dahingesagten Eso-Wörter wie »Karma« bedürfen einer genaueren Überprüfung.

> »Die Vorstellung von einer astralen Welt scheint uns angemessen, solange ihr Welt nicht mit Universum verwechselt. In gewisser Hinsicht ist der Begriff ›astrale Welt‹ als Welt der Sterne zwar nicht ganz passend, denn die Vorstellung des Astralen beinhaltet doch allzu sehr eine örtliche Entfernung, die den Kern der Sache nicht beschreibt. Doch gibt es im Moment keine bessere Bezeichnung dafür. Denn es müssen noch weitere hundert Jahre und mehr vergehen, bevor der Mensch der westlichen Zivilisation auf einer allgemein verbindlichen Ebene die Vorstellung, dass Raum und Zeit nicht universelle Realität, sondern nur eine Krücke seines eingeschränkten Denkvermögens sein könnten, mental und emotional an sich heranlassen und mit den neuen Kategorien des Zeit und Raum Überschreitenden wie selbstverständlich umgehen kann … In anderer Hinsicht beschreibt der Begriff ›astral‹ oder ›Astralebene‹ oder ›Astralwelt‹ etwas, das ganz zu Recht

> aus der Perspektive des Menschen betrachtet wird. Die Sterne sind dasjenige, was er noch sehen, noch in einer, wenn auch distanzierten Art, wahrnehmen kann. Sie sind nicht vollkommen jenseits seines Fassungsvermögens.«[44]

Seit Aristoteles galten die Sterne als sichtbar, jedoch auch als ewig. In diesem Sinne konnte man sich das Firmament als Heimat und Rückzugsort der Seelen oder der Verstorbenen vorstellen, als Sitz einer Astralwelt. Heutzutage weiß man, dass die allermeisten Sterne für das menschliche Auge nicht sichtbar sind und weil auch sie entstehen und vergehen, kann man sie nicht mehr als ewig bezeichnen. Daher wird es in absehbarer Zeit notwendig werden, eine andere Begrifflichkeit für die nicht christliche Transzendenz zu entwickeln.

Die ganz Jungen

Ich habe bislang von vielen, vornehmlich amerikanischen Medien berichtet, möchte es aber nicht versäumen, auf einige deutschsprachige Empfänger von Botschaften hinzuweisen, die diese Tradition fortführen. Bei den meisten handelt es sich um schöne junge Frauen. Pavlina Klemm (*Lichtbotschaften von den Plejaden*) und Kerstin Simoné (*Offenbarungen von Thoth*) mit jeweils mehreren Publikationen finden hier ihren Platz. Neben Sue Dhaibi, die sich nach einer Ausbildung in der Schweiz auf Jenseitskontakte spezialisiert ist, ist auch Bahar Yilmaz zu nennen, ebenfalls Deutsch-Schweizerin, die über Jenseitskommunikation hinaus noch eine Verwandtschaft zu den bereits beschriebenen »stellaren« Medien aufweist. Denn sie hat die Vorstellung entwickelt, dass der Aufstieg der Erde durch eine große Zahl von Menschen unterstützt wird, die von fremden Sternen stammen und sich nur zwischendurch einmal auf der Erde inkarnieren. Auf ihrer Internetseite berichtet sie:

»Starpeople sind Menschen, die für die Dauer ihres Lebens sich für die Erde als ihre Wahlheimat entschieden haben. Wenn wir davon ausgehen, dass wir nicht die einzigen Wesen sind, die das Universum erschaffen hat, müssen wir auch davon ausgehen, dass es irgendwo andere Wesenheiten und Seelen gibt. Die Schöpfung ist unendlich mannigfaltig. Jede Seele, egal ob von der Erde oder nicht, hat irgendetwas Besonderes an sich, irgendeine bestimmte energetische Signatur. Es scheint so, als hätte das Universum um ca. 1920 unserer Zeitrechnung herum festgestellt, dass wir Menschen auf der Erde Unterstützung gebrauchen könnten. Das war die Geburtsstunde des ersten Starpeople und seitdem sind einige von diesen Menschen von einem Stern inkarniert worden. Jeder zehnte Mensch ist ein Starpeople, das heißt ein Mensch, der auf die Erde gekommen ist, um sie ein Stück weit zu verändern und zu heilen.«

In diesem Zusammenhang wäre auch Pascal Voggenhuber zu nennen, ein junger, ebenso erfolgreicher Jenseits-Kommunikator, am Arthur Findlay College ausgebildet, der im Schweizer Fernsehen eine Sendereihe mit Nachrichten aus dem Jenseits angeboten hat. Diese Generation von Menschen, die meistens nach 1980 geboren wurden, zeichnet sich durch eine auffällige Frische, wache Intelligenz, Selbstverständlichkeit und praktische Erdgebundenheit aus. Es ist mir nicht möglich, all jene zu nennen, die sich in diesen Jahren durch ihre mediale Arbeit einem größeren Publikum zuwenden und allesamt bewirken, dass die Idee von einer Weiterexistenz nach dem leiblichen Tod in weiteren Kreisen Resonanz findet.

Eine andere Art von Medialität beschäftigt beachtliche Frauen im deutschsprachigen Raum. Die Erste, der jungen Generation zugehörig, heißt Sylvia Leifheit. Sie empfängt Botschaften von einem »Freund der Indianer«, mit dem sie zunächst (wie so viele) in schriftlicher

Form, später in Sprachkontakt getreten ist. In der Art von Walschs *Gespräche mit Gott* führt sie lockere, spontane Dialoge mit ihrem transzendenten Gegenüber. Ihre Veröffentlichungen betrachtet sie als eine Reihe von »Einweihungen in die Geheimnisse des Kosmos« (so auch einer ihrer Buchtitel). Das ist vielleicht ein wenig hoch gegriffen. Interessant ist jedoch die Einleitung zu Band I, in der sie ihren Werdegang als Empfängerin außermenschlicher Botschaften schildert. Inhaltlich geht es zentral um eine existenzielle Verunreinigung des inkarnierten Menschen, also letztlich um eine Variante der augustinischen Erbsünden-Theorie. In diesem Buch findet man zahlreiche Weisheitsperlen, aber auch eine rührende Naivität in der Gesprächsführung und einige Missverständnisse, wie zum Beispiel, dass die Weiße Bruderschaft der Theosophen zu einer »weisen« Bruderschaft gemacht wird und sich gleich auf der ersten Seite ein Druckfehler eingeschlichen hat, der die kosmischen Kräfte zu »komischen« Kräften macht.

Die Zweite, von der ich berichten möchte, ist eine Frau aus Deutsch-Belgien mit Namen Bettina Büx. Berufstätige Hausfrau und Mutter, starke Raucherin und herzhaft-vernünftige, humorvolle Person, wirkt sie ausgesprochen überzeugend als Medium, denn sie ist, wie wir auch bei zahlreichen anderen Medien gesehen haben, gerufen worden und stellt sich in den Dienst ihrer Sache. Sie channelt sozusagen nach altbewährter Methode, indem sie einfach auf Empfang schaltet, wenn sie den Eindruck gewinnt, dass ihre Informationsquelle sich melden will. Sie selbst hat darauf nach eigener Aussage wenig Einfluss, empfindet sich eher als passiv in ihrer Empfangsbereitschaft. Neuartig ist, dass sie sich dann während des Vorgangs an die Tastatur ihres Computers setzt und Stunde um Stunde direkt eingibt, was ihr gesandt wird. Ihre Botschaften werden von einer Instanz gesendet, die sich Regulus nennt, aber nicht weiter charakterisiert wird. Auf jeden Fall handelt es sich, wie bei unserer Quelle, um eine Kollektivwesenheit, um entkörperte Lehrer. Bettina Büx bezeichnet sich als Schreibkraft dieser Wesenheit.

Ihre Sprache ist meisterhaft klar und hochdifferenziert. Nach langer Krankheit und in schwierigen Lebensumständen wollte sie irgendetwas schreiben, hatte aber keine konkreten Pläne für eine Thematik. Schreiben war schon immer ihr Talent, ihre Passion. Es hätte auch ein Roman werden können. Dann kam alles ganz anders, als sie jemals hätte wollen können. »Dies ist ein Buch über Dich. Es ist ein Buch nur über Dich.«[45] So begann ihre Empfangstätigkeit, so begann ihr erster Text. Wenn sie am Rechner sitzt, ist sie einfach nur glücklich, vollkommen erfüllt, muss weder essen noch schlafen. Die Wesenheit Regulus möchte den Menschen helfen, sich mit sich selbst auszusöhnen. Das ist ihr Geschenk. Regulus verbreitet eine Botschaft von der Sinnhaftigkeit und Würde des Daseins. Inzwischen wurden sechs gehaltvolle Bände publiziert. Frau Büx hat sich jahrelang weitgehend im Hintergrund gehalten, sie ist eher scheu und sagt, nicht sie sei wichtig, sondern die Botschaft.

Und auch ich bleibe dabei: Der Inhalt zählt, nicht das Etikett. Sind die Worte der kosmischen Lehrer hilfreich, sind sie tröstlich, bieten sie eine wirklich neue Perspektive auf das menschliche Dasein an? Seien es nun Erzengel, Aufgestiegene Meister, intergalaktische Wesenheiten oder wer auch immer: Fast alle wollen uns mitteilen, dass der Mensch kein »armer stinkender Madensack« ist, wie Martin Luther sich selbst definierte, sondern ein von göttlichen Energien erfülltes und gelenktes Wesen. Oder wie Regulus sagt: »Wir sind Gott in Menschenhaut.«

Ich gelange nun zum Abschluss dieses Einblicks in die unterschiedlichsten Formen von Medialität, in die vielfältigen Arten von Botschaften, Sendern und Empfängern. Sie alle haben eine unterschwellige Wirkung auf unsere Ideengeschichte entwickelt und können unsere Möglichkeiten, mit der Transzendenz in Verbindung zu treten, erweitern – unabhängig davon, ob sie dem allgemeinen Konsensus der wissenschaftlichen Beweisbarkeit entsprechen und von der Allgemeinheit zur Kenntnis genommen werden oder nicht. Es geht grundsätzlich nicht um Glauben, Geheimwissen, Nachweise. Vielmehr sind es einzigartige Erfahrungen von Individuen oder kleinen Kollektiven, die den Mut finden, sich damit einer Öffentlichkeit zu stellen und getreulich das weiterzugeben, was sie in einem erweiterten Bewusstseinszustand empfangen haben, oftmals sogar gegen ihren Wunsch, entgegen ihren bisherigen Auffassungen von der Wirklichkeit und unter der Gefahr gesellschaftlicher Ächtung.

Trance – urvertraut und geheimnisvoll

Es wird viele überraschen zu vernehmen, dass jeder (jeder!) Mensch mit einem bestimmten Typ von Trance vertraut ist. Denn das menschliche Hirn gestattet sich im Laufe des Tages eine Reihe von Bewusstseinspausen, ein Wegtreten, ein Eintauchen in eine mentale Leere. Dieses Phänomen nennt man Absence (Französisch für »Abwesenheit«). Gut erforscht wurde sie von Hirnphysiologen vor allem im Zusammenhang mit Epilepsie, wo eine solche Pause bis zu hundert Mal am Tag auftreten kann. Aber auch beim gesunden Menschen kann man sie täglich acht bis zehn Mal beobachten. Man schaut vielleicht aus dem Fenster, ohne etwas zu beobachten oder wirklich zu sehen, oder auf die eigenen Hände, auf eine Buchseite, oder man schließt einen Moment lang die Augen und denkt an gar nichts. Dann kommt man wieder »zu sich« und denkt: Nanu, wo war ich denn bloß? Es passiert auch beim Autofahren oder in der Bahn, wenn man aus dem Fenster auf die vorbeifliegende Landschaft blickt. Und es ist wohltuend fürs Gehirn.

Ich selbst neigte als Kind und Jugendliche häufiger zu Absencen, als mir lieb war. Beim Abendessen starrte ich oft ins Leere und war sozusagen nicht anwesend, während die Familie sich unterhielt. Man machte sich über mich lustig. Ich wurde dann jedes Mal aus einem Zustand herausgerissen, der für mich wohltuend und heilsam war, auf die Anwesenden jedoch merkwürdig wirkte. Ich ging keinen Tagträumereien nach, sondern es war eine inhaltsleere, nicht mentale Phase, die eine Minute oder wenig länger dauerte. Meine Augen waren weit offen, doch ich blickte ins Nichts, ich sah nichts, hatte auch keine Visionen oder Einfälle, ich dachte über nichts nach, nicht einmal über das Nichts. Es war auch keine primitive Form der Meditation. Rückblickend war es übrigens wirklich das Einzige, das auf meine später entdeckte Begabung vorauswies, wenn überhaupt. Die Unterbrechungen durch meinen Vater empfand ich als Kritik, als sei ich dumm, und ich versuchte, diese Angewohnheit zu unterbinden. Als Studentin passierte es mir öfter während einer Vorlesung, mochte sie auch noch so interessant sein. Ich »trat kurz weg«, weiß aber nicht, ob es meinen Kommilitonen genauso ging. Als Erwachsene ließ man mich damit in Ruhe, auch Frank mit seiner sensiblen und liebevollen Empfindungsfähigkeit für mein Wesen störte mich nicht dabei. Später habe ich oft darüber nachgedacht und bin zu der Überzeugung gelangt, dass es sich bei diesen notwendigen Bewusstseinspausen um Kontaktmomente mit der eigenen Seelenfamilie handelt, sozusagen Phasen des Energietankens und des Überspielens von Inspirationen, die direkt ins Unbewusste weitergeleitet werden und dort Trost und Kraft spenden.

Arten und Tiefen der Trance

Bei der Lektüre von psychologischer Fachliteratur, aber auch von populären Zeitschriften und religiösen bzw. religionswissenschaftlichen Büchern fällt auf, dass stets von »tranceähnlichen« oder »tranceartigen« Zuständen die Rede ist. Oder es wird gesagt: »wie in Trance«. Ich habe mich immer wieder gefragt, warum die Autoren nicht einfach »Trance« sagen? Es liegt wohl einerseits daran, dass sie sich nicht aufs Glatteis begeben wollen. Denn nach allgemein-aufklärerischer Vorstellung gibt es »so etwas« gar nicht; also lieber vorsichtig formulieren. Andererseits wird deutlich, dass über diese veränderte und erweiterte Wahrnehmung kaum etwas Wissenschaftliches oder wenigstens fundiert Empirisches bekannt ist, dafür aber viele merkwürdige und irreführende Vorstellungen das Wort »Trance« umranken.

Abgeleitet vom lateinischen *transire* (»hinübergehen«) bezeichnet es ein willentliches Überschreiten des alltäglichen Wachbewusstseins. Dass sich dadurch das Bewusstsein und auch die Hirntätigkeit verändert – darin ist man sich einig. Doch ob es sich um eine Erweiterung oder eine Verengung oder vielleicht sogar um beides handelt, darüber wird diskutiert. Manche Forscher nehmen an, dass einige Sinneswahrnehmungen vorübergehend stark eingeschränkt sind. Das gilt tatsächlich für Schmerzen und Unwohlsein. Aus eigener Erfahrung kann ich berichten, dass es mir möglich war, sogar kurz nach einer schweren Operation oder trotz einer heftigen Erkältung in Trance zu gehen und damit sofort sämtliche Krankheitssymptome nicht mehr zu spüren waren. Nach dem Einsetzen einer Knieprothese litt ich in der Rehaklinik unter so starken Schmerzen, dass man mir nicht nur reichlich Morphin, sondern auch noch Morphon verabreichte, ein Mittel, das man Krebskranken im Endstadium gibt. Aber wir hatten ein Seminar anberaumt, die Teilnehmer waren von weither angereist, wir brauchten das Geld. Ich sah mich daher genötigt, im Klinikbett liegend die benötigten Archetypen zu ermitteln. Eigentlich ging ich davon aus, dass meine medialen Kräfte unter diesen Umständen versagen würden. Doch zu meiner Überraschung war ich in Trance glasklar, konnte alles problemlos ermitteln und den Teilnehmern per Videobotschaft zukommen lassen – trotz Morphon! Einige Stunden später kam der Oberarzt zur Visite und wunderte sich, dass ich mich mit ihm ganz normal unterhalten konnte. Er sagte, dass er erwartet hätte, mich bei dieser starken Dosierung lallend im Dämmerschlaf vorzufinden. Mitnichten! Ich war hellwach. Der Arzt meinte daraufhin, meine Rezeptoren würden wohl das Mittel nicht annehmen. Und ich dachte:

Wenn du wüsstest, mein Lieber, was ich für komische Rezeptoren habe!

Es ist also richtig, dass Trance Schmerzen reduzieren oder ausschalten kann. Andere Sinneswahrnehmungen sind hingegen nicht verengt, sondern im Gegenteil stark geweitet. Der Hörsinn ist enorm geschärft, das innere Auge schaut ins Unsichtbare und sieht Bilder, ganze Filme, Vergangenheit und Zukunft. Der Geruchssinn ist bis ins Unerträgliche gesteigert, deshalb bitte ich die Seminarteilnehmer stets darum, keinerlei Duftstoffe zu verwenden und auf keinen Fall vor der Trancesitzung zu rauchen. Schon die zwanzig verschiedenen Deos und Shampoos zu riechen ist in Trance eine Qual. Auch Berührungen wären mir unangenehm bis schmerzhaft, denn meine Aura (so meine persönliche Theorie) ist stark vergrößert, und ich brauche zu anderen Menschen einen guten Meter Abstand. Es ist also folgendermaßen: In Trance sind einige Empfindungen eingeschränkt, aber nur für eine gewisse Zeit, andere wiederum sind wesentlich erweitert. Nicht umsonst nennt man medial begabte Menschen auch »Sensitive«.

Trance und Hypnose

Dass ein solchermaßen veränderter Zustand auf viele Leute ein wenig unheimlich wirkt, ist unter anderem den Erfahrungen geschuldet, die Menschen in den vielfach beliebten, aufregenden Schauhypnosen gemacht haben. Hypnose ist den meisten Menschen ebenso unheimlich wie Trance. Dennoch strömten sie zwischen 1880 und 1930 in Scharen zu Spektakeln, bei denen ein Hypnotiseur, ein Magier oder Zauberer Leute auf die Bühne holte, sie unter Hypnose scheinbar zu willenlosen Instrumenten seiner Befehle machte und damit seine Lacherfolge erzielte. Mein Großvater und meine Tante suchten gern solche Veranstaltungen auf. Sie war sehr offen für hypnotische Suggestionen und genoss es, im Mittelpunkt solcher Vorgänge zu stehen und sich von den Zuschauern für ihren Mut bewundern zu lassen. Mein Großvater war eher neugierig und wollte wissen, wie und ob das bei ihm funktioniert. In meiner Kindheit erzählte man mir Folgendes: Der Hypnotiseur suggerierte den Menschen, die sich aus dem Publikum zur Verfügung gestellt hatten, dass der ganze Bühnenboden von unzähligen Goldstücken bedeckt sei und sie sich rasch bücken sollten, um ihre Taschen damit vollzustopfen. Alle stürzten auf die Knie und taten wie ihnen geheißen. Es war während der schlimmsten Zeit der Inflation. Die Bevölkerung war verzweifelt und verarmt. Auch meine Tante sammelte fleißig die Goldmünzen auf. Nur mein Großvater stand aufrecht und rührte sich nicht. Der Hypnotiseur fragte: »Werter Herr, wollen Sie denn gar nichts von dem schönen Geld?« – »Nein«, war die Antwort, »ich finde es erniedrigend, mich so gierig nach dem schnöden Mammon zu bücken.« Offensichtlich war auch er hypnotisiert, sonst hätte er nicht derart geantwortet.

Heute weiß man: Es ist ein Schauermärchen anzunehmen, man könne Menschen unter Hypnose gegen ihre Neigung zu willenlosen Instrumenten der Macht machen und sie sogar beauftragen, einen Mord zu begehen. Aber es muss auch gesagt werden, dass mein Großvater es zu jener Zeit wahrlich nicht nötig hatte, sich nach Gold zu bücken. Er war Dollarmillionär, also sehr reich, denn die amerikanische Versicherung Mutual, die er in Europa vertrat, zahlte seine Provisionen in Dollar aus. Doch es war auch eine Frage des Charakters. Geld bedeutete ihm wenig. Nach dem Krieg war er dann ein bitterarmer, heimatvertriebener Rentner, hat sich aber niemals beklagt.

Dennoch prägt die Idee, man könne jemanden willenlos machen und herumkommandieren, bis heute die Vorstellungen, die sich die Leute von Hypnose und auch von Trance machen. Das änderte sich nur langsam und hauptsächlich unter dem Einfluss der medizinischen Hypnose einerseits und andererseits mit der von Milton Erickson entwickelten Hypnotherapie sowie der Verbreitung der NLP-Methode, dem neurolinguistischen Programmieren, das ebenfalls mit Hypnose arbeitet und zum Teil hervorragende therapeutische Ergebnisse erzielt. Auch ich erarbeitete meine ganz persönliche Trancetechnik mithilfe eines NLP-geschulten Therapeuten. Sie beruht zum Teil auf einer Selbsthypnose (und ähnelt damit der Methode, mit der Edgar Cayce sich in seinen Tranceschlaf versetzte) und zum Teil auf einer Mischung von Erfahrungen und Techniken, die ich in anderen Kontexten, auch in der Meditation, erlernt hatte.

Eine therapeutische, durch Hypnose eingeleitete Trance kann sehr wirksam sein; sie ist jedoch keine Tieftrance, sondern so oberflächlich, dass der Patient kaum merkt, dass er mit bestimmten Aspekten seiner Psyche in Kontakt steht. Er kann reden, sich mit dem Therapeuten unterhalten, auf Fragen antworten und unter Anleitung zu neuen heilsamen Erkenntnissen gelangen. Der amerikanische Bewusstseinsforscher Charles Tart hat in der Tranceforschung Pionierarbeit geleistet; seine Schriften sind, obgleich schon vor einigen Jahrzehnten verfasst, immer noch höchst aufschlussreich.

Wege in die Trance

Der geheimnisumwitterte Zustand, den man Trance nennt, kann auf vielerlei Weise herbeigeführt oder auch »induziert« werden. Entscheidend ist, dass die Methodik zu einem veränderten, vor allem erweiterten Bewusstsein führt. Trance kann mittels Hypnose oder Drogen, Trommeln, Tanz, Schlafentzug, bestimmter traditioneller Körperhaltungen, durch Gebete und Anrufungen, Fasten und vieles andere mehr erzeugt werden. Entgegen der Annahme, dass nur bestimmte begabte Individuen oder sehr alte Seelen in Trance fallen können, möchte ich behaupten, dass jeder mit der für ihn geeigneten Technik in einen ungewohnten und ungewöhnlichen Zustand geführt werden kann.

Die Frage ist: Was macht ein Mensch in der Trance, wozu nutzt er sie? Oder wozu wird er in diesem Zustand genutzt? Ein sibirischer

Schamane will andere Ziele mit einer eher mühsam durch Drogen, Tanz, monotonen Gesang, Körperbemalung und langes Wachen erreichten entgrenzten Zustand erreichen als ein Eremit, der sich durch Schlaf- und Nahrungsentzug und mantraartig wiederholte Gebete oder auch Kasteiungen und Schmerzen in einen entgrenzten Bewusstseinszustand versetzt. Beide suchen jedoch dadurch eine Nähe zur unsichtbaren Welt herzustellen, wie immer sie auch inhaltlich vorgestellt wird. Ein indischer Yogi wird seine Trance anders einsetzen als ein Heimkind, das sich durch stundenlanges Schlagen des Kopfes an das Bettgestell ein wenig Ruhe für seine gequälte Psyche verschaffen will.

Die schamanische Trance

Gegen Ende des zweiten Jahrtausends hat die amerikanische Anthropologin und Ethnologin Felicitas Goodman einiges Aufsehen erregt, als sie bei ihren Forschungen in Mittel- und Südamerika etwa sechzig traditionelle Körperhaltungen entdeckte, die von den Ureinwohnern zur Induktion einer ekstatischen Trance eingesetzt wurden. Zuvor hatte sie sich der Erforschung des Zungenredens (der Glossolalie) in neuapostolischen Pfingstgemeinden gewidmet. Dort beobachtete sie, wie durch rhythmische Bewegungen wie wiederholtes Aufstehen und Hinsetzen, durch lautes Singen, Klatschen und Stampfen eine ganze Gemeinde in eine kollektive Trance verfiel und sich dann Einzelne in der paulinischen Tradition zum unkontrollierten Zungenreden berufen fühlten. So wird es ja heute immer häufiger in aller Welt praktiziert, um eine emotional aufgeladene Religiosität erlebbar zu machen. Gläubige Juden und Moslems setzen zum Rezitieren der Gebete oder des Korans ebenfalls schwingende Bewegungen des Oberkörpers ein sowie das häufige Niederknien, Aufstehen, zahlreiche rituell vorgeschriebene Bewegungen und Gebärden. Ein wenig davon ist sogar noch in einem eher nüchternen lutherischen Sonntagsgottesdienst zu finden. Das brausende Orgelspiel ersetzt das archaische Rasseln und Trommeln und kann ebenfalls ekstatische Empfindungen hervorrufen.

In Professor Goodmans Nachfolge stand auch Carlos Castaneda, der mit seinen Büchern über schamanische Praktiken in Südamerika weltweites Aufsehen erregte und so auch die europäischen Leser für diese Form des grenzüberschreitenden Bewusstseins begeistern konnte. Häufig strebt ein Schamane durch eine besondere Art der Besessenheit und Ekstase im Dienst seines Stammes die Wiederherstellung einer gestörten Ordnung an. Dazu gehört auch die Behandlung von Krankheiten. Der Schamane macht Seelenreisen und heilt jene, die sich ihm anvertrauen, indem er ihre abgespaltenen Seelenanteile zurückholt. Es handelt sich in den meisten Fällen um ein archaisches Vorgehen in einem animistischen Kontext, im Glauben, dass alle Natur beseelt sei. Hier geht es um ein kontrolliertes und wiederholbares Handeln, denn der Schamane weiß, was er tut und was er will. Doch selten vollzieht sich dieses Außer-sich-Sein ohne Zuhilfenahme von berauschenden Substanzen. Im Unterschied zu einer medialen Trance wird dabei wenig gesprochen und viel gehandelt. Zwar werden traditionelle Formeln benutzt, doch geht es nicht um den Empfang von Texten. Gerade dieses Anliegen jedoch scheint sich mit einer im Westen und in der Moderne besonders verbreiteten Art von Wachtrance zu verknüpfen. Und obgleich auch ein Medium von seiner Informationsquelle gewissermaßen übernommen wird, geschieht dies doch zu ganz anderen Zielen und Zwecken. Es handelt sich weder um eine selbstinduzierte Besessenheit noch hat die jeweilige Wesenheit uneingeschränkte Macht über das Medium. Alles geschieht in freiwilliger Hingabe. Drogen sind selten oder nie im Spiel, die Trance kann jederzeit beendet werden. Eine schamanische Trancereise mit der damit einhergehenden Verwandlung in eine Gottheit oder in ein Tier hat überdies einen äußerst spektakulären Effekt, der einer medialen Trance weitgehend fehlt. Hühnerblut, Schnaps, einlullende Rhythmen und Beschwörungen wären dabei fehl am Platz.

Die spezielle Methode der Wach-Tieftrance

In ihrem lesenswerten Arbeitsbuch zur Trance unterscheidet Kay Hoffman vier Trancekategorien: bewusst und fokussiert, bewusst und defokussiert, unbewusst und fokussiert, unbewusst und defokussiert. In diesem Sinne gehört eine Wach-Tieftrance, wie sie zur Entstehung von umfangreichen Texten benötigt wird, zur ersten Kategorie. Sie setzt eine körperliche Tiefenentspannung voraus, die mit einer geistigen Hochspannung verknüpft wird. Sie ist bewusstseinserweitert und streng fokussiert.

Eine medial produktive Trance, die zum Ziel hat, übersinnliche Botschaften zu empfangen, unterscheidet sich deutlich von einer eher gewaltsam herbeigeführten und körperlich anstrengenden Trance, vor allem auch von einer drogeninduzierten Bewusstseinsveränderung. Einerseits ist die Zielsetzung eine andere und andererseits hat sich das Medium bis zu einem gewissen Grad unter Kontrolle. Bei einer verbalen Durchgabe gibt es einen Anfang und ein Ende, die beide vom Medium bestimmt werden. So kann man eine mediale Trance als »kontrollierten Kontrollverlust« bezeichnen.

Eigentlich ein Paradox. Was bedeutet das? Ich versuche es an einem Bespiel zu illustrieren: Wer einem Drehtanz der Mevlana-Derwische beiwohnt, kann sich einen Eindruck von dieser Mischung aus Verzückung und absoluter Kontrolle machen. Der Meister leitet nach einem Gebet den Tanz ein, sitzt auf seinem Schaffell und lenkt mit seiner Energie einen Tänzer nach dem anderen in die Mitte des Saals, nachdem sich jeder seines schwarzen Umhangs entledigt und sich vor dem Meister verneigt hat. Dann beginnen sich alle zu drehen, erst langsam, dann schneller, immer schneller, die Augen sind halb geschlossen, die Augäpfel oft nach oben verdreht, ein religiöses Orchester gibt den Takt an. Die »Choreografie« ist einfach. Die schwarz beschuhten Füße machen kleine exakte Schritte, die weiten Röcke schwingen, der hohe Filzhut neigt sich nach hinten. Er wird niemals wegrutschen oder herunterfallen, trotz wachsender Geschwindigkeit. Aber am meisten hat mich beeindruckt, dass stets ein Lehrer zwischen den Tänzern steht oder umhergeht, der alles wachsam im Auge behält und bei der geringsten Abweichung mit einem Stab kaum merklich den Rocksaum des Tänzers berührt. So weiß dieser, dass er ein paar Zentimeter mehr nach rechts oder links ausweichen muss. Höchste innere Kontrolle! Höchste Hingabe an Allah! Höchste Wachheit bei gleichzeitiger Entrückung. Nach zwanzig Minuten ist alles vorbei, jeder verbeugt sich wieder vor dem Meister, geht an seinen Platz zurück und hüllt sich erneut in den schwarzen Mantel der Sterblichkeit.

Ich war zwei Mal während der Mevlana-Rumi-Feierlichkeiten Anfang Dezember im türkischen Konya, wo der Dichter im 13. Jahrhundert als Sufi-Mystiker gewirkt hat. Da erlebt man etwas ganz anderes als bei den Touristenvorführungen in Istanbul. Tausende Menschen schauen in tiefem Ernst dem Derwischtanz zu und beten dabei Suren aus dem Koran. Nachdem die Tänze und auch der Mevlana-Orden lange Jahre verboten waren, hat die Regierung den Wünschen und Sehnsüchten der türkischen Bevölkerung nachgegeben und eine riesige Festhalle aus weißem Marmor gebaut, die einen würdigen Rahmen für den feierlichen Akt bietet. Leider ist damit inzwischen auch viel Politik und Propaganda verknüpft. Präsident Erdogan und andere Würdenträger halten sehr lange sentimentale Reden, weil sie wissen, dass die halbe Nation vor dem Fernseher sitzt und auf die Derwische wartet. Dennoch bleibt es ein einzigartiges Erlebnis.

Während des kontrollierten Kontrollverlusts ist ein modernes Medium bei seiner Arbeit in der Regel in höchstem Maße konzentriert. Es lallt und stammelt nicht, sondern spricht (oder schreibt) seine Botschaft in klaren Sätzen, die nicht der Deutung durch eine Priesterschaft bedürfen. Damit ist keine Aussage über den Inhalt und die Qualität der Durchgabe verbunden.

Medien erfahren deutlich den Unterschied zwischen einer entspannten Trancevorbereitung, die andauert, bis ein spürbarer Kontakt mit einer spezifischen Informationsquelle zustande kommt, und der dann beginnenden eigentlichen Arbeitstrance, die das Anstrengende an der Sache ist. Nun muss man die angenehme Phase des Weggetreten-Seins, in dem alles milde, süß, weich und etwas neblig erscheint, hinter sich lassen und plötzlich scharf fokussieren. Damit wird eine weitere Grenze überschritten. Das Großhirn ist ab jetzt gefordert. Der ganze Vorgang einer Tranceeinleitung wäre sinnlos und überflüssig, wenn das Medium anschließend nichts Überraschendes, Vernünftiges, Interessantes und Hilfreiches von sich geben würde, vor allem aber etwas, das es sich nicht selbst ausgedacht hat. Wenn ich diesen Punkt erreicht habe (es dauert etwa acht Minuten, bis ich so weit bin), sage ich laut: »Ich bin bereit.« Und die Durchgabe kann beginnen. Dadurch bin ich aber beileibe nicht in einem unbewussten Zustand oder gar im Schlaf. Dazu vernahmen wir von unserer Quelle:

> »Es gibt außer in tiefster Hypnose überhaupt keine Möglichkeit, sich des Vorgangs während des Vorgangs nicht bewusst zu sein. Die Spaltung und der partielle Gedächtnisverlust geschehen erst während des langsamen Prozesses des Zurückkommens in den Alltagszustand. Wenn ein Medium nicht lernt loszulassen, was es ohne Zensur an medialer Rede durchgelassen hat, wird es bald vollkommen überreizt und überflutet sein. Es wird nicht mehr richtig abschalten und den Normalzustand nur noch schwer erreichen können. Das sorgfältige Zurückkehren in die Alltagsverfassung ist gerade deshalb so wichtig, damit diese Trennung zwischen Trance und Wachheit vollzogen werden kann. Es verhindert, dass ein Medium ununterbrochen in einer Vierteltrance weiterlebt. Sonst wird die mediale Empfänglichkeit bald versiegen, denn der menschliche Organismus mit seinen Gehirnfunktionen ist nicht dafür geeignet, mit einer Reizüberflutung aus der Welt des Nicht-Sichtbaren fertigzuwerden.«

Trance – ein alltäglicher Teil des Lebens?

Eine aus dem indischen Kulturkreis stammende spirituelle Theorie geht davon aus, dass wir alle ständig und täglich in Trance sind, immerzu hypnotisiert von einer illusorischen Wirklichkeit, der Maya, und dass es eines der Ziele der Meditation oder einer Hypnotherapie ist, Menschen zum Erwachen zu bringen. Von Osho hörte man jahrein, jahraus den Satz: »You are all fast asleep! Wake up!« Das ist ja gut und schön, und ein Erwachter kann das leicht sagen, denken wir dann vielleicht. Die von ihm geäußerte Vorstellung entstammt ebenfalls weitgehend dem indisch-orientalischen Bereich. Doch ich bin strikt dagegen, den Begriff und das Phänomen der Trance in dieser Weise zu verallgemeinern und damit zu verwässern. Ich verwahre mich dagegen genauso wie gegenüber dem Gerede vom »Leben« nach dem Tod. Es scheint mir sinnvoller anzuerkennen, dass Leben Leben ist und Tod nun einmal Tod. Ein deutlich anderer Zustand. Dies zu akzeptieren ist gewiss für viele Menschen schmerzhaft. Sie suchen Trost in der Fantasie, dass »drüben« alles spiegelbildlich genau so weitergeht wie zuvor. Es hat aber keinen Zweck, diese Grenze zwischen Leben und Tod zu leugnen und sie sprachlich zu verwischen. Und auch Trance ist nun einmal, wenn sie produktiv sein soll, kein existenzielles Alltagsphänomen, sondern das kunstvolle Produkt eines deutlich veränderten, erweiterten und entgrenzten Bewusstseins.

Eine sogenannte Schlaftrance lässt den Körper in tiefster, durch Selbst- oder Fremdhypnose induzierter Entspannung vollkommen ruhen. Das gesamte Tagesbewusstsein wird dadurch ausgeschaltet, das Medium befindet sich in einem somnambulen Zustand, der Gedächtnisverlust tritt dadurch fast komplett ein. Es handelt sich jedoch nicht um einen Schlaf mit den bekannten und gut erforschten Phasen, auch wenn es dem naiven Betrachter so scheinen mag. Edgar Cayce, der bekannteste Vertreter dieser Art von Trance, wurde als »the Sleeping Prophet« bezeichnet, doch weder schlief er noch war er ein Prophet.

Er konnte aus seiner Tiefenentspannung heraus kohärent sprechen, Bezug zum Fragenden oder zu Briefinhalten aufnehmen, Diagnosen stellen oder über frühere Leben informieren. Diese Fähigkeit ist äußerst selten und kann ebenso wenig erlernt werden wie das Schlafwandeln. Allerdings ist es in einer solchen Hypnoseform kaum möglich, Informationen von außermenschlichen Instanzen zu empfangen, die vollständig außerhalb der Persönlichkeit des Mediums liegen, wie zum Beispiel von einem kausalen Lehrer. Zugang zur Astralwelt oder zur eigenen Seelenfamilie hingegen kann so gefunden werden.

Verzückung und Ekstase

Eine Trance ist kein Zustand der Verzückung oder der Ekstase. Im Gegenteil: Nichts scheint mir unverzückter und unekstatischer als ein medialer Trancezustand. Um Botschaften klar und korrekt zu empfangen, muss das Medium neutral und kühl sein, ohne eigene Ansichten oder Absichten unter die Botschaft zu mischen, ohne Gefühlsausbrüche, ohne den Wunsch, dem Adressaten oder den Zuhörern zu gefallen und Eindruck zu machen.

Dazu eine kleine Anmerkung: Nach dreißig Jahren medialer Tätigkeit saß ich vor nicht allzu langer Zeit mit Frank im Wohnzimmer. Ich klagte wie so oft über die große Herausforderung, die das Channeln für mich immer noch bedeutet, denn meine Arbeit muss sehr exakt und präzise sein, besonders wenn es um die Angaben zur Seelenmatrix geht. Da gibt es kein Ungefähr oder schöne Worte über Licht und Liebe. »Ach wie herrlich wäre es«, seufzte ich, »wenn ich einfach einmal in Trance gehen würde, um in der köstlichen Energie der Quelle zu baden, ohne anschließend anstrengende Durchgaben zu machen, bei denen es auf jedes Wort ankommt (ich spreche ja druckreif), die getippt und veröffentlicht werden, verstehst du das?« – »Ja, sicher!«, antwortete er. »Das können wir doch gern machen. Sag einfach, wenn du das mal erleben möchtest, dann führe ich dich in Trance. Du kannst dann darin bleiben, so lange du möchtest.« Im selben Moment durchfuhr mich eine Art Panik, ich wiegelte sofort ab, meinte: »Ja, gut, ich denke mal drüber nach!« Dann erkannte ich, dass allein der Gedanke, mich »einfach so« der Kraft unserer Quelle auszusetzen, mir eine Heidenangst machte. Warum nur? Ich wusste (oder meinte zu wissen): Das halte ich keine zwei Minuten lang aus! Das ist viel zu stark! Ich kann es dann nicht mehr kontrollieren! Das würde mich für immer verändern! Wer weiß, ob ich das lebend überstehe. Das ist bestimmt wie eine Atombombe, die in meinem Kopf platzt … Noch viele andere Angstfantasien erfüllten mich und werden mich bis auf Weiteres davon abhalten, ein solches Experiment zu wagen. Ich bin ein starrsinniger, kontrollierter Mensch und von Ekstasen will ich jetzt erst einmal nichts wissen. Vielleicht, wenn mein letztes Stündlein geschlagen hat, dann sehen wir mal. Auf dem Sterbelager kann mir ja nicht mehr viel passieren. Das ist alles nicht logisch, ich weiß, und vielleicht auch ziemlich dämlich, aber ich glaube, ich warte lieber noch ein paar Leben ab, bis ich mich so total öffnen und hingeben kann.

Loslassen und zulassen

Bei den Dreharbeiten für den Kinofilm *Die Übersinnlichen* von 2017 wurde mir, nachdem ich in Trance gefallen war, folgende Frage gestellt: Warum haben Menschen oft so große Angst, sich in Trance aufzulösen, und entwickeln gleichzeitig so eine enorme Faszination, wenn ein anderer Mensch seine alltäglichen Bewusstseinsgrenzen durchbricht?

Die Quelle antwortete darauf durch mich:

»Der lebendige Mensch identifiziert sich mit seinen Begrenzungen und mit seinem Ich. Jede Entgrenzung, jede Auflösung seiner Bewusstseinsmauern mutet ihn gefährlich an – wie ein Verlust seiner Identität, wie ein Verlust seiner geistigen Gesundheit. Und er scheut sich, mehr als nur ein wenig diese Möglichkeit wahrzunehmen, ohne zu schlafen und ohne auf dem Sterbebett zu liegen, um sein Bewusstsein auszuweiten, um in Berührung zu kommen mit Dimensionen, die außerhalb seiner Kontrolle liegen. Kontrolle ist für die meisten Menschen ein sehr wichtiger Faktor, nicht nur im Alltag, sondern ganz allgemein. Wenn nun jemand eine bewusstseinsverändernde Droge nimmt, so hilft ihm das, für eine bestimmte Zeit die üblichen Grenzen seines Denkens und Empfindens zu überschreiten. Aber nur selten, wenn überhaupt, kommt durch die Einnahme von bewusstseinserweiternden Substanzen eine Berührung mit der Transzendenz, mit den Kräften des Göttlichen oder Jenseitigen zustande. Dennoch versuchen gerade jüngere Seelen, einen leichten Zugang über diese Möglichkeit zu finden, um einen Vorgeschmack zu entwickeln auf das, was sie hinter den noch verschlossenen Türen ihres Bewusstseins erwarten könnte. Eine ältere Seele hat die Möglichkeit der Meditation, aber auch hier ist eine gewisse Kontrolle vonnöten, um nicht den Boden unter den Füßen zu verlieren und sein Ich nicht aufzulösen. Dieses Ziel ist zwar angeblich erwünscht, aber ein normales Leben ist in einem solchen Zustand nicht mehr möglich.

Es ist verständlich, dass Menschen Angst haben, ihre Konturen zu verlieren. Wer dies unkontrolliert tut, ist in Gefahr, seinen Alltagsverstand aufzugeben. Geschieht dies jedoch kontrolliert, kann ein Ergebnis erzielt werden, das im besten Sinne unberechenbar ist. Ein Medium, das sich öffnet, ein

Prophet, der meint, die Stimme Gottes zu vernehmen, muss sich selbst, sein Ich, zeitweilig ganz beiseitestellen. Das ist nicht jedem möglich. Es bietet jedoch für seltene Fälle und immer wieder einmal für bestimmte Menschen einen Zugang zu dem, was nicht in den Bereich des Alltäglichen und Normalen fällt. Dass diese wenigen, die solche Kontakte zum Jenseitigen, zum Transzendenten und Göttlichen ohne großen Aufwand herzustellen vermögen, die Bewunderung, die Verehrung und nicht selten auch eine Art Vergöttlichung durch naive und jüngere Seelen erfahren, ist begreiflich, wenn auch in keiner Weise angemessen. Es ist ein Phänomen, das alle betrifft, die etwas Besonderes oder Ungewöhnliches können – so wie ein Hochgebirgsalpinist von jenen bewundert wird, die kaum eine kleine Bergtour bewältigen; so wie ein großer Violinist verehrt wird von jemanden, der nicht in der Lage ist, ein Volkslied auf einer Ziehharmonika zu spielen.

Für einen Könner ist sein jeweiliges Können doch fast selbstverständlich und kann mit einer Fähigkeit oder Unfähigkeit nicht hinreichend beschrieben werden. Es sind unterschiedliche Fähigkeiten, unterschiedliche Begabungen. Denn es kann sein, dass derjenige, der sich nicht leicht zu entgrenzen versteht, dafür eine große naturwissenschaftliche Begabung hat und sogar den Nobelpreis verdient. Dieser wird wiederum von einem Medium, das sich problemlos mit jenseitigen Dimensionen in Verbindung setzt, bewundert werden.

Die Angst vor Auflösung der Grenzen ist verständlich, die Bewunderung ebenso, und doch ist oft eine Vorstellung von Magie und Zauber und Mystik und vom Mysteriösen mit diesen Entgrenzungsvorgängen verbunden; und vielen scheint es unheimlich, auch unglaubwürdig, dass es möglich sein soll, sich mit transzendenten Kräften zu verbinden, zum Sprachrohr einer nicht menschlichen Instanz zu werden, zur Durch-

> gangsstation für Botschaften, die aus einem Bereich stammen, der dem Alltagsbewusstsein nicht zugänglich ist.«

Aus meiner Sicht ist es so, dass eine mediale Trance nicht zum Vergnügen des Mediums, sondern nur zur Verbreitung neuer Erkenntnisse und zum Trost der Menschheit gedacht ist. Und deshalb braucht man selbst in diesem grenzüberschreitenden, erweiterten Bewusstsein eine gewisse Kontrolle. Stellt jemand eine Frage, ist es nicht sinnvoll, irgendetwas Esoterisches zu erzählen, sondern auf die Frage einzugehen und hilfreiche, erhellende Informationen zu übermitteln. Und das gilt eben auch für den Fall, dass das Medium als Privatmensch eine ganz andere Lösung für das geschilderte Problem vorschlagen würde.

In den späten Achtzigern arbeitete ich mit einem klugen und gut ausgebildeten NLP-Therapeuten zusammen. Mit ihm habe ich wie bereits erwähnt meine Trancetechnik entwickelt. Kurze Zeit später, im März 1989, durfte ich erleben, dass ich plötzlich Botschaften aussprechen konnte, die ich zuvor nicht gedacht hatte – ein überwältigendes Erlebnis, wundervoll! Aber auch eine Spur traumatisierend! Die Worte und Aussagen waren an meinem persönlichen Bewusstsein »vorbei« in mein Hirn und meinen Sprechapparat gelangt. Nicht ich war es – es geschah durch mich! Ich wurde somit Zeugin dieses Erlebnisses, war drinnen und draußen zugleich. Dabei ruhte ich zurückgelehnt in einem Sessel. Während ich die ersten Worte sprach, schossen mir vor Beglückung und Erregung die Tränen so heftig aus den Augen, dass sie in hohem Bogen auf meinen Oberschenkeln landeten. Wie soll ich das beschreiben? Es war wohl eine Art Initiationsekstase. Anschließend bekam ich einen so hemmungslosen Lachanfall, als hätte ich Marihuana geraucht, und pinkelte mir dabei in die Hose. Das nenne ich Loslassen!

Loslassen ist normalerweise nicht meine Stärke, ich kann schon allein das Wort nicht leiden. Und gerade deshalb betrachte ich es als meine allergrößte persönliche Wachstumsherausforderung und

Wachstumsleistung, dass es mir gelingt, immer aufs Neue wenigstens eine Stunde lang in die »kontrollierte Kontrolllosigkeit« der Trance zu gehen und in diesem Zustand etwas Neues, Sinnvolles, Hilfreiches von mir zu geben, an meinem Verstand vorbei. Dieses Phänomen mutete mich von Anfang an derart faszinierend an, dass ich nicht mehr damit aufhören wollte.

Mein erster Arbeitspartner aber sah die Dinge völlig anders. In unseren frühen öffentlichen Veranstaltungen geschah es, dass die Anwesenden an mich als Medium Fragen stellten und sinnreiche Antworten erhielten. Er aber als Therapeut hätte zum gleichen Problem völlig andere Hilfestellungen angeboten. Ich beobachtete in den folgenden Monaten, wie ihn das zunehmend verärgerte. Was er zu bieten hatte, wollte keiner hören, alle hingen an meinen Lippen. Und in der Tat hatten schon die allerersten Durchgaben eine ganz besondere energetische und sprachliche Qualität. Alles wurde auf Tonband aufgenommen. Ich aber vergaß, was ich gesagt hatte, kaum dass die Anwesenden den Raum verlassen hatten. Erst später wurde mir klar, dass eine Trancetechnik wie meine, eine Wach-Tieftrance, sowohl das Kurzzeitgedächtnis als auch das Langzeitgedächtnis vorübergehend wegschaltet. Hinzu kam, dass ich während der Durchsagen so uninteressiert-neutralisiert war, dass ich die Bänder hinterher nicht einmal abhörte. Was immer ich von mir gab, es kam mir normal, ja geradezu banal vor: »Darauf hätte doch jeder kommen können!« Und so geht es mir bis heute, sogar bei den anspruchsvollsten, intellektuell fordernden Texten. Erst wenn ich sie Wochen später lese, bin ich sozusagen von mir selbst beeindruckt. Und ich muss mir die Aussagen der Quelle kognitiv genauso aneignen, muss sie verstehen lernen, wie jeder andere Leser unserer Bücher. Oft geht es mir sogar so, dass ich mich verwundert frage: »Was, das soll durch mich hindurchgeflossen sein? Kann mich gar nicht dran erinnern.«

Dieser Arbeitspartner teilte mir nach etwa einem Jahr mit, dass er so nicht weiterarbeiten könne, sozusagen als Hilfsdiener, der nichts weiter zu sagen hatte. Kurze Zeit später kam Frank nach München, und wir nahmen unsere gemeinsame Arbeit auf. Erst jetzt wurden die frühen Durchsagen abgetippt und archiviert. Denn Frank befand sie für äußerst wertvoll. So verdanke ich ihm, dass ich die ersten Botschaften der Quelle überhaupt einmal kognitiv zur Kenntnis nehmen konnte. Seither hat er jede einzelne Botschaft in einem Archiv abgelegt, ein Tagebuch und ein Stichwortverzeichnis angelegt. Das hätte ich niemals fertiggebracht. Und wenn ich auch ein dickes Buch nach dem anderen mit Durchsagen gefüllt habe, verbleibt doch ein Großteil der Botschaften im Archiv und wurde (noch) nicht veröffentlicht.

Neutralität und Zensur

Die beschriebene Neutralität, ja mein Desinteresse an Inhalt und Aussage der durch mich hindurchgeflossenen Durchgaben, solange ich sie nicht anschließend auf Papier gedruckt zur Kenntnis nehme, mag viele erstaunen und verblüffen. Ich hingegen bin überzeugt davon, dass gerade diese neutrale Haltung einen wesentlichen Anteil an meiner Empfänglichkeit und an der Qualität meiner Durchgaben hat. Die Fragen – seien es private oder solche von allgemeinem Interesse – höre ich erst, wenn ich bereits in meiner Tieftrance bin. Sogar falls ich (was selten genug vorkommt) für mich selbst eine Beratung durch die Quelle wünsche, schreibe ich meine Fragen auf, gebe sie an Frank weiter, und er stellt sie erst dann, wenn ich als Persönlichkeit gar nicht mehr präsent bin, sondern »ein hohles Bambusrohr«. Ilse-Maria Fahrnow, ein deutsches Medium, das Botschaften von ihren Sternengeschwistern vom Sirius empfängt, hat einen passenden Ausdruck dafür gewählt: den »glückseligen Zustand der Fraglosigkeit«.

Das ist auch die beste und sicherste Methode, um eine – manchmal unmerkliche und oft unbeabsichtigte – Zensur zu vermeiden. Wie oft hat meine Quelle mich in Tieftrance »genötigt«, Dinge zu sagen, die weder meinen Überzeugungen noch meinen Einstellungen zum Leben entsprachen. Ich kann mir zwar während des Vorgangs kaum etwas merken, doch ich bin ja hellwach und meine Ohren hören, was gesagt wird, was gesagt werden muss. Mit einem Restchen meines Tagesbewusstseins schießt mir dann ein kritischer Gedanke durch den Kopf: »Oh Gott, nein!« Doch ich kann und darf nichts unterdrücken. Und später erweist sich gerade das, was ich lieber nicht ausgesprochen hätte, als wichtiger, hilfreicher Denkanstoß. Zum Beispiel musste ich einmal durchgeben: »Alle Materie ist beseelt.« Simultan dachte mein innerer Beobachter, der mich in der Wachtrance ja stets begleitet: »Was für ein Quatsch! Dann müsste ja auch der fadenscheinige verfleckte Teppichboden aus Polyester unter meinen Füßen beseelt sein.« Später, im Wachbewusstsein und während einer Unterhaltung mit einem Physiker, konnte ich ein wenig besser verstehen, warum meine Quelle eine solche Aussage macht. Davon abgesehen, darf ich an dieser Stelle noch einmal daran erinnern, dass ein ehrliches, neutrales Medium nichts als die Filtertüte ist. Es sollte sich nicht um die Qualität des Kaffees scheren. Einfach nur durchfließen lassen! Das Filtern besteht lediglich in der Umsetzung von Gedankenimpulsen in Sprache.

Dissoziation und Entfremdung

Je tiefer die Trance ist, umso deutlicher wird die Dissoziation des Mediums. Doch im Unterschied zu einer krankhaften Ich-Entfremdung, wie sie bei psychisch gestörten Menschen diagnostiziert werden kann, bei denen Denken und Verhalten in unkontrollierte Einzelphänomene zerfallen, ist eine mediale Dissoziation gewollt, kontrolliert und erwünscht. Es geht ja nicht darum, dass jemand die Augen schließt, nach einem Aufgestiegenen Meister ruft und dann seine private Meinung kundgibt. Vielmehr ist es notwendig, dass das Medium seine eigene Persönlichkeit und den größten Teil seines Ich-Bewusstseins für eine gewisse Zeitspanne (eine Stunde oder wenig länger) vertrauensvoll beiseitelegt und sich in einem Zustand der Entfremdung dem Vorgang hingibt. Für die Psyche ist dies im Grunde bedrohlich, sie schätzt es nicht, über ihr Ich keine Kontrolle zu haben. Das betrifft vor allem die Angst und die aus ihr entspringenden Reaktionen, die ja von der Psyche nicht selten als stabilisierend und Sicherheit schenkend betrachtet werden, als ein notwendiger Schutzfaktor. Aber das Medium spaltet seine Ängste durch die Technik der Trance sorgfältig ab und begibt sich damit vorübergehend in einen ich-freien inneren Raum, der Platz schafft für Gedanken, Gefühle, Worte und Wahrnehmungen, die nicht der eigenen Persönlichkeit entstammen, sondern durch eine nicht menschliche Instanz inspiriert, also von einer Fremdenergie eingegeben werden.

Obgleich ich darin sehr geübt bin, empfinde ich diese Dissoziation nicht wirklich als angenehm. Zwar bin ich durchaus stolz auf mein mediales Lebenswerk, doch die dafür notwendige Spaltung, die sein Entstehen voraussetzt, ist auch nach Jahrzehnten noch eine psychische Belastung für mich. Es gibt wie erwähnt Momente, in denen ich ärgerlich und beleidigt bin, dass meine Person vor allem dann bewundert und geschätzt wird, wenn ich nicht ich bin. Bevor die Quelle durch mich spricht, muss ich mich vollkommen leer von mir selbst machen; erst dann kann sie mich erfüllen. Andererseits bin ich zu der Erkenntnis gekommen, dass sich diese intensive mediale (und damit dissoziierte) Übermittlungsarbeit nur auf der Basis einer gefestigten und gereiften Persönlichkeit vollziehen kann, die in der Lage ist, diesen Zustand auszuhalten. Deshalb ist es geraten, bereits ein mittleres Alter erreicht zu haben. Ein professionelles Medium achtet darauf, am Ende jeder Durchgabe wieder vollständig in seine eigene Struktur zurückzugelangen. Die Trance und damit die Entfremdung muss unbedingt ordnungsgemäß abgeschlossen werden, sonst verbleibt man in einem halbentfremdeten Bewusstsein, und das ist mit Sicherheit ungesund. Das Ich muss die Regie wieder übernehmen.

Einige Medien retten sich aus dem Konflikt zwischen Ich und Entfremdung, indem sie ihrer Psyche eine Amnesie verordnen. Wer sich überhaupt nicht erinnert, dass und was er im Trancezustand gesagt oder getan hat, meint sich zu schützen, denn so tritt eine scharfe Trennung zwischen Ich und Nicht-Ich ein. »Was ich da gesagt habe, hat nichts mit mir zu tun.« Das ist zwar einerseits richtig, doch andererseits eben auch falsch. Das Medium als Mensch mit seinem gesamten Sein ist immer beteiligt.

Für mich war es ein Augenblick der Rettung, als ich erkannte: Ohne mich würde hier gar nichts passieren! Denn ohne meinen geistigen und körperlichen Einsatz, meine Bereitschaft zur Entgrenzung, meinen Wortschatz, meinen Bildungshintergrund und meinen Fleiß könnte die Quelle ja einpacken! Bis sie jemand anderen findet, der eine so umfangreiche Seelenlehre in die irdische Welt setzt, kann sie wahrscheinlich lange suchen! Auf diese Weise habe ich meine innere Position in diesem seltsamen, außergewöhnlichen Arbeitsverhältnis gefunden.

Natürlich sieht die Angelegenheit von außen betrachtet ganz unkompliziert aus. Ich sitze auf meinem Stuhl wie ein Ölgötze, völlig entspannt und doch hoch konzentriert, mein Mund redet und gibt gehorsam von sich, was die Quelle mir eingibt. Ich schlafe nicht und habe nur eine Teilamnesie. Die Abspaltung vollzieht sich nicht bis zur totalen Entfremdung, wie dies wahrscheinlich bei Edgar Cayce der Fall war, denn ich höre mich ja sprechen. Das ist der Vorteil einer Wachtrance. Ein zweiter Vorteil besteht darin, dass ein Wach-Tieftrance-Medium an seinen eigenen Durchgaben und der bewusst erlebten Präsenz und liebenden Energie seiner Informationsquelle wachsen kann. Zweifellos bin ich ein Werkzeug, aber kein willenloses. Ich werde nicht beherrscht, besetzt oder besessen, sondern stelle mich willig zur Verfügung. Und darüber hinaus bestehe ich darauf, dass ich außer meinem Leben als Medium auch noch ein anderes Leben habe: als Blumenfreundin, Hausfrau, Gastgeberin, Leserin, Reisende,

Autorin von ganz und gar selbsterdachten, von meinem Ich verfassten Sach- und Fachbüchern, Romanen und Erzählungen.

Meine persönliche, nicht wissenschaftliche Theorie lautet: Für eine gezielte, willensmäßig gesteuerte und kontrolliert-unkontrollierte Wach-Tieftrance müssen bestimmte Bereiche des Großhirns »stillgelegt« und andere, sonst eher selten genutzte Areale aktiviert werden. Oft werde ich gefragt, wie ich das mache und wie sich das anfühlt. Das Erste kann ich weitgehend erklären und lehren, das Zweite zu beschreiben ist mir nicht wirklich exakt möglich. Denn mit einem dissoziierten, auf Fremdempfang geschalteten Hirn kann ich nicht gleichzeitig analysieren und untersuchen, was da mit mir und in mir passiert. Nur ansatzweise und aus einer beschränkten Erinnerungsfähigkeit heraus kann ich berichten, wie es sich anfühlt, zuerst hohl und leer zu werden und dann von Informationen, unbekannten Bildern, Gefühlen, Gedanken und Worten bis zum Rand gefüllt zu sein. Oft kann ich gar nicht schnell genug sprechen, um all das in Sprache zu fassen, was ich empfange.

Die Praxis der medialen Trance

Bevor ich Ihnen hier in diesem abschließenden Teil des Buches einige Anregungen zu einer eigenen medialen Praxis an die Hand gebe, sollte eine Frage angesprochen werden: Ist mediale Arbeit in Tieftrance gesund? Leider muss ich sagen: Nein. In tiefster Entspannung und Entgrenzung nicht etwa ruhen zu können, sondern hart zu arbeiten, um sinnvolle und bedeutsame Texte zu empfangen und zu sprechen (denn sonst wäre der ganze Aufwand vergeblich) – das ist ein Widersinn. Die Durchgaben vollziehen sich scheinbar mühelos, doch sie verbrauchen enorm viel Energie. Gelingende und überzeugende Medialität darf daher als anstrengende Kunstform bezeichnet werden.

Und ja, für die Ausübung solcher Kunst auf hohem Niveau ist mancher mehr geeignet und höher begabt als viele andere. Doch gilt dies nicht für jede Art von Kunst? Für Musik, Sport, Malerei, Mathematik? Dennoch ist es eine Tatsache, dass jeder, der daran Gefallen findet und bereit ist, sich einzulassen und zu üben, der einfache Stücke spielen und singen lernt, seinen Körper bis zu einem gewissen Grad zu trainieren vermag oder unter Anleitung befähigt ist, auf Abiturebene Gleichungen zu lösen. Und so verhält es sich auch mit der Medialität. Die Grundprinzipien kann jeder erlernen.

Ein paar Vorbedingungen

Der Körper muss in Sachen Medialität mitmachen. Er muss empfindsam, durchlässig und zart genug sein, um überhaupt von transzendenten Entitäten erreichbar zu sein. Jane Roberts war zeit ihres Lebens krank. Sie war von ihrer Mutter psychisch misshandelt worden, musste sie schon mit acht Jahren pflegen und den gesamten Haushalt besorgen. Später kam sie in ein Waisenhaus. Sie litt an Colitis ulcerosa, einer schweren Autoimmunerkrankung des Verdauungstrakts, war untergewichtig, brauchte eine sehr starke Brille und ihre Schilddrüse funktionierte nicht richtig. Auch hatte sie in Bezug auf ihre schwerkranke Mutter große Schuldgefühle, denn diese warf ihr vor, ihr Zustand sei durch die Geburt von Jane herbeigeführt worden. Sie bedrohte das Kind durch wiederholte Selbsttötungsversuche. So hatte Jane große Angst, verlassen zu werden. Es ging ihr immerzu schlecht. Dennoch hat sie ein eindrucksvolles einzigartiges Lebenswerk hinterlassen. 1984 starb sie mit Mitte fünfzig unter qualvollen Umständen. Im selben Jahr verließ ich die Universität und begann mit einer intensiven medialen Tätigkeit.

Von einer Reihe von anderer Trancemedien (zu denen leider auch ich gehöre) hat man erfahren, dass sie in früher Kindheit sexuell missbraucht und geschädigt wurden. Die psychische Not eines kleinen Kindes, das sich der Übergriffe nicht erwehren kann, mündet nicht selten in eine extrem hohe Empfindsamkeit und Neigung zur Dissoziation, die nur durch die Entwicklung einer produktiven Medialität fruchtbar gemacht werden kann. So vermag die körperlich und psychisch schädigende Grenzüberschreitung in eine Fähigkeit zur Entgrenzung umgewandelt zu werden.

Was passiert nun im Körper? Während einer Tieftrance verändern sich nicht nur Hirnprozesse, sondern auch der Blutdruck, der Puls, der Hautwiderstand, die Sauerstoffversorgung. Einige Funktionen, die während einer Trance stören würden oder nicht gebraucht werden, schalten sich ab. Die Verdauungsvorgänge stoppen, während die Nieren während der Tiefenentspannung auf Hochtouren arbeiten, sodass manche Durchsage durch einen raschen Gang zur Toilette (an der Hand geführt und mit geschlossenen Augen!) abrupt unterbrochen wird. Und weil man als Medium derart tiefenentspannt ist, wie man es nicht einmal in der Meditation erreichen kann, sich dabei aber nicht etwa erholen darf, sondern sich eher erschöpft, ist die Tieftrance kein Schönheitsschlaf, aus dem man erquickt erwacht.

Neurologen glauben herausgefunden zu haben, dass der Beginn einer Trance stets mit einer Versteifung des Körpers, mit Schwitzen und schwerem Atmen verbunden ist. So etwas habe ich niemals bei anderen gesehen oder selbst erlebt. Geometrische Formen entfalten sich angeblich vor den geschlossenen Augen und eingebildete Lichtwahrnehmungen sowie alle möglichen Halluzinationen der unterschiedlichen Sinne sollen den Zustand der Trance belegen. Es mag sein, dass indigene Schamanen solche Symptome zeigen. Eine mediale Trance mit dem Zweck, hilfreiche, verständliche Botschaften aus übersinnlichen Bereichen abzurufen, ist völlig anders geartet. In den meisten Fällen ist sie still, bewegungslos, sanft, ruhig, konzentriert.

Ich war gesundheitlich recht stabil bis in meine Vierziger. Alle paar Jahre eine immunstärkende Erkältung – das war's. Doch dann, nachdem ich von meiner Quelle in Dienst genommen wurde, begann ich an verschiedenen Störungen zu leiden. Meine Gelenke fingen an zu versteifen, eine schmerzhafte Polyarthrose entwickelte sich. Nervosität, Überreizung, Einschlafprobleme kamen hinzu. Denn der Körper konnte die Befehle »Entspanne dich!« und »Schlafe ein!« nicht richtig auseinanderhalten. Kaum kuschelte ich mich in die Kissen, fing es in mir an zu arbeiten – Bilder, Textfetzen, unerwünschte Informationen. Ich empfand es lange so, als hätte ich eine Tausend-Watt-Glühbirne in der Schädelkalotte, die keinen Schalter zum Ausknipsen besaß. Man muss sich auch klarmachen, dass ein begabtes Medium von Natur aus schon ein zittriges Nervenbündel ist, ein Mensch, der dünnhäutig und durchlässig geschaffen wurde, um eben diese Arbeit überhaupt machen zu können. Es wäre ja geradezu paradox, eine Gesundheit wie ein Ackergaul zu haben und gleichzeitig für Nicht-Körperliches transparent zu sein.

Ich beklagte mich eines Tages bei unserer Quelle über meine nervliche Anspannung. In gewohnt cooler Art erhielt ich die Antwort: »In vielen Leben, über Tausende von Jahren, hast du dich bemüht, immer sensibler zu werden. Jetzt bist du endlich eine sensitive alte Seele – und du bejammerst das!« Mit anderen Worten: Zarte Nerven gehören zum bestellten Paket und sind wie die Rechnung bei der Sendung. Das eine geht ohne das andere nicht. Aber ich muss gestehen: Der Preis ist hoch.

Doch erhielt ich von der Quelle auch Hilfestellung: »Weniger ist mehr!« In meiner Begeisterung für die Ergebnisse meiner medialen Arbeit, durch die Zusammenstellung der zahlreichen Bücher mit Durchgaben, durch eine intensive Seminartätigkeit, öffentliche Vorträge mit Trancevorführungen, Matrix-Ermittlungen en gros in den Veranstaltungen und für zahlreiche mir unbekannte Menschen, die mich anschrieben, dazu unter der Illusion stehend, dass es doch ein Klacks sei, innerhalb einer Stunde zehn bis zwölf druckreife Seiten zu produzieren, habe ich mich in den Neunzigern in jeder Hinsicht übernommen. Zu viel ist zu viel. Ein Missverständnis, geschuldet meinem Entwicklungsziel des Beschleunigens mit seiner Lust an Herausforderungen, gewürzt mit einer Prise Märtyrertum, das sich gern opfert. Mich rettete ein schwerer Unfall. Im Krankenhaus konnte ich mich endlich ausruhen und wollte als Konsequenz gleich alles hinwerfen. Doch nachdem ich eingesehen hatte (schließlich lebten wir zu zweit von dieser Arbeit), dass ich es mit den Trancezeiten übertrieben hatte, konnte ich neue Strukturmodelle entwerfen und in veränderter Weise meiner Berufung und meinem Beruf nachgehen. Ich schonte mich mehr, lernte Nein zu sagen, verzichtete auf die vielen Vorführungen (denn ich musste nach zehn Jahren nicht mehr wie ein dressierter Elefant beweisen, was ich kann) und beschränkte jede Trancesitzung auf etwa fünfzig Minuten – nicht länger! Das hat mir gutgetan.

Die Reglosigkeit, in der mein Körper während der Trance verharrt, und die damit verknüpfte verminderte Durchblutung, haben leider dazu beigetragen, dass meine ererbte Disposition zur Gelenksarthrose gefördert wurde. Meine Glieder sind nach einer längeren Trance so schlapp, dass ich mich kaum bewegen kann – geschweige denn Sport treiben! Nun bin ich als starrsinnige Priester-Seele mit dem Modus Beobachtung ohnehin vorwiegend nach innen gewandt. Die vielgepriesene Bewegung zur Förderung der Gesundheit ist mir ein Graus. Lieber lese ich oder schreibe ein paar Seiten, als spazieren zu gehen. Bereits seit meiner Kindheit leide ich an schwerer Fibromyalgie, mir tut immer alles weh – außer in der Trance und im Schlaf. Deshalb werde ich wohl bis zum Lebensende ein Couch-Potato bleiben. Nun, dafür habe ich etwas anderes und recht Ungewöhnliches in die Welt gesetzt. Man muss ja nicht alles können.

Sensitiv und medial begabt zu sein und diese Gabe auch professionell auszuüben, zieht noch anderes nach sich. Diese Tätigkeit verbraucht sehr viel Magnesium, das man substituieren muss. Man sollte sich auch regelmäßig Lecithin zuführen, um die Myelinscheide zu pflegen, die die Nervenbahnen umhüllt. Wer sensitiv ist, ist oft gleichzeitig hochsensibel gegenüber Allergenen, Gerüchen, Duftstoffen, Geräuschen und leidet an Nahrungsmittelunverträglichkeiten. Das gesamte System ist anfällig und durchlässig. Das schwer arbeitende Gehirn braucht viel Eiweiß und Zucker. Doch weil man nach jeder Trancesitzung erschöpft ist, sehnt man sich vor allem nach Kohlenhydraten. Eine große Schüssel Spaghetti – das wär's! Es gibt sehr dünne und ziemlich korpulente Medien. Jeder muss lernen, mit seinen eigenen Bedürfnissen klarzukommen. Ich trinke zum Beispiel vor jeder längeren Durchsage einen doppelten Espresso oder einen starken Kaffee, um einen richtig klaren Kopf zu haben. Auch eine Koffeintablette oder eine Guaranakapsel kann helfen. Das alles natürlich nur am Vormittag, sonst ist die Nacht gelaufen.

Andere wiederum nehmen nichts als Kamillentee zu sich und ernähren sich vegan. Es gibt da keine Pauschalregeln. Viele große Medien, die aus ethischer und gesundheitlicher Überzeugung jahrelang Vegetarier waren, entdecken, dass es ihnen besser geht, wenn sie von Zeit zu Zeit ein blutiges Steak essen. Das ist gut für den Eisenhaushalt. Denn wenn es auch in der naiven allgemeinen Vorstellung für ein Trancemedium als schicklich gilt, blond, mager und blass zu sein (als litte man an Schwindsucht und stünde bereits mit einem Fuß im Jenseits), zeigt doch die Realität, dass es angesichts des Ungewöhnlichen, dem man sich als Medium aussetzt, nicht unangebracht ist, sich den Rest der Zeit weitgehend normal zu verhalten und zu ernähren und ein »geerdetes« Leben zu führen. Dazu kann eben auch eine deftige Wurststulle gehören, wenn sie vielleicht auch mit glutenfreiem Brot gemacht wurde.

Eines sei zum Trost gesagt: Trancearbeit ist gut gegen Falten. Weil auch das Gesicht während der Durchgaben völlig entspannt ist und die Mimik wegen der Neutralität des Geschehens reduziert wird, können sich schwere Denker-, Zornes- oder Sorgenfalten gar nicht erst entwickeln, wenn man oft genug diesen Zustand pflegt. Die Augenringmuskulatur wird durch den Blick ins Unbekannte ganz weich, Krähenfüße haben da wenig Chancen.

Entspannung und Vertrauen

Im Grunde genommen gibt es nicht viele Voraussetzungen, um wenigstens den Boden zu bereiten für eine mediale Trance, die darauf abzielt, Informationen aus nicht physischen Dimensionen zu erhalten. Dazu zählen auch die Stimme der eigenen Psyche (ein nicht materielles Organ des Menschen) als wertvoller Ratgeber, das Gespräch mit der eigenen Seele und der beglückende Kontakt mit der eigenen Seelenfamilie. Darüber hinaus ist es verhältnismäßig unkompliziert, mit Verstorbenen zu sprechen und von ihnen Antworten zu erhalten, besonders wenn es sich um Angehörige handelt, die man persönlich gekannt hat. Aber dafür ist es bereits notwendig, die zwei grundlegenden Formen der Bereitschaft zu diesem Bemühen bereitzustellen: Entspannung und Vertrauen.

Nur wenn Körper und Psyche entspannt sind, das bedeutet: von der Alltagsspannung vorübergehend erlöst, kann die spezielle Energie bereitgestellt werden, die für die Herstellung des Kontakts benötigt wird. Aber das ist nicht schwierig! Bewusst und progressiv Muskelspannungen zu lösen, gelingt mit den bekannten Übungen von Edmund Jacobson recht leicht, und es ist möglich, dies so im Unbewussten abzuspeichern, dass das Ergebnis bald nahezu automatisch abgerufen werden kann. Hinzu kommen einige tiefe Atemzüge und das sorgfältige Ausschalten allfälliger Störfaktoren wie Telefon oder Schleudergang der Waschmaschine.

Doch wie steht es mit dem Vertrauen? Manche Leute denken, für eine solche Arbeit müsse man ein unerschütterliches Urvertrauen aus der Kindheit mitbringen. Aber wer verfügt schon darüber? Ich kenne niemanden und gehöre mit Sicherheit nicht dazu. Dennoch kann ich das Vertrauen in die reine Vorstellung aufbringen, dass es ein Jenseits gibt, eine Seele und Dimensionen der Realität, die mir prinzipiell zugänglich sind. Wenn ich hingegen davon ausgehe, dass solche Kontakte sowieso nicht möglich oder lediglich fromme Einbildung und spiritistische Illusion sind, dann wird es schwierig. Erst diese Art von Vertrauen weckt in nicht menschlichen Wesenheiten die Bereitschaft, sich über ein Medium zu äußern. Es sei jedoch daran erinnert, dass – wie in den Anfangskapiteln geschildert – hochpotente Lehrer aus der kausalen Bewusstseinswelt (oder auch aus stellaren Dimensionen), die eine Botschaft an die Menschheit verbreiten wollen, sich ihre Medien, also ihre inkarnierten Mitarbeiter, selbst aussuchen. Der Einzelne kann sich nur bereitmachen und bereitstellen und hoffen, berufen zu werden. Allerdings wird es gerade dann nicht einfacher, denn das Trancemedium, das mit seiner Arbeit beginnt, muss sich gründlich mit seinen Ängsten auseinandersetzen. Es gilt, die starke Energie auszuhalten und den Herausforderungen zu begegnen, die an die eigene Persönlichkeit gestellt werden.

Im Rahmen der von unserer Quelle verbreiteten Seelenlehre habe ich mit einem Augenzwinkern einen »Reaktionskatalog« aufgestellt, der beschreibt, was die sieben archetypischen Urängste zum Erlernen einer medialen und anschließend produktiven Trance mit ihrer inneren Stimme zu sagen haben. Ich setze ihn in Seminaren zur Trancearbeit ein. Zum besseren Verständnis: Selbstverleugnung ist das Merkmal einer Angst vor Versagen, Selbstsabotage ist das Merkmal einer Angst vor Freude und Erfolg, Märtyrertum ist das Merkmal einer Angst vor Wertlosigkeit, Starrsinn ist das Merkmal einer Angst vor der Unberechenbarkeit des Lebens, Gier ist das Merkmal einer Angst vor Mangel, Hochmut ist das Merkmal einer Angst vor Kränkung, Ungeduld ist das Merkmal einer Angst, Zeit zu verlieren und etwas zu versäumen. Wer darüber mehr erfahren möchte, sei auf unser Buch *Archetypen der Angst* verwiesen.

Lassen Sie mich nur den Kern der jeweiligen Angst auch hier wiedergeben, bezogen auf Aussagen, wie sie von Teilnehmenden eines Seminars zur Schulung der Medialität getroffen werden könnten:

1. Selbstverleugnung meldet sich: »So etwas Übermenschliches kann ich nicht! Ich fühle mich total überfordert. Was bilde ich mir da überhaupt ein? Ein armes beschränktes Menschlein wie ich kann gar nicht medial begabt sein. Andere können das auf jeden Fall besser. Ich bin da lieber bescheiden und stelle keine Ansprüche. Hoffentlich merkt hier niemand, dass ich völlig unfähig bin. Bei den Übungen muss ich sehr, sehr hart arbeiten. So ist das Leben – nichts als Mühe. Und wenn da mal was aus meinem Mund kom-

men sollte, habe ich mir das alles selbst ausgedacht, ohne es zu merken. Schön wär's ja, so was Interessantes zu können. Dann bekäme ich vielleicht endlich mal ein bisschen Bewunderung. Im Übrigen gilt: Entweder ich kann das aus dem Stand, und zwar perfekt, oder ich gebe auf, anstatt mich hier tödlich zu blamieren. Wenn ich mir aber jahrelang ganz, ganz viel Mühe gäbe, könnte ich das am Ende vielleicht besser als alle anderen und würde weltberühmt.«

2. Selbstsabotage meldet sich: »Das ist mir alles viel zu anstrengend, Leute. Entweder die Dinge kommen mühelos, als natürliche, gottgewollte Begabung, oder es ist nichts dran. Das muss einem in die Wiege gelegt worden sein. Bin ich vielleicht ein alttestamentarischer Prophet? Das wäre echt gefährlich, deshalb lasse ich lieber die Finger davon. Wer weiß, was dahintersteckt, vielleicht ist sowieso alles Betrug in diesem Seminar, zumindest Selbstbetrug. Wenn es Spaß macht und leicht und einfach ist, wie hier behauptet wird, kann es ja nur nutzlos sein. Ich denke, an solch einer Begabung muss man leiden und zerbrechen oder krank werden, nur dann ist sie echt. Wahrscheinlich kriege ich nur schreckliche Botschaften, Horrornachrichten aus dem Jenseits oder Ankündigungen von Mord und Totschlag und muss dann damit ganz allein fertigwerden. Bekomme ich aber tatsächlich mal so etwas wie eine Eingebung, werde ich bestimmt ausgelacht. Intuition! Gibt's das denn überhaupt? Am besten selbst so lange zweifeln, bis alles kaputtgeredet ist. Dann geht's mir gleich besser.«

3. Märtyrertum meldet sich: »Ich bin es doch im Grunde gar nicht wert, so etwas Wunderschönes zu erleben. Meine Durchsagen sind garantiert auch nichts wert, das weiß ich jetzt schon. Ich kann ja auch niemals so viel zurückgeben, wie ich empfangen habe. Alle sind so lieb zu mir, das verstehe ich gar nicht. Um medial berufen und auserwählt zu werden muss man doch ein nobler, edler Mensch sein, und das bin ich nun mal nicht. Sollte ich aber tatsächlich eine Begabung haben, dann muss ich sie der Menschheit gratis zur Ver-

fügung stellen, denn eine solche Gabe ist ein Geschenk von Gott, deshalb darf man nichts dafür nehmen. Es wäre sonst eine Sünde. Ich darf auch niemals Nein sagen, wenn jemand eine Durchsage von mir braucht, selbst wenn ich elend und krank bin. Allen Ratsuchenden muss ich zur Verfügung stehen, sogar nachts. Wenn ich nicht gehorsam befolge, was meine Intuition mir eingibt, werde ich vom Leben bestraft – die Erfahrung kenne ich. Und sollte ich etwas sagen, was kränken könnte oder gar falsch ist, mache ich mich schuldig vor Gott und den Menschen. Deshalb halte ich lieber gleich den Mund. Bei neuen Übungen behaupte ich vorsichtshalber, ich hätte Kopfschmerzen. Ich will mich doch nicht blamieren, indem ich meinen Unsinn als Durchsage bezeichne.«

4. Starrsinn meldet sich: »Oh Gottogott, wer weiß, was alles passieren kann, wenn ich mich auf diese Sachen hier einlasse? Das kann ich ja nicht mehr kontrollieren! Wenn sich nun jemand anders meldet, als ich gewollt habe? Wenn ein böser Dämon mich benutzen will oder mich fremde Mächte besetzen, die ich nicht mehr loswerde? Könnte doch sein – wer weiß! Das ist ja alles unberechenbar. Überhaupt: Entspannung hasse ich. Weiß gar nicht, was die hier von mir verlangen. Ich halte es grundsätzlich für besser, mich verbissen zu konzentrieren und nichts von mir zu geben, das ich nicht vertretbar finde und das in jeder Hinsicht abgesichert ist. Vertrauen wollen die hier auch von mir! Dabei ist Vertrauen nichts anderes als naiver Kinderglaube. Ich habe damit nur schlechte Erfahrungen gemacht. Ach, und was die angeordneten Übungen betrifft: Augen zu und durch! Ich sage einfach irgendetwas. Wird schon keiner merken, wenn ich nicht richtig mitmache. So was habe ich bekanntlich gut im Griff.«
5. Gier meldet sich: »Ich will das auch können, und zwar sofort! Aber erfolgreicher als alle anderen, denn was ich hier bekomme, ist mir lange nicht genug! Vielleicht finde ich bald jemanden, der das billiger und besser macht. Wenn ich nicht völlig überwältigt bin,

kann ich nicht vertrauen. Mit kleinen Sachen gebe ich mich gar nicht erst ab. Alles, was nicht meiner Vorstellung von einem großen Medium entspricht, macht mich unzufrieden. Beim Üben habe ich keine Lust so lange rumzumachen. Diese langatmigen Übungen! Ich will das sofort packen oder gar nicht. Sollte ich Erfolg haben, will ich damit gleich nach der Heimkehr viel Geld verdienen. Wenn der Kurs zu Ende ist, mache ich vielleicht eine mediale Beratungspraxis auf. Und heute Abend frage ich noch ein, zwei Leute, ob sie mir private Sitzungen geben können. Von solchen Durchsagen kriegt man ja nie genug.«

6. Hochmut meldet sich: »Ich weiß überhaupt nicht, was das Ganze hier soll. Ich bin doch nicht wahnsinnig! Wie komme ich überhaupt dazu, jemandem zu erzählen, was in meinem Innersten abläuft? Meine Gefühle, Gedanken und Wahrnehmungen gehen niemanden etwas an. Damit mache ich mich doch nur verletzlich und angreifbar. Am besten, man behält alles für sich, das ist meine Lebensweisheit. Ich könnte auch jemanden hier im Kurs kränken, wenn ich die Wahrheit ausspreche – und dann ist der Ofen aus. Soll ich mir etwa freiwillig Feinde machen? Die Wahrheit kann ja sowieso niemand vertragen, die wollen doch alle nur Ego-Honig um den Bart geschmiert bekommen. Ich selbst will auf keinen Fall hören, was jemand von diesen Schwachköpfen von mir denkt. Dass das klar ist! Denn mich versteht sowieso keiner.«
7. Ungeduld meldet sich: »Hoffentlich ist das hier endlich bald vorbei. Diese verfluchten Übungen dauern ja ewig. Ich würde das alles viel effizienter gestalten. Zack, zack, Schluss! Diese Penner hier langweilen mich zu Tode. Ich bin doch auch immer gleich fertig, wieso brauchen diese Nacktschnecken so lange? Das versteht kein Schwein. In derselben Zeit könnte ich zehn andere Sachen machen. Während wir uns hier abmühen, versäume ich sowieso eine ganze Menge. Üben, üben, immer üben! Das ödet mich an! Und wenn ich andauernd die Augen zumachen soll, werde ich nervös.

> Bin doch keine Schlafmütze! Was wir hier machen, hat eh nicht das geistige Niveau, das ich mir wünsche. Meditieren ist reine Zeitverschwendung. Entspannung ist für mich dasselbe wie Faulheit. Da passiert ja nichts! Und diese sogenannte Intuition oder Medialität – alles Einbildung. Aber irgendwie clever, das gebe ich zu! Ist auch was Besonderes, man könnte damit angeben. Die Leute sind ja unfassbar gutgläubig! Und wenn's schnell Geld einbringt, okay, okay!«

Hier wird sich mancher wiedererkennen, und es ist gut, die inneren Angststimmen zu identifizieren, damit man den Kopf und das Gemüt von Hindernissen frei bekommt. Ich darf daran erinnern, dass unsere Psyche nicht darauf erpicht ist, zu entspannen, zu entgrenzen, die Kontrolle aufzugeben. Doch anders wird es in diesem Metier nicht klappen.

Gut geerdet

Der Begriff »Erdung« ist wahrscheinlich der Elektrotechnik entlehnt. Was er meint, ist eine praktische energetische Verankerung in der irdischen Wirklichkeit. Geerdete Menschen sorgen für sich, können gut mit Geld umgehen, ernähren sich so, wie es ihnen guttut, pflegen ihre Beziehungen und ihre Gesundheit, driften nicht in idealistische, realitätsferne Gedankenwelten ab und verlieren sich nicht in welterklärenden Verschwörungstheorien. Es kommt jedoch nicht selten vor, dass eine mediale Begabung mit einer mangelnden Erdung einhergeht. Viele, die sich entgrenzen und für die unsichtbare Welt öffnen können, sind sogar ein wenig stolz darauf, dass sie mit der »schnöden Wirklichkeit des Alltags« nicht gut zurechtkommen. Vielleicht sollten sie überprüfen, ob es sich dabei nicht um eine Form der spirituellen Eitelkeit handelt.

Im speziellen Bezug zur Medialität aber geht es bei der Erdung um eine körperliche Bodenhaftung, die über eine kurze, aber effektive Fantasievorstellung herbeigeführt wird, bevor die Trance eingeleitet wird. Zu diesem Zweck gibt es eine Reihe von Übungen, von denen ich Ihnen später noch zwei vorstellen werde.

Es ist wie bei einer Fahrt durch die Lüfte. Stellen Sie sich einmal vor, Sie reisen in einem Heißluftballon begeistert und selig erfreut über herrliche Landschaften, voller Entzücken über die Schönheit der Schöpfung, die Sie nun von oben, aus dieser ungewohnten Perspektive, betrachten können. Doch irgendwie müssen Sie nach einer bestimmten Zeit wieder auf den Boden. Zweierlei wird Ihnen dabei helfen. Einmal ein kundiger Ballonführer, der weiß, wie man das Gas reguliert und ohne Schaden am Gerät und an den Gästen wieder landet. Diesen könnte man mit dem inneren Beobachter, der in einer Wach-Tieftrance stets die Kontrolle behält, vergleichen. Und zum Zweiten unterstützt Sie die beruhigende Gewissheit, dass Sie nicht irgendwo im dornigen, steinigen Niemandsland oder zwischen hohen Baumwipfeln aufprallen werden, sondern in der Nähe einer sicheren Bodenstation, sodass Sie gefahrlos und freudig erregt aus ihrem Abenteuer aussteigen können.

Doch wozu überhaupt Erdung, wenn man doch abheben möchte? Und diese Erdung bezieht sich nicht nur auf die Zeit direkt vor der Trance, sondern auf das ganze Leben eines medial Tätigen. Der große Theologe Klaus Berger, in eigener Erfahrung ein immerzu Suchender, macht in seinem Buch über den Apostel Paulus folgende Anmerkung:

> »Beim Beten und prophetischen Reden begibt man sich in einen Raum zwischen Gott und Mensch, der gefährlich ist. Zur Ergänzung sei hier auf die rabbinische Weisheit verwiesen, nach der vier Menschen mystische Erfahrungen machten, und zwar mit unterschiedlichem Ergebnis. Der eine wur-

> de dabei Atheist, der zweite starb, der dritte wurde wahnsinnig. Nur Rabbi Akiba konnte diese Erfahrung gut überstehen, denn er hielt die Thora (das jüdische Gesetz) ein. Das bedeutet: Dem Bereich zwischen Gott und Mensch, mit dem es Beten, prophetisches Reden und eben alle Mystik zu tun haben, kann man sich nur ungefährdet nähern, wenn man auf strikte Ordnung in seinem Leben bedacht ist. Sonst nimmt man Schaden.«[46]

Auf unser Thema der Medialität übertragen und angewandt zeigt auch dieses Zitat, dass es notwendig und von großem dauerhaftem Vorteil ist, außerhalb der medialen Empfangstätigkeit (die ja in gewisser Weise chaotisch und unzuverlässig genug ist) für Übersicht und Ordnung im privaten Leben zu sorgen. Regelmäßige Nahrungsaufnahme, verlässliche Finanzen, unbelastete Beziehungen, eine stabile Psyche und viel Selbsterkenntnis in Bezug auf die eigenen Ängste dienen der Erdung und der Qualität der Durchsagen.

Monotonie und Musik

Die Tranceeinleitung profitiert davon, wenn eine begleitende Stimme mit stets identischen Sätzen leise, gleichförmig, wiederholend und beruhigend spricht. Eine gewisse Monotonie wird auch willkommen sein und sich günstig auswirken, wenn man wiederholt in Trance geleitet wird oder diese durch eine Selbsthypnose vollzieht. Immer die gleichen Formeln, derselbe Singsang, ein verlässlicher Ablauf – das tut gut und schenkt vertrauensvolle Sicherheit. Nicht nur für starrsinnige Menschen wie mich ist es hilfreich, genau zu wissen, was auf einen zukommt und worauf man sich verlassen kann, wenn man sich auf das Glatteis der medialen Öffnung begibt. Es beruhigt: Wenn ich es so mache wie immer, dann funktioniert es auch.

Bei mir geht das so vonstatten: Frank sagt: »Atme jetzt tief und gleichmäßig. Es wird dunkler und dunkler hinter deinen Augen.« Damit lösche ich alle eigenen Gedanken und Bilder und stelle mir vor, ich blickte in tiefschwarzen Samt. Dann kommt ein Codewort. Bei mir lautet es »Ah, Sunflower« nach einem bekannten Gedicht von William Blake über die Sehnsucht nach dem Jenseits. In diesem Moment wende ich meinen inneren Blick einer anderen Welt zu. »Jetzt befreie dich sorgfältig von allem, was für einen reinen Kontakt hinderlich ist, und mache dich bereit für den Empfang.« Manchmal zählt er noch von eins bis zehn. Ich antworte, sobald ich den Kontakt mit meiner Quelle spüre, mit den Worten: »Ich bin bereit.« Aber jeder braucht seine eigenen Formeln. Man sollte sie selbst entwerfen und erproben. Es gibt keine Vorschriften.

Für eine leichtere Trance wie zum medialen Schreiben ist eine Begleitung nicht unbedingt nötig. Aber für längere Zeit in fernen Welten und fremden Bewusstseinsdimensionen zu verweilen, den eigenen Geist von einer Wesenheit übernehmen zu lassen – das ist für die Psyche bedrohlich und man muss auch anschließend beim Wiederherstellen des Alltags-Ichs und der eigenen Individualität unterstützt werden. Frank spricht zum Beispiel: »Ich rufe dich jetzt in deinen Normalzustand zurück und zähle dafür von zehn bis null. Dann wirst du die Augen öffnen und dich heiter und entspannt fühlen. Zehn …«

Wer allein arbeitet (was ich bei einer Wach-Tieftrance nicht empfehlen würde), kann den Ablauf der Tranceeinleitung aufnehmen und dann in einer identischen Abfolge immer wieder benutzen. Die Psyche, die trotz eines gewissen natürlichen Widerstands bereit ist, sich zu öffnen, sollte so weit wie möglich besänftigt werden, sonst bockt sie und verweigert sich nach kurzer Zeit. Wenn man jede Tranceeinleitung fantasievoll, neuartig und somit unberechenbar gestaltet, macht sie bald nicht mehr mit. Deshalb müssen sorgfältig alle möglichen Störfaktoren ausgeschaltet werden.

Es ist außerdem günstig, eher monotone Töne wie Klangschalen, Obertongesang oder orientalische Flöten zur Einstimmung zu nutzen. Organismus und Psyche benötigen eine gewisse Übergangsphase, bis sie auf neutralen, angstfreien Empfang umschalten können. Es sollte daher eine sich jedes Mal verlässlich wiederholende Musik sein, ohne gut erkennbare Melodie, nichts zum Mitsingen, nicht zu laut und heftig. Ich habe die besten Erfahrungen gemacht, wenn die Musik vor der (Selbst-)Hypnose etwa sechs bis sieben Minuten dauert. Rasseln und Trommeln sind für die Zwecke einer produktiven Wach-Tieftrance, die dem Medium ermöglicht, noch zu sprechen und/oder zu schreiben, viel zu rhythmisch und aufrüttelnd. Wer Tranceübungen machen möchte, sollte eine sanfte, wenig strukturierte Musik wählen, die dem persönlichen Geschmack entspricht und beruhigend wirkt, wie von selbst in andere Gefilde hinüberleitet und entspannt. Ich persönlich rate auch von »seelenloser« elektronischer Musik ab. Billig zusammengefügte technisch generierte Sequenzen, wie sie oft in quälender Wiederholung während physiotherapeutischer Behandlungen oder Massagen zu hören sind, klingen grausig, wenn man erst einmal in Trance ist. Echte Instrumente erzeugen eine bessere Vibration, die dazu führt, dass man sich fallen und forttragen lassen kann. Obertongesang ist oft angenehm und förderlich, weil man bereits beim Zuhören auf zwei Ebenen wahrnimmt. Auch die Symbolik der menschlichen Stimme im Hier und Jetzt einerseits und andererseits den sich wie von selbst bildenden melodischen Obertönen, die wie aus einer nicht körperlichen Dimension stammen, sind hilfreich bei der Tranceinduktion.

Trancestufen

Ich rate, zu Beginn der Trancearbeit nicht länger als zehn Minuten in dem veränderten, erweiterten Bewusstseinszustand zu verbleiben. Organismus und Psyche müssen sich erst einmal an die Überschreitung der gewohnten Grenzen gewöhnen. Nach und nach, ganz behutsam und kontrolliert, kann man die aktive Trancephase steigern. Und man sollte niemals so tief in Trance gehen, dass man nicht mehr sprechen kann! Denn das ist kontraproduktiv. Erleuchtet wird man dadurch auch nicht. Mir ist es am Anfang passiert, dass ich, ohne es zu merken, in einen wohligen, aber stumpfsinnigen, stummen Zustand verfiel. Ich musste erst lernen, die Trancetiefe so zu regulieren, dass sie meinen Zielen und Bedürfnissen entsprach. Die Quelle spricht vom »Prinzip der Eleganz«: Aufwand und Absicht müssen sich entsprechen. So wenig Aufwand wie nötig, um so viel Ergebnis wie möglich zu erzielen – das ist ein kluges Umgehen mit der Energie.

Es gibt auch eine interessante Beobachtung: Nach etwa zwanzig Minuten vertieft sich die Trance, sie sackt von selbst etwa zehn Minuten lang ab. In dieser Zeitspanne bekommt man als Medium sozusagen überhaupt nicht mehr mit, was im Außen geschieht. Man nimmt nicht mehr wahr, wer im Raum ist, sinnliche Eindrücke sind stark gedämpft, man weiß nicht, wer und wo man ist. In dieser Phase unterbrochen, angesprochen oder gar berührt zu werden, ist geradezu körperlich schmerzhaft, so als würde man aus einem Tiefschlaf herausgerissen. Doch ganz wie von selbst wird anschließend die Trance leichter und leichter und plötzlich weiß man: Jetzt ist es genug, jetzt ist es zu Ende.

Wer sich auf den Empfang medialer Botschaften einlässt, sollte vor allem eines beherzigen und sich immer wieder sagen: »Ich vertraue auf die Eingebung des ersten Augenblicks!« Nicht selten scheint es zu Beginn, dass die Worte, die schriftlich oder mündlich aus einem heraussprudeln, paradox, unwichtig, überflüssig, albern, banal oder in anderer Weise wertlos seien. Aber das ist ein folgenschwerer Irrtum. Unterdrückt man die Eingebung des ersten Augenblicks, stört man die Übermittlung, beginnt bereits mit der Zensur und verfälscht das, was gesagt werden will. Im Zustand der Trance, sei sie leicht oder tief, ist das Hirn überhaupt nicht in der Lage zu beurteilen, was die Mitteilung bedeuten kann und wird. Das muss man wissen, sonst kommt alles Mögliche durcheinander. Auch hier ist also Vertrauen gefragt.

Körperhaltung und Tranceinduktion

Im Folgenden leite ich Sie Schritt für Schritt dazu an, wie Sie in eine Trance gehen und medial Botschaften empfangen können. Zur Einleitung der Trance nimmt man eine spezielle Körperhaltung ein, die im Unterschied zur »ekstatischen Trance« der indigenen Völker auf größtmögliche Entspannung abzielt. Dazu eignet sich beispielsweise die sogenannte Fischweiber-Haltung.

Die Fischweiber-Haltung

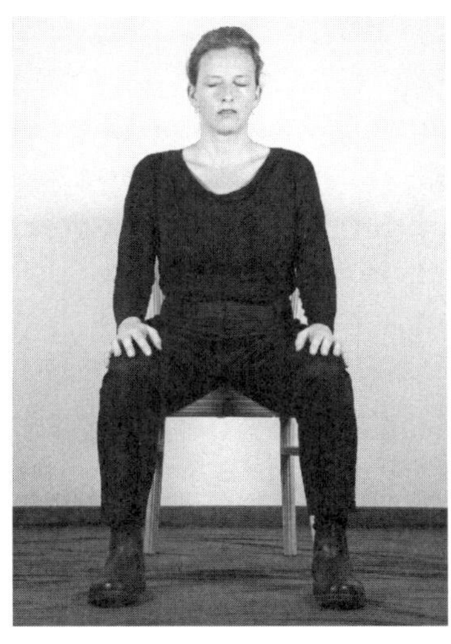

Die Fischweiber-Haltung

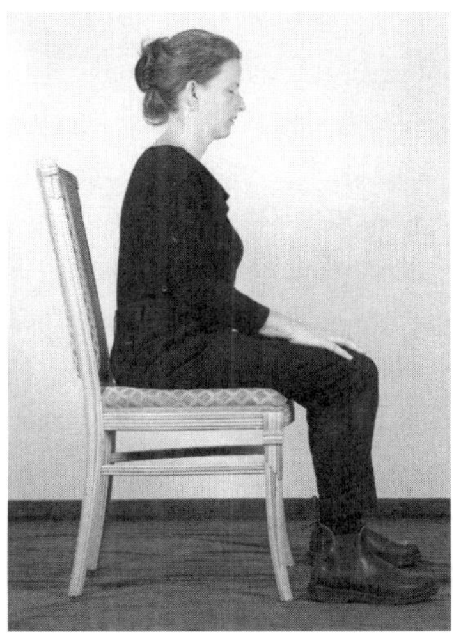

Der Rücken bleibt gerade, der Kopf aufrecht.

Auf einem Stuhl, möglichst ohne Armlehnen, setzt man sich so hin, dass Oberschenkel und Unterschenkel einen Winkel von neunzig Grad bilden. Die Knie sind etwa so weit auseinander, wie die eigenen Schultern breit sind, die Füße stehen parallel. Am besten trägt man keine einengenden Schuhe oder hohen Absätze und achtet darauf, dass die Füße warm sind. Auch im Sommer sind warme Socken günstig, denn wenn die Energie während der Trance in die oberen Chakras steigt, werden die Füße schnell kalt, und man fühlt sich unwohl. Frauen haben die Tendenz, ihre Knie sittsam zusammenzuhalten, aber das ist für eine Trance nicht passend, denn eine solche Pose erfordert einige Muskelarbeit und damit Anstrengung. Eine Trancehaltung sieht entsprechend »ordinär« aus, und gerade das ist sozusagen erwünscht. Denn in der Trance sollte es einem völlig gleichgültig sein, wie man von außen beurteilt wird. Man setzt sich hin wie ein altes Fischweib, das zwischen ihren Körben auf einem orientalischen Markt hockt. Auch sie denkt nur an das Ergebnis ihrer Arbeit – sie will einfach ihre Fische loswerden, bevor sie anfangen zu stinken – und achtet nicht darauf, ob sie dabei adrett ausschaut.

Die Hände sollten flach mit dem Handteller nach unten auf den Oberschenkeln liegen, die Arme weder angespannt noch fest ausgestreckt sein. Hier liegt ein Unterschied zur bekannten Meditationshaltung vor, bei der oft die Handflächen nach oben gedreht sind und die Finger eventuell noch Mudras bilden.

Auch ein Schneider- oder Lotossitz ist einer medialen Empfangshaltung nicht förderlich, denn dadurch werden körperliche Energiekreise geschlossen. Meditation hat allgemein zum Ziel, innere Leere und Stille herbeizuführen. Im Gegensatz dazu will die mediale Körperhaltung den ganzen Organismus auf Empfang schalten, auf neue Inhalte und Botschaften, nicht auf Leere. Ich rate auch davon ab, im Liegen zu channeln, obgleich ich weiß, dass einige Medien dies so praktizieren. Aber ich meine, es ist besser, die Füße auf den Boden zu stellen, um so für eine bessere Erdung zu sorgen. Viele Menschen, die prinzipiell gute Schläfer sind, dämmern schnell weg, sobald sie sich in eine liegende, den Schlaf einladende Position begeben. Außerdem sind bestimmte tranceeinleitende oder trancebegleitende Bewegungen im Liegen nicht auszuführen. Ähnliches gilt, wenn man nicht auf einem Stuhl sitzt, sondern mit ausgestreckten Beinen auf dem Boden. Erdung ist dann schwierig und unwillkürliche Bewegungen müssen unterdrückt werden.

Geerdet und verwurzelt

Hier kommen die beiden bereits angekündigten Erdungsübungen, die sich in der Fischweiber-Haltung leicht durchführen lassen.

1. Sie sitzen bereits mit schulterweit auseinanderstehenden parallel gestellten Füßen. Stellen Sie sich nun vor, dass aus Ihren Fußsohlen viele kleine Wurzeln wachsen, die sich wie von selbst immer tiefer in die Erde unter Ihnen graben. Dabei ist es nicht wichtig, ob Sie sich in der Natur, in einem Keller oder im dreiundzwanzigsten Stock eines Hochhauses befinden. Es geht um eine Fokussierung auf Ihre Füße und eine mentale Ausrichtung auf die Vertikale. Arbeiten Sie sich mit Ihrer Fantasie durch die Steinfliesen, den Teppichboden oder eine Reihe von Stockwerken hindurch und lassen Sie die Wurzeln immer tiefer ins imaginierte Erdreich dringen. So fühlen Sie sich während Ihrer medialen Höhenflüge und beim Besuch außermenschlicher Dimensionen sicherer.
2. Ausgehend von der vorbereitenden Fischweiber-Haltung können Sie sich mit der Kraft Ihrer Fantasie auch vorstellen, aus Ihrem Steißbein würde ein starkes dickes Tau wachsen, das mit jedem Atemzug tiefer in die Erdkruste eindringt und sich im Innern des Erdballs um einen großen Haken aus Stahl schlingt. Beobachten Sie mit Ihrem inneren Blick diesen Vorgang. Ziehen und zerren Sie

ein wenig an dem Tau, um den Knoten festzuzurren. Sie werden merken, dass Sie niemals sicherer und unerschütterlicher auf Ihrem Stuhl gesessen haben und dass es Ihnen umso leichterfällt, in nichtmenschliche Dimensionen zu entschweben, je besser Sie geerdet sind.

Vergessen Sie jedoch nicht, diese Verankerung über die Fußwürzelchen oder das Tau zu lösen, wenn Sie später aus der Trance erwachen.

Muskelentspannung

Es ist hilfreich, in der Vorbereitung zur Trance im Stil der progressiven Muskelentspannung nach Jacobson folgende Übungen vorzunehmen, während Sie in der Fischweiber-Haltung sitzen:

1. Ziehen Sie die Schulter fest hoch zu den Ohren, atmen Sie dabei tief ein, halten Sie die Anspannung etwa dreißig Sekunden und lassen Sie dann die Schultern mit dem Ausatmen bewusst fallen. Wiederholen Sie dies zwei bis drei Mal.
2. Drücken Sie beim tiefen Einatmen die Schulterblätter ganz fest zusammen, pressen Sie die Ellenbogen nach hinten, halten Sie etwa dreißig Sekunden die Spannung und lösen Sie sie dann beim Ausatmen. Wiederholen Sie dies noch zwei Mal.
3. Pressen Sie beim tiefen Einatmen die Gesäßmuskeln sehr fest zusammen, halten Sie die Spannung etwa dreißig Sekunden, halten Sie dabei auch den Atem an und lassen Sie dann beim Ausatmen los. Wiederholen Sie dies noch zwei Mal.

Sie werden feststellen, dass dadurch nicht nur eine angenehme körperliche Entspannung einsetzt, sondern auch, dass Schulterpartie, Rücken und Lendenwirbelbereich danach warm und gut durchblutet sind.

Der Feierabend-Seufzer

Dieser Seufzer dient dazu, die inneren Organe zu entspannen. Dazu atmen Sie tief durch die Nase ein. So versorgen Sie zugleich das Gehirn mit viel Sauerstoff. Richten Sie dabei Ihre innere Aufmerksamkeit auf die Stelle zwischen Ihren Augenbrauen. Atmen Sie dann laut hörbar durch den Mund aus, so als würden Sie sich am Ende eines langen, anstrengenden, aber befriedigenden Arbeitstages in einen weichen Sessel fallen lassen. Dass Sie wirklich laut Ihren Atem aus dem geöffneten Mund »fallenlassen«, ist entscheidend. Sie werden bemerken, dass Magengegend, Solarplexus und das gesamte Gedärm locker und entspannt reagieren. Machen Sie diesen Feierabend-Seufzer sieben Mal mit voller Aufmerksamkeit auf Atem und Lautstärke.

So stimmen Sie sich auf eine innere Haltung ein: Jetzt muss ich gar nichts mehr leisten! Nichts mehr tun! Es geht nur noch um Empfang, um Zulassen, um Geschehen-Lassen. Sie werden auch spüren, dass Ihre Psyche auf dieses Signal reagiert und Sie ein wohltuendes Gefühl von Wurschtigkeit entwickeln.

Ab jetzt ist Ihnen ganz egal, ganz gleichgültig, ganz einerlei, was passieren wird. Sie sind jetzt passiv und zunehmend neutral gestimmt. Sie haben Vertrauen. Ihre Befürchtungen und Ängste sind weitgehend beiseitegelegt. Denn Entspannung und Angst – das passt nicht zusammen! Entspannung und Angst schließen sich gegenseitig aus.

Das Doof-Gesicht

Schütteln Sie jetzt Ihr Gesicht hin und her mit weichen Lippen, als wollten Sie Wassertropfen versprühen. Machen Sie dazu auch ein albernes Geräusch: Bschrrrschrrrbbbb! Spüren Sie, wie Wangen und Kiefermuskeln locker werden. Bewegen Sie Ihr Kinn ein paar Mal hin und her, gähnen Sie wie ein Löwe, legen Sie die Zungenspitze sanft und vorsichtig zwischen Ihre Schneidezähne und halten Sie Ihren Mund leicht geöffnet. Streichen Sie nun mit den Fingerspitzen beider Hände einige Male federleicht von oben bis unten über Ihr Gesicht – wie eine Mutter, die ihr Baby liebkost.

Jetzt sehen Sie wirklich richtig doof aus! Ihre Gesichtszüge sind so unkontrolliert wie jede Nacht im Tiefschlaf. Sie wissen also intuitiv, wie sich das anfühlt.

Kopfhaltung

Während der Tranceeinleitung sollte Ihr Kopf weder nach vorn noch nach hinten geneigt sein. Probieren Sie es aus! Sinkt Ihr Kinn auf die Brust, reagiert Ihre Psyche automatisch mit Gefühlen von Schuld, Bestrafung, Unwert-Empfindungen, Selbstkritik, Müdigkeit, fast sogar Angst vor Prügel. Das Hals-Chakra wird außerdem blockiert, die Schilddrüse ist eingequetscht. Hinzu kommt, dass Sie sich selbst und Ihrer nicht menschlichen Informationsquelle mit demütig gesenktem Kopf signalisieren, dass Sie nicht auf Augenhöhe mit ihr sind und auf unterwürfige Art andeuten, dass Sie es gar nicht wert sind, eine Botschaft zum empfangen.

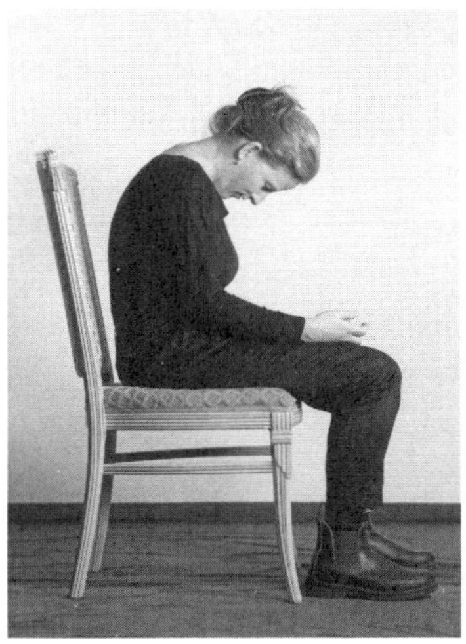

Falsch: eine Büßerhaltung mit gesenktem Kopf

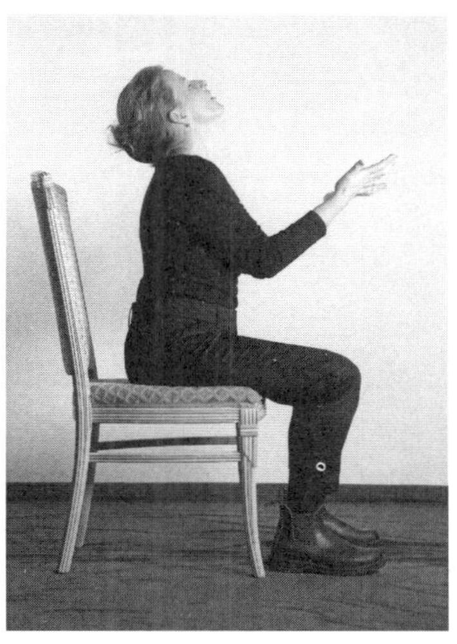

Auch eine flehende Haltung mit in den Nacken gelegtem Kopf ist ungeeignet.

Ähnliches gilt, wenn Sie Ihren Kopf in den Nacken legen. Auch auf diese Weise blockieren Sie Ihr Hals-Chakra, und zwar ausgerechnet den empfangenden, hörenden, horchenden hinteren Zugang. Sie sollen für die mediale Tätigkeit ja nicht in Ekstase und Verzückung geraten wie die heilige Teresa, so wie Bernini sie mit seiner berühmten Marmorstatue dargestellt hat. Sie sollen wach und alert bleiben, achtsam und durchaus noch in der Lage, zusammenhängend zu sprechen oder zu schreiben. Fällt Ihr Kopf nach hinten, entstehen automatisch Empfindungen von Passivität, übermäßiger, unangebrachter Demut und Hilflosigkeit.

Wie also ist die angemessene Pose? Halten Sie Ihren Rücken gerade, lassen Sie Ihren Kopf nahezu schwerelos auf der Wirbelsäule tanzen, wie ein Jongleur, der einen Teller auf der Spitze eines Stockes balanciert. Ihre Augen bleiben geschlossen, aber Ihr innerer Blick ist geradeaus nach vorn gerichtet.

Öffnen Sie ab jetzt Ihre Augen nicht mehr und bewegen Sie sich nicht mehr, bis die Zeit, in der Sie eine Botschaft empfangen und gegebenenfalls aussprechen, vorüber ist. Anfangs wie gesagt nicht mehr als zehn Minuten!

Mit dem Dritten sieht man besser

Die Stirn entspannen

Mit den Fingerspitzen beider Hände streichen Sie nun sanft, aber nachdrücklich Ihre Stirn von der Mitte zu den Schläfen aus. Damit entspannen sich alle Denkerfalten, das »Dritte Auge« zwischen den Augenbrauen öffnet sich wie von selbst.

Nehmen Sie jetzt den Zeigefinger Ihrer rechten Hand und legen Sie ihn ganz leicht auf das Dritte Auge. Bitte weder drücken noch massieren! Diese Stelle und die dahinterliegende Drüse sind sehr empfindlich und reagieren gereizt, fast schmerzhaft auf zu starke Aktivierung. Denken Sie daran: Sie müssen dieses Organ, das Unsichtbares sieht, nicht gewaltsam öffnen! Es ist schon geöffnet, weil Sie ja nicht nur jede Nacht träumen (womit sehen Sie denn da Ihre Traumbilder?), sondern auch in Zukunft und Vergangenheit blicken können, auf Ihre Erinnerungen, auf Ihre Pläne. Jeder Mensch vermag das, es gehört zu unserer normalen Hirntätigkeit und ist keine außergewöhnliche Eigenschaft. Auch jede Art von Einfall, jede Fantasie, jegliche bildliche Vorstellung ist das Resultat einer Tätigkeit des Dritten Auges. Es ist also gewohnt, in Entspannungszuständen automatisch zu arbeiten. Doch für eine mediale Empfänglichkeitsübung kann es nicht schaden, hier noch ein wenig (und sehr vorsichtig!) nachzuhelfen. Lassen Sie nun Ihre Hände wieder entspannt auf die Oberschenkel fallen.

Wiegen und gehen lassen

Nach den vorbereitenden Entspannungsübungen hören Sie nun die von Ihnen ausgewählte »breiige« Musik sechs bis sieben Minuten lang. Wollen Sie Ihre Trance weiter vertiefen, können Sie noch einige spezielle Bewegungen hinzufügen. Es gibt drei trancefördernde Bewegungen des Oberkörpers. Probieren Sie am besten alle drei einmal aus und bleiben Sie dann bei einer, die für Sie am besten funktioniert.

1. **Die liegende Mondsichel:** Lassen Sie den Kopf locker auf die Brust fallen und bringen Sie ihn sanft und mühelos zum Schwingen nach rechts und links, so als würden Sie eine Mondsichel mit dem Kinn malen. Zuerst müssen Sie ein wenig nachhelfen. Nach einer guten Minute sollte es wie von selbst gehen. Drei Minuten genügen für eine Trance, die Ihnen noch erlaubt, zu schreiben, ein Aufnahmegerät zu bedienen oder ein Foto zu betrachten.
2. **Das Rohr im Wind:** Rutschen Sie auf Ihrem Stuhl so weit nach vorn, dass Ihre Wirbelsäule frei schwingen kann. Ausgehend vom

Steißbein, mit geradem Rücken und locker geradeaus gerichtetem Kopf schwingen Sie sanft vor und zurück, wie ein Koranschüler, der Suren auswendig lernt, oder ein betender Jude an der Klagemauer. Der Bewegungsgrad sollte jedoch nur zehn bis fünfzehn Zentimeter betragen. Nach kurzer Zeit wird dieses Schwingen automatisch, sehr natürlich und angenehm. Für eine leichte Trance genügen drei Minuten, für eine tiefere Trance brauchen Sie etwa sieben Minuten, während Ihre Musik läuft.

3. **Der Trichter:** Ausgehend vom Steißbein beschreiben Sie mit gerader Wirbelsäule und locker aufliegendem Kopf einen Kreis von zehn, höchstens fünfzehn Zentimetern, sodass eine Art Trichter entsteht und die Schwingung kreisförmig oder oval verläuft. Dies sollte ohne jegliche Anstrengung geschehen. Sie können sich dabei vorstellen, dass Sie mit einem Stift einen Kreis oben an die Zimmerdecke malen. Die Trichterbewegung führt in die tiefste Trance und sollte mindestens fünf Minuten praktiziert werden. Wenn Sie es richtig machen, also nicht allzu heftig, und der Kreis klein bleibt, kann Ihnen dabei nicht schwindlig werden. Außerdem sitzen Sie ja in der Fischweiber-Haltung ganz sicher auf Ihrem Stuhl, die Hände auf Ihren Oberschenkeln stützen Sie. Probieren Sie aus, ob es Ihnen angenehmer ist, nach rechts oder nach links zu drehen.

Alle drei Bewegungen werden von großer Achtsamkeit begleitet. Folgen Sie mit Ihren geschlossenen Augen den Bewegungen. Konzentrieren Sie sich und lassen Sie sich gleichzeitig fallen. Durch die entspannte und zugleich fokussierte Schwingung versetzen Sie sich wie von selbst in einen autohypnotischen Zustand, der bewirkt, dass Sie nicht mehr angestrengt denken können, Ihre Ängste nachlassen und Ihnen auf schönste Weise alles völlig gleich-gültig wird. In Ihrem Bewusstsein entsteht eine wohltuende, neutrale Leere, die eine Voraussetzung für einen erfolgreichen Empfang von medialen Botschaften bietet.

Die Adoranten-Haltung

In manchen Fällen und zum Erreichen gewisser Ziele können Sie zusätzlich eine Adoranten-Haltung einnehmen. Sie wird auch Oranten-Pose genannt. Während Sie mit lauter Stimme eine Frage stellen, heben Sie beide Hände etwa auf Schulterhöhe, wobei Ihre Handflächen nach oben (nicht nach vorn!) weisen, so als wollten Sie einen goldenen Regen empfangen. Dieser priesterliche Gestus, der auch heute noch als liturgische Handlung in der katholischen Messe und im lutherischen Gottesdienst beim Gebet eingesetzt wird, ist uralt und wird schon seit Jahrtausenden praktiziert, um mit Geistern, Göttern oder anderen überirdischen Wesen in Kontakt zu treten, zur Verehrung und zum Beten. Es gibt Felszeichnungen aus der Bronzezeit, die ihn zeigen. Viele Darstellungen der Gottesmutter Maria oder mancher Heiliger weisen die Oranten-Pose auf. Die spezielle Empfänglichkeit, die sich aus der Haltung ergibt, beruht auf der Aktivierung beider Neben-Chakras in den Handtellern. Warten Sie, bis Sie in beiden Händen ein Empfinden von Fülle und Schwere entwickeln. Dann lassen Sie die Hände wieder sinken.

Beherzigen Sie diese Übungen zur Vorbereitung für eine Arbeitstrance, die eigentliche produktive Phase, in der Sie nicht nur empfangen, sondern auch etwas von sich geben können, dann steht einer gesunden Medialität nichts mehr im Weg.

Hüten Sie sich jedoch davor, sich unter Druck zu setzen und einen spirituellen Ehrgeiz zu entwickeln. Denn Druck, feste Erwartungshaltungen und verbissenes Wollen bewirken genau das Gegenteil von dem, was Sie sich wünschen: Entspannung, Vertrauen, Öffnung und mediale Botschaften.

Wenn Sie sich auf diese Weise vorbereitet haben und in eine mehr oder weniger tiefe Trance gefallen sind, stehen Sie an einer Weggabelung: Entweder stellt sich jetzt ein Kontakt mit einer Fremdenergie her, weil Sie berufen werden; das kann man aber mit schierer Willenskraft nicht herbeiführen. Eine transpersonale bzw. kausale Quelle von Liebe und Erkenntnis sucht Sie, wählt Sie als Empfänger aus, wenn es zu ihren Anliegen passt. Dafür können Sie sich nur bereitstellen. In der Trance können Sie aber folgende Formel aussprechen: »Ich bin bereit. Wer möchte mir eine Botschaft senden?« Und dann sollten Sie in aller Stille abwarten, ohne etwas zu »wollen«. Je weniger Sie erwarten, umso mehr können Sie empfangen.

Oder aber Sie rufen selbst Ihre Psyche, Ihre Seele oder Ihre Seelenfamilie als Eigenenergien. Auf diese haben Sie sozusagen ein Anrecht, denn nichts und niemand ist Ihnen näher als diese inneren Instanzen. Dazu im Folgenden die nötigen Anleitungen.

Doch es gibt noch weitere »Adressen« für eine mediale Tätigkeit. Hier bestehen wiederum zwei Möglichkeiten.Wenden Sie sich dem Jenseits zu (einem Territorium der astralen Dimension), dann rufen Sie eine verstorbene Person in der Hoffnung und Erwartung, dass diese sich durch Sie und über Sie meldet. Das ist nicht immer der Fall, denn es ist gut möglich, dass der oder die Tote kein Interesse mehr an den Lebenden hat. Das ist unabhängig davon, ob deren Seele sich bereits wieder irgendwo auf der Erde inkarniert hat. Man ruft ja nicht die Seele, sondern das abgelegte Lebenskleid (siehe die entsprechenden Kapitel in *Die Seelenfamilie*). Dazu ist es hilfreich, ein Gegenüber (zum Beispiel einen Klienten) zu haben, das diese Person gut gekannt hat und sie somit auch wiedererkennen kann, denn alles andere wäre ja sinnlos. Sie als Medium haben zuvor mehrere Fotos genau angeschaut, auch ein Vorgespräch geführt, um die Beziehung zwischen der anwesenden Person und dem verstorbenen Menschen zu erfassen. Dann sprechen Sie den oder die Verstorbene laut mit Namen an, zum Beispiel: »Roswitha Müller, ich rufe dich! Melde dich! Deine Enkelin Margot möchte mit dir sprechen!« In fast allen Fällen wird ein Kontakt zustande kommen. Denn es geht nur sehr selten um den Wunsch nach einer Sensation; vielmehr ist es der fragenden Person (hier die Enkelin) ein großes emotionales Anliegen, eine neuerliche Begegnung herzustellen. Oft geht es um liebevolle Sehnsüchte, um das Bedürfnis nach Entlastung von vermeintlicher Schuld, um eine Bitte um Vergebung, um Wiedergutmachung.

Eine zweite Methode dient der sogenannten astralen Brücke. Hier geht es um die Herstellung einer medialen Verbindung zu einem Menschen, der den Kontakt abgebrochen hat oder gar verschollen ist, beispielsweise eine nach Neuseeland ausgewanderte Tochter, die im Streit geschieden ist, oder ein unehelicher Vater, dessen Verbleib nicht bekannt ist. Es ist erstaunlich, wie oft man erleben kann, dass sich die entfremdete, verloren geglaubte oder zerstrittene Person bald darauf meldet. Denn die geheimnisvollen Kanäle des Unbewussten fangen so manches auf und geben Impulse weiter.

Nehmen Sie alles, was Sie empfangen, auf, um es überprüfen und noch einmal abhören zu können. Seien Sie auch offen für Korrekturen oder Kritik. Nur so lernen Sie.

Noch ein Hinweis: Zu einem mir bekannten Medium kam eine sehr gepflegte elegante Dame, die wünschte, mit ihrer verstorbenen Mutter zu sprechen. In der Trance erschien sofort das Bild einer kleinen Frau mit grauem Dutt, Kugelbauch und einer Kittelschürze. Es schien so gar nicht zu passen, und das Medium versuchte deshalb, diese visuellen Eindrücke zu verscheuchen. Aber sie wollten nicht verschwinden. In einer solchen Situation muss man das, was man sieht, aussprechen, indem man beispielsweise sagt: »Das hat wahrscheinlich gar nichts mit Ihrem Anliegen zu tun, aber ich sehe …« In diesem Fall rief die elegante Klienten: »Aber ja, das ist doch meine Mutter! Sie führte einen kleinen Dorfladen, sah genauso aus und hatte immer eine Schürze an, ich kenne sie gar nicht anders!« Erst auf diese Weise, und weil das Medium keine Zensur ausgeübt hatte, konnte die Klientin sicher sein, dass ein echter Kontakt hergestellt worden war.

Die Rückkehr in den Alltag

In jedem Fall, auch wenn Sie nicht sehr weit »weg« waren, ist es notwendig, Körper und Psyche am Ende einer Durchsage ein deutliches und stets wiederholbares Signal zu geben, dass nun das Alltagsbewusstsein, die eigene Persönlichkeit und alles, was zu Ihrem Normalzustand gehört, wieder die Kontrolle übernehmen dürfen. Die geordnete Rückkehr aus dem entrückten Zustand ist außerordentlich wichtig.

Beherzigen Sie dabei bitte Folgendes: Kreuzen Sie nach jeder medialen Entgrenzung Ihre Fußgelenke und verschränken Sie Ihre Hände wie zum Gebet, um die körperliche Öffnungspose zu beenden. Umarmen Sie sich dann kräftig, reiben Sie Augen und Kopfhaut, strecken Sie sich, machen Sie Ihre Augen auf, schauen Sie im Raum umher und trinken Sie ein Glas kühles Wasser in einem Zug aus. Das erweckt Ihre Organtätigkeit wieder zu normaler Aktivität. Sollten Sie länger als zehn Minuten in Tieftrance verweilt haben oder nach dem Wassertrinken immer noch schläfrig sein, stehen Sie auf und stampfen Sie einige Male kräftig mit dem ganzen Fuß auf den Boden. Machen Sie dazu ein Geräusch wie der amerikanische Weihnachtsmann: »HO HO HO HOOOH!« Und falls Sie mit einem Verstorbenen in Kontakt getreten waren, rufen Sie laut: »Dieser Vorgang ist jetzt beendet! Ich bin Birgit … oder Monika … oder Karl-Heinz«, um sich Ihrer eigenen Identität zu vergewissern. Sie können sich auch noch mit den Handflächen von oben bis unten abklopfen oder jemanden bitten, dies für Sie zu tun.

Mediale Gespräche mit Psyche, Seele und Seelenfamilie

Anhand der vielen Beispiele aus der Geschichte der Medialität kann man leicht erkennen, dass die erwünschten und empfangenen Botschaften fast immer aus Dimensionen stammen, die dem Menschen im Allgemeinen nicht selbstverständlich zugänglich sind. Letztlich wäre es wohl angebracht, den Begriff »Medialität« für den Kontakt mit solchen Fremdenergien zu reservieren. Dazu gehört auch das Sprechen mit Verstorbenen.

Doch es gibt einen weiteren Bereich, der mittels der beschriebenen Trancetechniken für jeden Menschen zugänglich ist: die eigene Psyche, die eigene Seele und die eigene Seelenfamilie. Das mediale Gespräch mit diesen inneren Dimensionen ist sozusagen unser menschliches Geburtsrecht, denn es handelt sich dabei nicht um Fremdenergien, sondern um gestaltlose Eigenenergien. Die bewusste und mental erlebbare, leicht erlernbare Kommunikation und das innige Gespräch mit diesen eigenen nicht körperlichen Bereichen ist keinesfalls weniger wichtig oder weniger wertvoll als eine Botschaft von Sirius oder den Plejaden.

Im Rahmen meiner langen Seminartätigkeit habe ich Tausenden von Teilnehmern beigebracht, wie man die eigene Seele oder die Stimmen der Seelenfamilie zum Sprechen bringt. Die Techniken unterscheiden sich kaum von den eben beschriebenen, die man zum Eindringen in stark erweiterte Schichten des Bewusstseins einsetzen kann. Allerdings ist die dazu benötigte Trance nicht ganz so tief und die Vorbereitung auf den Kontakt nicht so aufwändig wie für die Bereitschaft, sich übermenschlichen oder extraterrestrischen Botschaftern und Botschaften zu öffnen. Denn diese sind Fremdenergien. Dazu muss man sich bereitmachen, damit man beauftragt werden kann. Psyche, Seele und Seelenfamilie kann man selbst aktiv rufen, denn dabei handelt es sich um Eigenenergien.

Gewiss ist die Vorstellung, mehr als ein von Trieben beherrschter Zellklumpen, sondern ein beseeltes würdiges Menschenwesen zu sein, die notwendige Voraussetzung für das Gelingen solcher Kommunikationsformen. Wer aber gewiss ist, eine Seele zu haben oder vielmehr: einen unvergänglichen, unsterblichen Anteil seines Menschseins in Betracht zieht, der kann auch bereichernde Kontakte zu diesem unverwechselbaren, höchst individuellen inneren Bereich herstellen.

Gemäß der Seelenlehre der Quelle besteht das lebendige Ich aus vier miteinander korrespondierenden, interagierenden Anteilen: Körper, Geist, Psyche und Seele. Davon ist nur einer physisch, die übrigen drei körperlos. Alle vier sind voneinander untrennbar. Während wir inzwischen über den Körper und seine Funktionen durch die Fortschritte von Medizin, Biochemie und Genetik sehr viel erfahren haben, ist das Wissen über die Rolle von Psyche und Seele in diesem Zusammenwirken schwerer zugänglich. Die Psyche wird auf verschiedenartige Weise erforscht und kann über die vielgestaltigen Methoden der Psychologie und Psychotherapie Heilung finden. Laut der Seelenlehre dient die Psyche vornehmlich der Angstverarbeitung, und Angst ist nun einmal ein beständiger Faktor des inkarnierten Daseins. Doch wie der Körper vergeht auch die individuelle Psyche mit dem Tod. Der menschliche Geist ist überdies so vielgestaltigen und wandelbaren Einflüssen und Entwicklungen ausgesetzt, dass er kaum zu erfassen ist. Noch mysteriöser scheinen die Bedürfnisse und die Belange der eigenen Seele. Doch mit unserer neuen Seelenlehre kann man auch die Seele nach und nach beschreiben und ihre überzeitlichen Aspekte und ihre sinngebende Funktion erfassen.

Gespräche mit der Psyche

Gespräche mit dem »inneren Kind« sind inzwischen bekannt und allgemein verbreitet. Sie tragen vielfach zur Heilung alter Schmerzen und Konflikte bei. Ähnlich verhält es sich, wenn man – zum Beispiel in Halbtrance versetzt – mit Papier und Stift zunächst einmal sein Problem formuliert und niederschreibt. Dann ist die eigene Psyche leichter zugänglich.

Man beginnt einfach aufzuschreiben, was immer einem in den Sinn kommt. Der Trick dabei ist, getreu das *Allererste* zu notieren, was im Kopf auftaucht. Die Augen sind dabei nur leicht und schläfrig geöffnet oder bleiben nach einer Weile ganz geschlossen. Wichtig ist, dass man dabei nicht angestrengt nachdenkt und während des Schreibakts keine Zensur ausübt. Es soll ja kein Schulaufsatz entstehen, der von irgendjemandem beurteilt oder korrigiert wird. Vielleicht sind die ersten Sätze mehr oder weniger belanglos, aber je länger man schreibt, umso mehr öffnet sich die Schatzkammer des Unbewussten und man wird manches Juwel der Einsicht im Text entdecken. Man kann durchaus einen Dialog führen und weitere Fragen im Zusammenhang des bereits Aufgeschriebenen stellen. Voraussetzung ist allerdings eine sorgfältige Vorbereitung wie die oben beschriebene, um einen leicht entgrenzten Zustand herbeizuführen. Sonst kann es passieren, dass man in eine Auseinandersetzung mit den eigenen Ängsten gerät. Das ist meistens eher schädlich als hilfreich.

Kommunikation mit der Seele und mediales Schreiben

Mit der eigenen Seele zu reden oder ein schriftlich dokumentiertes Gespräch zu führen, ist einfacher, als mancher denkt. Auch hier ist wieder eine gründliche Vorbereitung mit Erdung und körperlicher Entspannung unbedingt notwendig – die oben beschriebenen Übungen sind auch da ein guter Weg. Die Ängste müssen so weit besänftigt werden wie möglich. Denn Psyche (unser Angstverarbeitungsorgan) und Seele (unser angstfreier, alle Leben überdauernder Anteil) sind absolut zu trennen. Zwar nutzt die inkarnierte Seele die Psyche des Menschen, um ihre Belange zu aktualisieren, sich im Lebendigen zu manifestieren und sich mit Liebe und Erkenntnis über das faktische Er-Leben anzureichern. Doch sie ist sozusagen der Steuerungsmechanismus der jeweiligen Inkarnation und ihre Bedürfnisse unterscheiden sich auch insofern von denen der Psyche, als sie bereit ist, viel Leid und Schmerz auf sich zu nehmen, wenn es ihrer Entfaltung dient. Selbstverständlich kann jeder auch ganz normal mit seiner eigenen Seele reden. Dazu gibt es gute Anleitungen in unserem Buch *Die Seelenfamilie*.

Für eine gelingende Kommunikation mit der eigenen Seele hat sich auch Folgendes bewährt: Besorgen Sie sich einen sehr großen Zeichenblock, damit Ihre Hand, die in Trance anders schreibt als sonst, übers Blatt fliegen kann und dafür viel Platz hat. Festes raues Papier ist günstig.

Legen Sie mehrere leichtgängige Tintenroller bereit. Außerdem zwei Papiertaschentücher, falls Tränen fließen sollten; meistens sind es Freudentränen. Dazu noch einen leichten Seidenschal, mit diesem verbinden Sie locker Ihre Augen, dann ziehen Sie ihn zum Hals herunter, damit er bei Bedarf zur Nutzung bereit ist. Stellen Sie eine Flasche mit kühlem Wasser unter Ihren Stuhl, damit Sie später gut wieder aufwachen können. Lösen Sie schon jetzt einige Blätter vom Zeichenblock und nummerieren Sie diese oben oder unten rechts.

Mit geschlossenen Augen tasten Sie jetzt die Ränder des Papiers ab. So machen Sie sich eine Vorstellung von dem Raum, der Ihnen zum Schreiben zur Verfügung steht. Außerdem schreiben Sie mit geschlossenen Augen links oben Ihren Namen, Ihre Adresse und Ihr Geburtsdatum hin.

Nun halten Sie inne, erden sich, nehmen die Fischweiber-Haltung ein, machen sieben Feierabend-Seufzer und wiegen sich mit der

Mondsichel-Bewegung in eine leichte Trance. Legen Sie jetzt ganz sanft etwa eine halbe Minute lang den rechten Zeigefinger auf die Stelle, wo Sie Ihr Drittes Auge spüren. Dann, weiterhin mit geschlossenen oder allerhöchstens ganz leicht geöffneten Augen, schreiben Sie Ihre Frage auf oder (weil es vielleicht Ihre allererste Kontaktaufnahme ist) Sie schreiben: »Meine liebe Seele, was willst du mir heute sagen?«

Ziehen Sie jetzt das leichte weiche Tuch über Ihre Augen. Das bewirkt, dass Augenringmuskulatur und auch Stirnpartie gewärmt werden, sich im Dunkeln das Dritte Auge noch mehr öffnet und Sie dadurch Ihre bildliche Vorstellungskraft unterstützen. Beginnen Sie nun zu schreiben, was immer Ihnen als Allererstes (!) in den Sinn kommt. Möglicherweise denken Sie anfangs, dass dies alles Unsinn ist, das es absurd, kitschig oder banal klingt, was Sie da aufschreiben, und dass es ganz gewiss »von Ihnen selbst« kommt und nicht von Ihrer Seele. Aber das ist ein völlig unangebrachter Zweifel. Denn Ihre Seele ist ja ein Teil von Ihnen und nicht zu trennen. Schalten Sie deshalb Ihre Zensur und Ihre Kritik weitgehend aus.

Achten Sie nicht auf Rechtschreibung. Falls kein Gedanke kommt, machen Sie mit Ihrem Stift Bewegungen auf dem Papier, als würden Sie schreiben, wie ein Kindergartenkind. Hören Sie nicht damit auf, bis die ersten Worte und Sätze kommen. Falls der Schreibfluss stockt, kritzeln Sie einfach weiter. Hören Sie nicht auf! Haben Sie Geduld! Legen Sie den Stift auf keinen Fall aus der Hand! Ihr Gehirn sorgt ganz von selbst dafür, dass es neue Gedanken hervorbringt. Manchmal kommen Gedichte, Kinderreime, ein Schlagertext, »verrücktes Zeug«. Und zuweilen spüren Sie auch den Impuls etwas zu zeichnen, eine Form, ein Symbol. Lassen Sie alles geschehen! Folgen Sie jedem Einfall! Noch ist nicht der Moment gekommen, um irgendetwas zu beurteilen. Trance und Analysefähigkeit schließen sich aus. Wenn Sie allzu selbstkritisch denken, zerstören Sie die feine Energie, die Sie zuvor erzeugt haben, und fallen aus der Trance heraus.

Wenn das erste Blatt vollgeschrieben ist (und das geht manchmal überraschend schnell), lassen Sie es einfach neben sich auf den Boden fallen. Sie sollten nicht beide Seiten beschriften. Tasten Sie das neue Blatt ab und erlauben Sie Ihrem Stift, wie von selbst weiter Ihre Gedanken zu Papier zu bringen. Schreiben Sie maximal zwanzig Minuten. Meistens werden Sie von selbst merken, wie die Energie schwächer wird. Ihr Zeitgefühl ist während des Schreibens wegen der leichten Trance weitgehend ausgeschaltet. Deshalb kann es manchmal sinnvoll sein, wenn Sie einen Küchenwecker zwischen zwei Kissen legen, sodass Sie das lästige Ticken nicht hören, wohl aber das Klingeln zum Schluss.

Anschließend nehmen Sie das Tuch ab, kreuzen Ihre Fußgelenke, umarmen sich fest, um Ihren Körper wieder richtig zu spüren, stehen auf und trinken ein paar große Schlucke von Ihrem kühlen Wasser. Sammeln Sie Ihre Blätter ein und legen Sie sie beiseite. Nicht anschauen, nicht nachlesen! Sie haben zu diesem Zeitpunkt noch kein Urteilsvermögen. Lassen Sie mindestens zwei Stunden verstreichen, bevor Sie sich das Geschriebene anschauen und eventuell entziffern. Gehen Sie in die Küche oder an die frische Luft, lenken Sie sich ab, kommen Sie voll und ganz in Ihren Normalzustand zurück.

Sie werden später vielleicht entdecken, dass Ihre Zeilen teilweise übereinander geschrieben sind; vor allem aber, dass Ihre Schrift eine bogenförmige Linienführung hat. Das ist ganz typisch für Texte, die in Trance geschrieben wurden. Entziffern Sie das Geschriebene so gut wie möglich. Ab dem zweiten Mal trainieren Sie sich darin, nicht übereinander zu schreiben. Dafür genügt ein einfacher innerer Befehl. Dazu haben Sie ja das extragroße Blatt, damit Sie auch fünf Zentimeter Zeilenabstand halten könnten.

Nachdem Sie Ihren Text mehrmals gelesen und von Kritzeleien bereinigt haben, schreiben Sie das Ganze in ein schönes gepflegtes Heft oder Büchlein. Bitte auch jetzt noch nicht zensieren! Oft wird Ihnen erst nach einiger Zeit aufgehen, welchen Wert die von Ihrer Seele empfangene Botschaft hat und von wie viel Liebe die Worte geprägt sind. Freuen Sie sich! Und danken Sie Ihrer Seele.

Ich habe erlebt, dass jemand voller Leidenschaft so stark auf den Schreiber drückte, dass das dicke Papier zerriss oder Löcher bekam – das lässt sich regulieren. Jemand anderer füllte innerhalb von zwanzig Minuten fünfzehn Blätter und wollte gar nicht aufhören weiterzuschreiben. Wiederum schrieb jemand nur ein halbes Blatt voll, aber jedes Wort war feinziseliert und wie aus Gold. Es gibt hier keine Vorschriften und keine Norm.

Es kann vorkommen, dass Sie selbst nicht recht einschätzen können, was diese Botschaft Ihrer Seele bedeutet. In einem solchen Fall ist es hilfreich und sinnvoll, das Geschriebene jemandem langsam vorzulesen oder sich vorlesen zu lassen. Häufig fließen erst dann die Tränen tiefer Berührtheit.

Belassen Sie es nicht bei diesem ersten Mal. Die Beziehung zu Ihrer Seele wird sich mit der Zeit verändern, intimer und inniger werden.

Kontakt mit Ihrer Seelenfamilie

Auch wenn Sie nicht wissen, wie Ihre eigene Seelenfamilie zusammengesetzt ist und welche Forschungsaufgaben sie verfolgt, dürfen Sie doch davon ausgehen, dass auch Ihre Seele ein untrennbares Fragment eines größeren Ganzen ist, Ihrer Seelenfamilie. Sie besteht aus etwa tausend Einzelseelen und ist in den Welten der Seele sozusagen Ihre Lobby. Näheres erfahren Sie im Buch *Die Seelenfamilie*. Sie betreten im bewussten, kontrollierten Kontakt mit Ihren rund tausend Seelengeschwistern zum ersten Mal einen transzendenten Bereich, der dennoch keine Fremdenergie darstellt. Damit ist dieser Bereich eine Zwischenstation zwischen Ihrem Alltagsbewusstsein und einer Tieftrance, in der Sie, wenn es so gewollt wird, mit Wesen und Wesenheiten aus anderen Dimensionen in Kontakt treten können, um von ihnen Botschaften zu empfangen, die nicht nur für Sie, sondern für viele Menschen zum Trost und zur Heilung bestimmt sind.

Wenn Sie mit Ihrer Seelenfamilie reden, empfangen Sie Rat und Hilfe, die ganz allein für Sie bestimmt sind. Dafür müssen Sie sich klarmachen, dass die Seelengeschwister nicht getrennt von Ihnen existieren, sondern ein untrennbarer Teil Ihrer selbst sind. Ja, man könnte sagen, dass es sich um Ihr höheres, klügeres, angstfreies Selbst handelt, auch wenn unsere Quelle sagt, dass es da nichts »Höheres« gibt, sondern nur Gleichrangiges. Es ist und bleibt ein Mysterium, denn alle seelischen Fragmente einer Familie sind verschieden und doch sind sie auch gleich. Alle können sie nicht anders als Ihnen wohlzuwollen, weil Sie zu Ihnen gehören.

In aller Regel werden Sie auch hier mit einer schriftlichen Bitte oder Anfrage beginnen. Dazu können Sie die gleiche Methodik einsetzen und anwenden, wie sie soeben beschrieben wurde. Nur sollten Sie unbedingt Ihre Trance durch einige weitere Übungen zur Entspannung und Entgrenzung erweitern, länger atmen, stiller werden. Nutzen Sie auch die Adoranten-Haltung, eine Musik zur Einstimmung und die Einschwingungsübung »Rohr im Wind« (sieben bis acht Minuten vor und zurück mit kleinem Radius), um eine tiefere Trance herbeizuführen. Wenn Sie nicht schreiben wollen, weil Sie eventuell »viel zu weit weg« sind, legen Sie ein Aufnahmegerät oder Ihr Handy mit Diktierfunktion neben sich, damit nichts verloren geht.

Die Anrufung

Sprechen Sie nach den Vorbereitungen in Trance nun deutlich hörbar mit etwas lauterer Stimme als gewöhnlich Ihre Seelenfamilie an. Denken allein genügt nicht! Das Nutzen der Stimme mit ihren Schallwellen ist wesentlich effektiver. Machen Sie zunächst aus voller Brust eine

Anrufung: »Alle meine Seelengeschwister – ich rufe euch! Bitte kommt zu mir!«

Die »Invocatio« ist eine seit Jahrtausenden wirksame und von allen Völkern praktizierte Handlung, um mit dem Göttlichen in Kontakt zu treten. Und Ihre Seelenfamilie ist auch für Sie ein Aspekt Ihrer eigenen Göttlichkeit.

Lassen Sie nach der ersten Anrufung Zeit vergehen, seien Sie ganz still und passiv. Gleichgültig, ob Sie schon etwas sehen oder spüren – bleiben Sie geduldig und fahren Sie fort mit der zweiten Anrufung: »Meine lieben Seelengeschwister – zeigt euch, damit ich euch sehen kann!«

Eventuell sehen Sie jetzt Bilder, Farben oder Szenen. Mit einem Rest Ihrer Gedächtnisfunktion merken Sie sich, was Sie sehen und vielleicht auch bereits empfinden. Möglicherweise fühlen Sie ohne Traurigkeit Tränen über Ihre Wangen rinnen, oder Sie müssen plötzlich lachen wie schon lange nicht mehr. Dies sind Energiephänomene. Es wäre schade, die Tränen gleich wegzuwischen oder sich die Nase zu putzen. Dadurch, dass Sie sich bewegen, unterbrechen oder zerstören Sie Ihren leichten Trancezustand.

Die dritte Anrufung lautet: »Meine lieben Seelengeschwister – lasst mich spüren, dass ihr da seid!«

Nun kann es sein, dass Sie eine ungewöhnliche Körperempfindung verzeichnen, sich berührt oder eingehüllt fühlen, dass Ihr Magen laut knurrt, Ihr Bauch grummelt, Ihnen heiß wird oder Sie das Gefühl haben, jemand streichelt Ihnen über Gesicht, Schultern oder Haar. Auch ist es möglich, dass Sie unwillkürliche Bewegungen mit den Händen oder Armen ausführen, oft ohne es zu bemerken. Nicht untypisch in dieser Phase sind die »Reiber«, die unentwegt mit der Handfläche über ihr Knie reiben, oder die »Winker«, die zigmal eine wedelnde Handbewegung machen. Darauf später angesprochen können sie sich oft nicht daran erinnern. Meine Schwester ist eine Reiberin. Sie musste schon manche gute Hose entsorgen, weil sie an dieser

Stelle fadenscheinig dünn geworden war. Ich hingegen zucke und zappele unwillkürlich, sobald ich mich in Trance fallen lasse. Das sieht zwar nicht gut aus und erregt bei manchen Anwesenden Mitleid, doch ich kann es nicht unterbinden; im Gegenteil, es tut mir gut, löst die Muskulatur und entspannt mich zusätzlich.

Eine weitere Anrufung lautet: »Liebe Seelengeschwister, wenn ihr mir etwas sagen möchtet, bin ich jetzt bereit zu hören!«

In dieser Phase habe ich bei Seminarteilnehmern schon viel Erstaunliches erlebt. Immer wieder kommt es vor, dass die Seelengeschwister spontan unbekannte Gedichte übermitteln, Kinderverse, lustige alberne Paarreime, oft sogar recht umfangreich für diese kurze Zeitspanne. Interessant ist auch, dass diese Verse hinterher lückenlos erinnert werden können, als seien sie aufgezeichnet. Andere Menschen hören Lieder oder Operettenarien, an die sie jahrzehntelang nicht gedacht hatten. Aber die Texte transportieren Wesentliches, oft geradezu Liebeserklärungen der Seelengeschwister an den Menschen, der sie gerufen hat. »Dein ist mein ganzes Herz, wo du nicht bist, kann ich nicht sein!« Zuweilen lohnt es sich, die vollständigen Texte aus dem Internet herunterzuladen, denn sie können noch manche Botschaft enthalten, die zunächst nicht ersichtlich ist.

Es kommt auch vor, dass vor dem inneren Auge Szenen aus einem Kinofilm ablaufen, die bei näherer Betrachtung einen wichtigen Hinweis enthalten. Entscheidend ist in aller Regel ein Überraschungseffekt. Die anrufende Person erwartet oft etwas Bestimmtes, vielleicht Ergreifendes oder Heiliges oder auch einfach gar nichts. Und dann kommt etwas, worauf sie am allerwenigsten gefasst war. Dies ist in gewisser Weise ein Trick der Seelengeschwister, der signalisieren soll: »Es gibt uns wirklich! Wir sind real! Zum Beweis schicken wir dir etwas, das du dir ganz bestimmt vorher nicht ausdenken konntest!«

Eine Nachricht der Seelengeschwister nahm beispielsweise die Gestalt eines Operettenlieds aus Kálmáns *Czardasfürstin* an: »Tausend kleine Engel singen: Habt euch lieb. Süß im Herzen hörst du's klingen: Habt euch lieb! Komm, mein Liebling, schling die Arme fest um mich. Ach … lass die ganze Welt versinken!«

Die häufigsten Mitteilungen sind allerdings direkte Ansprachen. Als Beispiel möchte ich erzählen, wie ich vor vielen Jahren einmal die »Könige« in meiner Seelenfamilie zu mir gerufen habe. Ich hatte zuvor keinen bewussten Kontakt zu ihnen finden können, denn ich war zu großer Bescheidenheit und Anspruchslosigkeit erzogen worden. Zu erfahren, dass in meinem Wesen auch ein Quantum königlicher Energie enthalten sei, war mir eher peinlich. Ich wusste nichts damit anzufangen. Nun meldeten sich die Könige unter meinen Seelengeschwistern und sagten mir Folgendes: »Trage unsere Krone! Sie ist keine Dornenkrone und auch keine Märtyrerkrone!«

Das war alles. Aber welch bedeutungsschwerer Gehalt! Die Könige wollte mir sagen, dass ich den Mut aufbringen sollte, eine angestammte Krone der Würde zu tragen, ohne dass mir Leid und Tod geschieht, ich verhöhnt werde oder sie mich unzulässig erhöht. (Ich habe eine Priester-Seele, darin steckt eine Prise spirituellen Hochmuts.) Ich würde mich damit auch nicht durch Selbstüberschätzung schuldig machen oder gar moralisch bestraft werden. (Mein Nebenmerkmal der Angst ist Märtyrertum.) Schlagartig richtete sich meine Wirbelsäule auf, ich nahm Haltung an. Mein Kleidungsstil veränderte sich bald, mein Auftreten ebenfalls; ich begann, mir auffälligen Schmuck zuzulegen, wenn es auch nur Modeschmuck war. Und ich wurde mir der Würde meines Auftrags als Medium bewusst anstatt mich dafür zu schämen.

Die Mitteilungen der Seelenfamilie sind in aller Regel kurz, knapp und sehr prägnant. Man wird sie niemals wieder vergessen. Dennoch ist es gerade am Anfang sinnvoll, die empfangenen Worte in ein schönes Heft einzutragen. Sie sind wertvoll, vielschichtig und treffen den Kern. Wenn man sie nicht aufschreibt und dann in längeren Abständen immer wieder einmal liest, gehen womöglich Nuancen verloren, die man zu Beginn übersehen hat.

Ein Name für die Seelenfamilie

Man kann die eigene Seelenfamilie auch bitten, einen Namen zu senden, bei dem man sie – wie mit einer Kurzwahltaste – schnell herbeirufen kann. Dieser Name ist oft ganz banal und ebenso oft etwas ganz Besonderes. Er kann »Schnuckelchen« lauten oder im Altgriechisch sein. Natürlich hat die Seelenfamilie in Wirklichkeit keinen Namen, denn es handelt sich ja nicht um ein Individuum. Aber der Mensch ist nun einmal so beschaffen, dass er etwas benennen muss, um es zu begreifen. In der Regel hat der Name drei Silben, entsprechend ihrer häufigsten Zusammensetzung aus der Energie dreier Seelenrollen. Meine Seelenfamilie lässt sich Truria rufen. Ihre (und damit meine) Thematik ist die Relativität von Wahrheit und Lüge, von subjektiver und objektiver Wahrheit.

Ein junger Seminarteilnehmer bat um einen Namen, erhielt aber nichts. Er ärgerte sich, dann aber war die Zeit vorbei, die Anleitung wurde zu anderen Bereichen fortgeführt. Immer noch erzürnt ging er am Abend im Dunkeln mit kraftvollen Schritten spazieren. Dadurch lichtete sich seine Stimmung und er vergaß, was ihn beschäftigt hatte. Er setzte sich auf eine Bank. Da hörte er in sich eine Melodie. Er ging ihr innerlich nach und entdeckte, dass es sich um eine Radiowerbung für Kuchenmehl handelte, die er zuletzt wohl in seiner Kindheit gehört hatte, denn es gibt sie schon lange nicht mehr. »Aurora mit dem Sonnenstern!« Es ist nicht zu leugnen, dass es sich einerseits um eine echte Überraschung handelte und andererseits um einen wunderschönen Symbolnamen für seine Seelenfamilie: Aurora.

Eine andere Begebenheit ist mir ebenfalls in Erinnerung: Die Teilnehmerin war recht spirituell und fromm und hatte sich bereits vor der Übung zurechtgelegt, dass ihre Seelenfamilie Maria heißen sollte. Nun gehört es zu meiner Anleitung, dass ich die in leichter Trance Befindlichen stets auffordere nachzufragen: »Liebe Seelenfamilie, habe ich das richtig verstanden, ist dies der Name, bei dem ihr gerufen werden wollt?« Die innere Stimme der Teilnehmerin blieb daraufhin stumm, was ein Nein bedeutete. Da überlegte sie sich, ob Maria vielleicht ein wenig zu altmodisch wäre, und probierte es mit Mara. Wieder blieb es in ihr stumm. Dann war die Zeit vorüber, und der Seminartag ging zu Ende. Auf dem Heimweg im Auto fing sie fast unbewusst an zu summen. Irgendwann stellte sie fest, dass die Melodie zu einem Text gehörte: »Marina, Marina, Marina! Bei Tag und Nacht denk ich an dich, Marina!« Sie musste laut lachen, als sie uns das am folgenden Morgen berichtete.

Letztlich ist es ganz einfach, sich nach dieser ersten Kontaktaufnahme mit der eigenen Seelenfamilie zu unterhalten. Entscheidend ist, dass man mit normaler Stimme gut hörbar spricht (denken allein trägt nicht genügend Kraft) und ausdrücklich um Rat bittet. Auch hier muss man Zeit vergehen lassen, um die physisch unhörbaren, aber mental inspirierten Antworten zu vernehmen. Den Dialog sollte man anschließend gleich aufzeichnen, sonst geht Wesentliches oft verloren wie ein Trauminhalt. Diese Möglichkeit der Beratung, Unterstützung und des Trostes nicht in Anspruch zu nehmen, wäre sehr schade.

Niemand ist allein

Träume und Visionen, die die eigene Seelenfamilie betreffen oder von ihr gesandt werden, kann man häufig daran erkennen, dass etwas vielfach vorkommt, zum Beispiel viele Hände, die auf einem Klavier spielen, ein Saal mit vielen froh gelaunten Menschen, ein Baum mit vielen Blüten, ein Meer mit vielen Schiffen.

»Ihr seid nicht allein!« Das ist eine zentrale Aussage unserer Quelle. Sie mag zunächst trivial klingen und meint auch weder Ufos noch kleine grüne Männchen mit Antennen, die über eine bedrohlich höher entwickelte Technologie verfügen. Vielmehr geht es um eine seelische Dimension und eine Nähe, die durch das Gespräch mit den eigenen Seelengeschwistern entstehen kann. Menschen wie du und ich, mal lebendig und mal gerade tot, dann wieder am Leben. Alle gemeinsam sind wir Fragmente eines größeren Ganzen, unserer Seelenfamilie. Die Isolation im Menschlichen, die so viele schmerzhaft spüren, das unausweichlich quälende Empfinden des Abgetrenntseins, ist durchaus verständlich, da wir im inkarnierten Zustand nur eine Seele pro Körper erfahren. Aber diese Seele ist keineswegs isoliert, sondern Teil einer Ganzheit, und deshalb sind wir nicht so einsam, wie wir glauben, fühlen und denken. Wer mit seiner Seelenfamilie Kontakt pflegt, mit den Seelengeschwistern ins Gespräch kommt, ihren Rat und Trost empfängt, der ist nicht mehr allein.

Medialität – Gabe, Gnade oder Fluch?

Wozu ist Medialität eigentlich gut? Das ist eine berechtigte Frage. Aber die Antwort bezieht sich auf vielerlei unterschiedliche Aspekte. Zunächst einmal hatte dieses Buch zum Ziel, die historische Realität dieses Phänomens aufzuzeigen und von seinen zahlreichen Facetten im Laufe der orientalischen und abendländischen Geschichte zu berichten. Gewiss weist diese Geschichte einige legendenhafte Züge auf. Doch die strukturellen Ähnlichkeiten sowie die Erscheinungsformen des jeweiligen medialen Erlebens sind auffällig und überzeugend. Sie sind auch von modernen Medien nachvollziehbar.

Immer wieder wird von Menschen berichtet, die über eine Gabe verfügen, die anderen nicht ohne Weiteres zugänglich ist. Eine Gabe ist etwas Gegebenes, ein Geschenk von Gott oder von der menschlichen Natur. Der eine hat sie empfangen, der andere nicht. Der eine nutzt sie, der andere verschmäht sie. Wer sich von seinem Gott oder durch eine unwiderstehliche Berufung beauftragt fühlt, etwas Ungewöhnliches zu empfangen und öffentlich zu übermitteln, der wird bald die Folgen zu spüren bekommen. Ein Medium in einer Gesellschaft, die solche Tätigkeiten und Wirkweisen nicht billigt, gerät in Nöte. Den Gesetzgeber oder die Kirche gegen sich aufzubringen ist gefährlich. Sich durch eine offensichtliche Besonderheit von seiner Umgebung zu unterscheiden, sich mit seinen Offenbarungen zu offenbaren, macht ein Medium zum Außenseiter. Damit muss es sich auseinandersetzen. Anfangs ist es von Angst überwältigt, will die Gabe und den Auftrag von sich wenden, sich verbergen, ausweichen. Auch in einer eher liberalen Gemeinschaft kann es gefährlich sein, der Berufung zu folgen. Für nicht wenige medial begabte Menschen kann dies fast zu einem Fluch werden. Denn letzten Endes entsteht ein starker innerer Druck, das zu tun, was getan werden will, das zu sagen, was gesagt werden muss. Es wird unvermeidlich. Und zur Selbst-Offenbarung bedarf es einer gefestigten Persönlichkeit. Sonst zweifelt man an seiner psychischen Gesundheit, an der eigenen normalen Menschlichkeit.

Das Empfinden der Besonderheit kann als Angstreaktion auch zu einer Selbstüberhöhung führen. »Ich bin auserwählt, ihr müsst mich bewundern und verehren!« Zweifel an den Inhalten der Botschaften und der absoluten Wahrheit der verbreiteten Nachrichten aus dem Jenseits oder von den Sternenvölkern sowie gesunde Selbstzweifel werden damit ausgeschaltet. Der Wunsch nach Unfehlbarkeit, so absurd er auch scheinen mag, hat eine Schutzfunktion, die jedoch nicht selten dazu führt, dass sich Hörer, Leserinnen, Anhänger und Schülerinnen ebenfalls im Besitz der »großen Wahrheit« wähnen und dadurch zu einer spirituellen Arroganz verleitet werden. Gewiss ist eine erfolgreiche mediale Übermittlungsarbeit bewundernswert, doch sie ist nicht so einmalig und bedeutsam, dass eine Abtrennung von den Mitmenschen, die aus lauter Hochmut als kleingeistig und unwissend betrachtet werden, daraus folgen müsste. Das übermäßig Besondere führt zu einer Absonderung von jenen, die eine solche Fähigkeit nicht zur Kenntnis nehmen möchten.

Ist Medialität nicht nur eine Gabe, eine ungewöhnliche Begabung, sondern auch eine Gnade? Wie unsere Untersuchung zeigte, haben vor allem religiöse Menschen es durchaus so empfunden, vor allem, wenn sie sich im Kontakt mit Gott, Jesus, Maria oder den Engeln und Heiligen spürten. Das Gefühl der Begnadung entsteht durch die Durchflutung mit einer starken, beseligenden Energie, die man als göttlich empfindet. Das ist verständlich. Ein solches Empfinden geht mit einer großen Dankbarkeit und aufrichtiger Demut einher. Und insofern, als das entstehende Werk das Medium selbst und die Empfänger der jeweiligen Botschaften zu mehr Liebe und mehr Erkenntnis führt, zu mehr Mitgefühl und Verstehen, zu mehr Welterkenntnis und Gottesnähe, kann man das Empfinden von Begnadung durchaus nachvollziehen.

Viele Menschen sind von einer großen Sehnsucht erfüllt, mit dem Überirdischen, dem Außermenschlichen, dem Jenseits und dem Extraterrestrischen in Verbindung zu treten. Medial Begabte, die ihrer Berufung folgen, schlagen Brücken zwischen dem Hier und dem Dort. Ob sie nun einem Hilfesuchenden die Karten legen, wie Edgar Cayce Vorschläge zur Heilung von Krankheiten unterbreiten, wie Jane Roberts eine aufregend neue Theorie über die Wirklichkeit verbreiten oder durch das Erforschen der Menschenseele ungewohnte Einsichten in die Würde der irdischen Inkarnation bieten – Botschaften aus fernen Dimensionen schaffen die Möglichkeit, Rat, Hilfe und Heilung zu spenden. Sie können auch zu einer Veränderung der Welt der Gedanken und Gefühle zum Guten beitragen.

Ich möchte mein Buch beenden mit dem Wunsch an alle, die sich in Liebe und Aufrichtigkeit zu einer medialen Tätigkeit berufen fühlen: Überwinden Sie Ihre Ängste! Machen Sie sich heimisch in einer uralten, urmenschlichen Tradition! Wenn Sie sich auf diese Weise einer transzendenten Kraft hingeben, sich öffnen und auch der Kritik stellen, sind Sie nicht nur mutig und ehrenwert. Die stetige Auseinandersetzung mit der Frage nach Gabe, »Fluch« oder Begnadung durch Medialität wird Sie auf einen großartigen Weg der Selbsterfahrung und der Persönlichkeitsentwicklung führen.

Danksagung

Mein Dank gilt allen liebenswerten Mitarbeiterinnen des Goldmann Verlags, die meine Veröffentlichungen seit vielen Jahren betreuen und unterstützen.

Meiner Schwester Linde Hasselmann, mit der ich 1990 den Kurs zur »Heilenden Medialität« entwickelt und seither geleitet habe, sei dieses Buch in tiefer Zuneigung gewidmet.

Literaturverzeichnis

Avalon, Claire: *Sanat Kumara und die Weiße Bruderschaft*, Güllesheim 2012

Bô Yin Râ: *Das Buch des Trostes,* Bern 1983

Büx, Bettina: *Die Regulus-Botschaften*, Band 1 bis 6, Ramerberg 2017

Byrne, Rhonda: *The Secret. Das Geheimnis*, München 2007

Bunzel-Dürlich, Beate: *Medialität und Hellsichtigkeit,* Oberstdorf 2007

Cayce, Edgar: *Bericht von Ursprung und Bestimmung des Menschen,* München 1979

Dalichow, Irene: *Naturgeister*, München 1997

Fahrnow, Ilse-Maria und Jürgen: *Gespräche mit Sirius,* Berlin 2008

Forsboom, Bernhard: *Emanuel*, Grafing 2010

Gilligan, Stephen: *Therapeutische Trance*, Heidelberg 1998

Goodman, Felicitas: *Ekstatische Trance,* Bad Bevensen 1998

dies.: *Trance*, Gütersloh 1992

Hasselmann, Varda: *Die Seele der Papaya*, München 2000

dies.: *Aus lauter Liebe*, München 2013

dies.: *Die Seelenwaage*, München 2015

dies.: *Seele schöner Götterfunken*, Norderstedt 2015

Hasselmann, Varda, und Schmolke, Frank: *Welten der Seele*, München 1993

dies.: *Archetypen der Seele*, München 1993

dies.: *Weisheit der Seele*, München 1995

dies.: *Die Seelenfamilie*, München 2001

dies.: *Die sieben Archetypen der Angst*, München 2009
dies.: *Seelen-Elixiere*, München 2009
dies.: *Wege der Seele*, München 2010
dies.: *Die Welt der Seele* (Hörbuch), München 2012
dies.: *Junge Seelen – Alte Seelen*, München 2016
Hoffman, Kay: *Das Arbeitsbuch zur Trance,* München 1996
Hoffmann, Gabriele: *Wahrsagen*, München 2007
Hoodwin, Shepherd: *Journey of Your Soul,* Berkeley 1995
Julian of Norwich: *All Shall be Well,* New York 2011
Kenyon, Tom, und Essene, Virginia: *Die Hathor-Zivilisation,* Burgrain 2007
King, Jani: *Die Botschaften von P'taah*, München 1994
Klimo, Jon: *Channeling,* Freiburg im Breisgau 1998
Knight, JZ: *Ramtha – Eine Einführung*, Peiting 1998?
Koch, Klaus: *Die Profeten I,* Stuttgart, 3. völlig neu bearbeitete Auflage 1995
ders.: *Die Profeten II*, Stuttgart, 2. Auflage 1988
Krishnamurti, U. G.: *Der trügerische Schein der Erleuchtung: Die radikalen Ideen eines radikalen Menschen*, Hamburg 2011
Maul, Stefan M.: *Die Wahrsagekunst im alten Orient*, München 2013
McClure, Janet und Vywamus: *Die Kunst des Channelns*, Seeon 1989
dies.: *Die Erde ist in meiner Obhut*, Seeon 1991
Meek, Paul: *Der Himmel ist nur einen Schritt entfernt*, München 2007
Mohr, Bärbel: *Bestellungen beim Universum*, Güllesheim 2016
Mueller, Wolfgang: Über Seele und Gott, Bielefeld 2013
Neate, Tony: *Jeder kann channeln,* München 2003
Nidiaye, Safi: *Liebe ist mehr als ein Gefühl,* München 1990
Obst, Helmut: *Reinkarnation*, München 2009
Oppelt, Siglinda: *Akasha-Chronik*, Ramerberg 2019
Pursel, Jach und Lazaris: *Lazaris Interviews, Book 1*, Beverly Hills 1988
dies.: Die *Lazaris-Botschaft,* München 1990

Roetlisberger, Linda: *Der sinnliche Draht zur geistlichen Welt,* Freiburg im Breisgau 1995
Roman, Sanaya, und Packer, Duane: *Das Praxisbuch des Channelns*, München 2004
Randi, James: *Lexikon der übersinnlichen Phänomene*, München 2001
Schütz, Gerhard: *Hypnose in der Praxis*, Paderborn 1987
Sheldrake, Rupert: *Spirituality – A Brief History*, Oxford 2013
ders.: *Der siebte Sinn des Menschen*, Frankfurt am Main 2006
Tachi-ren, Tashira: *Der Lichtkörper-Prozess*, Freiburg im Breisgau 1998
Tart, Charles: *Altered States Of Consciousness*, ohne Ort 1969
Tiller, Petronella und Vywamus: *Die göttliche Seele*, Seeon 2009
Tepperwein, Kurt: *Intuition, Hellsehen und Hellhören,* Emmendingen 2010
Traufetter, Gerald: *Intuition*, Hamburg 2009
Wiseman, Richard: *Paranormality*, London 2011
Walsch, Neale Donald: *Entscheide dich jetzt!*, München 2019
ders.: *Gespräche mit Gott,* Vollständige Ausgabe, München 2009
Yilmaz, Bahar: *Der Ruf der geistigen Welt,* München 2014
Yarbro, Chelsea und Quinn: *Messages From Michael Updated*, Chicago 1979
Yogananda, Paramahansa: A*utobiografie eines Yogi*, Los Angeles 2001
Zoller, Martin: *Hellsichtigkeit* (DVD), ohne Ort und Jahr

Bücher der Autorin

Varda Hasselmann und Frank Schmolke
Welten der Seele
Archetypen der Seele
Weisheit der Seele
Die Seelenfamilie
Die sieben Archetypen der Angst
Seelen-Elixiere
Wege der Seele
Die Welt der Seele (Hörbuch)
Junge Seelen – Alte Seelen

Varda Hasselmann
Die Seele der Papaya
Aus lauter Liebe
Die Seelenwaage
Seele schöner Götterfunken

Anmerkungen

1 Jung in Jaffé, Aniela: *Erinnerungen, Träume, Gedanken von Carl Gustav Jung*; Walter Verlag 1971 (Sonderausgabe), Seite 187.
2 Varda Hasselmann, Frank Schmolke: *Die Seelenfamilie*, München 2001, Seite 21ff.
3 Eine Botschaft unserer Quelle, unveröffentlicht.
4 In Bezug auf die Seelenalter sei verwiesen auf unser Buch *Junge Seelen – Alte Seelen*, München 2016.
5 Wir begegneten uns 1967, waren verheiratet, geschieden und erneut verheiratet. Vor allem aber sind wir Seelenzwillinge. Das kommt unserer medialen Arbeit sehr zugute.
6 Exodus 33f., Einheitsübersetzung.
7 Jesaja 50, 4f.
8 Jeremia 23, 9ff.
9 Alle Zitate hier aus dem alttestamentarischen Text Jona.
10 Apostelgeschichte 2, 14ff.
11 1. Korintherbrief 12, 4ff.
12 1. Korintherbrief 14,19
13 *Das Buch meines Lebens*, Kapitel 24, 5.3.
14 Forsboom, Bernhard: *Emanuel*, Seite 259.
15 Aus unserem Buch: *Wege der Seele*, Seite 139ff.
16 *Welten der Seele*, Seite 129ff.
17 Der Buchtitel lautet: *Der trügerische Schein der Erleuchtung: Die radikalen Ideen eines radikalen Menschen.*
18 Rudolf Steiner: *Die Schwelle der geistigen Welt*, Seite 8.

19 *Welten der Seele*, Seite 208ff.

20 *Wege der Seele*, Seite 144.

21 Neale Donald Walsch: *Gespräche mit Gott*, Seite 17f.

22 Ebenda, Seite 18.

23 Ebenda, Seite 14.

24 Ebenda, Seite 19.

25 Ebenda.

26 Abgedruckt in: *Die Seelenfamilie*, Seite 21ff., hier gekürzt wiedergegeben.

27 Jani King: *Die Botschaften von P'taah*, Band I, Seite 9.

28 Ebenda, Seite 11.

29 Das vollständige Interview findet sich hier: https://www.bpv.ch/blog/auf-dem-weg-zum-neuen-menschen-interview-mit-lee-carroll/ (zuletzt abgerufen im März 2020).

30 Ebenfalls nachzulesen auf Tom Kenyons Website https://tom-kenyon.com/wer-sind-die-hathoren (zuletzt abgerufen im März 2020).

31 Tom Kenyon und Virginia Essene: *Die Hathor-Zivilisation*, Seite 19.

32 *Der Ra-Kontakt*, herausgegeben von Jochen Blumenthal, ohne Ort 2018, Seite 4.

33 Ebenda, Seite 12.

34 Worte unserer Quelle, aus unserer BR-Dokumentation »Verbindung zur Quelle« 1995.

35 McClure, Janet und Vywamus: *Die Kunst des Channelns*, Seite 7.

36 McClure, Janet und Vywamus: *Die Erde ist in meiner Obhut*, Seite 157.

37 Tachi-ren, Tashira: *Der Lichtkörper-Prozess*, Seite 9 und 15f.

38 G. B. Volz: *Der Graf von Saint-Germain*, ohne Ort 2009.

39 Giovanni Casanova: *Geschichte meines Lebens*, Band 5, Frankfurt/Berlin 1965, Seite 143.

40 *Sanat Kumara und die Weiße Bruderschaft*, Seite 14.

41 Ebenda, Seite 230.

42 Ebenda, Seite 223.
43 Ebenda, Seite 141f.
44 Aus: *Welten der Seele*, Seite 129.
45 Bettina Büx: *Die Regulus-Botschaften*, Band 1, Seite 18.
46 *Paulus*, 2002, Seite 112f.

Register